TCP/IP sobre MPLS

TCP/IP sobre MPLS

Copyright© Editora Ciência Moderna Ltda., 2009
Todos os direitos para a língua portuguesa reservados pela EDITORA CIÊNCIA MODERNA LTDA.
De acordo com a Lei 9.610 de 19/2/1998, nenhuma parte deste livro poderá ser reproduzida, transmitida e gravada, por qualquer meio eletrônico, mecânico, por fotocópia e outros, sem a prévia autorização, por escrito, da Editora.

Editor: Paulo André P. Marques
Supervisão Editorial: Camila Cabete Machado
Copidesque: Luciana Nogueira
Capa: Cristina Satchko Hodge
Diagramação: Francisca Santos
Assistente Editorial: Patricia da Silva Fernandes
Revisão de Provas: Aline Vieira Marques

Várias **Marcas Registradas** aparecem no decorrer deste livro. Mais do que simplesmente listar esses nomes e informar quem possui seus direitos de exploração, ou ainda imprimir os logotipos das mesmas, o editor declara estar utilizando tais nomes apenas para fins editoriais, em benefício exclusivo do dono da Marca Registrada, sem intenção de infringir as regras de sua utilização. Qualquer semelhança em nomes próprios e acontecimentos será mera coincidência.

FICHA CATALOGRÁFICA

ENNE, Antonio José Figueiredo
TCP/IP sobre MPLS
Rio de Janeiro: Editora Ciência Moderna Ltda., 2009.

1. Informática
I — Título

ISBN: 978-85-7393-836-4

CDD 001.642

Editora Ciência Moderna Ltda.
R. Alice Figueiredo, 46 – Riachuelo
Rio de Janeiro, RJ – Brasil   CEP: 20.950-150
Tel: (21) 2201-6662/ Fax: (21) 2201-6896
LCM@LCM.COM.BR
WWW.LCM.COM.BR

03 /09

SUMÁRIO

CAPÍTULO 1   Introdução   1

1.1 PREÂMBULO..2
1.2 UMA VISÃO AMPLA DO MPLS...4
1.3 ESTRUTURAÇÃO DO LIVRO...5

CAPÍTULO 2   O MPLS e o seu espaço   9

2.1 PREÂMBULO..10
2.2 O MODELO OVERLAY..10
   2.2.1 REDES DE CAMADA 2 SEM CONEXÃO...10
   2.2.2 REDES DE CAMADA 2 ORIENTADAS A CONEXÃO..11
      2.2.2.1 ENVELOPAMENTO IP NO MODO NATIVO...12
      2.2.2.2 ENVELOPAMENTO IP NO MODO NÃO-NATIVO...13
2.3 REDES TOTALMENTE IP...14
   2.3.1 VANTAGENS DA SOLUÇÃO TOTALMENTE IP..15
   2.3.2 DESVANTAGENS DA SOLUÇÃO TOTALMENTE IP...15
   2.3.3 LIMITAÇÕES ADICIONAIS DA SOLUÇÃO TOTALMENTE IP...................................15
2.4 A SOLUÇÃO MPLS..16
   2.4.1 ASPECTOS GERAIS DO MPLS..16
   2.4.2 ASPECTOS FUNCIONAIS E VANTAGENS DO MPLS..16

CAPÍTULO 3   Aspectos Relevantes do TCP/IP   19

3.1 PREÂMBULO..20
3.2 ENDEREÇAMENTO NO TCP/IP...20
   3.2.1 ENDEREÇAMENTO NO IPv4...20
      3.2.1.1 CLASSES E INTERVALOS DE ENDEREÇOS IPv4...20
      3.2.1.2 MÁSCARAS DE SUB-REDES..21
   3.2.2 ENDEREÇAMENTO NO IPv6...22
      3.2.2.1 NOTAÇÕES PARA REPRESENTAÇÃO DE ENDEREÇOS IPv6...........................22
      3.2.2.2 TIPOS DE ENDEREÇOS IPv6...23
3.3 ROTEAMENTO NO TCP/IP...24
   3.3.1 ROTEAMENTO CONVENCIONAL *VERSUS* CONSTRAINT-BASED ROUTING.............24
   3.3.2 ROTEAMENTO COM BASE EM DIFERENTES MÉTRICAS......................................25
   3.3.3 ROTEAMENTO TIPO IGP *VERSUS* ROTEAMENTO TIPO EGP...............................25
      3.3.3.1 ROTEAMENTO TIPO IGP...26
      3.3.3.2 ROTEAMENTO TIPO EGP..27
   3.3.4 ROTEAMENTO UNICAST *VERSUS* MULTICAST..27

iv TCP/IP sobre MPLS

3.3.5 OUTRAS CONSIDERAÇÕES SOBRE ROTEAMENTO...28
3.3.6 O PROTOCOLO OSPF...28
3.3.6.1 CONSIDERAÇÕES GERAIS..29
3.3.6.2 ORGANIZAÇÃO DE OSPF ASes..29
3.3.7 O PROTOCOLO BGP-4...31
3.3.7.1 FUNCIONAMENTO BÁSICO...31
3.3.7.2 FASES E MENSAGENS DO BGP-4..32
3.4 CONSTITUIÇÃO DE TÚNEIS IP...33
3.4.1 GENERIC ROUTING ENCAPSULATION (GRE)...33
3.4.2 L2 TUNNELING PROTOCOL VERSÃO 3 (L2TPv3)..34
3.4.2.1 CONSIDERAÇÕES GERAIS SOBRE O L2TPv3..35
3.4.2.2 L2TPv3 COM SUPORTE EM REDES IP..35
3.4.2.3 ASPECTOS DE SEGURANÇA NO L2TPv3..36
3.4.3 IPsec TUNNELING...37

CAPÍTULO 4   Aspectos Gerais da Fase de Controle   39

4.1 PREÂMBULO..40
4.2 CONCEITOS BÁSICOS..40
4.2.1 OPERAÇÕES COM LABELS..40
4.2.2 PACOTES MPLS...40
4.2.3 LSRs (LABEL SWITCHING ROUTERS)...40
4.2.4 FECs E LSPs..41
4.2.5 FIBs, LABEL SPACES, LIBs E LFIBs...41
4.2.6 COMPONENTES DE REDES MPLS...42
4.3 CODIFICAÇÃO E ENVELOPAMENTO DE LABELS...43
4.3.1 ASPECTOS INICIAIS...43
4.3.2 LABELS ISOLADOS...43
4.3.2.1 FORMAS DE CODIFICAÇÃO DE LABELS...43
4.3.2.2 FORMATAÇÃO DOS SHIM LABEL HEADERS...43
4.3.2.3 SEMÂNTICA CONTIDA EM LABELS...44
4.3.2.4 VALORES RESERVADOS DE LABELS...44
4.3.3 FORMATAÇÃO E ENVELOPAMENTO DE LABEL STACKS..45
4.3.3.1 ASPECTOS INICIAIS...45
4.3.3.2 FIGURAS REPRESENTATIVAS...45
4.3.3.3 PROCESSAMENTO DOS NÍVEIS DE LABELS...46
4.3.3.4 PROFUNDIDADE DE UM LABEL STACK..47
4.3.3.5 LABEL STACKS COM DIFERENTES TIPOS DE LABEL...47
4.4 DETERMINAÇÃO DE FECs...47
4.4.1 CRITÉRIOS PARA DETERMINAÇÃO DE FECs..47
4.4.2 GRANULARIDADE DE TRANSMISSÃO DE PACOTES MPLS...48
4.5 MONTAGEM DE FIBs..48

Sumário v

4.6 BINDINGS LOCAIS ENTRE FECs E LABELS 49
    4.6.1 UNICIDADE DE INTERPRETAÇÃO 49
    4.6.2 TIPOS DE LABEL SPACE 49
    4.6.3 MODOS DE REALIZAÇÃO DE BINDINGS 50
        4.6.3.1 MODO UPSTREAM *VERSUS* MODO DOWNSTREAM 50
        4.6.3.2 MODO CONTROL-DRIVEN *VERSUS* MODO DATA-DRIVEN 51
4.7 DISTRIBUIÇÃO DE LABELS 51
    4.7.1 ASPECTOS INICIAIS 51
    4.7.2 PARES DE DISTRIBUIÇÃO DE LABELS 52
    4.7.3 ETAPAS PRECEDENTES À DISTRIBUIÇÃO DE LABELS 52
    4.7.4 MODOS DE DISTRIBUIÇÃO DE LABELS 52
        4.7.4.1 MODO DOWNSTREAM-ON-DEMAND *VERSUS* MODO UNSOLICITED DOWNSTREAM 53
        4.7.4.2 MODO INDEPENDENT CONTROL *VERSUS* MODO ORDERED CONTROL 53
    4.7.5 CRITÉRIOS PARA RETENÇÃO DE BINDINGS 53
    4.7.6 IMPOSIÇÃO DE ROTAS 53
4.8 AGREGAÇÃO DE FECs 54
    4.8.1– AGREGAÇÃO NO MODO DE CONTROLE INDEPENDENTE 54
    4.8.2 EGRESS – TARGETED LABEL ASSIGNMENT 55
4.9 MONTAGEM DE LFIBs 55
    4.9.1 CONSTITUIÇÃO DE LFIBs 55
    4.9.2 ETAPAS PARA A MONTAGEM DE LFIBs 56
    4.9.3 EXEMPLO DE CONSTITUIÇÃO DE LFIBs 57
4.10 LABEL MERGING 58
    4.10.1 MERGING LSRs 58
        4.10.1.1 CONCEITOS BÁSICOS 58
        4.10.1.2 PROCEDIMENTOS 59
    4.10.2 NON-MERGING LSRs 59
        4.10.2.1 CONCEITOS BÁSICOS 59
        4.10.2.2 PROCEDIMENTOS 60
    4.10.3 NÚMERO DE LABELS PARA MERGING E NON-MERGING LSRs 60

CAPÍTULO 5   Aspectos Gerais da Fase de Transmissão de Pacotes   61

5.1 PREÂMBULO 62
5.2 MAPEAMENTO DE PACOTES 62
    5.2.1 MAPEAMENTO INICIAL DE PACOTES 62
    5.2.2 MAPEAMENTO SUBSEQÜENTE DE PACOTES 63
        5.2.2.1 LSRs INTERMEDIÁRIOS 63
        5.2.2.2 BORDER LSRs Rᴅ 63
5.3 MODOS DE OPERAÇÃO DO MPLS 64
    5.3.1 ASPECTOS INICIAIS 64
    5.3.2 OPERAÇÃO FRAME-MODE MPLS 64

vi TCP/IP sobre MPLS

5.3.3 OPERAÇÃO CELL-MODE...64
5.3.4 OPERAÇÃO MPLS MODO FRAME RELAY...65
5.3.5 OPERAÇÃO MPLS HETEROGÊNEA...65
5.4 TÚNEIS LSP HIERARQUIZADOS..66
5.4.1 TÚNEIS NA CAMADA DE REDE...66
5.4.2 CONSTITUIÇÃO DE TÚNEIS NO MPLS..66
5.4.2.1 ASPECTOS INICIAIS..66
5.4.2.2 EXEMPLO DE TÚNEIS LSP DE NÍVEL M 66
5.4.3 PENULTIMATE HOP POPPING..67
5.4.4 TRANSMISSÃO DE PACOTES MPLS EM TÚNEIS LSP..68
5.4.5 DISTRIBUIÇÃO DE LABELS EM TÚNEIS LSP..70
5.4.5.1 EXPLICIT PEERING 70
5.4.5.2 IMPLICIT PEERING 70
5.5 HIERARCHY OF ROUTING KNOWLEDGE 70
5.5.1 ASPECTOS INICIAIS 70
5.5.2 FUNCIONAMENTO DESSA FACILIDADE 71
5.5.2.1 HIPÓTESES INICIAIS...71
5.5.2.2 RESULTADOS DO BGP E DO IGP 71
5.5.2.3 TRANSMISSÃO DE PACOTES MPLS 72
5.5.3 BGP LSP TUNNELS ENTRE DIFERENTES ASes...72
5.6 IDENTIFICAÇÃO DE PROTOCOLOS DE CAMADA DE REDE 74
5.6.1 ASPECTOS GERAIS..74
5.6.2 FORMAS DE INFERIÇÃO 74
5.6.3 IDENTIFICAÇÃO POR LSRs INTERMEDIÁRIOS 74
5.7 GERAÇÃO DE MENSAGENS ICMP POR LSRs...75
5.7.1 CONDIÇÕES PARA GERAÇÃO DE MENSAGENS ICMP 75
5.7.2 PROCEDIMENTOS DE LSRs INTERMEDIÁRIOS 75
5.7.2.1 ASPECTOS GERAIS...75
5.7.2.2 MPLS EM REDES PARA ATENDIMENTO PÚBLICO 76
5.7.2.3 MPLS COM VPNs 76
5.8. PREVENÇÃO E REALIZAÇÃO DE FRAGMENTAÇÃO 77
5.8.1 ASPECTOS GERAIS..77
5.8.2 TERMINOLOGIA PARA O MPLS 77
5.8.3 PROCEDIMENTOS PREVENTIVOS 78
5.8.4 PROCESSAMENTO DE PACOTES GRANDES DEMAIS...79
5.8.5 PROCEDIMENTOS PREVENTIVOS NO IPv4...79
5.8.5.1 DESCOBRIMENTO DE PATH MTUs NO IPv4 79
5.8.5.2 DESCOBRIMENTO DE PATH MTUs NO IPv4 COM SUPORTE NO UDP.................79
5.8.5.3 DESCOBRIMENTO DE PATH MTUs NO IPv4 COM SUPORTE NO TCP..................81
5.8.5.4 DATAGRAMAS IP COM TAMANHOS LIMITADOS 81
5.8.6 PROCESSAMENTO DE PACOTES GRANDES DEMAIS NO IPv4.......................................81

Sumário vii

5.8.6.1 PROCESSAMENTO EM BORDER LSRs Ru...81

5.8.6.2 PROCESSAMENTO NOS DEMAIS LSRs 82

5.8.7 PROCEDIMENTOS PREVENTIVOS NO IPv6..82

5.8.8 PROCESSAMENTO DE PACOTES GRANDES DEMAIS NO IPv6................................83

5.9 DETECÇÃO DE LOOPS 84

5.9.1 ASPECTOS GERAIS..84

5.9.2 PROCESSAMENTO DO TTL NO MPLS...84

5.9.2.1 ASPECTOS INICIAIS...84

5.9.2.2 MODELO UNIFORME SEM PHP...85

5.9.2.3 MODELO UNIFORME COM PHP..86

5.9.2.4 MODELO SHORT PIPE SEM PHP E MODELO PIPE 86

5.9.2.5 MODELO SHORT PIPE COM PHP...86

5.9.2.6 MENSAGENS ICMP GERADAS 87

5.10 VOICE OVER MPLS (VoMPLS)...87

5.10.1 CONSIDERAÇÕES BÁSICAS 87

5.10.2 TIPOS DE SUBFRAMES..88

5.10.2.1 PRIMARY SUBFRAMES 88

5.10.2.2 CONTROL SUBFRAMES..90

CAPÍTULO 6   Label Distribution Protocol (LDP)   93

6.1 PREÂMBULO..94

6.2 OPERAÇÃO BÁSICA DO LDP..94

6.2.1 LDP IDENTIFIERS 94

6.2.2 FORMAS DE TRANSPORTE DO LDP..95

6.2.3 PROCESSOS OPERACIONAIS DO LDP 95

6.3 CLASSIFICAÇÃO GERAL DE MENSAGENS LDP 95

6.3.1 CATEGORIAS DE MENSAGENS LDP 95

6.3.2 TIPOS DE MENSAGENS..95

6.4 LDP PDUs..96

6.5 CODIFICAÇÃO TLV 97

6.5.1 FORMATO DA CODIFICAÇÃO TLV...97

6.5.2 TIPOS DE TLVs..97

6.5.2.1 FEC TLV...98

6.5.2.2 LABEL TLVs 99

6.5.2.3 ADDRESS LIST TLV..99

6.5.2.4 HOP COUNT TLV E PATH VECTOR TLV 99

6.5.2.5 STATUS TLV..99

6.6 FORMATAÇÃO GERAL DE MENSAGENS LDP 100

6.7 DESCRIÇÃO DAS MENSAGENS LDP 100

6.7.1 MENSAGENS NOTIFICATION 100

6.7.1.1 STATUS TLV..101

viii   TCP/IP sobre MPLS

6.7.1.2 PARÂMETROS OPCIONAIS 103
6.7.2 MENSAGENS HELLO 103
6.7.3 MENSAGENS INITIALIZATION 104
6.7.4 MENSAGENS KeepAlive 105
6.7.5 MENSAGENS ADDRESS 105
6.7.6 MENSAGENS ADDRESS WITHDRAW 105
6.7.7 MENSAGENS LABEL MAPPING 105
6.7.8 MENSAGENS LABEL REQUEST 105
6.7.9 MENSAGENS LABEL WITHDRAW 106
6.7.10 MENSAGENS LABEL RELEASE 106
6.7.11 MENSAGENS LABEL ABORT REQUEST 106
6.7.12 TLVs E MENSAGENS PARA EXTENSÕES 106
6.8 PROCESSOS OPERACIONAIS DO LDP 106
6.8.1 LDP DISCOVERY 106
6.8.1.1 MECANISMO BASIC DISCOVERY 107
6.8.1.2 MECANISMO EXTENDED DISCOVERY 107
6.8.1.3 MANUTENÇÃO DE ADJACÊNCIAS HELLO 107
6.8.2 ESTABELECIMENTO E MANUTENÇÃO DE SESSÕES LDP 108
6.8.2.1 ETAPAS NO ESTABELECIMENTO DE SESSÕES LDP 108
6.8.2.2 ESTABELECIMENTO DA CONEXÃO TCP 108
6.8.2.3 INICIALIZAÇÃO DA SESSÃO LDP 109
6.8.2.4 MANUTENÇÃO DE SESSÕES LDP 111
6.8.2.5 NÚMERO DE SESSÕES LDP 111
6.8.3 DISTRIBUIÇÃO DE ENDEREÇOS DE INTERFACES 112
6.8.4 DISTRIBUIÇÃO DE LABELS 112
6.8.4.1 ASPECTOS INICIAIS 112
6.8.4.2 PROCEDIMENTOS PARA MENSAGENS LABEL REQUEST 113
6.8.4.3 PROCEDIMENTOS PARA MENSAGENS LABEL ABORT REQUEST 114
6.8.4.4 PROCEDIMENTOS PARA MENSAGENS LABEL MAPPING 114
6.8.4.5 PROCEDIMENTOS PARA MENSAGENS LABEL WITHDRAW 115
6.8.4.6 PROCEDIMENTOS PARA MENSAGENS LABEL RELEASE 115
6.8.5 DISTRIBUIÇÃO DE LABELS EM DOMÍNIOS MPLS 116
6.8.5.1 DOMÍNIOS FORMADOS POR FRAME-BASED LSRs 116
6.8.5.2 DOMÍNIOS ATM-LSRs E FR-LSRS 117
6.9 DETECÇÃO E MITIGAÇÃO DE LOOPS 117
6.10 SINCRONIZAÇÃO ENTRE O LDP E O IGP 118
6.11 PROTEÇÃO PARA FALHAS DE LINKS 119
6.12 ADMINISTRAÇÃO DE NAME SPACES 119
6.13 CONSIDERAÇÕES DE SEGURANÇA 120

CAPÍTULO 7   MPLS sobre Redes de Suporte   123

7.1 PREÂMBULO 124

Sumário   ix

7.2 MPLS COM SUPORTE EM ATM 124

7.2.1 ASPECTOS INICIAIS 124

7.2.2 UMA BREVE REVISÃO DO ATM 125

7.2.3 CODIFICAÇÃO E ENVELOPAMENTO DE LABELS 126

7.2.3.1 CODIFICAÇÃO DE LABELS 126

7.2.3.2 ENCAPSULAMENTO DE AAL 5 PDUs 126

7.2.4 CARACTERÍSTICAS ESPECIAIS DOS ATM SWITCHES 127

7.2.5 CONEXÃO DE ATM-LSRs 127

7.2.5.1 CONEXÃO DE LSRs DE MESMO TIPO 127

7.2.5.2 CONEXÃO DE LSRs DE TIPOS DIFERENTES 128

7.2.6 A FUNÇÃO LABEL SWITCHING NO ATM 128

7.2.7 MERGING ATM-LSRs 128

7.2.7.1 VC-MERGE 129

7.2.7.2 VP-MERGE 130

7.2.8 USO DE VPIs/VICs 130

7.2.8.1 NON-MPLS CONNECTION 130

7.2.8.2 FORMAS DE CONEXÃO ENTRE INTERFACES LC-ATM 130

7.2.9 PROCEDIMENTOS NO MPLS SOBRE ATM 132

7.2.9.1 DISTRIBUIÇÃO DE LABELS ENTRE INTERFACES LC-ATM 132

7.2.9.2 EXEMPLO DOS PROCEDIMENTOS DESCRITOS 134

7.2.9.3 TRANSMISSÃO DE PACOTES MPLS 135

7.2.9.4 OUTROS PROCEDIMENTOS 137

7.2.10 DETECÇÃO DE LOOPS EM NON-TTL SEGMENTS 137

7.2.10.1 ASPECTOS INICIAIS 137

7.2.10.2 ALOCAÇÃO ADEQUADA DE BUFFERS 138

7.2.10.3 USO DO HOP COUNT TLV 138

7.2.10.4 USO DO PATH VECTOR TLV 139

7.2.10.5 USO DE COLORED THREADS 140

7.2.11 PROCESSAMENTO DO TTL 140

7.2.12 FRAME-MODE ATM MPLS 141

7.2.12.1 ASPECTOS INICIAIS 141

7.2.12.2 FUNCIONAMENTO DO FRAME-MODE ATM MPLS 141

7.3 MPLS COM SUPORTE EM FRAME RELAY 142

7.3.1 ASPECTOS INICIAIS 142

7.3.2 UM BREVE RESUMO DO FRAME RELAY 142

7.3.2.1 FORMATAÇÃO DE QUADROS 142

7.3.2.2 ENCAPSULAMENTO DE PROTOCOLOS PELO DL-CORE 143

7.3.3 CODIFICAÇÃO E ENVELOPAMENTO DE LABELS 144

7.3.4 CARACTERÍSTICAS ESPECIAIS DOS FRAME RELAY SWITCHES 145

7.3.5 CONEXÃO DE FR-LSRs 145

7.3.6 A FUNÇÃO LABEL SWITCHING NO FRAME RELAY 145

x   TCP/IP sobre MPLS

7.3.7 USO DE DLCIs..146

7.3.8 PROCEDIMENTOS NO MPLS SOBRE FRAME RELAY...146

7.4 MPLS COM SUPORTE EM PPP E ETHERNET 147

7.4.1 ASPECTOS INICIAIS 147

7.4.2 VISÃO GERAL DO PPP 147

7.4.2.1 ASPECTOS INICIAIS...147

7.4.2.2 MÉTODO DE ENCAPSULAMENTO..148

7.4.2.3 O PROTOCOLO LCP..148

7.4.2.4 O PROTOCOLO NCP...149

7.4.3 VISÃO GERAL DA ETHERNET 149

7.4.3.1 A PADRONIZAÇÃO IEEE 802..149

7.4.3.2 FORMATAÇÃO DO QUADRO IEEE 802.3...149

7.4.3.3 IDENTIFICAÇÃO DE PROTOCOLOS SUPERIORES 150

7.4.3.4 TIPOS DE REDE ETHERNET..150

7.4.3.5 TRANSPORTE DE ETHERNET POR CARRIERS...153

7.4.4 PROCEDIMENTOS NO MPLS SOBRE PPP E ETHERNET.......................................154

7.5 MPLS COM SUPORTE EM IP...155

7.5.1 ENCAPSULAMENTO DO MPLS EM IP OU EM TÚNEIS GRE 156

7.5.1.1 ENCAPSULAMENTO EM IP (MPLS-*in*-IP) 156

7.5.1.2 ENCAPSULAMENTO EM GRE (MPLS-*in*-GRE) 156

7.5.2 ENCAPSULAMENTO EM L2TPV3 (MPLS-*in*-L2TPv3).......................................157

7.5.3 USO DE PE-PE IPsec TUNNELS IN BGP/MPLS IP VPNs.......................................157

CAPÍTULO 8   Traffic Engineering (TE)   159

8.1 PREÂMBULO..160

8.2 LIMITAÇÕES DE PROTOCOLOS CONVENCIONAIS 161

8.2.1 ALTERNATIVA MULTI-PATH ROUTING...161

8.2.2 OUTRAS ALTERNATIVAS EM REDES IP...161

8.2.3 TE EM ATM E FRAME RELAY..162

8.3 TRAFFIC ENGINEERING OVER MPLS (MPLS TE)...162

8.3.1 RAZÕES PARA O MPLS TE 162

8.3.2 ETAPAS DO MPLS TE 163

8.4 EXTENSÕES DO OSPF PARA TE (OSPF -TE)...163

8.4.1 ASPECTOS INICIAIS 163

8.4.2 OPAQUE LSAs...164

8.4.2.1 TIPOS DE LSA OPACA..164

8.4.2.2 FORMATO DE LSAs OPACAS TIPO 10...164

8.4.2.3 ROUTER ADDRESS TLV 165

8.4.2.4 LINK TLV 165

8.4.3 DESCRIÇÃO DE ATRIBUTOS DE LINKS 166

8.4.3.1 LINK TYPE SUB-TLV..166

Sumário xi

8.4.3.2 LINK ID SUB-TLV 166
8.4.3.3 LOCAL INTERFACE IP ADDRESS SUB-TLV 167
8.4.3.4 REMOTE INTERFACE IP ADDRESS SUB-TLV 167
8.4.3.5 TRAFFIC ENGINEERING METRIC SUB-TLV 167
8.4.3.6 MAXIMUM BANDWIDTH SUB-TLV 167
8.4.3.7 MAXIMUM RESERVABLE BANDWIDTH SUB-TLV 167
8.4.3.8 UNRESERVED BANDWIDTH SUB-TLV 168
8.4.3.9 ADMINISTRATIVE GROUP SUB-TLV 168
8.4.3.10 SHARED RISK LINK GROUPS (SRLGs) 168
8.4.3.11 MAXIMUM RESERVABLE SUB-POOL BANDWIDTH 169
8.4.4 PROCEDIMENTOS NO OSPF-TE 169
8.5 EXTENSÕES DO IS-IS PARA TE (ISIS-TE) 169
8.5.1 ASPECTOS INICIAIS 169
8.5.2 NOVOS TLVs 170
8.5.2.1 EXTENDED IS REACHABILITY TLV 170
8.5.2.2 TRAFFIC ENGINEERING ROUTER ID TLV 171
8.5.2.3 EXTENDED IP REACHABILITY TLV 171
8.6 ATRIBUTOS DE CLASSES DE TRÁFEGO 171
8.6.1 ATRIBUTOS DE PARÂMETROS DE TRÁFEGO 172
8.6.2 ATRIBUTOS DE AFINIDADE DE CLASSES DE RECURSO 172
8.6.3 ATRIBUTO DE ADAPTAVIDADE 173
8.6.4 ATRIBUTO DE PREEMPÇÃO 173
8.6.5 ATRIBUTO DE RESILIÊNCIA 174
8.6.6 ATRIBUTO DE POLICIAMENTO 175
8.7 ATRIBUTOS DE TÚNEIS MPLS TE 175
8.8 ALGORITMO CONSTRAINED SPF (CSPF) 176
8.9 PROTOCOLO RSVP-TE 178
8.9.1 ASPECTOS INICIAIS 178
8.9.2 FUNCIONAMENTO BÁSICO DO RSVP-TE 179
8.9.3 ESTILOS DE RESERVA DE RECURSOS 180
8.9.3.1 OPÇÕES DE ESTILOS 180
8.9.3.2 ESTILO FIXED FILTER (FF) 181
8.9.3.3 ESTILO SHARED EXPLICITY (SE) 181
8.9.3.4 ESTILO WILDCARD FILTER (WF) 182
8.9.4 PATH MTU 182
8.9.5 MENSAGENS DO RSVP-TE 183
8.9.6 MENSAGENS RSVP Path 184
8.9.6.1 OBJETOS DAS MENSAGENS RSVP Path 184
8.9.6.2 LABEL_REQUEST OBJECT 185
8.9.6.3 EXPLICIT_ROUTE OBJECT (ERO) 185
8.9.6.4 RECORD_ROUTE OBJECT (RRO) 186

xii TCP/IP sobre MPLS

8.9.6.5 SESSION OBJECT 187
8.9.6.6 SENDER_TEMPLATE OBJECT 187
8.9.6.7 FILTER_SPEC OBJECT 187
8.9.6.8 SENDER_TSPEC OBJECT 187
8.9.6.9 SESSION_ATTRIBUTE OBJECT 187
8.9.7 MENSAGENS RSVP Resv 188
8.9.7.1 OBJETOS DAS MENSAGENS RSVP Resv 188
8.9.7.2 LABEL OBJECT 189
8.9.8 MENSAGENS HELLO 189
8.9.8.1 EXTENSÃO HELLO DO RSVP 189
8.9.8.2 UTILIZAÇÃO DAS MENSAGENS HELLO 190
8.9.9 FAST REROUTING (FRR) 190
8.9.9.1 REPARO LOCAL 191
8.9.9.2 PROTEÇÃO DE LINKS E DE LSRs 192
8.9.9.3 CONSTITUIÇÃO DE DETOUR MPLS TE TUNNELS 192
8.10 TRANSMISSÃO DE PACOTES NO MPLS TE 193
8.10.1 FORMAS DE SELEÇÃO DE TÚNEIS MPLS TE 193
8.10.2 SELEÇÃO DE TÚNEIS MPLS TE COM BASE EM CLASSES DE TRÁFEGO.........................193

CAPÍTULO 9   BGP/MPLS IP Virtual Private Networks   195

9.1 PREÂMBULO 196
9.2 CONCEITOS GERAIS E TIPOS DE VPN 196
9.2.1 VPNs NO MODELO OVERLAY 197
9.2.2 VPNs NO MODELO PEER 197
9.3 CONCEITOS ESPECÍFICOS 198
9.3.1 CONCEITO DE SITE 198
9.3.2 CONCEITO DE ATTACHMENT CIRCUITS 199
9.3.3 MÚLTIPLAS FORWARDING TABLES EM PEs 199
9.3.4 ASSOCIAÇÃO ENTRE COMPONENTES DE VPNs 199
9.4 OPERAÇÃO RESUMIDA DE MPLS VPNs 199
9.4.1 COMUNICAÇÃO NOS TRECHOS ENTRE CEs E PEs 200
9.4.2 COMUNICAÇÃO NOS TRECHOS PE-P-PE 201
9.4.3 COMUNICAÇÃO DIRETA ENTRE PEs 201
9.4.4 TRANSMISSÃO DE PACOTES EM VPNs 201
9.5 ASSOCIAÇÕES ENTRE COMPONENTES DE MPLS VPNs 201
9.5.1. UTILIZAÇÃO DE VRFs 202
9.5.2 CONFIGURAÇÕES DE MPLS VPNs COM SITES PRÓPRIOS 202
9.5.2.1 SITES PRÓPRIOS SEM SITES VIRTUAIS 202
9.5.2.2 SITES PRÓPRIOS COM SITES VIRTUAIS 203
9.5.3 CONFIGURAÇÕES COM SITES EM MÚLTIPLAS VPNs 203
9.6 DISTRIBUIÇÃO DE ROTAS VIA BGP-4 E MP-BGP 204

Sumário **xiii**

9.6.1 O PROTOCOLO BGP-4..204

9.6.2 MULTIPROTOCOL EXTENSIONS FOR BGP-4 (MP-BGP) 205

9.6.2.1 IDENTIFICADORES AFI E SAFI 205

9.6.2.2 REACHABLE E UNREACHABLE DESTINATIONS 205

9.6.2.3 MULTIPROTOCOL REACHABLE NLRI (MP_REACH_NLRI) 205

9.6.2.4 MULTIPROTOCOL UNREACHABLE NLRI (MP_UNREACH_NLRI) 207

9.6.2.5 PARÂMETRO BGP CAPABILITY ADVERTISEMENT 207

9.7 ROTEAMENTO EM MPLS VPNs..208

9.7.1 FAMÍLIA DE ENDEREÇOS VPN-IPv4 208

9.7.1.1 COMPONENTES DE ENDEREÇOS VPN-IPv4 208

9.7.1.2 CODIFICAÇÃO DE ROUTE DISTINGHISHERS 209

9.7.2 CONTROLE DA DISTRIBUIÇÃO DE ROTAS..210

9.7.3 TRANSPORTE DO CAMPO VPN-IPv4 NLRI 211

9.7.4 ATRIBUTO ROUTE TARGET COMMUNITY (RT) 211

9.7.4.1 FUNCIONAMENTO DO ATRIBUTO RT 211

9.7.4.2 CONDIÇÕES PARA INSTALAÇÃO DE ROTAS EM VRFs 212

9.7.4.3 PARTICIPAÇÃO DE USUÁRIOS NA ASSIGNAÇÃO DE RTs 212

9.7.4.4 EXEMPLOS DE USO DO ATRIBUTO RT 213

9.7.5 DISTRIBUIÇÃO DE ROTAS VPN-IPv4 214

9.7.5.1 ASPECTOS INICIAIS 214

9.7.5.2 FORMAS DE DISTRIBUIÇÃO DE ROTAS 214

9.7.5.3 CONDIÇÕES PARA INSTALAÇÃO DE ROTAS 215

9.7.5.4 BGP ROUTE REFLECTION...215

9.8 DISTRIBUIÇÃO DE LABELS PELO BGP-4 EXTENDIDO 218

9.8.1 ASPECTOS INICIAIS 218

9.8.2 A RFC 3107 219

9.8.2.1 VISÃO GERAL..219

9.8.2.2 NOVAS MENSAGENS UPDATE 219

9.9 TRANSMISSÃO DE PACOTES EM MPLS VPNs 220

9.9.1 REQUISITOS PRÉVIOS PARA A TRANSMISSÃO DE PACOTES 220

9.9.2 EFETIVAÇÃO DA TRANSMISSÃO DE PACOTES..221

9.10 SP COMO USUÁRIO DE VPNs (CARRIER'S CARRIER) 222

9.10.1 CONDIÇÕES PARA PROVIMENTO DE SERVIÇOS MPLS VPN ENTRE SPs.......................222

9.10.2 OPERAÇÃO DE VPNs COM CARRIER'S CARRIER 223

9.10.2.1 CONFIGURAÇÃO DE REFERÊNCIA..223

9.10.2.2 DESCRIÇÃO OPERACIONAL..224

9.11 REDES BACKBONE INTER-SPs 224

9.11.1 VPNs ENVOLVENDO SPs VIZINHOS..225

9.11.2 MPLS VPNs INTER-SPs COM SPs DE TRÂNSITO 226

9.12 – TRÁFEGO ENTRE MPLS VPNs E A INTERNET 226

9.12.1 NON-VRF INTERNET ACCESS...226

xiv TCP/IP sobre MPLS

9.12.2 VRF INTERNET ACCESS 227
9.13 MPLS VPNs PARA GERÊNCIA DE CEs 227
9.14 CONSIDERAÇÕES SOBRE SEGURANÇA 228
9.15 ASPECTOS RELATIVOS A ESCALABILIDADE 229

CAPÍTULO 10 Virtual Private Wire Service (VPWS) — 231

10.1 PREÂMBULO 232
10.2 EMULAÇÃO DE SERVIÇOS PONTO-A-PONTO POR PWs 232
10.3 A ARQUITETURA PWE 3 233
    10.3.1 ASPECTOS INICIAIS 233
    10.3.2 MODELO DE REFERÊNCIA DA ARQUITETURA PWE 3 234
    10.3.3 CAMADAS CONSTITUINTES DA ARQUITETURA PWE 3 234
10.4 CONSTITUIÇÃO DE PWs 235
    10.4.1 ASPECTOS INICIAIS 235
    10.4.2 CONFIGURAÇÃO ILUSTRATIVA DE USO DO VPWS 236
    10.4.3 PSEUDOWIRE LABELS 237
    10.4.4 EXTENSÕES DO LDP PARA O VPWS 239
        10.4.4.1 O ELEMENTO DE FEC PW*id* 239
        10.4.4.2 O ELEMENTO DE FEC GENERALIZED PW*id* 242
        10.4.4.3 INTERFACE PARAMETERS FEC TLV 243
        10.4.4.4 PW *GROUPING* ID FEC TLV 244
    10.4.5 PROCEDIMENTOS DE SINALIZAÇÃO 244
        10.4.5.1 PROCEDIMENTOS PARA O ELEMENTO DE FEC PW*id* 245
        10.4.5.2 PROCEDIMENTOS PARA O ELEMENTO DE FEC GENERALIZED PW*id* 246
    10.4.6 TRANSMISSÃO DE PDUs DE CAMADA 2 246
    10.4.7 SINALIZAÇÃO DE PSEUDOWIRE STATUS 246
        10.4.7.1 USO DE MENSAGENS LABEL WITHDRAW 247
        10.4.7.2 SINALIZAÇÃO POR PW STATUS TLV 247
    10.4.8 A SUBCAMADA CONTROL WORD 249
        10.4.8.1 USO DA CONTROL WORD 249
        10.4.8.2 TIPOS E FORMATOS DA CONTROL WORD 249
        10.4.8.3 PW MPLS CONTROL WORDS (PWMCWs) 250
        10.4.8.4 FORMATO DO PW ASSOCIATED CHANNEL HEADER (PWACH) 251
        10.4.8.5 AS FUNÇÕES DA CONTROL WORD 251
    10.4.9 CONSIDERAÇÕES SOBRE SEGURANÇA 252
        10.4.9.1 SEGURANÇA NO PLANO DE DADOS 252
        10.4.9.2 SEGURANÇA NO PLANO DE CONTROLE 253
10.5 ETHERNET SOBRE VPWS 253
    10.5.1 ASPECTOS INICIAIS 253
    10.5.2 MODOS DE OPERAÇÃO DE PWs 254
        10.5.2.1 RAW MODE 254

Sumário **xv**

10.5.2.2 TAGGED MODE...255

10.5.3 REQUESTED VLAN ID SUB-TLV...255

10.5.4 TIPOS DE VLAN TAGS..256

10.5.4.1 SERVICE-DELIMITING TAGS..256

10.5.4.2 NON-SERVICE DELIMITING TAGS..256

10.5.5 PROCEDIMENTOS GENÉRICOS..256

10.5.6 ALGUNS ASPECTOS OPERACIONAIS..257

10.5.6.1 GERÊNCIA DE MTU EM LINKS PE-CE...257

10.5.6.2 SEQÜENCIAMENTO DE QUADROS..257

10.5.6.3 PROCESSAMENTO DE ERROS EM QUADROS...257

10.5.6.4 CONTROLE DE FLUXO...257

10.5.6.5 QUALITY OF SERVICE (QoS)..258

10.6 ATM SOBRE VPWS...258

10.6.1 ASPECTOS INICIAIS...258

10.6.2 MÉTODOS DE ENCAPSULAMENTO...258

10.6.2.1 ENCAPSULAMENTO DE CÉLULAS ATM...258

10.6.2.2 ENCAPSULAMENTO DE QUADROS AAL 5...259

10.6.3 FORMATO GERAL DE ENCAPSULAMENTO..260

10.6.4 ATM N-TO-ONE CELL MODE..260

10.6.5 ATM ONE-TO-ONE CELL MODE..261

10.6.6 ATM AAL 5 SDU FRAME MODE...263

10.6.7 ATM AAL 5 PDU FRAME MODE...264

10.6.7.1 CODIFICAÇÃO DE BITS NA CONTROL WORD...264

10.6.7.2 FRAGMENTAÇÃO..264

10.6.7.3 PROCEDIMENTOS NO PE DE EGRESSO..265

10.6.8 INTERFACE PARAMETERS SUB-TLVs ESPECÍFICOS PARA O ATM.....................265

10.7 FRAME RELAY SOBRE VPWS..265

10.7.1 FORMATO GERAL DO ENCAPSULAMENTO...266

10.7.2 MODOS DE ENCAPSULAMENTO..266

10.7.3 FRAME RELAY ONE-TO-ONE MODE..266

10.7.3.1 CONTROL WORD..267

10.7.3.2 ENCAPSULAMENTO DE QUADROS FRAME RELAY......................................267

10.7.3.3 DESENCAPSULAMENTO DE PACOTES PW..268

10.7.3.4 ASPECTOS DO PLANO DE CONTROLE..268

10.7.3.5 INTERFACE PARAMETERS SUB-TLV ESPECÍFICO PARA FRAME RELAY.............268

10.8 PPP/HDLC SOBRE VPWS...268

10.8.1 FORMATO GERAL DE ENCAPSULAMENTO..269

10.8.2 ENCAPSULAMENTO DO HDLC..269

10.8.3 ENCAPSULAMENTO DO PPP..270

CAPÍTULO 11 Virtual Private Lan Service (VPLS)   **271**

11.1 PREÂMBULO..272

xvi TCP/IP sobre MPLS

11.2 CONFIGURAÇÃO DE VPLS VPNs 273
 11.2.1 CONFIGURAÇÃO BÁSICA 273
 11.2.2 SUPORTE A VLANs PELO VPLS 274
11.3 ASPECTOS GERAIS DO VPLS 275
 11.3.1 APRENDIZAGEM DINÂMICA DE ENDEREÇOS MAC 275
  11.3.1.1 O PROCESSO DE APRENDIZAGEM 275
  11.3.1.2 RETIRADA DE ENDEREÇOS MAC 276
  11.3.1.3 APRENDIZAGEM NÃO-QUALIFICADA E QUALIFICADA 277
 11.3.2 PREVENÇÃO DE LOOPS 277
 11.3.3 TOPOLOGIAS EM OVERLAY 277
  11.3.3.1 TOPOLOGIA FULL MESH 278
  11.3.3.2 TOPOLOGIA TREE STRUCTURED 278
  11.3.3.3 TOPOLOGIA TREE WITH MESHED HIGHEST LEVEL 278
11.4 PROCEDIMENTOS NO VPLS 279
 11.4.1 TRÁFEGO EM VPLS PWs NO ETHERNET RAW MODE 280
 11.4.2 TRÁFEGO EM VPLS PWs NO ETHERNET TAGGED MODE 280
11.5 VPLS HIERARQUIZADO (HVPLS) 281
 11.5.1 TERMINOLOGIA DA RFC 4664 282
 11.5.2 TERMINOLOGIA DA RFC 4762 282
 11.5.3 SPOKE CONNECTIVITY DE MTUs-s 283
  11.5.3.1 UTILIZAÇÃO DE SPOKE PWs 283
  11.5.3.2 UTILIZAÇÃO DE CARRIER VLAN IDs 284
 11.5.4 SPOKE CONNECTIVITY DE PEs-r 284
 11.5.5 DUAL-HOMED-SPOKES 285
 11.5.6 OUTRAS APLICAÇÕES DO HVPLS 286
11.6 AUTO-DISCOVERY E SINALIZAÇÃO NO VPLS 287
 11.6.1 AUTO-DISCOVERY 287
 11.6.2 SINALIZAÇÃO 288
11.7 AUTO-DISCOVERY E SINALIZAÇÃO NO VPLS PELO BGP 288
 11.7.1 AUTO-DISCOVERY PELO BGP 289
 11.7.2 SINALIZAÇÃO PELO BGP 289
  11.7.2.1 CAMPO VPLS BGP NLRI 289
  11.7.2.2 ESTABELECIMENTO E DESATIVAÇÃO DE PWs 290
  11.7.2.3 LAYER2 INFO EXTENDED COMMUNITY ATTRIBUTE 291
 11.7.3 MULTI-ASes VPLS VPNS 292
  11.7.3.1 CONEXÕES VPLS-TO-VPLS NOS ASBRs 293
  11.7.3.2 REDISTRIBUIÇÃO EBGP ENTRE ASBRs 293
  11.7.3.3 REDISTRIBUIÇÃO EBGP ENTRE ASes 294
 11.7.4 MULTI-HOMING E PATH SELECTION 294
 11.7.5 HIERARQUIZAÇÃO NO PLANO DE CONTROLE 294
11.8 SINALIZAÇÃO NO VPLS PELO LDP ESTENDIDO 295

Sumário **xvii**

11.8.1 ELEMENTOS DE FEC UTILIZADOS 295

11.8.1.1 USO DO GENERALIZED PW*id* FEC ELEMENT...296

11.8.1.2 USO DO ELEMENTO DE FEC PW*id*..298

11.8.2 MENSAGEM LDP MAC ADDRESS WITHDRAW 298

11.9 – ASPECTOS DE SEGURANÇA 299

11.9.1 SEGURANÇA EM REDES DE SPs 300

11.9.2 SEGURANÇA EM INTERFACES PE-CE E EM REDES DE USUÁRIO.....................301

11.10 IP-ONLY LAN SERVICE (IPLS)..301

11.10.1 APRENDIZAGEM DE ENDEREÇOS MAC 301

11.10.3 SINALIZAÇÃO NO IPLS 302

11.10.3.1 UNICAST PWs...302

11.10.3.2 MULTICAST PWs 303

11.10.3.3 EXTENSÕES DO LDP PARA O IPLS..303

11.10.4 TRANSMISSÃO DE TRÁFEGO DE DADOS 303

11.10.4.1 TRÁFEGO IP UNICAST..304

11.10.4.2 TRÁFEGO IP MULTICAST/BROADCAST...304

CAPÍTULO 12 Differentiated Services e OAM 305

12.1 PREÂMBULO 306

12.2 DIFFERENTIATED SERVICES EM IP QoS 306

12.2.1 CLASSIFICAÇÃO DE PACOTES 307

12.2.2 PER-HOP-BEHAVIOR..308

12.2.2.1 EXPEDITED FORWARDING PHB (EF PHB) 308

12.2.2.2 ASSURED FORWARDING PHB (AF PHB)..309

12.2.3 CONDICIONAMENTO DE TRÁFEGO 310

12.2.4 CONSIDERAÇÕES FINAIS SOBRE DiffServ EM IP QoS 311

12.3 DIFFERENCIATED SERVICES EM MPLS QoS...311

12.4 TIPOS DE LSP PARA O MPLS DiffServ 312

12.4.1 PROCEDIMENTOS EM E-LSPs 313

12.4.2 PROCEDIMENTOS EM L-LSPs..314

12.5 MODELOS DE TÚNEIS PARA MPLS DiffServ..315

12.5.1 MODELO UNIFORM MODE...316

12.5.2 MODELOS SHORT-PIPE MODE E PIPE MODE...317

12.6 SINALIZAÇÃO NO MPLS DiffServ 318

12.6.1 EXTENSÃO DO RSVP-TE PARA O MPLS DiffServ 318

12.6.1.1 FORMATOS DO DiffServ OBJECT 319

12.6.1.2 FUNCIONAMENTO DO DiffServ OBJECT 319

12.6.2 EXTENSÃO DO LDP PARA SUPORTE AO MPLS DiffServ 320

12.7 DiffServ-Aware MPLS TRAFFIC ENGINEERING (DS-TE).......................................321

12.7.1 DEFINIÇÕES NO DS-TE 321

12.7.2 BANDWIDTH CONSTRAINTS (BCs) 322

xviii TCP/IP sobre MPLS

12.7.3 PARÂMETRO CLASS-TYPE (CT)...322

12.7.4 PARÂMETRO TE-CLASS..323

12.7.5 SINALIZAÇÃO NO DS-TE...323

12.7.5.1 EXTENSÕES DO OSPF-TE E DO ISIS-TE PARA SUPORTE AO DS-TE 323

12.5.7.2 EXTENSÃO DO MPLS DIFFSERV RSVP-TE PARA SUPORTE AO DS-TE (DS-TE RSVP-TE)...............324

12.8 OAM NO MPLS 325

12.8.1 A RFC 4378 325

12.8.1.1 GERÊNCIA DE FALHAS...326

12.8.1.2 GERÊNCIA DE CONFIGURAÇÃO 327

12.8.1.3 GERÊNCIA DE PERFORMANCE 327

12.8.1.4 GERÊNCIA DE SEGURANÇA 327

12.8.2 A RFC 4377 327

12.8.3 DETECÇÃO DE FALHAS NO PLANO DE DADOS DO MPLS...328

12.8.3.1 OPERACIONALIZAÇÃO DE MENSAGENS MPLS ECHO 328

12.8.3.2 FORMATO DE MENSAGENS MPLS ECHO..330

CAPÍTULO 13 A Evolução do MPLS — 333

13.1 PREÂMBULO..334

13.2 GENERALIZED MPLS (GMPLS)..334

13.2.1 CONSIDERAÇÕES GERAIS 335

13.2.1.1 TIPOS DE INTERFACE NO GMPLS..336

13.2.1.2 SINALIZAÇÃO NO GMPLS...336

13.2.2 REDES DE SUPORTE AO GMPLS...338

13.2.2.1 GMPLS EM REDES TDM 338

13.2.2.2 GMPLS EM REDES WDM...339

13.2.3 EXTENSÕES DO OSPF-TE PARA O GMPLS 339

13.2.3.1 LINK LOCAL/REMOTE IDENTIFIERS SUB-TLV..340

13.2.3.2 LINK PROTECTION TYPE SUB-TLV 341

13.2.3.3 INTERFACE SWITCHING CAPABILITY DESCRIPTOR SUB-TLV...341

13.2.3.4 SHARED RISK LINK GROUP (SRLG) SUB-TLV..342

13.2.4 EXTENSÕES DO RSVP-TE PARA O GMPLS 342

13.2.4.1 NOVAS FACILIDADES NO RSVP-TE..342

13.2.4.2 GENERALIZED LABEL REQUEST OBJECT..343

13.2.4.3 BANDWIDTH ENCODING 344

13.2.4.4 GENERALIZED LABEL OBJECT...344

13.2.4.5 WAVEBAND SWITCHING OBJECT 344

13.2.4.6 SUGGESTED LABEL OBJECT...344

13.2.4.7 LABEL SET OBJECT..344

13.2.4.8 BIDIRECIONAL LSPs...345

13.2.4.9 NOTIFICATION 345

13.2.4.10 EXPLICIT LABEL CONTROL..346

Sumário **xix**

13.2.4.11 PROTECTION OBJECT 346

13.2.4.12 ADMINISTRATIVE STATUS INFORMATION 346

13.2.4.13 CONTROL CHANNEL SEPARATION 347

13.2.4.14 GERÊNCIA DE FALHAS 347

13.2.4.15 TECHNOLOGY – SPECIFIC PARAMETERS 347

13.2.4.16 FORWARDING ADJACENCIES (FAs) 348

13.2.5 LINK MANAGEMENT PROTOCOL (LMP) 348

13.3 NOVAS TECNOLOGIAS DE REDES DE TRANSPORTE 349

13.3.1 TRANSPORT MPLS (T-MPLS) 349

13.3.1.1 PADRONIZAÇÃO DO T-MPLS 350

13.3.1.2 CARACTERÍSTICAS BÁSICAS DO T-MPLS 350

13.3.2 PROVIDER BACKBONE TRANSPORT (PBT) 350

13.3.2.1 CONSIDERAÇÕES BÁSICAS 350

13.3.2.2 OPERACIONALIZAÇÃO DO PBT 351

13.3.3 MPLS TRANSPORT PROFILE (MPLS-TP) 352

13.3.3.1 CARACTERÍSTICAS REQUERIDAS 353

13.3.3.2 ARQUITETURA DO MPLS-TP 353

13.3.3.3 MULTI-SEGMENT PWs 353

13.3.3.4 GENERIC ASSOCIATED CHANNEL HEADER (GE-ACH) 354

13.3.3.5 GENERIC – ACH LABEL (GAL) 354

13.3.3.6 PLANO DE DADOS 354

13.3.3.7 OPERAÇÃO E GERÊNCIA (OAM) 354

13.3.3.8 PLANO DE CONTROLE 355

13.3.3.9 SURVIVABILY E GERÊNCIA DE REDE 356

13.4 MPLS EM MOBILE BACKHAUL NETWORKS 356

13.4.1 MOTIVAÇÃO PARA A MMBI 357

13.4.2 CENTRALIZED MOBILE NETWORKS 358

13.4.2.1 CONFIGURAÇÃO ATUAL 358

13.4.2.2 USO DE MPLS NO SEGMENTO BACKHAUL 359

13.4.3 FLAT MOBILE NETWORKS 361

13.4.3.1 SOLUÇÕES COM VPLS NO SEGMENTO BACKHAUL 361

13.4.3.2 SOLUÇÕES COM MPLS VPNs NO SEGMENTO BACKHAUL 362

13.5 MPLS MULTICAST 362

13.5.1 MODOS DE OPERACIONALIZAÇÃO DE MPLS MULTICAST 362

13.5.1.1 MPLS MULTICAST COM LABEL DOWNSTREAM-ASSIGNMENT 363

13.5.1.2 MPLS MULTICAST UTILIZANDO MPLS TUNNELING COM LABEL UPSTREAM-ASSIGNMENT 364

13.5.1.3 MPLS MULTICAST UTILIZANDO IP TUNNELING 364

13.5.2 SINALIZAÇÃO EM MPLS MULTICAST 365

13.5.2.1 O PROTOCOLO P2MP RSVP-TE 365

13.5.2.2 O PROTOCOLO MULTICAST LDP 366

REFERÊNCIAS BIBLIOGRÁFICAS 367

RELAÇÃO DE SIGLAS 373

ÍNDICE REMISSIVO 383

Capítulo 1

Introdução

1.1 Preâmbulo
1.2 Uma Visão Ampla do MPLS
1.3 Estruturação do Livro

1.1 PREÂMBULO

O objetivo deste livro é o de prover uma abordagem abrangente da tecnologia *Multiprotocol Label Switching* (MPLS), considerando os seus conceitos, arquiteturas, protocolos e aplicações. O seu conteúdo foi elaborado com a profundidade necessária para possibilitar aos leitores um bom nível de conhecimento do MPLS, encadeado por sua divisão em capítulos didaticamente seqüenciados.

O apuro didático é de fundamental importância, uma vez que, como veremos ao longo do livro, o MPLS é uma tecnologia multifacetada, que envolve praticamente a totalidade das redes de Comunicação de Dados. A denominação *multiprotocol* decorre dessa abrangência de alcance do MPLS, o que ocorre em diferentes camadas da arquitetura de utilização desse complexo arranjo de tecnologias de rede.

A aceitação do MPLS é um fato consumado e notório. Novas aplicações do MPLS vêm sendo desenvolvidas, o que evidencia a sua crescente significância. A partir do início da década de 1990, a demanda por redes de Telecomunicações passou a crescer em ritmo considerável. A explosão da *Internet* vem sendo acompanhada pela vertiginosa ampliação do mercado de redes privativas, as denominadas *intranets*.

A arquitetura TCP/IP consolidou-se em posição de predominância no novo cenário, tendo o protocolo IP assumido a quase exclusividade como protocolo de camada de rede. O número de datagramas IP que hoje trafegam mundialmente por redes de Telecomunicações assume ordens de grandeza impensáveis, o que se pode afirmar sem receio de exagero.

A disponibilidade, em quantidade e qualidade, de redes de suporte para transportar essa fabulosa quantidade de datagramas IP tornou-se um enorme desafio para o setor de Telecomunicações.

Até meados dos anos 1990 existiam apenas dois modos para o atendimento dessa necessidade. A questão se resume na adoção de redes de suporte intermediárias que conduzam datagramas IP entre diferentes redes IP localizadas em diferentes áreas. Essas áreas podem estar situadas a pequenas, médias ou grandes distâncias entre si, inclusive em diferentes continentes.

Tais modos são os seguintes:

Modelo *overlay*.
Redes totalmente IP.

■ **Modelo *Overlay***

O modelo *overlay* consiste na utilização de uma rede intermediária não-IP, tipicamente uma rede de camada 2, a exemplo de redes ATM, *Frame Relay* e *Ethernet*.

A figura 1.1 ilustra o modelo *overlay*.

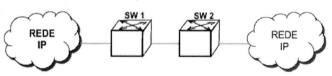

Figura 1.1 Modelo *overlay*.

Nesse modelo, os datagramas IP são encapsulados nos quadros da rede de camada 2, e atravessam essa rede de suporte transparentemente, o que significa que os *switches* dessa rede não têm qualquer participação no processo de controle (plano de controle) do TCP/IP, e não têm acesso ao *header* dos datagramas IP que por eles transitam.

A incompatibilidade entre as redes de suporte e o TCP/IP, resultado dessa transparência, torna-se desastrosa para a eficiência operacional do TCP/IP. Como os *switches* não se constituem em pares de roteamento IP, o número de adjacências de roteamento e o tráfego de roteamento assumem proporções inaceitáveis. O plano de controle no modelo *overlay* envolve outros procedimentos além do roteamento, tais como aqueles referentes à resolução de endereços e à sinalização, o que amplia as restrições para o uso desse modelo.

Algumas soluções de acerto dessas redes para melhor atendimento ao TCP/IP foram tentadas, mas a sofisticação inerente a tais soluções contribuiu para a necessidade de outro modelo de inter-redes, acabando por inviabilizá-las. Essa questão será mais bem tratada no capítulo 2 subseqüente deste livro.

■ Redes Totalmente IP

A solução por redes totalmente IP, que pode ser também referida como modelo *paridade total*, evidentemente contorna as dificuldades do modelo *overlay*, uma vez que a incompatibilidade entre tecnologias não ocorre. A figura 1.2 permite a visualização do modelo de rede totalmente IP.

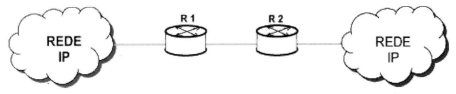

Figura 1.2   Rede totalmente IP.

Essa solução apresenta algumas limitações, no entanto, que apontam para a necessidade de desenvolvimento de um novo modelo.

Modelo Peer (Peer-to-Peer)

O MPLS representa a resposta para essa necessidade, o que justifica o seu sucesso. A sua concepção se enquadra em um novo modelo de inter-redes, que passou a ser designado como modelo *peer* (ou *peer-to-peer*), ou seja, modelo *paridade*. Essa designação nos parece insatisfatória, pois, como veremos, a paridade almejada para evitar a incompatibilidade de redes só ocorre no plano de controle do MPLS, não afetando o seu plano de dados. Melhor seria, talvez, a denominação modelo *paridade parcial*.

A figura 1.3 apresenta uma visão do modelo *peer* para o caso do MPLS.

No MPLS, equipamentos tais como roteadores IP e *switches* de camada 2 são adaptados para se comportar de duas formas. No plano de controle, esses equipamentos funcionam como roteadores IP. No plano de dados, por outro lado, esses equipamentos adaptados,

4 TCP/IP sobre MPLS

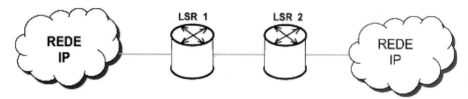

Figura 1.3 Modelo *peer* ou *peer-to-peer* (MPLS).

denominados *label switching routers* (LSRs) no MPLS, têm comportamento não IP, que varia segundo a natureza de cada um dos LSRs e da aplicação MPLS utilizada.

O ganho do MPLS sobre as redes totalmente IP tem justificativas que se alteraram ao longo do tempo. No início do MPLS, a ênfase se concentrava na maior vazão de tráfego dos LSRs sobre os roteadores IP em decorrência da simplificação do plano de dados, e nos ganhos de custos decorrentes. Uma outra visão indicava o MPLS como uma tábua de salvação para o ATM. Essas visões iniciais, embora significativas, não justificam o sucesso do MPLS, até mesmo porque os roteadores IP são hoje capazes de operar com altas taxas de vazão de tráfego.

Com a evolução do MPLS, abrindo caminhos não imaginados no seu nascedouro, o enfoque passou a se dirigir para a ampla flexibilidade funcional do MPLS. Há funções que se evidenciaram com o MPLS, como a constituição de VPNs de camada 3 (L3VPNs) e de camada 2 (L2VPNs), além da utilização de *Traffic Engineering*. Outras funcionalidades vêm sendo desenhadas que são viáveis apenas no MPLS, como são os casos do *Generalized* MPLS (GMPLS) e do MPLS *Transport Profile* (MPLS-TP), sobre as quais existe grande expectativa, e que serão abordados no capítulo 13 adiante.

1.2 UMA VISÃO AMPLA DO MPLS

O MPLS vem sendo objeto de grande atenção por parte de órgãos internacionais de padronização, principalmente do IETF (*Internet Engineering Task Force*), entidade de padronização que representa a comunidade *Internet*. Outros organismos de padronização, inclusive o ITU-T, vêm também participando desse processo, porém sem a importância do IETF. Uma outra entidade de grande importância para o MPLS é o IP/MPLS *Forum*, entidade criada no final de 2007 com o objetivo de conduzir e estimular o desenvolvimento dessa tecnologia. O IP/MPLS *Forum* veio substituir o MFA (MPLS, *Frame Relay* e ATM) *Forum*, englobando em suas atribuições aquelas relativas à agregação do IP com o MPLS.

O MFA *Forum* fora criado em 2005, com o objetivo de agregar as atividades do ATM *Forum* e do MPLS *and Frame Relay Alliance*. Observa-se que a própria evolução das denominações dessas entidades evidencia a crescente importância do MPLS no contexto mundial de redes de dados, e a concomitante redução da significância do ATM e do *Frame Relay* nesse contexto.

Ressalva-se que o IP/MPLS *Forum*, a par de outras atividades, elabora também alguns padrões técnicos relativos ao MPLS, em paralelo com os órgãos de padronização.

A figura 1.4 representa, de forma abrangente, a arquitetura do MPLS e de suas aplicações.

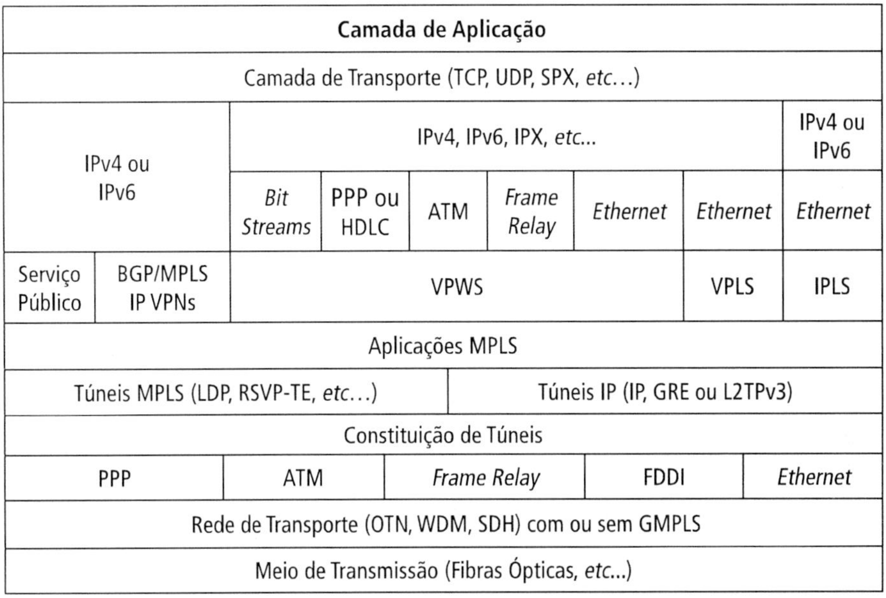

Camada de Aplicação								
Camada de Transporte (TCP, UDP, SPX, *etc.*...)								
IPv4 ou IPv6	IPv4, IPv6, IPX, *etc.*...							IPv4 ou IPv6
	Bit Streams	PPP ou HDLC	ATM	*Frame Relay*	*Ethernet*	*Ethernet*	*Ethernet*	
Serviço Público	BGP/MPLS IP VPNs	VPWS					VPLS	IPLS
Aplicações MPLS								
Túneis MPLS (LDP, RSVP-TE, *etc.*...)				Túneis IP (IP, GRE ou L2TPv3)				
Constituição de Túneis								
PPP		ATM		*Frame Relay*		FDDI		*Ethernet*
Rede de Transporte (OTN, WDM, SDH) com ou sem GMPLS								
Meio de Transmissão (Fibras Ópticas, *etc.*...)								

Figura 1.4   Arquitetura geral do MPLS

O pleno entendimento dessa figura pode requerer, para os leitores ainda não familiarizados com o MPLS, a progressão pelos capítulos do livro. Para esses leitores recomendamos recorrer a essa figura à medida que alcancem os conhecimentos contidos nesses capítulos.

1.3   ESTRUTURAÇÃO DO LIVRO

Este livro encontra-se estruturado dentro da seguinte seqüência lógica:

Parte introdutória.
Operação básica do MPLS.
Aplicações especiais do MPLS.
Aspectos operacionais do MPLS.
A evolução do MPLS.

Parte Introdutória

A parte introdutória do livro é composta pelos seguintes capítulos:

Capítulo 1   Introdução.
Capítulo 2   O MPLS e seu Espaço.
Capítulo 3   Aspectos Relevantes do TCP/IP.

O capítulo 1 aborda aspectos genéricos concernentes ao MPLS. No capítulo 2 são analisadas, com maior profundidade, as opções de modelos de constituição de redes para o transporte de datagramas IP entre diferentes *sites* IP, multiplicando as informações contidas no capítulo 1.

6 TCP/IP sobre MPLS

No capítulo 3 são apresentados alguns aspectos do TCP/IP julgados relevantes para o MPLS. Isso não significa que o conhecimento geral do TCP/IP seja dispensável para o entendimento do MPLS, razão pela qual recomendamos aos leitores aprofundarem os seus conhecimentos sobre o TCP/IP.

■ Operação Básica do MPLS

A operação básica do MPLS é coberta pelos capítulos 4, 5, 6, 7 e 8. Como sabemos, a operação de uma rede de dados se divide no plano de controle, plano de dados e plano de gerência de rede.

Os capítulos 4 e 5 deste livro abordam, respectivamente, os aspectos fundamentais do plano de controle e do plano de dados do MPLS. Com base nesses capítulos, o leitor habilitar-se-á ao entendimento dos aspectos fundamentais de funcionamento do MPLS. O plano de gerência de redes é o objeto do capítulo 12.

O capítulo 6 diz respeito ao *Label Distribution Protocol* (LDP), que é o protocolo básico para a constituição de túneis MPLS com base em protocolos de roteamento IGP convencionais, ao longo da rede MPLS. Esses túneis MPLS representam uma importante opção para o transporte das aplicações MPLS pela rede MPLS *backbone*.

No capítulo 7, aborda-se o comportamento do MPLS em face das diversas opções de rede modo pacotes que o suportam. Podem ser utilizadas com esse propósito redes de camada 2 (PPP, ATM, *Frame Relay*, *Ethernet*, etc...) ou mesmo redes IP (IP *tunneling*, que pode constituir-se de túneis IP, túneis GRE ou túneis L2TPv3).

O capítulo 8 contempla uma outra forma de MPLS *tunneling*, agora utilizando extensões dos protocolos tipo IGP, extensões essas operando com *constraint-based routing*, como são os casos do OSPF-TE e do ISIS-TE. Essa forma de operação denomina-se *Traffic Engineering* (TE), que utiliza uma extensão do RSVP incorporando distribuição de labels, referida como RSVP-TE, prescindindo portanto do uso do LDP.

■ Aplicações Especiais do MPLS

Os capítulos 9, 10 e 11 referem-se às aplicações especiais do MPLS, que são respectivamente as BGP/MPLS IP *Virtual Private Networks* (designadas simplificadamente como MPLS VPNs), o *Virtual Private Wire Service* (VPWS) e o *Virtual Private Lan Service* (VPLS).

As MPLS VPNs são L3VPNs, enquanto as VPWS VPNs e VPLS VPNs são L2VPNs (por se basearem nos protocolos de camada 2 que transportam os datagramas IP no interior das respectivas redes).

Enquanto nas MPLS VPNs os datagramas IP são transportados nativamente sobre a rede MPLS, no VPWS e VPLS ocorre a intermediação de uma camada 2 emulada entre a camada de rede (normalmente o IP) e o MPLS. No VPWS, que se caracteriza como um serviço virtual ponto-a-ponto, podem ser emulados diversos tipos de rede de camada 2. O VPLS, por sua vez, se restringe à emulação de uma *switched Ethernet* LAN.

■ Aspectos Operacionais do MPLS

O capitulo 12 discorre sobre os seguintes dois aspectos operacionais fundamentais do MPLS, que dizem respeito ao plano de gerência dessa tecnologia:

- *Differentiated Services (DiffServ)*
- *Operation and Management* (OAM)

O MPLS utiliza os *differentiated services* em sua função de qualidade de serviço (*QoS*), o que significa que os pacotes MPLS têm tratamento diferenciado por parte dos LSRs da rede (em termos de *timing* nas filas de espera para transmissão e de prioridade para descarte) de acordo com as classes de tráfego a que pertencem.

O MPLS apresenta aspectos específicos quanto a OAM também tratados no capítulo 12.

A Evolução do MPLS

O capítulo 13 dedica-se a uma apresentação geral da evolução do MPLS, encompassando os seguintes quesitos:

- *Generalized* MPLS (GMPLS).
- PBT (*Provider Backbone transport*).
- T-MPLS (*Transport* MPLS).
- MPLS-TP (MPLS *Transport Profile*).
- Uso do MPLS em *mobile backhaul networks*.
- *Multicast* MPLS.

O GMPLS consiste no uso do plano de controle do MPLS para a constituição dinâmica de circuitos entre *cross-connect devices* SDH (*Synchronous Digital Hierarchy*), WDM (*Walelenght Division Multiplex*) e OXC (*Optical Cross-Connect*).

As tecnologias PBT, T-MPLS e MPLS-TP objetivam a preparação de redes *Ethernet* e de redes MPLS para a sua utilização como uma nova forma de rede de transporte. O cerne dessa concepção, como veremos no capítulo 13, consiste no aprimoramento do processo de OAM dessas redes, condição indispensável para o seu funcionamento como rede de transporte. O MPLS-TP representa uma união de esforços entre o IETF e o ITU-T para a plena realização desse intento.

Como veremos também no capítulo 13, o IP/MPLS *Forum* vem se concentrando na utilização do MPLS como uma solução universal para as *mobile backhaul networks*, havendo uma grande expectativa quanto a essa possibilidade.

Finalmente, o capítulo 13 informa os leitores quanto ao estado-da-arte da utilização do MPLS na transmissão de tráfego *multicast*, tema preterido no processo inicial de padronização dessa tecnologia.

Capítulo 2

O MPLS e o seu espaço

2.1 Preâmbulo
2.2 O Modelo Overlay
2.3 Redes Totalmente IP
2.4 A Solução MPLS

10   TCP/IP sobre MPLS

2.1   PREÂMBULO

No capítulo 1 anterior, introdutório ao MPLS, mencionamos os dois modelos de inter-redes existentes para a extensão de redes IP até meados da década de 1990, que são os modelos *overlay* e o modelo constituído totalmente por redes IP. Registramos também o advento do modelo *peer* representado pelo MPLS, que veio a contornar as principais limitações do modelo *overlay*, ao mesmo tempo em que acrescentava ganhos funcionais com relação às redes totalmente IP.

Vamos aprofundar essa questão no presente capítulo, cujo desenvolvimento compreende as seguintes etapas:

- O modelo *overlay* e as suas limitações.
- As tentativas problemáticas para contornar essas limitações.
- As redes totalmente IP.
- A funcionalidade adicional do modelo *peer*, obtida por meio do MPLS.

2.2   O MODELO OVERLAY

Existem dois tipos de rede de camada 2:

- Redes sem conexão.
- Redes orientadas a conexão.

A principal aplicação dessas redes é constituírem-se em sub-redes de inter-redes para o transporte transparente de datagramas de camada de rede, principalmente de datagramas IP. Essa forma de transporte transparente de datagramas por envelopamento constitui o que se denomina modelo *overlay*.

Como no modelo *overlay* os *switches* de camada 2 não têm funcionalidade de roteamento IP, as adjacências de roteamento ocorrem entre roteadores ou *hosts* que se conectam a esses *switches*. Resulta desse fato um elevado número de adjacências de roteamento e um avultado patamar de tráfego de roteamento através da rede de camada 2 que proporciona o *overlay*, tornando crescentemente problemática a constituição de redes de grandes dimensões.

2.2.1   REDES DE CAMADA 2 SEM CONEXÃO

Esse tipo de rede é constituído nas seguintes opções:

- LANs: *Ethernet* e *Token Ring*, como principais exemplos.
- MANs: FDDI, DQDB, e RPR (*Resilient Packet Ring*).

O uso de redes de camada 2 sem conexão no modelo *overlay* atenua o problema de transmissão do roteamento acima citado, pela capacitação para tráfego *broadcast* inerente a esse tipo de rede, embora o problema da incidência de um elevado número de adjacências de roteamento persista.

A grande limitação dessas redes é o seu reduzido alcance geográfico. A extensão desse alcance pode ser ampliado pela constituição de *switched* LANs, compostas pela interconexão de dois ou mais LAN *switches*.

Essa é a configuração, como um importante exemplo, das redes *Metro/Carrier Ethernet*. Tais redes têm como base a interconexão de *Ethernet switches*, e prestam-se à otimização de uso de enlaces metropolitanos que se situam, por exemplo, entre dependências de usuários e terminações de WANs. Nesse contexto, os quadros *Ethernet* transportando datagramas IP são conduzidos, como um importante exemplo, sobre circuitos SONET/SDH, constituindo o modo *EoS* (*Ethernet over* SONETH/SDH).

Evidenciou-se a necessidade de transporte de *Metro/Carrier Ethernet* PDUs a longa distância. Para viabilizar esse transporte torna-se necessário o uso de uma PSN (*packet switching network*) como WAN de transporte. É possível a utilização de redes de camada 2, orientadas a conexão (ATM e *Frame Relay*) ou principalmente de redes IP (com L2TPv3 *tunneling*, tipicamente) com esse propósito.

Definiu-se o MPLS, todavia, como a principal opção de WAN para a extensão interurbana e mesmo intercontinental das redes *Metro/Ethernet*. Os capítulos 10 e 11 apresentam, respectivamente, as aplicações VPWS e VPLS do MPLS como solução para essa extensão.

As redes RPR, que são uma alternativa para as redes *Metro/Carrier Ethernet* apoiando-se diretamente em canais WDM, vêm encontrando resistência em sua implementação.

2.2.2 REDES DE CAMADA 2 ORIENTADAS A CONEXÃO

As redes de camada 2 orientadas a conexão abordadas neste subitem são as redes ATM e *Frame Relay*, considerando-se que as redes X.25 não se aplicam ao contexto em pauta. Essas redes transportam datagramas de camada de rede no modelo *overlay* da mesma forma que as redes sem conexão, mas possuem particularidades que impactam essa função.

A grande diferença reside no fato de que as redes orientadas a conexão operam com base em circuitos virtuais, o que as tornam redes *non-broadcast*. A administração do provimento de circuitos virtuais torna-se uma grande dificuldade para as grandes redes, seja em operação por PVCs ou por SVCs.

Em qualquer dessas redes e em qualquer dessas hipóteses, o processo de controle, já crítico pelo tráfego de roteamento, é agravado pela necessidade de resolução de endereços e, no caso de uso de SVCs, pela necessidade de sinalização para o estabelecimento de circuitos virtuais.

A necessidade de resolução de endereços de camada 2 decorre do fato de que o processo de roteamento fornece o endereço IP do *next-hop* em torno da configuração em *overlay*, mas não fornece o correspondente endereço de sub-rede, que no caso é a rede de camada 2 de suporte (ATM ou *Frame Relay*). Para o atendimento dessa necessidade deve ser utilizado um protocolo da família ARP (*Address Resolution Protocol*) apropriado para a rede de suporte e para o seu modo operacional.

São exemplos os protocolos ARP (que recebe a denominação da família), RARP (*Reverse* ARP), *In*ARP (*Inverse* ARP), ATMARP e *In*ATMARP. Parte desses protocolos opera diretamente entre os terminais das redes, enquanto os demais requerem o uso de servidores próprios.

Para a separação virtual de redes privativas sobre redes de camada 2 são constituídas as denominadas LISes (*logical IP sub-networks*). Uma LIS é uma rede (sub-rede) IP privativa virtual (*logical*) sobre uma rede de camada 2, pública ou privativa, cujos terminais possuem,

12 TCP/IP sobre MPLS

com exclusividade no contexto da inter-rede global, o mesmo prefixo de endereço IP. Isso possibilita a sua utilização como uma sub-rede dessa inter-rede. Observa-se que uma LIS é uma VPN constituída com base exclusiva em endereços IP, não envolvendo a rede *backbone* que a suporta.

A comunicação interLISes pode ocorres de três modos:

- Via roteadores de trânsito comuns às LISes que se comunicam.
- Via servidores de tráfego.
- Diretamente entre terminais de diferentes LISes.

No caso de redes ATM de suporte ao IP, foram desenvolvidos mecanismos que possibilitam a resolução de endereços interLISes, o que enseja a possibilidade de estabelecimento de SVCs diretamente entre terminais dessas LISes.

O envelopamento do IP por ATM e *Frame Relay* pode ocorrer de dois modos:

- Modo nativo.
- Modo não-ativo.

2.2.2.1 ENVELOPAMENTO IP NO MODO NATIVO

Quando o IP é envelopado diretamente por um protocolo de camada 2, sem a intermediação de outras camadas ou subcamadas, esse envelopamento ocorre no denominado modo nativo. O modo nativo pode ocorrer, para os casos do *Frame Relay* e ATM, de duas formas:

- com PVCs em rede *mesh*.
- com a constituição de SVCs por sinalização.

A Figura 2.1 representa uma configuração ilustrativa de encapsulamento IP no modo nativo por ATM ou *Frame Relay* em uma rede *mesh* constituída com PVCs.

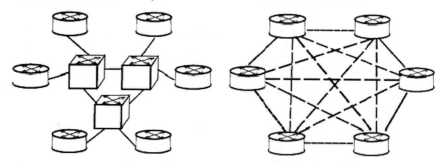

Figura Física   Figura Lógica / Roteamento

Figura 2.1   Exemplo de configuração em *overlay*.

Como se observa nessa figura, em decorrência da configuração de rede o roteamento IP representa uma elevada sobrecarga de tráfego de controle para a rede ATM ou *Frame*

O MPLS e o seu Espaço **13**

Relay, pelo elevado número de adjacências de roteamento existentes. Esse número M de adjacências, igual ao número de PVCS em rede *mesh*, é dado pela fórmula M = $N(N-1) \div 2$, onde N é o número de roteadores e *hosts* diretamente conectados à rede *Frame Relay* ou ATM. Uma mudança de topologia que afete o tráfego de dados através do *backbone* da rede ocasiona a absurda necessidade de N^4 mensagens de roteamento.

No caso do *Frame Relay*, a única alternativa praticamente disponível é de rede *mesh* de PVCs, devido à não implementação global de sinalização e de conexões ponto-a-multiponto. Para essa alternativa, a RFC 2390 definiu o uso do protocolo *InARP*, que é um protocolo da família ARP sem uso de servidores, que associa endereços IP de *next-hops* aos respectivos DLCIs de saída nos roteadores e *hosts* pertinentes a uma LIS sobre a rede *Frame Relay*. A RFC 2390 não menciona roteamento para tráfego *multicast* ou *broadcast*, que continua a se realizar pela onerosa transmissão na forma ponto-a-ponto a partir do terminal de origem.

No caso do ATM, é possível as duas formas de utilização do modo nativo, conforme a RFC 2225 (*Classical* IP *and* ARP *over* ATM). As redes *mesh* de PVCs utilizam os mesmos procedimentos de quando a rede de suporte é uma rede *Frame Relay*, aplicando-se, no caso, o protocolo *InATMARP*. Nesse caso, o protocolo *InATMARP* é uma adaptação do protocolo *InARP* para o ATM.

Para possibilitar a constituição de SVCs ATM, a RFC 2225 definiu o protocolo ATMARP, utilizando um servidor específico. Pelo protocolo ATMARP, os roteadores e *hosts* dentro de uma LIS obtêm os endereços ATM (E.164 ou DSAP, para redes ATM públicas ou privativas respectivamente) dos *next-hops* por consulta ao servidor ATMARP. Com os endereços ATM obtidos, os roteadores e *hosts* constituem por sinalização os SVCS para os *next-hops* indicados, e passam a enviar os seus datagramas IP. Observa-se que o servidor ATMARP utiliza o protocolo *In*ATMARP com os terminais para a montagem das tabelas ATMARP.

A questão do tráfego *inter*LISes foi posteriormente abordado pela definição do protocolo NHRP (*Next-Hop Resolution Protocol*).

Persistiram os problemas relativos a roteamento e tráfego *multicast* e *broadcast* em redes ATM de suporte ao IP, ignorados pela RFC 2225 e pelos padrões normativos do NHRP, que consideraram exclusivamente a questão de resolução de endereços ATM.

2.2.2.2 ENVELOPAMENTO IP NO MODO NÃO-NATIVO

Foram definidos pelo ATM *Forum* duas soluções para o modo não-nativo de envelopamento IP por ATM:

- LAN *Emulation over* ATM (LANE).
- *Multiprotocol over* ATM (MPOA).

Alternativamente, o *Bellcore* definiu uma concepção de rede denominada SMDS (*Switched Multimegabit Data Service*) sobre ATM, como extensão ao SMDS sobre DQDB (*Distributed Queue Dual Bus*) anterior, que possui servidores para a distribuição *multicast* e *broadcast* de dados, tornando mais eficiente o roteamento, a resolução de endereços e a transmissão de tráfego *multicast* no protocolo IP transportado. As versões do SMDS, contudo, não tiveram sucesso.

14   TCP/IP sobre MPLS

A LANE e o MPOA representam uma evolução com relação à RFC 2225 por endereçarem também as questões de roteamento e do tráfego *multicast* e *broadcast*. O MPOA, que tem a versão 2 da LANE como camada 2, contempla ainda as questões de tráfego inter-LISes e de suporte a diferentes protocolos de camada de rede.

A LANE tem o MAC como subcamada de intermediação entre o IP e o ATM, razão pela qual é considerada uma forma de emulação de LANs.

A configuração básica da LANE encontra-se na figura 2.2.

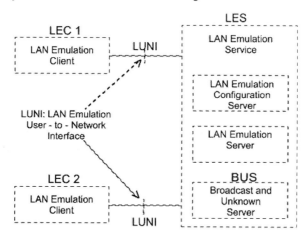

Figura 2.2   Configuração de LANE (LAN *Emulation over* ATM).

O LES desempenha função assemelhada à do servidor ATMARP da RFC 2225, enquanto o BUS distribui o tráfego *multicast* e *broadcast* de roteamento, resolução de endereços e de dados.

A despeito da melhoria de *performance* com relação ao modo nativo, a LANE e o MPOA trouxeram novos problemas:

- Necessidade de uso de servidores centrais, normalmente com *back-up*, estrangulando o tráfego que por eles passa e aumentando a possibilidade de erros.
- Não eliminação da necessidade de resolução de endereços ATM e de sinalização para a constituição de SVCs.
- Complicação operacional, em virtude da diversidade de protocolos e da dificuldade de implementação desses protocolos.

Esses problemas redundaram no abandono progressivo desses mecanismos e na necessidade de definição de novas alternativas, cujo grande exemplo atual é o MPLS.

2.3   REDES TOTALMENTE IP

Roteadores de maior capacidade operam, nesse tipo de solução, como centrais de trânsito da rede *backbone* IP, sendo as conexões entre esses roteadores suportadas por um protocolo ponto-a-ponto de enlace de dados, a exemplo do PPP.

O MPLS e o seu Espaço **15**

2.3.1 VANTAGENS DA SOLUÇÃO TOTALMENTE IP

Como existe uma única rede (IP), não se aplica o modelo *overlay*, com as seguintes vantagens sobre a solução com redes de camada 2 no modelo *overlay*:

- O número de adjacências de roteamento na rede *backbone* é menor, reduzindo em conseqüência o tráfego de roteamento que a atravessa.
- Não há necessidade de resolução de endereços como ocorre quando o *backbone* de suporte é *Frame Relay* ou ATM.
- Não há necessidade de sinalização.

2.3.2 DESVANTAGENS DA SOLUÇÃO TOTALMENTE IP

As redes totalmente IP apresentam as seguintes desvantagens relativamente à solução com redes de camada 2 no modelo *overlay*:

- Roteadores têm maior funcionalidade que os switches de camada 2, sendo algumas funções desnecessárias para o simples envio de datagramas. Basta verificar o número de protocolos e interfaces disponíveis em roteadores. Em conseqüência, os switches apresentam melhor custo/performance que os roteadores.
- Os switches normalmente possuem maior nível de performance que os roteadores em uma dada época.
- O ATM e o Frame Relay foram concebidos pelo ITU-T para operar em redes globais, de longa distância, estando essas redes mundialmente disponíveis.

Além da simples concepção técnica e operacional, as redes de camada 2 são acopladas à definição integrada de serviços públicos. No caso do ATM, por exemplo, essa concepção integrada de redes e serviços constitui a denominada B-ISDN (*Broadband Integrated Services Digital Network*).

A despeito dessas desvantagens, as redes WAN totalmente IP tiveram inicialmente boa aceitação, perdendo espaço progressivamente para o MPLS, no entanto. As razões para a grande aceitação do MPLS decorre de algumas limitações adicionais das redes totalmente IP.

2.3.3 LIMITAÇÕES ADICIONAIS DA SOLUÇÃO TOTALMENTE IP

A solução totalmente IP apresenta algumas limitações adicionais às desvantagens relativamente às soluções com redes de camada 2 em *overlay*. Dentre tais limitações podem ser citadas:

- O acoplamento intrínseco entre o roteamento e a transmissão de datagramas IP.
- Transmissão de datagramas IP com base exclusivamente no endereço IP de destino.
- Dificuldade para a implementação de *Traffic Engineering*.
- Impossibilidade de desacoplar o roteamento tipo EGP do roteamento tipo IGP.
- Dificuldade para a implementação de L2VPNs e L3VPNs.

2.4 A SOLUÇÃO MPLS

2.4.1 ASPECTOS GERAIS DO MPLS

O MPLS associa a capacidade de roteamento IP à eficiência da transferência de dados por *switches*. O suporte para os LSRs podem ser os *switches* de camada 2 ou os próprios roteadores, todos com a devida adaptação funcional.

No MPLS utiliza-se o modelo *peer*, uma vez que os LSRs, além de envelopar os datagramas IP por labels para a sua comutação, participam do processo de roteamento IP. Há em conseqüência a redução do número de adjacências de roteamento, da mesma forma que na solução totalmente IP.

A figura 2.3 representa um exemplo de redes MPLS.

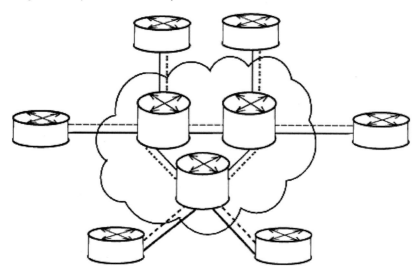

Figura 2.3 Configuração de rede MPLS (modelo *peer*).

2.4.2 ASPECTOS FUNCIONAIS E VANTAGENS DO MPLS

O MPLS evita ou minimiza as limitações e desvantagens das soluções anteriores e associa as suas vantagens, possibilitando novas funções e novas vantagens operacionais, conforme a seguinte relação:

- Apresenta a mesma funcionalidade que as redes totalmente IP no que concerne ao roteamento.
- Usufrui da maior capacidade e melhor custo/performance dos *switches*.
- Pode ser suportado por praticamente todas as tecnologias de camada de enlace de dados e de rede.
- No caso de suporte em ATM ou *Frame Relay*, elimina a necessidade de processos de resolução de endereços e de sinalização.

O MPLS e o seu Espaço   17

- Torna desnecessárias as soluções complementares ao ATM como LANE e MPOA.
- Desacopla o roteamento da transmissão de pacotes, possibilitando o desenvolvimento e implementação de novos processos de roteamento sem qualquer alteração no processo de transmissão de pacotes.
- Possibilita a transmissão de pacotes de forma independente do conteúdo do *header* do datagrama IP.
- Facilita a implementação de *Traffic Engineering*.
- Possibilita o desacoplamento entre o roteamento tipo EGP do roteamento tipo IGP, possibilitando assim a implementação da facilidade *hierarchy of routing knowledge*.
- Facilita a constituição de L3VPNs (BGP/MPLS IP VPNs) e de L2VPNs (VPWS, VPLS e IPLS).
- Possibilita a definição de um processo de sinalização para a constituição dinâmica de conexões em redes modo circuito a exemplo do SHD (aplicação denominada GMPLS).
- Pode constituir-se, com a introdução de novos processos de OAM, em uma nova concepção de rede de transporte, concepção essa denominada MPLS-TP.

As funções e vantagens do MPLS acima apresentadas evidenciam claramente as razões do crescente sucesso dessa tecnologia. O MPLS constitui-se hoje no principal meio de transporte de datagramas IP a longa distância, seja de modo nativo ou mediante a intermediação de uma rede de camada 2 entre o IP e o MPLS.

Essas funções encontram-se expostas ao longo deste livro, com um nível de detalhamento suficiente para o seu pleno entendimento.

Capítulo 3

Aspectos Relevantes do TCP/IP

3.1 Preâmbulo
3.2 Endereçamento no TCP/IP
3.3 Roteamento no TCP/IP
3.4 Constituição de Túneis IP

20 TCP/IP sobre MPLS

3.1 PREÂMBULO

Como veremos ao longo deste livro, o papel atribuído ao MPLS é o de conduzir, de modo nativo ou de modo não nativo, datagramas IP a médias e a longas distâncias. A capacidade multiprotocolo do MPLS em termos de suporte direto de protocolos de camada 3 é utilizada restritamente ao IP (IPv4 e IPv6), devido à pouca necessidade de condução de outros protocolos e às dificuldades de implementação dessas alternativas.

Para melhor entendimento do MPLS torna-se necessária, neste início, a abordagem de alguns aspectos do TCP/IP que consideramos relevantes para o MPLS. Tais aspectos são os seguintes:

- Endereçamento.
- Roteamento.
- Constituição de túneis IP.

Ao longo deste capítulo parte desses aspectos será vista separadamente para os protocolos IPv4 e IPv6, enquanto a parte restante, que se refere indistintamente a esses protocolos, será abordada abrangentemente.

3.2 ENDEREÇAMENTO NO TCP/IP

A grande motivação para o desenvolvimento do IPv6, também denominado IP *Next Generation* (IPng), foi a crescente demanda da *Internet* no que concerne à quantidade de endereços, em face da limitação de espaço para os endereços IPv4 (32 *bits*), que progressivamente se torna insuficiente para atender a essa demanda.

O IPv6, como resposta, passou a possibilitar a utilização de 128 *bits* (16 octetos) com esse propósito, multiplicando-se assim por quatro a oferta de endereços IP.

3.2.1 ENDEREÇAMENTO NO IPv4

3.2.1.1 CLASSES E INTERVALOS DE ENDEREÇOS IPv4

A RFC 791, que define o IPv4, estabelece que os endereços IPv4, com 32 *bits*, podem pertencer a cinco diferentes classes, apresentadas na figura 3.1.

	0	8	16	24	32
Class A	0	Net ID	Host ID		
Class B	1 0		Net ID	Host ID	
Class C	1 1 0		Net ID		Host ID
Class D	1 1 1 0		Multicast Group ID		
Class E	1 1 1 1 0		Reserved for Future Use		

Figura 3.1 Classes de endereços IPv4.

Aspectos Relevantes do TCP/IP   21

Essas classes de endereços correspondem a intervalos de endereços IPv4 conforme a figura 3.2.

	Intervalo
Classe A	0.0.0.0 a 127.255.255.255
Classe B	128.0.0.0 a 191.255.255.255
Classe C	192.0.0.0 a 223.255.255.255
Classe D	224.0.0.0 a 239.255.255.255
Classe E	240.0.0.0 a 247.255.255.255

Figura 3.2   Intervalos para as classes de endereços IPv4.

Os endereços IPv4 nessa figura estão representados na notação *dotted-decimal*, onde cada octeto é representado em números decimais.

Os valores de *net* ID são obtidos junto ao *InterNIC*, enquanto os valores de *host* ID são assignados pelas administrações que operam as redes.

3.2.1.2   MÁSCARAS DE SUB-REDES

Com o intuito de flexibilizar a utilização do conceito de ne*t* ID, que se constitui na base para o roteamento IPv4, foi definida uma forma de extensão de identificação das redes, por meio do conceito de *sub-net* ID.

Através desse conceito a identificação das redes passa a ocorrer de forma hierarquizada, cabendo às administrações a definição de *subnets* IDs, utilizando para isso o espaço relativo aos *hosts* IDs.

O novo formato de endereços IPv4 encontra-se na figura 3.3, tomando-se a classe B como exemplo.

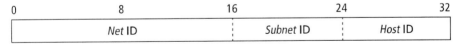

Figura 3.3   Formato da classe B com *sub- net* ID.

Quando da recepção de um datagrama IPv4, o *host* ou roteador receptor identifica a classe do endereço pelo valor do primeiro octeto desse endereço. Para a definição do limite entre o *sub-net* ID e o *host* ID, contudo, é necessário o conhecimento da máscara de sub-rede correspondente aos pacotes transmitidos.

Para o exemplo da classe B sem sub-rede , ou dizendo de outra forma, com valor nulo de sub-rede, a máscara de sub-rede tem o formato 255.255.0.0. Como se observa, a presença do valor 255 em uma máscara indica que o respectivo octeto destina-se à identificação de rede ou de sub-rede.

22   TCP/IP sobre MPLS

Se, por exemplo, passarmos a adotar o terceiro octeto a contar da esquerda como identificador de sub-rede, significando que a rede correspondente à classe B pode conter agora múltiplas sub-redes, a máscara de sub-rede passa a ter o formato 255.255.255.0, o que corresponde à figura 3.3.

Uma outra forma de identificar essa condição é pelo acréscimo do número de *bits* correspondentes às identificações da rede e da sub-rede (número de *bits* correspondentes ao prefixo do endereço IPv4) ao final do endereçamento IP. Nos dois exemplos acima teríamos para o endereço 140.25.13.4 (respectivamente) as seguintes representações:

- 140.25.13.4/16.
- 140.25.13.4/24.

As extensões para a constituição de sub-redes não ocorrem necessariamente por valores múltiplos de números de octetos. Por exemplo, vamos considerar para a classe C a máscara de sub-rede 255.255.255.192. Como o número 192 é 11000000 em codificação binária, essa máscara de sub-rede permite a constituição de quatro sub-redes, utilizando os dois *bits* mais significativos para suas identificações, restando seis *bits* para a identificação de *host* IDs.

3.2.2   ENDEREÇAMENTO NO IPv6

O IETF emitiu, além da RFC 2460 que abrange toda a especificação do IPv6, também a RFC 4291 que trata especificamente da arquitetura para endereçamento no IPv6.

3.2.2.1   NOTAÇÕES PARA REPRESENTAÇÃO DE ENDEREÇOS IPv6

A notação básica para a representação de endereços IPv6 consiste em sua divisão em oito partes com dois octetos, representando essas divisões de forma alfa-numérica, como no seguinte exemplo:

- 2001:DB8:0:0:0:0:200C:4174.

Foi definida uma representação simplificada, baseada na compressão de uma seqüência de zeros. Uma seqüência de zeros é representada pelo uso do símbolo ::, sendo que essa representação só pode ocorrer uma única vez em um endereço.

Assim, no exemplo acima teríamos a representação abaixo:

- 2001:DB8::200C:4174.

Os endereços IPv6 dizem respeito normalmente a interfaces, e não a nós de redes. Para isso eles são estruturados em duas partes:

- *Subnet prefix* (*n bits*).
- *Interface* ID (128-*n bits*).

Vamos considerar o seguinte exemplo de endereço IPv6:

- 2001:DB6:0:CD31::CDEF.

Se considerarmos a utilização de um *subnet prefix* de 60 *bits* nesse endereço, podemos representá-lo da seguinte forma:

■ 2001:DB6:0:CD31::CDEF/60.

O *subnet prefix*, nesse caso, recebe a seguinte representação:

■ 2001:DB6:0:CD31::/60.

Observa-se que dígito 1 final de CD31 encontra-se representado, embora não seja parte do *subnet prefix*.

3.2.2.2 TIPOS DE ENDEREÇOS IPv6

Existem três tipos básicos de endereços IPv6:

■ Endereços *unicast.*
■ Endereços *anycast.*
■ Endereços *multicast.*

Os endereços *anycast* identificam um conjunto de interfaces (tipicamente pertencentes a diferentes nós), mas um pacote com endereço de destino *anycast* é destinado a apenas uma das interfaces identificadas pelo endereço. A interface de destino é a mais próxima, de acordo com o critério de medição de distância do protocolo de roteamento utilizado.

Não existe no IPv6 os endereços *broadcast*, sendo a sua função exercida por endereços IPv6 *multicast.*

Além dos endereços IPv6 do tipo básico, foram definidos alguns tipos especiais de endereço IPv6, que são os seguintes:

■ Endereço *unspecified.*
■ Endereço *loopback.*
■ Endereço *global unicast.*
■ Endereço *link-local* IPv6 *unicast.*
■ Endereço *site-local* IPv6 *unicast.*

Endereços *unspecified* são totalmente constituídos por zeros, o que indica, na realidade, ausência de endereço. Esse tipo de endereço pode ser utilizado, por exemplo, como endereço IP de origem enviado por um *host* na fase de inicialização, antes de conhecer o seu próprio endereço.

Endereços *loopback* são zerados em toda a sua extensão, à exceção do último par de octetos, que é constituído por *bits* 1. Esse tipo de endereço é tratado como tendo o escopo *link-local*, sendo considerado como um endereço de uma interface virtual (*loopback interface*) de um link imaginário que conduz o pacote de retorno ao nó que o originou.

Endereços *global unicast* são endereços IPv6 *unicast* que cumprem funções especiais. Um importante exemplo diz respeito ao processo de implementação do IPv6 em convivência com a utilização do IPv4. Foram definidos dois tipos de endereço IPv6 com esse propósito, que são os seguintes:

24   TCP/IP sobre MPLS

- IPv4 – *compatible* IPv6 *address*.
- Pv4 – *mapped* IPv6 *address*.

Endereços IPv4-*mapped* IPv6 não são mais utilizados. Os endereços IPv4-*compatible* IPv6 permitem a transmissão de pacotes IPv4 transparentemente por nós que suportam apenas o IPv6.

Endereços *link-local* IPv6 *unicast* são utilizados para um único *link*, com objetivos tais como a configuração de endereços, o descobrimento de vizinhos, ou quando não existe a presença de roteadores.

Endereços *site-local* IPv6 *unicast* desempenham funções similares as dos endereços *site-local*, porém em âmbito de um *site*. Esse tipo de endereço não é mais utilizado, persistindo porém a existência de implementações que o suportam.

As formas de representação de endereços IPv6 podem ser sumarizadas conforme a figura 3.4.

Address Type	IPv6 notation
Unspecified	: :/128
Loopback	: :1/128
Multicast	FF00 : :/8
Link-Local Unicast	FE00 : :/10

Figura 3.4   Formas de representação de endereços IPv6.

3.3   ROTEAMENTO NO TCP/IP

Vamos apresentar, neste item, uma visão ampla dos processos de roteamento no TCP/IP, focalizando-se primordialmente a utilização desses processos no MPLS. Como conseqüência do roteamento, os roteadores (inclusive os LSRs) preenchem as entradas de suas FIBs (*forwarding informations bases*) para a sua operacionalização.

Os processos, traduzidos em protocolos de roteamento, podem ser classificados de diferentes formas, como nos seguintes casos:

- Roteamento convencional versus *constraint-based routing*.
- Roteamento com base em diferentes métricas.
- Roteamento tipo IGP versus tipo EGP.
- Roteamento *unicast* versus *multicast*.

3.3.1   ROTEAMENTO CONVENCIONAL *VERSUS* CONSTRAINT-BASED ROUTING

Os protocolos de roteamento convencionais operam com métricas básicas especificas, definidas para o estabelecimento das rotas a serem utilizadas pelos pacotes que transitam na rede. O roteamento convencional pode operar com uma única métrica especifica ou pode

Aspectos Relevantes do TCP/IP   **25**

alternar diferentes métricas especificas, e tem no endereço IP (ou no prefixo do endereço IP) de destino o único atributo considerado.

O *constraint-based routing*, diferentemente, utiliza, além de uma métrica especifica, um conjunto de condições suplementares ao simples endereço IP (ou prefixo do endereço IP) de destino a serem observadas quando da definição das rotas. Por exemplo, podem ser considerados atributos de qualidade como *jitter*, retardo e possibilidade de descarte para os pacotes transmitidos. Pode ocorrer reserva de recursos de redes, particularmente em termos de largura de banda.

3.3.2   ROTEAMENTO COM BASE EM DIFERENTES MÉTRICAS

O roteamento convencional pode utilizar algoritmos de definição de rotas com base em diferentes métricas. As principais métricas utilizadas são a métrica *distance vector* e a métrica *link* state.

A métrica distance vector tem uma lógica simples de funcionamento, e foi mais utilizado em roteamento intradomínio (tipo IGP) no passado, sendo suplantada pelo uso de métrica *link state*. Em termos de roteamento interdomínios (tipo EGP), contudo, a métrica *distance vector*, pela sua simplicidade, mantém-se em elevado patamar de utilização.

Enquanto a métrica *distance vector* tem como base a distância medida em números de hops percorridos, a métrica *link state* utiliza o conceito de distância de forma mais flexível. As distâncias podem ser medidas por diferentes tipos de atributos, que se refletem em uma medida única de distância.

3.3.3   ROTEAMENTO TIPO IGP *VERSUS* ROTEAMENTO TIPO EGP

Para reduzir o tráfego de roteamento, as redes IP (assim como as redes MPLS) podem ser divididas em diferentes *autonomous systems* (ASes), também referidos como domínios de roteamento (*routing domains*). Os ASes, por sua vez, podem ser subdivididos em diferentes áreas de roteamento.

Os protocolos que operam no interior de um AS são ditos protocolos de roteamento tipo IGP (*interior gateway protocol*) ou *intra-domain routing protocols*. Os protocolos cuja operação abrange toda a rede, considerando porém a existência de protocolos IGP nos seus diferentes ASes, são ditos protocolos de roteamento tipo EGP (*exterior gateway protocol*) ou *inter-domains* (ou *inter* ASes) *routing protocols*.

No MPLS, os protocolos tipo IGP (OSPF, com ou sem extensões, particularmente) são os responsáveis pela constituição dos caminhos *hop-by-hop* entre os LSRs da rede, por onde cursam os pacotes MPLS. No MPLS básico, os protocolos do tipo IGP são normalmente suficientes para pleno funcionamento do MPLS.

Em outras aplicações, a exemplo das VPNs BGP/MPLS IP, torna-se necessário o uso complementar de protocolos do tipo EGP (BGP, particularmente) nos LSRs situados nas fronteiras da rede MPLS. Os caminhos *hop-by-hop* no interior da rede continuam, no entanto, a ser constituídos por túneis MPLS (quando os nós interiores da rede são também LSRs), podendo alternativamente constituírem-se de túneis IP (o que será visto no item 3.4 deste capítulo).

26 TCP/IP sobre MPLS

3.3.3.1 ROTEAMENTO TIPO IGP

Os principais protocolos de roteamento do tipo IGP são os seguintes:

- *Link state*: OSPF, IS-IS e extensões desses protocolos.
- *Distance vector*: RIP e IGRP.
- Métrica híbrida: EIGRP.

Protocolos IGP com Métrica Link State

O protocolo OSPF (*Open Shortest Path First*), cuja segunda versão (OSPF 2) foi definida pela RFC 1247, é o protocolo IGP de maior utilização no momento, inclusive no MPLS. Por essa razão será objeto específico do subitem 3.3.6 deste capítulo.

O IS-IS (*Intermediate System to Intermediate System*) é um protocolo IGP com métrica *link state* desenvolvido pela ISO, especificado nos mesmos moldes que o OSPF. O IS-IS tem menos utilização que o OSPF.

Extensões dos protocolos OSPF, e mesmo do IS-IS, são largamente utilizados no MPLS. Como veremos no capítulo 8 deste livro, a aplicação *Traffic Engineering* requer a utilização de protocolo IGP operando com *constraint-based routing*, para que seja possível a distribuição dos diferentes atributos necessários à operacionalização dessa opção de roteamento. Com esse fim, a RFC 3630 define as extensões do OSPF para *Traffic Engineering*. Com esse mesmo propósito, relativamente ao IS-IS, foi emitida a RFC 3784 pelo IETF.

A RFC 2702, que descreve a funcionalidade das redes MPLS para *Traffic Engineering* (MPLS TE), tem como um de seus pilares a aplicação das extensões definidas pelas RFCs 3630 e 3784 para o MPLS TE.

Finalmente, a RFC 4124 define extensões às RFCs 3630 e 3784 (ou seja, extensões de extensões), no sentido de possibilitar a aplicação dos protocolos OSPF e IS-IS para o MPLS DS-TE, ou seja, para a funcionalidade que conjuga o uso de *Differentiated Services* (DS) e de *Traffic Engineering* (TE) em redes MPLS (o que será visto no capítulo 12 deste livro).

Protocolos do Tipo IGP com Métrica Distance Vector

O protocolo RIP, que utiliza a métrica distance vector, foi definido inicialmente pela RFC 1058, e teve uma segunda versão especificada pela RFC 1388. Embora continue sendo utilizado, o RIP perdeu o seu espaço para o OSPF, que apresenta uma funcionalidade mais adequada para redes de grandes dimensões.

O IGRP (*Interior Gateway Routing Protocol*) é um protocolo proprietário definido pela CISCO *Systems*, e representa uma evolução do RIP, operando também com a métrica *distance vector*.

Protocolo EIGRP

O protocolo EIGRP (*Enhanced* IGRP) é também um protocolo proprietário definido pela CISCO *Systems*, e representa uma evolução do IGRP. O EIGRP utiliza a métrica *distance vector*, mas desempenha certas funções na métrica *link state*, sendo assim um protocolo do tipo IGP com métrica híbrida.

Aspectos Relevantes do TCP/IP   27

3.3.3.2 ROTEAMENTO TIPO EGP

Para o roteamento tipo EGP podem ser citados os seguintes protocolos:

- EGP (*Exterior Gateway Protocol*).
- BGP (*Border Gateway Protocol*).
- MP-BGP (*Multiprotocol* BGP).
- Extensão do MP-BGP para BGP/MPLS IP VPNs.
- DRP (*Inter-domains Routing Protocol*).

O protocolo EGP, que tem a mesma denominação que o tipo de protocolo a que pertence, foi o primeiro protocolo interdomínios, tendo sido posteriormente suplantado pelo BGP.

O protocolo BGP, agora em sua quarta versão (BGP 4), é um protocolo tipo EGP com métrica *distance vector* que se tornou predominante no IP e no MPLS, razão pela qual será tratado especificamente no subitem 3.3.7 deste capítulo.

Como o protocolo BGP (definido pela RFC 4271) destina-se especificamente ao IPv4, o IETF emitiu a RFC 4760 com o objetivo de estender a aplicabilidade do BGP-4 para os demais protocolos de camada de rede, extensão essa que passou a denominar-se MP-BGP (*Multiprotocol* BGP).

Para o caso específico do MPLS foi emitida a RFC 4364, que estabelece as condições gerais para o uso do MP-BGP na constituição de BGP/MPLS IP VPNs. Essas extensões do protocolo BGP são abordadas no capítulo 9 adiante neste livro.

O protocolo IRDP (*Inter-Domains Routing Protocol*) é um protocolo OSI de roteamento baseado em uma métrica denominada *path vector*, que é resultante de uma adaptação da métrica *distance vector*. O IDRP assumiu maior importância por ser um protocolo tipo EGP que se adapta ao IPv6.

Como última observação, registramos que os protocolos OSPF, IGRP e EIGRP, embora de forma limitada, podem ser também utilizados como protocolos do tipo EGP.

3.3.4 ROTEAMENTO UNICAST *VERSUS* MULTICAST

Existem diferentes formas pelas quais pacotes podem ser enviados em uma rede, conforme a seguinte relação:

- *Unicast* (*one-to-one*).
- *Broadcast* (*one-to-all*).
- *Anycast* (*one-to-nearest*).
- *Multicast* (*one-to-some*).

Os protocolos anteriormente citados neste item são destinados à transmissão *unicast* de pacotes, sendo então denominados protocolos de roteamento *unicast*. Para que um pacote seja transmitido para um conjunto total (*broadcast*) ou parcial (*multicast*) de endereços de destino utilizando-se roteamento *unicast*, o pacote tem de ser replicado para cada um dos destinos almejados.

No roteamento *multicast*, um pacote pode ser transmitido uma única vez para um conjunto definido de destinos (identificado por um endereço *multicast*) ou para a totalidade

28 TCP/IP sobre MPLS

de endereços de destino da rede ou do domínio de roteamento onde se localiza o terminal de origem.

Dentre os protocolos de roteamento IP *multicast* podem ser citados os seguintes:

- *Distance-Vector Multicast Routing Protocol* (DVMRP).
- *Protocol-Independent Multicast-Dense Mode* (PIM-DM).
- *Protocol-Independent Multicast Sparse Mode* (PIM-SM).

O suporte do MPLS à transmissão *multicast* de pacotes encontra-se ainda em fase de definição, razão pela qual nos limitaremos aqui à simples citação dos protocolos anteriores. Para maior aprofundamentos nessa área, recomendamos o livro *Deploying* IP *Multicast in the Enterprise*, citado na bibliografia ao fim deste livro.

3.3.5 OUTRAS CONSIDERAÇÕES SOBRE ROTEAMENTO

Podem ser citadas as seguintes outras considerações sobre roteamento IP, que se projetam sobre o MPLS:

- Roteamento *uni-path* ou *multi-path*.
- *Explicit routing*.

Protocolos de roteamento *unicast* podem definir mais de uma rota com o mesmo custo para um mesmo endereço de destino, a partir de um determinado nó da rede. A isso se denomina roteamento *multi-path*. Nesse caso, deve ser definido um algoritmo adicional para a indicação da rota a ser efetivamente utilizada por cada pacote recebido por esse nó da rede.

O processo de roteamento pode ocorrer de duas formas. A primeira se efetiva pela montagem de tabelas de roteamento em cada nó da rede (tabelas FIB), sendo que o encaminhamento posterior dos pacotes se processa pela consulta *hop-by-hop* dessas tabelas. Essa forma, referida como roteamento *hop-by-hop*, é utilizada no MPLS quando os túneis LSP não são constituídos por *Traffic Engineering*.

Alternativamente, as rotas podem explicitadas nos *headers* dos próprios pacotes transmitidos, o que permite a orientação da transmissão dos pacotes ao longo da rede. A isso se denomina *explicit routing* ou *source routing*. Como veremos no capitulo 8 deste livro, a aplicação MPLS TE utiliza uma forma de *explicit routing*, quando a definição das rotas explícitas por onde transitam os pacotes MPLS, decorre da utilização prévia de um protocolo de roteamento *hop-by-hop* (OSPF ou IS-IS) estendido para o MPLS TE.

3.3.6 O PROTOCOLO OSPF

O OSPF, definido pela RFC 2328, é o protocolo tipo IGP de maior importância no presente. Ele se fundamenta na métrica *link state* ou métrica SPF, cujo ponto de partida é o algoritmo *Bellman-Ford*. Embora seja basicamente um protocolo de roteamento *unicast*, o OSPF pode suportar também roteamento *multicast*, porém de forma limitada.

O protocolo OSPF foi desenvolvido com o propósito de atender a grandes redes, com foco especial na *Internet*. Ele inclui suporte explícito para CIDR (*Classless Inter-Domains Routing*), e processa informações de roteamento externas ao domínio a que se refere.

Aspectos Relevantes do TCP/IP **29**

Adicionalmente, ele foi desenvolvido para responder rapidamente a mudanças topológicas, com baixo tempo de convergência.

3.3.6.1 CONSIDERAÇÕES GERAIS

O roteamento pelo OSPF tem como base a constituição de *link-state batabases* nos roteadores pertinentes a um *autonomous system* (AS), que consistem de um conjunto de entradas que representam *local link states*. Os roteadores distribuem os seus *local link states* ou simplesmente *local states*, por inundação da rede.

Como primeira etapa, os roteadores encontram os seus vizinhos, utilizando para isso *hello packets*. Uma vez aprendidas as identidades de seus vizinhos, os roteadores repassam essas informações ao longo da rede, por meio de pacotes denominados LSAs (*link state advertisements*), inundando a rede. As LSAs divulgam os custos relativos a todas as rotas que podem ser utilizadas para atingir as diferentes sub-redes contidas no AS, assim como para atingir as sub-redes contidas em ASes externos, cujas informações são obtidas por meio de um protocolo tipo EGP.

Com base nessas LSAs, cada roteador entra na etapa final, que consiste nos cálculos que conduzem à definição da melhor rota (aquela com menor custo acumulado). Com base nesses cálculos, os roteadores constroem as suas *link-state databases*. O resultado desses cálculos é a definição de SPF *trees* centradas em cada roteador do AS. Se existirem rotas com custos iguais, o roteador distribui o tráfego entre elas, de acordo com um algoritmo para isso definido.

Para a plena operacionalização do OSPF são utilizados pacotes (mensagens) OSPF de diferentes tipos. Todos esses pacotes possuem um *header* comum, onde podem ser identificados os diferentes tipos de pacotes. Alguns desses pacotes contêm as LSAs, e podem ser de oito diferentes tipos.

Dentre os tipos de pacotes, suportados pelo OSPF, destaca-se a importância do *link state update packet*, responsável pela difusão das informações *link state*, por inundação, no interior dos ASes.

Os ASes no interior dos quais aplica-se o protocolo OSPF são conectados por meio de roteadores especiais, denominados AS *boundary routers* (ASBRs), que além de delimitar os ASes são os responsáveis pelo intercâmbio de informações de roteamento entre ASes (provindas de um protocolo de roteamento tipo EGP).

3.3.6.2 ORGANIZAÇÃO DE OSPF ASes

▨ Divisão de um AS em Áreas

O OSPF apresenta uma organização hierarquizada no AS a que se aplica, com o objetivo de limitar as áreas de influência do protocolo, reduzindo conseqüentemente as necessidades de espaços de memória, recursos de processamento e de larguras de banda.

A própria divisão de uma rede IP global em ASes conduz a essa otimização de uso de recursos dessa rede, mas o OSPF caminha adiante nesse propósito, pela subdivisão de ASes em áreas.

30   TCP/IP sobre MPLS

Uma área é uma coleção arbitrariamente escolhida de sub-redes e de roteadores, que é objeto de uma cópia separada de uso do algoritmo SPF básico. O conceito de área se assemelha ao de AS, ressalvando-se seu menor escopo e as suas particularidades. Existem diferentes tipos de áreas, podendo ser destacadas as *backbone areas* e as *stub areas*.

Backbone area é uma área especial no interior de um AS. Ela opera como *hub* do AS, sendo que as demais áreas do AS devem ser a ela conectadas. Assim, a *backbone area* deve conter os *area border routers* das demais áreas que constituem o AS.

Stub areas são áreas constituídas de forma tal que a saída de tráfego se processe exclusivamente por um *router default*. Dessa forma torna-se desnecessária a distribuição de rotas externas a essas áreas no seu interior, o que aumenta a eficiência de utilização de recursos da rede

■ Tipos de Sub-redes

O OSPF possibilita a utilização de vários tipos de sub-redes, que incluem circuitos ponto-a-ponto, redes locais e metropolitanas (*Ethernet*, FDDI, *Token Ring*, dentre outras) e redes orientadas a conexão (ATM e *Frame Relay*).

Essas redes podem ser classificadas da seguinte forma:

- *Broadcast networks.*
- *Non-broadcast networks.*

As *broadcast networks*, que consistem em sub-redes sem conexão como tipicamente LANs e as MANs, são mais apropriadas para o suporte ao OSPF, que opera por inundação.

As *non-broadcast networks*, consistem basicamente nas sub-redes orientadas a conexão (**X.25**, *Frame Relay* e ATM). Elas são redes operacionalmente inapropriadas para o tráfego *broadcast* característico do OSPF, quando utilizadas no transporte do IP no modo nativo. A utilização do MPLS constitui-se em uma forma de eliminar essa dificuldade, por se constituir em uma forma não nativa de transporte do IP sobre redes de camada 2 possuindo funcionalidades que possibilitam esse ganho operacional.

O modo usual de utilização de *non-broadcast networks*, referido como modo NBMA (*non-broadcast multi-access*), consiste na emulação operacional de redes *broadcast*, ocorrendo contudo a onerosa replicação das informações em todas as interfaces de saída dos roteadores.

Para uma rede NBMA que possua pelo menos dois roteadores conectados, podem ser definidos um ou mais *designated routers*. Um *designated router* é eleito pelo protocolo OSPF *Hello*, e a sua concepção permite a redução do número de adjacências de roteamento no AS e, em conseqüência, também de redução do tráfego OSPF e das dimensões das *link-state databases*.

A figura 3.5 ilustra a utilização do conceito de *designated routers*.

Como se verifica nessa figura, a distribuição de LSAs entre os diferentes roteadores se processa através dos roteadores R 2 e R 6 (*designated routers*), o que claramente amplia a eficiência de utilização de recursos da rede.

Aspectos Relevantes do TCP/IP   31

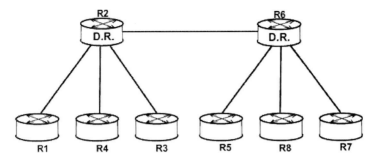

Figura 3.5   Uso de *designated routers*.

3.3.7   O PROTOCOLO BGP-4

O protocolo BGP-4, definido pela RFC 4271, é o protocolo tipo EGP de maior importância no presente. É um protocolo *distance vector*, baseado no paradigma que considera apenas os endereços IP de destino ou os prefixos dos endereços de destino como referencia para roteamento e no número de hops atravessados para alcançar esses destinos.

O BGP-4 provê um conjunto de mecanismos para o suporte do roteamento CIDR (*Classless Inter-Domains Routing*) que eliminam o conceito de classes de endereçamento no BGP-4. Para isso, o BGP-4 inclui o suporte para difundir um conjunto de destinos como endereços ou prefixos IP de destino, independentemente da classe de endereços a que pertençam.

O BGP-4, definido pela RFC 4271, restringe o seu suporte ao IPv4, mas a sua aplicação foi estendida aos demais protocolos de camada de rede pela RFC 4760, sendo essa extensão denominada MP-BGP (*Multiprotocol* BGP).

3.3.7.1   FUNCIONAMENTO BÁSICO

Entre cada par de IGP ASes envolvido no roteamento BGP existem um ou mais *border routers* que processam também o BGP, ou seja, que são também BGP *peers* ou BGP *speakers*. Esses roteadores constituem os denominados ASBRs (AS *border routers*). A comunicação de roteamento entre BGP *speakers* situados nos extremos de um AS é referida como IBGP (*interior* BGP), enquanto a comunicação de roteamento entre BGP *speakers* situados em diferentes ASes é denominada EBGP (*exterior* BGP).

No funcionamento básico do BGP os BGP *speakers* coletam as rotas referentes às sub-redes contidas nos ASes a que pertencem (conduzidas internamente por um protocolo IGP) e as repassam para os BGP *speakers* vizinhos.

Nesse processo são repassadas, para toda a malha BGP, as rotas relativas à totalidade das rotas dos diferentes ASes envolvidos. No interior de cada AS as rotas dos demais ASes são distribuídas pelos BGP *speakers* através dos respectivos protocolos IGP.

Como vimos no subitem 3.3.6 anterior, o OSPF, mediante o conceito de *stub area*, reduz o tráfego de distribuição de rotas externas ao AS (isto é, rotas de outros ASes). No MPLS, como veremos no capítulo 5 deste livro, é possível a eliminação da distribuição de rotas externas nos LRSs interiores à rede MPLS, mediante a utilização de um mecanismo denominado *hierarchy of routing knowledge*.

32 TCP/IP sobre MPLS

Cada BGP *speaker* mantém uma *routing information base* (RIB), que consiste de três diferentes partes:

- *Adj*-RIBs-*in*.
- *Loc*-RIB.
- *Adj*-RIBs-*out*.

A sub-base *Adj*-RIBs-*in* contém as informações de roteamento recebidas por um BGP *speaker* ainda não processadas. A sub-base *Loc*-RIB contém as rotas que foram selecionadas pelo BGP *speaker* para fins de utilização. A sub-base *Adj*-RIBs-*out* organiza as rotas para serem divulgadas para os devidos BGP *speakers*.

Embora essas bases sejam conceitualmente distintas, a forma de sua implementação, separadamente ou em conjunto, é uma decisão local não explicitada pela RFC 4271.

3.3.7.2 FASES E MENSAGENS DO BGP-4

O BGP-4 utiliza o TCP como protocolo de transporte, o que elimina a implementação adicional de algumas facilidades, tais como fragmentação, retransmissão, controle de fluxo e controle de seqüenciamento. A primeira fase de operacionalização do BGP-4 é então o estabelecimento de conexões TCP entre os BGP *speakers* adjacentes.

Após o estabelecimento das conexões TCP, o BGP-4 utiliza os seguintes tipos de mensagens:

1. OPEN.
2. UPDATE.
3. NOTIFICATION.
4. KEEPALIVE.

Essas mensagens possuem um *header* comum, seguido das informações específicas de cada tipo de mensagem.

Após o estabelecimento de uma conexão TCP, os BGP *speakers* adjacentes enviam mensagens OPEN para o seu par. Se aceitas, essas mensagens OPEN são respondidas por mensagens KEEPALIVE, o que confirma a abertura de uma sessão BGP-4. Dentre outros parâmetros (mandatários e opcionais), as mensagens OPEN contêm os endereços IP identificadores dos respectivos BGP *speakers*.

Mensagens UPDATE são as responsáveis pela difusão de rotas no BGP-4, tanto no que diz respeito a inclusões quanto à retirada de rotas que se tornaram inválidas. As rotas são discriminadas no campo NLRI (*network layer reachability information*).

Mensagens NOTIFICATION são enviadas para notificar condições de erro, sendo as conexões BGP imediatamente encerradas nessas condições.

Informações complementares relativas ao BGP-4, particularmente no que tange as suas extensões para suporte a múltiplos protocolos de camada de rede e a sua aplicação em BGP/MPLS IP VPNs, podem ser encontradas no capítulo 9 deste livro.

Aspectos Relevantes do TCP/IP   33

3.4 CONSTITUIÇÃO DE TÚNEIS IP

É comum em *networking* a utilização de um protocolo para a transmissão de um outro protocolo envelopado em seu interior. Essa é a forma adotada no modelo *overlay* para a transmissão de datagramas IP envelopados em quadros de sub-redes de camada 2.

Ocorrem situações em que se torna conveniente a inversão do papel do protocolo IP na formação das arquiteturas de inter-redes. O protocolo IP passa, nesses casos, a constituir-se na camada envelopadora, provendo túneis por onde escoam os quadros (ou pacotes) de outros protocolos, inclusive protocolos de camada 2. Uma das razões que justificam essas arquiteturas, além do aproveitamento das redes IP que se encontram difundidas em larga escala, é a constituição de L3VPNs sobre IP.

O uso do IP como camada envelopadora de túneis é, na realidade, um caso particular. Foram definidas formas genéricas de envelopamento de um protocolo X por outro protocolo Y, abrangendo uma variedade de opções de protocolos. No presente item, contudo, nos concentraremos no caso de túneis IP, isto é, quando o protocolo Y é o IP. Como veremos no capítulo 7 deste livro, túneis IP são utilizados como forma de transporte do MPLS.

A constituição de túneis IP pode ocorrer de forma nativa (referida como X-*in*-IP) ou pode se realizar mediante a introdução de camadas intermediárias. Observa-se que o protocolo Y pode ser também o IP, quando teríamos um envelopamento IP-*in*-IP (um exemplo é o IPv6-*in*-IPv4 *tunneling*, definido pela RFC 4891). Abordaremos as seguintes opções de uso de camadas intermediárias na constituição de túneis IP:

- *Generic Routing Encapsulation* (GRE).
- L2 *Tunneling Protocol* versão 3 (L2TPv3).
- P *Security* (IPsec).

O uso dessas formas de constituição de túneis IP, que significam um aumento no *overhead* de transmissão, justifica-se por razões tais como a possibilidade de identificação dos protocolos envelopados e questões de segurança na rede.

A forma genérica de identificação dessas opções de constituição de túneis IP é, por exemplo, X-*in*-GRE-*in*-IP, ou simplesmente X-*in*-GRE.

3.4.1 GENERIC ROUTING ENCAPSULATION (GRE)

A RFC 2784 define o protocolo GRE, que estabelece procedimentos para o encapsulamento de um protocolo arbitrário (protocolo X) sobre um outro protocolo arbitrário de camada de rede (protocolo Y). O GRE é uma forma simples, de propósito geral, que reduz a amplitude do processo de encapsulamento. Em contrapartida, o GRE não aumenta a segurança da rede, igualando-se, nesse aspecto, ao envelopamento nativo pelo IPv4.

| Delivery Header |
| GRE Header |
| Payload Packet |

Figura 3.6   Formato do encapsulamento de um protocolo pelo GRE.

34 TCP/IP sobre MPLS

O formato geral de um pacote encapsulado pelo GRE é o da figura 3.6.

Foi emitida posteriormente a RFC 2890, ampliando a funcionalidade do GRE definida pela RFC 2784.

O novo formato assumido pelo GRE *header* encontra-se na figura 3.7.

Os *bits* C, K e S indicam, respectivamente, as presenças dos campos *checksum*, *key* e *sequence number*.

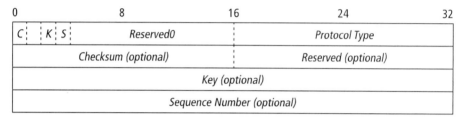

Figura 3.7   Novo formato do GRE *header*.

O campo *protocol type* identifica, pela codificação *Ethertype*, o protocolo envelopado, enquanto o campo *key* tem como propósito a identificação de *traffic flows* individuais no interior do túnel GRE.

O campo *sequence number* é utilizado pelo nó encapsulador (*head node*) se houver necessidade de controle de seqüenciamento de pacotes pelo nó decapsulador (*tail node*).

Quando o protocolo IPv4 é o *delivery protocol* (X-*in*-GRE-*in*-IPv4), o protocolo GRE é identificado no IPv4 pelo código 47. Para maiores detalhes recomendamos a consulta à RFC 1702.

Para o caso em que o *delivery protocol* é o IPv6 (X-*in*-GRE-*in*-IPv6), a referência é a RFC 2473.

A configuração IP-*in*-GRE-*in*-IP é utilizada como forma de constituição de L3VPNs sobre IP. Tal opção, no entanto, teve a sua importância reduzida em razão da utilização do MPLS como suporte para L3VPNs, o que será visto no capítulo 9 deste livro.

3.4.2 L2 TUNNELING PROTOCOL VERSÃO 3 (L2TPV3)

A constituição de L2VPNs pode ocorrer em dois modos básicos:

- Modo ponto-a-ponto.
- Modo multiponto-a-multiponto.

No modo ponto-a-ponto, uma rede PSN (*packet switching network*) opera como um *backbone* envelopador que emula circuitos ponto-a-ponto de uma rede de camada 2 envelopada. Tais circuitos são equivalentes a circuitos ponto-a-ponto interconectando diretamente *switches* de camada 2. Os circuitos ponto-a-ponto podem, também, se destinar à transmissão de *bit streams*, estruturados ou não-estruturados

No modo multiponto-a-multiponto, a rede PSN envelopadora emula uma LAN, o que permite tráfego de camada 2 ponto-a-multiponto (*multicast* ou *broadcast*) no interior da

Aspectos Relevantes do TCP/IP **35**

PSN, a partir de qualquer ponto de entrada da rede de camada 2 na PSN (ou seja, operação multiponto-a-multiponto).

Existem duas tecnologias predominantes de constituição de L2VPNs no modo ponto-a-ponto:

- VPWS (*Virtual Private Wire Service*).
- L2TPv3 (*layer 2 Tunneling Protocol* versão 3).

Para a constituição de L2VPNs no modo multiponto-a-multiponto, destaca-se a tecnologia denominada VPLS (*Virtual Private Lan Service*).

Os serviços VPWS e VPLS, definidos pela RFC 4664, são largamente empregados para a hipótese em que a PSN envelopadora é o MPLS e serão abordados com maiores detalhes nos capítulos 10 e 11 deste livro, respectivamente.

Para os casos em que a PSN envelopadora seja uma rede IP, a tecnologia mais empregada é o L2TPv3, que se constitui no objeto do presente subitem.

3.4.2.1 CONSIDERAÇÕES GERAIS SOBRE O L2TPv3

O L2TPv3 foi especificado pela RFC 3931 como uma evolução do L2TPv2 definido pela RFC 2661. A diferença fundamental reside no fato de que o L2TPv3 suporta múltiplos protocolos de camada 2, enquanto o L2TPv2 se restringe ao suporte do PPP.

Embora o L2TPv3 seja de ampla utilização quando suportado pelo IP, é possível a utilização de outras redes PSN de suporte, como redes *Frame Relay* e redes *Ethernet*, e mesmo redes MPLS.

Por outro lado, embora o protocolo L2TPv3 se destine ao envelopamento de protocolos de camada 2, pode ocorrer também o envelopamento de protocolos de camada de rede, como o próprio IP. Poderíamos ter assim uma configuração IP-*in*-L2TPv3-*in*-IP.

Uma outra alternativa é a configuração MPLS-*in*-L2TPv3-*in* IP, utilizada como forma de estabelecimento de túneis IP para o trânsito de pacotes MPLS, conforme a RFC 4817, o que será visto no capítulo 7 deste livro.

3.4.2.2 L2TPv3 COM SUPORTE EM REDES IP

O L2TPv3 apresenta a fase de controle (criação, manutenção e encerramento de conexões e de sessões) e a fase de transmissão de pacotes de dados. Os nós nos extremos das conexões são denominados LCCEs (L2TP *control connection endpoints*).

Os LCCEs podem ser de dois tipos:

- LNS (L2TP *network concentrator*).
- LAC (L2TP *access concentrator*).

Nos LNSs o processamento ocorre na camada de rede envelopadora, enquanto nos LACs o processamento ocorre na camada 2 envelopada. Esses processamentos dizem respeito, respectivamente, às fases de controle e de transmissão de pacotes de dados.

As conexões L2TP são multiplexadas em sessões, sendo que cada sessão corresponde a uma associação virtual ponto-a-ponto entre entidades contidas nos LCCEs. Essas associações virtuais ponto-a-ponto são denominadas *pseudowires* (PWs).

36 TCP/IP sobre MPLS

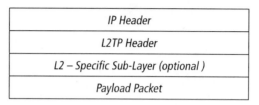

Figura 3.8 Formato básico de um pacote L2TP de dados.

O formato de um pacote L2TP de dados com suporte no IP tem o formato apresentado na figura 3.8.

No *payload packet* está contido o quadro do protocolo envelopado, que pode ser, por exemplo, um quadro *Ethernet* contendo um datagrama IP (configuração típica de uso de rede IP para extensão de redes *Metro Ethernet*).

O formato do L2TPv3 *header* é função do tipo de PSN envelopadora. A figura 3.9 apresenta esse formato para o caso de envelopamento de pacotes de dados por rede IP.

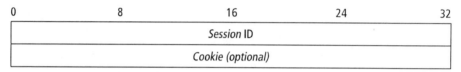

Figura 3.9 Formato do L2TPv3 *header* para dados com suporte no IP.

O campo *session* ID identifica um PW, que pode ser de tipos diferentes em função do tipo de protocolo de camada 2 envelopado. O contexto compreendido pelo valor do PW considera a existência opcional do L2-*specific sub-layer* e do campo *cookie*.

O campo *cookie* contém um valor aleatoriamente assignado, com no máximo 64 *bits*. Seu objetivo é prover um nível adicional de garantia de que cada pacote seja corretamente direcionado para a sessão L2TPv3 especificada pelo *session* ID. O valor do *cookie* deve ser um valor criptografado aleatório (vide RFC 4086), com a restrição adicional de que esse valor não seja igual a um valor recentemente utilizado como *session* ID.

3.4.2.3 ASPECTOS DE SEGURANÇA NO L2TPv3

As opções descritas anteriormente neste item (X-*in*-IP e X-*in*-GRE), definidas pela RFC 4023, apresentam baixo nível de segurança, comparável ao nível de segurança de redes IP convencionais. A utilização de túneis IP*sec*, a serem considerados no subitem 3.4.3 adiante, por outro lado, garante um nível de segurança mais elevado ao tráfego de dados por eles transmitidos.

O L2TPv3 provê uma solução de compromisso entre a segurança limitada oferecida pelas soluções da RFC 4023 e a maior segurança (com maior nível de *overhead* operacional, em contrapartida) oferecida pelos túneis IP*sec*.

Os túneis L2TPv3 podem obter um nível mais elevado de segurança mediante a utilização complementar, e opcional, de funções de IP*sec*. Essa possibilidade adicional provê mecanismos de autenticação e de proteção quanto à privacidade, dentre outros.

Aspectos Relevantes do TCP/IP   37

Registra-se que, da mesma forma, funções de IPsec podem ser também acrescentadas nos casos de túneis X-in-IP e de túneis X-in-GRE definidos pela RFC 4023.

3.4.3   IPSEC TUNNELING

A aplicação de IPsec tunneling (X-in-IPsec) é a forma mais segura de constituição de túneis X-in-Y, inclusive para o caso de tratar-se a rede Y de uma rede IP. A RFC 4301 define a versão atual da arquitetura aplicável a IPsec security. É importante registrar-se que IPsec tunneling é, na realidade, uma funcionalidade de segurança que se acrescenta a outros tipos de túneis IP, a exemplo de túneis GRE e L2TPv3.

Existem dois modos de aplicação de funções IPsec security:

- ■ Tunnel mode.
- ■ Transport mode.

O transport mode é o mais recomendado em função de sua simplicidade operacional, embora não assegure a proteção ideal com relação a fraudes envolvendo o endereço de origem da rede X. Apesar de sua denominação, o transport mode se realiza também pela constituição de IPsec tunnels.

Uma determinada forma de encapsulamento de um protocolo X pelo header do protocolo Y e pelo IPsec header corresponde a uma security association (SA). Existem então transport mode SAs e tunnel mode SAs.

O IPsec header corresponde a um encapsulating security payload (ESP), e o conjunto de parâmetros de segurança contido em um nó envelopador ou um nó desenvelopador é denominado SPI (security parameter index).

O transport mode tem grande utilização como um complemento de segurança ao GRE tunneling, L2TPv3 tunneling e a outros métodos de constituição de túneis.

Um importante exemplo de utilização de túneis IPsec são ao túneis IPv6-in-IPv4, definidos pela RFC 4891. Com a inevitável necessidade de coexistência temporária de redes IPv4 e redes IPv6, o transporte do IPv6 encapsulado no IPv4 constituiu-se em uma ferramenta fundamental, devendo ser considerados os devidos aspectos de segurança. Os túneis IPsec IPv6-in-IPv4 foram a solução encontrada pelo IETF para essa questão.

Outro importante exemplo é a utilização de túneis IPsec PE-PE em BGP/MPLS IP VPNs. Para referência, mencionamos o Internet draft do IETF denominado Architecture for the Use of PE-PE IPsec Tunnels in BGP/MPLS IP VPNs.

Capítulo 4

Aspectos Gerais
da Fase de Controle

4.1 Preâmbulo

4.2 Conceitos Básicos

4.3 Codificação e Envelopamento de Labels

4.4 Determinação de FECs

4.5 Montagem de FIBs

4.6 Bindings Locais entre FECs e Labels

4.7 Distribuição de Labels

4.8 Agregação de FECS

4.9 Montagem de LFIBs

4.10 Label Merging

40 TCP/IP sobre MPLS

4.1 PREÂMBULO

Para que um datagrama IP destinado a uma FEC, que ingressa em uma rede MPLS, possa trafegar corretamente por um LSP até o seu LSR de egresso e então ser transmitido para o seu destino é preciso que a rede MPLS passe por uma fase preparatória de controle, composta por algumas etapas. Essas etapas em uma visão ampla são as seguintes:

- Determinação de FECs.
- Montagem de FIBs.
- Criação de *bindings* locais entre FECs e labels.
- Distribuição de labels.
- Montagem de LFIBs.

O presente capítulo objetiva abordar essas etapas em seus aspectos gerais. Uma abordagem mais profunda será apresentada nos capítulos subseqüentes, particularmente no capítulo 6, que trata do protocolo LDP (*Label Distribution Protocol*). A parte principal da etapa referente à montagem das FIBs, que são os protocolos de roteamento do TCP/IP, já foi apresentada no capítulo 3 anterior.

Vale mencionar que este capítulo se restringe ao MPLS no modo básico, sendo que a operacionalização de processos de controle em aplicações especiais do MPLS, tais como a constituição de MPLS VPNs, *Traffic Engineering*, VPWS e VPLS serão objeto de capítulos subseqüentes deste livro.

Como embasamento inicial para a abordagem dessas etapas da fase de controle do MPLS serão apresentados de início neste capítulo alguns conceitos fundamentais do MPLS e, a seguir, a forma de codificação e envelopamento de labels. Após o encerramento da fase de controle, estando montadas as LFIBs ou as tabelas *cross-connect*, pode ter início a fase de transmissão de pacotes MPLS, cujos aspectos gerais constituirão o tema do capítulo 5.

4.2 CONCEITOS BÁSICOS

4.2.1 OPERAÇÕES COM LABELS

Existem três tipos de operações realizadas com labels:

- Inserção (*pushing*) de labels.
- Retirada (*popping*) de labels.
- Troca (*swapping*) de labels.

4.2.2 PACOTES MPLS

Um datagrama IP que entra em uma rede MPLS é um *unlabeled packet*. Após a inserção de um ou mais labels, temos um *labeled packet* ou um pacote MPLS.

4.2.3 LSRS (LABEL SWITCHING ROUTERS)

Os LSRs são os nós das redes MPLS, podendo ser de três tipos:

Aspectos Gerais da Fase de Controle   41

- *Frame - based* LSRs: são os LSRs constituídos sobre *Ethernet switches* e sobre roteadores IP operando com o protocolo PPP (*Point-to-Point Protocol*).
- ATM - LSRs: são os LSRs constituídos sobre centrais (*switches*) ATM.
- FR - LSRs: são os LSRs constituídos sobre centrais (*switches*) *Frame Relay.*

4.2.4   FECs E LSPs

FECs (Forwarding Equivalence Classes)

Uma FEC representa, em uma visão básica, o prefixo do endereço IP de destino de pacotes MPLS ou o próprio endereço IP de destino, que se constitui no elemento de FEC único para a definição do caminho a ser seguido por esses pacotes na rede MPLS nessa visão. Além desse elemento básico de FEC outros elementos de FEC podem ser considerados na definição de uma FEC, tais como atributos de QoS a serem atendidos, a exemplo de largura mínima de faixa passante. Elemento de FEC é um atributo que influi no encaminhamento de um pacote ao longo da rede.

LSPs (Label Switching Paths)

Um LSP é um caminho percorrido por pacotes MPLS entre dois LSR_s quaisquer conforme a determinação de uma FEC. Um LSP é definido por uma seqüência de LSR_s e pelos labels contidos nos pacotes MPLS que o atravessam.

Assim, uma FEC determina múltiplos LSPs entre dois LSRs. Existe, contudo, um (ou eventualmente mais de um, no caso de roteamento *multi-path*) LSP entre um dado par de LSRs, que representa o caminho efetivo a ser percorrido por pacotes MPLS no sentido de uma FEC. Esse caminho ideal é determinado pelos diferentes elementos de FEC aplicáveis no caso.

4.2.5   FIBs, LABEL SPACES, LIBs E LFIBs

FIBs (Forwarding Information Bases)

São bases de informações contidas em LSRs que resultam normalmente dos processos de roteamento IP que associam as FECs aos endereços IP dos *next-hops* e às respectivas interfaces de saída. O processo de roteamento pode ser também do tipo *constraint-based routing*. Os registros de uma FIB podem resultar de processos extra-roteamento, particularmente por configuração.

Label Spaces

São espaços disponíveis nos LSRs contendo um pool de labels e uma base de informações onde são registrados os *bindings* locais, associando seus próprios (*incoming*) labels a FECs. Um LSR pode possuir um único *label space* ou diferentes *label spaces* para algumas de suas interfaces. Existem *per-platform label spaces* e *per-interface label spaces*, como veremos com detalhes adiante neste livro.

LIBs (Label Information Bases)

São bases de informações em LSRs contendo os *bindings* distantes entre labels (*outgoing*) e FECs. Conforme parte da literatura consultada, as LIBs podem conter também os *bindings* locais entre FECs e labels, desempenhando parte das funções dos *label spaces*.

LFIBs (Label Forwarding Information Bases)

São bases de informações em LSRs indexadas por valores de FEC ou pelos *incoming labels* que associam esses indexadores aos *outgoing labels* e às interfaces de saída respectivas.

4.2.6 COMPONENTES DE REDES MPLS

Uma visão dos componentes de redes MPLS encontra-se na figura 4.1

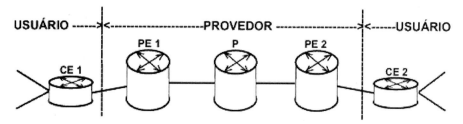

Figura 4.1 Componentes de redes MPLS.

Nessa figura, temos o equipamento CE (*custumer edge equipment*), o equipamento PE (*provider edge equipment*) e o equipamento P (*provider equipment*).

Se considerarmos um LSP com tráfego da esquerda para a direita temos, nessa ordem:

- CE e PE de ingresso: CE 1 e PE 1;
- CE e PE de egresso: CE 2 e PE 2.

Pela simbologia da RFC 3031 temos que dois LSRs quaisquer (correspondentes a equipamentos PE e P na figura 4.1) que se encontram no sentido do tráfego de um LSP são ditos, nessa ordem, LSR Ru (U de *upstream*) e LSR Rd (D de *downstream*). O PE de ingresso denomina-se *border* LSR Ru ou *border* LSP *ingress*, enquanto o PE de egresso se denomina *border* LSR Rd ou *border* LSP *egress*.

Um LSP pode começar e acabar no interior de uma rede MPLS, existindo então o LSP *ingress* (ou LSR Ru ou também LSP *endpoint* Ru) e o LSP *egress* (ou LSR Rd ou também LSP endpoint Rd). Se um LSP *egress* se conecta a um nó da rede que não recebe pacotes MPLS (um roteador IP ou um *border* LSR Rd que recebe u*nlabeled packets*, por exemplo) para assim alcançar o destino dos pacotes MPLS, ele se denomina LSP *proxy egress*.

Será visto adiante que os LSPs podem ser hierarquizados, constituindo assim LSPs de nível m, também denominados túneis LSP de nível m.

Aspectos Gerais da Fase de Controle   43

4.3 CODIFICAÇÃO E ENVELOPAMENTO DE LABELS

4.3.1 ASPECTOS INICIAIS

Os labels podem existir isoladamente de forma unitária, ou podem constituir-se em agrupamentos hierarquizados de labels, ou seja, em *label stacks*.

4.3.2 LABELS ISOLADOS

4.3.2.1 FORMAS DE CODIFICAÇÃO DE LABELS

Existem duas formas de codificação de labels:

- Labels codificados no interior de *shim label headers*, que são adicionados aos *unlabeled packets* para constituir os pacotes MPLS, forma essa denominada *generic encoding*, com os correspondentes labels genéricos.
- Labels codificados em campos já existentes nos protocolos de camada de rede que suportam o MPLS, que são os ATM *labels* e os *Frame Relay labels*.

Os *shim label headers* são utilizados no caso de MPLS sobre redes sem conexão, principalmente redes *Ethernet*, ou de uso do protocolo PPP em redes MPLS com suporte em roteadores IP.

Os labels em campos já existentes no caso de MPLS com suporte em redes ATM e redes *Frame Relay* são codificados nos campos VPI/VCI e DLCI, respectivamente. Nesse caso existem situações em que são utilizados *shim label headers* complementarmente à existência de labels codificados nesses campos.

4.3.2.2 FORMATAÇÃO DOS SHIM LABEL HEADERS

A figura 4.2 ilustra a formatação dos *shim label headers*.

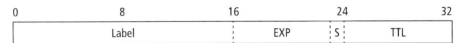

Figura 4.2   Formato dos *shim label headers*.

Como se verifica nessa figura, os *shim label headers*, com 32 bits (4 octetos), contêm o campo *label* (20 *bits*), o campo EXP (*experimental*, com 3 *bits*), o campo *stack bit* (1 *bit*) e o campo TTL (*time-to-live*, com 8 *bits*) que têm as seguintes funções:

- O campo EXP (*experimental*) destina-se ao suporte de Q_0S.
- O *stack bit* é usado para indicar, em um *label stack*, qual é o *bottom label* (*bit stack* igual a 1). Os demais labels de níveis superiores, inclusive o *top label*, têm o *bit stack* zerado.
- O campo TTL (*time-to-live*), a exemplo do que ocorre em redes IP, destina-se à detecção de *looping* na rede MPLS.

44 TCP/IP sobre MPLS

4.3.2.3 SEMÂNTICA CONTIDA EM LABELS

Além da semântica relativa à transmissão de pacotes MPLS, os labels (mesmo os que não utilizam *shim label header*s) transportam semântica com outras finalidades, como por exemplo:

- Semântica para reserva de recursos.
- Semântica para comunicação de atributos.

No caso de semântica para reserva de recursos, o label pode indicar, por exemplo, que os pacotes que o contêm devem ser colocados em uma determinada fila de espera. Tal semântica pode ser conduzida também no campo EXP do *shim label header*, ou pelo label em conjunto com o campo EXP.

Para o caso de transporte de semântica para comunicar atributos, podem ser citados como exemplo o agrupamento de labels para indicar os protocolos de camada de rede envelopados pelo pacote MPLS.

4.3.2.4 VALORES RESERVADOS DE LABELS

São reservados os seguintes valores de labels:

- 0 : IPv4 *explicit null.*
- 1 : *router alert.*
- 2 : IPv6 *explicit null.*
- 3 : *implicit null.*
- 4 : OAM *alert label.*
- 4 a 15 : reservados sem definição (exceto o valor 14).

■ Explicit Null Label

Explicit null significa que o label é desnecessário mas o *shim label header* tem de ser enviado. Por exemplo, se o *border* LSR RD não necessitar do label (isso é possível porque o datagrama IP será retransmitido com base no *header* do datagrama IP na rede de acesso de saída), mas necessitar do campo EXP por razões de Q_0S e do campo TTL, o pacote MPLS pode ser enviado com o valor de label zero (IPv4 *explicit null*) ou com o valor de label 2 (IPv6 *explicit null*). Para que o penúltimo LSR utilize o valor *explicit null* é preciso que o *border* LSR RD solicite essa facilidade previamente.

Como a identificação direta dos protocolos de rede pelos identificadores constantes dos quadros de camada 2 que suportam o MPLS é impossibilitada pela existência intermediária da subcamada MPLS, a identificação dos protocolos de rede tem de ser inferida dos valores de labels dos pacotes MPLS. Isso é válido tanto para pacotes de dados quanto para pacotes *explicit null*, daí a necessidade da existência de pacotes *explicit null* diferentes para o IPv4 e o IPv6.

A RFC 3032 especifica que os valores de labels *explicit null* só deveriam constar do *bottom label* de um *label stack*. A RFC 4182 removeu essa restrição, podendo agora esses valores constar de qualquer nível dos *label stacks*. O propósito dessa alteração é viabilizar facilidades no MPLS, a exemplo da operacionalização do *pipe model* definido na RFC 3270.

Aspectos Gerais da Fase de Controle **45**

▨ Router Alert Label

O *router alert label* (valor 1), a exemplo da função alert no protocolo IP, destina-se a avisar o *next-hop* para que tenha maior cuidado com o pacote MPLS. Caso esse valor conste do *top label* de um pacote MPLS recebido, o LSR receptor deverá encaminhá-lo para processamento local. O pacote MPLS poderá ser retransmitido posteriormente com base no label de nível imediatamente inferior do *label stack* recebido, tendo o LSR reincluído o *router alert label* nesse pacote.

▨ Implicit Null Label

O *implicit null label* (valor 3) é de uso exclusivo do LPD (*Label Distribution Protocol*) e serve para sinalizar ao penúltimo LSR para que retire o label antes de enviar o pacote, ou seja, para que ele realize *penultimate hop popping*. O *border* LSR RD realiza essa sinalização ao penúltimo LSR por mensagem LDP contendo o valor 3 (valor do i*mplicit null label*).

▨ OAM Alert Label

O OAM (*Operation and Management*) *alert label* (valor 14), descrito na RFC 3429 e na recomendação Y.1711 do ITU-T, é utilizado para funções de operação, manutenção e gerência de rede, tais como detecção e localização de falhas e monitoração de *performance*. A sua utilização não é um consenso, contudo, sendo que alguns fabricantes não utilizam esse valor de label em suas funções de OAM.

▨ Valores Reservados sem Definição

Os valores de 4 a 15, com exceção do valor 14, estão reservados para eventuais usos futuros.

4.3.3 FORMATAÇÃO E ENVELOPAMENTO DE LABEL STACKS

4.3.3.1 ASPECTOS INICIAIS

Os labels no MPLS são estruturados em níveis, formando uma arquitetura ou pilha (*stack*) de labels (de *shim label headers*, na realidade). Essa estruturação em níveis (*stack*) possibilita uma hierarquia de processamento dos labels de um pacote MPLS, o que permite a constituição hierarquizada de túneis LSP, que são ferramentas essenciais em diferentes aplicações do MPLS, a exemplo da constituição de MPLS VPNs, VPWS e VPLS, e da delimitação e hierarquização de roteamento.

4.3.3.2 FIGURAS REPRESENTATIVAS

O formato e o envelopamento de *label stacks* encontram-se representados na figura 4.3.

46 TCP/IP sobre MPLS

a) Quadro Horizontal:

Link Layer Header	Shim Lm Header	Shim Li Headers	Shim L1 Header	IP Header	IP Payload	Link Layer Trailler

b) Quadro Vertical:

Link Layer Header
Shim Lm Header
Shim Li Headers
Shim L1 Header
IP Header
IP Payload
Link Layer Trailler

Figura 4.3 Formato e envelopamento de *label stacks*.

Observa-se que o primeiro label, a contar do *header* da camada 2, é o *top label* (Lm) e o último, vizinho ao header da camada de rede, é o *bottom label* (L1). Entre esses dois labels extremos encontram-se os *labels* intermediários (Li) sendo que o valor de i cresce de 2 até m-1.

A arquitetura correspondente aos *label stacks* encontra-se na figura 4.4. Como se pode observar, os *shim label headers* têm a sua posição invertida na arquitetura, estando agora o *top shim label header* na base dessa figura.

Níveis Superiores
IP
Shim L1 Header
Shim Li Headers
Shim Lm Header
Data Link Layer

Figura 4.4 Arquitetura de *label stacks*.

4.3.3.3 PROCESSAMENTO DOS NÍVEIS DE LABELS

O processamento dos níveis de labels se dá por LIFO (*last in – first out*), o que significa que o último nível de label inserido será o primeiro a ser processado. O último label a ser

Aspectos Gerais da Fase de Controle   47

inserido e o primeiro a ser processado é o *top label* do *label stack*. Com o *bottom label* ocorre o contrário, isto é, será o primeiro label a ser inserido e o último a ser processado.

4.3.3.4   PROFUNDIDADE DE UM LABEL STACK

Um *label stack* com m níveis é denominado *label stack* com profundidade m. O *bottom label* é o label de nível 1, e o *top label* é o label de nível m. Os labels situados entre o *bottom label* e o *top label* são denominados *intermediate labels*, e correspondem, na ordem acima, aos níveis 2, 3 ...m-1.

Um *unlabeled packet* corresponde a um *label stack* de profundidade zero, enquanto um pacote MPLS com apenas um label possui um *label stack* de profundidade 1.

4.3.3.5   LABEL STACKS COM DIFERENTES TIPOS DE LABEL

No MPLS baseado em ATM e em *Frame Relay* os labels podem ser estruturados em label stacks com no máximo dois níveis, pela estrutura dos VPIs / VCIs e dos DLCIs, que se constituem nos labels respectivamente utilizados.

Quando os ATM-LSRs e os FR-LSRs se encontram no interior de uma rede MPLS com LSRs de outro tipo nas extremidades, devem ocorrer os procedimentos abaixo apresentados. No interior da rede constituída por ATM-LSRs ou FR-LSRs o encaminhamento dos pacotes ocorre pelos labels estruturados conforme a rede de camada 2 utilizada (isto é, ATM ou *Frame Relay*), como descrito acima.

Na comunicação fim-a-fim são utilizados labels contidos em *shim label headers*, incluindo todos os níveis hierárquicos de labels. Nesse caso, os labels relativos aos ATM-LSRs ou FR-LSRs são os *top labels* efetivos, sendo que os demais labels codificados em *shim label headers* constituem o restante da hierarquia. O *label stack* conduz também um *top shim label header*, mas o valor do seu label é irrelevante, sendo esse procedimento justificável pelos significados dos demais campos desse *top shim label header*.

No caso de ATM-LSRs, como os VPIs / VCIs encontram-se nas células, os *label stacks* são acrescentados à PDU AAL 5. Essa questão será abordada com maior profundidade nos tópicos relativos ao uso do ATM como suporte ao MPLS do capítulo 7 deste livro.

4.4   DETERMINAÇÃO DE FECS

4.4.1   CRITÉRIOS PARA DETERMINAÇÃO DE FECS

O primeiro passo para a operacionalização de redes MPLS é a determinação de FECs pela supervisão da rede, por meio de adoção de critérios para tanto. A cada uma das FECs definidas é atribuído um valor de identificação próprio.

No MPLS com transmissão *unicast* de pacotes MPLS com base exclusiva nos prefixos dos endereços IP de destino, os valores de FEC são os próprios prefixos de endereços IP. A agregação de FECs e a evolução do MPLS levam à necessidade de outros critérios para definição de valores de FEC, isto é, para definição de outros elementos de FEC além dos endereços IP e dos prefixos de endereços IP de destino.

48   TCP/IP sobre MPLS

Quando se utiliza a transmissão *unicast* de pacotes MPLS envolvendo *QoS* e reserva de recursos, a definição de FECs passa a envolver outros elementos de FEC além dos prefixos de endereço IP de destino, como por exemplo a largura mínima de faixa passante. Essa questão diz respeito à aplicação *Traffic Engineering* do MPLS que será objeto do capítulo 9 adiante.

Como somente o *border* LSR Ru abre o *header* IP para então definir a FEC correspondente e os LSRs a jusante encaminham os quadros apenas com base nos *incoming labels*, o MPLS permite o uso de parâmetros não contidos no *header* IP também como elemento de FEC. Por exemplo, um mesmo datagrama IP entrante por diferentes portas de um *border* LSR Ru pode ser associado a diferentes FECs específicas para cada porta de entrada, e assim receber diferentes tratamentos em sua transferência na rede MPLS. O mesmo pode ocorrer com datagramas IP que entram em diferentes *border* LSRs Ru, e que por isso podem receber tratamentos diferenciados em seu roteamento.

Como resultante final, a definição dos caminhos para os pacotes MPLS é função da consideração de todos os elementos de FEC envolvidos.

4.4.2   GRANULARIDADE DE TRANSMISSÃO DE PACOTES MPLS

O MPLS admite variáveis faixas de endereços de destino alcançáveis por um valor de FEC. Em outras palavras, o MPLS admite diferentes granularidades de transmissão de pacotes, em função dos critérios de definição de FECs.

Os extremos da granularidade são os seguintes:

- *Coarsest Granularity*.
- *Finest Granularity*.

A *coarse granularity* caracteriza-se pela maior dispersão de alcance de uma FEC, e objetiva aumentar a escalabilidade no alcance da rede pela redução de uso de recursos. Quanto maior a agregação de FECs maior será a granularidade na transmissão de pacotes, sendo que a máxima agregação possível corresponde à *coarsest granularity*.

A *fine granularity* objetiva direcionar o roteamento, permitindo endereçar até mesmo um processo em uma aplicação contida em um determinado *host*.

4.5   MONTAGEM DE FIBs

Uma vez definidas as FECs, a próxima etapa será a associação entre essas FECs e os correspondentes *next-hops* (e as interfaces de saída que conduzem aos *next-hops*). Esses *bindings* passam a constituir registros nas FIBs dos LSRs.

A forma normal e predominante para isso no MPLS constitui-se no uso de protocolos de roteamento já abordado no capítulo 3 anterior. A figura 4.5 ilustra o uso de roteamento no MPLS.

Existem casos, contudo, em que essa associação tem que se realizar por configuração, como nos exemplos em que a determinação das FECs se baseia em elementos de FEC não contidos nos *headers* dos datagramas IP entrantes na rede MPLS.

Aspectos Gerais da Fase de Controle   49

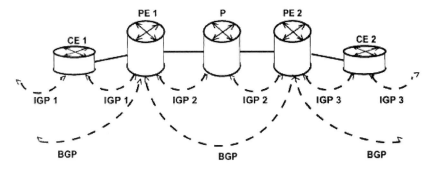

Figura 4.5 Uso de roteamento no MPLS básico.

Na hipótese de *explicit (source) routing*, o correspondente registro nas FIBs dos LSRs ao longo do LSP pode ocorrer por configuração ou por processos de roteamento apropriados que serão vistos em capítulos posteriores.

4.6 BINDINGS LOCAIS ENTRE FECs E LABELS

4.6.1 UNICIDADE DE INTERPRETAÇÃO

É responsabilidade de cada LSR assegurar a unicidade de interpretação dos labels por ele associados localmente a FECs (denominados *incoming labels*), e registrados nas tabelas de seu(s) *label space*(s). Para isso cada *label space* possui numeração própria de labels contida em seu *pool* de labels, realizando e controlando os seus *bindings* locais e enviando-os para os seus pares *upstream* relativos a cada FEC associada.

Para garantia de unicidade, um LSR *downstream* não pode associar um valor de label a duas diferentes FECs para distribuição por uma mesma interface no sentido *upstream*.

4.6.2 TIPOS DE LABEL SPACE

Um LSR pode possuir um ou mais (normalmente um único) *label spaces* que alcançam esse LSR como um todo (*per-platform label spaces*) ou um *label space* por interface (*per-interface label spaces*).

A RFC 3031 admite, excepcionalmente, a possibilidade de existência de mais de um *per-platform label space* em um LSR, desde que hajam mecanismos seguros para separar os fluxos dos distribuição de labels respectivos. Admite também a utilização de múltiplos *links* associados a um par de *per-platform label spaces*, com o objetivo de possibilitar o aumento da capacidade de tráfego de um LSP.

No caso de *per-interface label spaces* o controle da numeração de *incoming labels* é por interface, assim como a realização, o controle e a distribuição dos bindings locais entre FECs e labels. A utilização de *per-interface label spaces* é característica dos casos de LSRs em centrais ATM (ATM – LSRs) e em centrais Frame Relay (FR – LSRs). A RFC 3031 admite também a possibilidade de conexão entre dois ATM-LSRs ou FR-LSRs por mais de um *link* físico, cada qual associado ao respectivo par de *per-interface label spaces*.

Os *label spaces* são compostos por um *pool* de labels disponíveis e por uma tabela contendo as associações locais entre *incoming labels* e FECs. Os *label spaces* são identificados por um valor que indica o respectivo LSR e o respectivo *label space*, na forma definida em cada um dos protocolos de distribuição de labels.

A associação local entre FECs e labels e a sua distribuição têm nuances, decorrentes dos diversos aspectos do MPLS que serão abordados posteriormente, particularmente a possibilidade de realização ou não de *label merging*.

4.6.3 MODOS DE REALIZAÇÃO DE BINDINGS

Existem duas opções de modo de criação de *bindings* entre FECs e labels que podem ser classificadas como abaixo:

- Modo *upstream* versus modo *downstream*.
- Modo *control-driven* versus modo *data-driven*.

4.6.3.1 MODO UPSTREAM *VERSUS* MODO DOWNSTREAM

O modo *upstream* apresenta as seguintes características:

- O label local é o *outgoing label*.
- Os *bindings* locais são realizados *upstream* e distribuídos no sentido *downstream* (no mesmo sentido do tráfego).

O modo *downstream*, por sua vez, possui as características inversas, como abaixo:

- O label local é o *incoming label*.
- Os *bindings* locais são realizados *downstream* e distribuídos no sentido *upstream* (no sentido contrário ao do tráfego).

O modo *downstream* de realização de *bindings* entre FECs e labels foi o adotado na quase totalidade de aplicações do MPLS.

A figura 4.6 representa esses modos de realização de *bindings* e de sua distribuição.

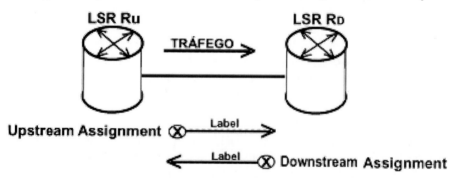

Figura 4.6 Modos *upstream* e *downstream* de realização de *bindings*.

4.6.3.2 MODO CONTROL-DRIVEN *VERSUS* MODO DATA-DRIVEN

No modo *Control-Driven* os *bindings* locais entre FECs e labels são realizados a partir das FIBs constituídas pelo processo de roteamento, que é um processo de controle, enquanto que no modo *data-driven* esses *bindings* são realizados com base no próprio tráfego de dados. O modo *control-driven* foi o adotado.

4.7 DISTRIBUIÇÃO DE LABELS

4.7.1 ASPECTOS INICIAIS

Uma vez estabelecidas as associações locais entre FECs e labels, os LSRs procedem à distribuição desses *bindings* mediante o uso de um protocolo de distribuição de labels. Ressalta-se que em alguns casos (como o uso do LDP, por exemplo,) o que se distribui efetivamente são *bindings* entre FECs e labels, apesar de se utilizar a denominação *label distribution* para o processo de distribuição.

Podem ser citados os seguintes protocolos utilizados para esse fim:

- LPD (*Label Distribution Protocol*), definido pela RFC 5036.
- Extensões do BGP-4 para MPLS VPNs, definidas pela RFC 3107.
- Extensões do RSVP para *Traffic Engineering*, definidas pela RFC 3209.

Ressalta-se o fato de que foram definidas outras extensões desses protocolos para fins de distribuição de labels em diferentes aplicações do MPLS, o que será visto em capítulos posteriores deste livro. Há casos em que ocorrem extensões de extensões desses protocolos.

Esses protocolos serão vistos adiante, mas é possível antecipar alguns aspectos que lhes são comuns. O LDP é um protocolo específico para distribuição de labels, enquanto as extensões citadas utilizam o processo de carona (*piggybacking*) no BGP-4 (*Border Gateway Protocol*) e no RSVP (*Resource Reservation Protocol*). O *piggybacking* é um processo mais eficiente do que o método direto do LDP por aproveitar tráfego de controle já existente na rede.

Em algumas aplicações do MPLS, particularmente aquelas relacionadas a *Traffic Engineering*, é desejável a constituição dinâmica de e*xplicitly routed* LSPs, o que pode ocorrer de forma acoplada à reserva de recursos e à distribuição de labels. Existem duas formas para esse acoplamento de funções:

- Partir do RSVP e estendê-lo para o suporte ao roteamento explícito e à distribuição de labels.
- Partir do LDP e estendê-lo para o suporte ao roteamento explícito e à reserva de recursos.

É necessário que a distribuição de labels ocorra confiavelmente, com suporte em mecanismos adequados. No caso de LDP e da extensão do BGP-4, por exemplo, é utilizado o protocolo TCP com esse propósito.

52 TCP/IP sobre MPLS

4.7.2 PARES DE DISTRIBUIÇÃO DE LABELS

A distribuição de labels ocorre, efetivamente, entre *label spaces* pares, embora se fale simplificadamente em distribuição de labels entre LSRs pares. Uma vez identificados os seus pares para distribuição de labels (*label distribution peers*), cada *label space* estabelece uma forma de comunicação com esses pares. Diz-se, então, que foi estabelecida uma *label distribution adjacency* entre dois *label distribution peers*.

O processo de distribuição de labels pode encompassar também negociações entre os pares objetivando o aprendizado mútuo de capacitações MPLS. Nessas negociações podem ser considerados os atributos dos labels distribuídos, que devem ser repassados no sentido *upstream* nos subseqüentes *bindings* correspondentes à mesma FEC.

São exemplos desses atributos a identificação dos protocolos de camada de rede envelopados e a precedência (prioridade de transmissão) e classe de serviços dos pacotes MPLS a serem transmitidos no LSP que venha a ser constituído com base no *binding* distribuído. Essa associação de atributos a labels pode ocorrer também previamente, pela definição de faixas de valores de labels para cada atributo.

Os pares de distribuição de labels podem ser de dois tipos:

- Diretamente conectados.
- Não diretamente conectados.

No roteamento IGP os vizinhos IGP são diretamente conectados e constituem-se em pares locais de distribuição de labels.

Quando se utilizam túneis LSP, dois LSRs distantes podem ser pares de distribuição de labels, embora não sejam vizinhos IGP, sendo então denominados pares remotos de distribuição de labels. Se houver a utilização de roteamento BGP no túnel LSP os pares remotos de distribuição de labels são também vizinhos (ou pares) BGP.

4.7.3 ETAPAS PRECEDENTES À DISTRIBUIÇÃO DE LABELS

Antes de se iniciar a distribuição de labels propriamente dita ocorrem algumas etapas precedentes que se fazem necessárias. No caso do LDP, por exemplo, existem três dessas etapas:

- Etapa de descobrimento de pares LDP potenciais.
- Etapa de estabelecimento de sessões LDP.
- Etapa de distribuição de endereços IP.

Após a conclusão da etapa de descobrimento de pares LDP, que se apoia no protocolo UDP, ficam definidas as adjacências LDP potenciais tornando possível o início da etapa de estabelecimento de sessões LDP. O estabelecimento e o funcionamento das sessões LDP têm como suporte o protocolo TCP.

Ocorre então a etapa de distribuição de endereços IP, o que permite aos LSRs pares associar os endereços IP aos *label spaces* utilizados.

4.7.4 MODOS DE DISTRIBUIÇÃO DE LABELS

Existem duas importantes formas de classificação dos modos de distribuição de labels:

Aspectos Gerais da Fase de Controle **53**

- *Downstream-on-demand* (*DOD*) versus *unsolicited downstream* (UD).
- *Independent control* versus *ordered control*.

4.7.4.1 MODO DOWNSTREAM-ON-DEMAND *VERSUS* MODO UNSOLICITED DOWNSTREAM

No modo *downstream-on-demand*, um LSR solicita explicitamente a um par LSR Rᴅ (diretamente conectado ou distante) um *label binding* relativo a uma determinada FEC. No modo *unsolicited downstream*, os LSRs distribuem *label bindings* para os seus pares LSRs Rᴜ (diretamente conectados ou distantes), sem que estes os tenham solicitado.

Implementações MPLS podem prover qualquer um dos modos ou podem prover ambos os modos. É necessário que os LSRs tenham conhecimento do modo operacional de seus pares LDP.

4.7.4.2 MODO INDEPENDENT CONTROL *VERSUS* MODO ORDERED CONTROL

No modo *independent control* os LSRs Rᴅ podem enviar *bindings* para seus pares LSRs Rᴜ a qualquer momento em que desejarem, tenham esse *bindings* sido solicitados ou não.

No modo *ordered control*, ao contrário, de forma solicitada ou não, um LSR só pode enviar um *binding* no sentido *upstream* relativo a uma FEC após ter recebido o *binding* dessa FEC do LSR Rᴅ indicado pela FIB. No modo *ordered control* o *border* LSR Rᴅ para uma determinada FEC é o iniciador do processo de distribuição de *bindings* locais associados a essa FEC.

4.7.5 CRITÉRIOS PARA RETENÇÃO DE BINDINGS

Nos exemplos acima apresentados, relativos ao modo *unsolicited downstream* de distribuição de labels normalmente utilizado no caso de *per-platform label spaces*, existem bindings entrantes em um LSR que não serão utilizados de imediato.

Para tratamento dessa questão foram definidos dois modos de retenção de labels:

- *Conservative label retention* (CLR).
- *Liberal label retention* (LLR).

No modo conservativo de retenção de *bindings*, os *bindings* que entram em um LSR por interfaces que não constam de sua FIB são descartados de imediato.

No modo liberal de retenção de *bindings*, os *bindings* que entram em um LSR por interfaces que não constam da sua FIB serão retidos pelo LSR por um tempo configurado para eventual uso futuro. A vantagem desse modo é a rapidez em eventual necessidade de uso futuro e a desvantagem é a maior ocupação de memória e de valores de labels.

4.7.6 IMPOSIÇÃO DE ROTAS

Um LSR pode impor que uma determinada FEC seja alcançável por um ou mais LSRs Rᴜ e não pelos demais. Isso significa que esse procedimento interfere no processo normal de roteamento na rede MPLS.

54 TCP/IP sobre MPLS

Para impor essa condição o LSR R\ᴅ deve enviar seus *bindings* locais seletivamente para os LSRs R\ᴜ. Os LSRs R\ᴜ que não receberem esses *bindings* ficam impossibilitados de participar da constituição dos LSPs sinalizados para a FEC.

4.8 AGREGAÇÃO DE FECs

Agregar duas ou mais FECs é associá-las a um único valor de label. FECs podem ser agregadas com o objetivo de maximizar a dispersão da granularidade de alcance de um LSP. A vantagem dessa agregação é a de reduzir o número de labels utilizados na rede e a de reduzir também o tráfego de distribuição de labels na rede MPLS.

A possibilidade da agregação de FECs resulta do fato de que a diferentes FECs podem corresponder caminhos comuns na rede MPLS. Por exemplo, um conjunto de distintos prefixos de endereço IP pode possuir um único *border* LSR R\ᴅ.

Conforme a RFC 3031 existem três alternativas de formas de agregação:

- Agregação de todas as FECs.
- Agregação de subconjuntos de FECs.
- Não realizar qualquer agregação.

A primeira alternativa consiste na possível *coarsest granularity* (dispersão máxima) e a terceira alternativa, na possível *finest granularity* (dispersão mínima).

Quando se utiliza o modo ordenado de controle de distribuição de labels, a agregação adotada pelos LSRs ao longo de um caminho é a mesma. Quando se utiliza o modo independente de controle de distribuição de labels, contudo, cada LSR pode agregar as FECs com diferentes granularidades em um mesmo caminho, sem que isso inviabilize a operação da rede.

4.8.1– AGREGAÇÃO NO MODO DE CONTROLE INDEPENDENTE

A agregação de FECs no modo de controle independente de distribuição de labels entre um LSR R\ᴜ e um LSR R\ᴅ pode ocorrer de duas formas:

- O R\ᴜ tem *finer granularity* que o R\ᴅ.
- O R\ᴜ tem *coarser granularity* que o R\ᴅ.

Se o R\ᴜ tem *finer granularity* que o R\ᴅ isso significa que o R\ᴜ envia no sentido *upstream* N labels para um conjunto de FECs, e recebe do respectivo R\ᴅ M labels para esse mesmo conjunto de FECs, sendo N>M. Nesse caso, o R\ᴜ tem de mapear os N *incoming labels* nos M *outgoing labels*, o que na realidade não acrescenta ganho algum e consome mais labels e tráfego de distribuição desses labels.

Se o R\ᴜ tem *coarser granularity* que o R\ᴅ ocorre o contrário, isto é, M>N. Isso tampouco acrescenta ganho, e consome desnecessariamente recursos da rede.

Além da possibilidade de evitar os mapeamentos acima pela adoção de um mesmo nível de agregação de FECs por todos os LSRs da rede quando do uso do modo de controle independente de distribuição de labels, existe uma alternativa para isso. Essa alternativa consiste na igualação das granularidades nos LSRs por alterações posteriores à conclusão do processo de distribuição de labels com controle independente.

Observa-se que a utilização de agregação de labels inviabiliza a inferição de atributos com base em valores de labels, como por exemplo a identificação de protocolos de camada de rede, a menos que as agregações se processem por subconjuntos de FECs a que corresponde cada um dos atributos.

4.8.2 EGRESS – TARGETED LABEL ASSIGNMENT

A RFC define uma forma especial de agregação de FECs levando em conta o uso de um único *border* LSR R_D, ou *border* LSP *egress*, denominada *egress-targeted label assignment*. Diferentemente da forma supradescrita de agregação, o *egress-target label assignment* não é configurado previamente pela supervisão, mas ocorre pela observação dos LSRs que se encontram em posição *upstream* relativamente a um *border* LSR R_D para diferentes FECs.

Ao observar que diferentes FECs possuem um mesmo *border* LSR R_D, um LSR pode associar um label a cada uma dessas FECs, a um subconjunto delas ou ao conjunto total dessas FECs. Essas associações são distribuídas no sentido *upstream*, e os LSRs *upstream* as registram em suas LIBs e LFIBs. A partir desses registros tudo se passa como no caso da agregação de FECs por configuração anteriormente abordada.

São possíveis as seguintes alternativas para que um LSR associe uma FEC ao respectivo *border* LSR R_D:

- Pelo protocolo IGP, caso ele utilize a métrica link state (como o OSPF, por exemplo).
- Pelo protocolo BGP, se ele for utilizado.
- Pelo processo de distribuição de labels utilizado.

4.9 MONTAGEM DE LFIBs

4.9.1 CONSTITUIÇÃO DE LFIBs

Dispondo um LSR dos registros relativos a uma FEC nas respectivas FIB e LIB e no respectivo *label space*, ele procede à conseqüente inserção de um registro em sua LFIB relativo à FEC em questão, como na figura 4.7.

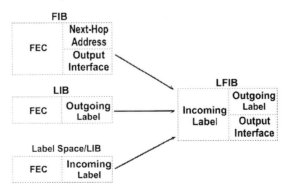

Figura 4.7 Constituição de LFIBs.

56 TCP/IP sobre MPLS

As LFIBS são indexadas pelos *incoming labels*. Elas podem conter informações relativas a recursos que os pacotes podem utilizar e a operações a serem realizadas. Cada registro na LFIB, indexado pelos *incoming labels*, pode conter uma subentrada ou mais subentradas.

A existência de mais de uma subentrada ocorre, por exemplo, no caso de roteamento *multi-path* ou no caso de transmissão *multicast* no LSR. No primeiro caso as subentradas dizem respeito a uma única FEC, sendo que um pacote será mapeado, quando da sua efetiva transmissão, em apenas uma dessas subentradas. No segundo caso, relativo a transmissão *multicast*, o pacote entrante será mapeado em todas as subentradas e seguirão caminhos diferentes para diferentes destinos.

A RFC 3031 dá a denominação *next-hop label forwarding entry* (NHLFE) a cada subentrada na LFIB. Uma NHLFE contém basicamente as seguintes informações:

- Identificadores associados à FEC (*incoming label, outgoing label*, prefixo IP do *next-hop* e interface da saída).
- Operações a serem realizadas no processamento dos *label stacks* dos pacotes recebidos.

4.9.2 ETAPAS PARA A MONTAGEM DE LFIBs

A figura 4.8 apresenta uma configuração hipotética de rede MPLS.

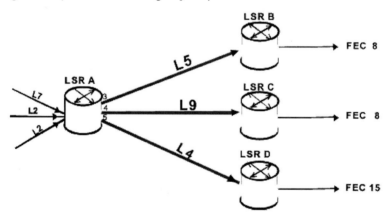

Figura 4.8 Configuração hipotética de rede MPLS.

Foram consideradas nessa figura as seguintes hipóteses:

- O LSR A utiliza um *per-platform label space*.
- Há roteamento *multi-path*, sendo que para a FEC 8 a FIB A aponta as interfaces de saída 3 e 4.
- Ocorre *label merging* no sentido do label L 4.
- Para a FEC 15 a FIB A só aponta a interface 5.
- Utiliza-se o modo *unsolicited downstream* e o modo de controle conservativo de retenção de labels.

Aspectos Gerais da Fase de Controle **57**

A figura 4.9 apresenta os registros hipotéticos nas tabelas que precedem a montagem da LFIB do LSR A.

FIB A:

FEC	NEXT HOP	INTERFACE DE SAÍDA
8	LSR B	3
	LSR C	4
15	LSR D	5

Label space A:

FEC	INCOMING LABEL
8	2
15	7

LIB A:

FEC	OUTGOING LABEL
8	5
	9
15	4

Figura 4.9 Registros em tabelas pré-LFIB do LSR

A figura 4.10, por sua vez, representa a LFIB (simplificada) do LSR A.

INCOMING LABEL	OUTGOING LABEL	INTERFACE DE SAÍDA
2	5	3
	9	4
7	4	5

Figura 4.10 LFIB simplificada do LSR A.

Como se observa nessa figura, os *bindings* FEC 15 / L9, FEC 15 / L2 e FEC 8 / L7 foram descartados pelo fato de se utilizar o modo de controle conservativo de retenção de labels.

Quando LSRs operam com *per-interface label spaces*, cada *label space* tem as suas próprias tabelas associativas para as FECs e cada um desses label spaces distribui os seus *bindings* no sentido *upstream*. Não existem as LFIBs dos LSRs nesse caso, à exceção daquelas dos *border* LSRs, tendo em seu lugar tabelas *cross-connect* correspondentes aos respectivos *switches*. A forma de tratamento desse caso será vista com maiores detalhes quando da apresentação do MPLS sobre ATM e sobre *Frame Relay*.

4.9.3   EXEMPLO DE CONSTITUIÇÃO DE LFIBs

A figura 4.11 representa um exemplo hipotético mais completo de parte de uma LFIB já constituída.

58 TCP/IP sobre MPLS

INCOMING LABEL	OUTGOING LABEL	INTERFACE DE SAÍDA	NEXT HOP	OPERAÇÕES
3	8	2	E 3	------------
	5	4	E 8	------------
5	7	2	E 3	------------
	8	5	E 7	------------
	9	3	E 9	------------
7	6	5	E 7	------------
8 / 11	4	3	E 9	------------

Figura 4.11   Exemplo hipotético de uma LFIB.

No exemplo dessa figura, o registro com o *incoming label* 3 tem duas subentradas (duas NHLFEs), o registro com o *incoming label* 5 tem três subentradas (três NHLFEs), e o registro com o *incoming label* 7 tem uma subentrada (uma NHLFE). O registro com os *incoming labels* 8 e 11 corresponde a um *label merging*.

4.10 LABEL MERGING

Serão apresentados, a seguir, os conceitos de *merging* LSRs e de *non-merging* LSRs.

4.10.1 MERGING LSRs

4.10.1.1 CONCEITOS BÁSICOS

Se um LSR é capaz de receber pacotes MPLS para uma mesma FEC oriundos de uma única interface ou de diferentes interfaces, contendo os mesmos ou diferentes *incoming*

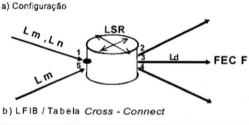

Figura 4.12   Funcionamento de um merging LSR.

labels, e enviá-los em uma única interface com um único *outgoing label*, esse LSR opera com *label merging*, ou seja, é um *merging* LSR.

A figura 4.12 ilustra o funcionamento de um *merging* LSR.

Os LSRs com suporte em roteadores IP utilizando o protocolo PPP (*Point-to-Point Protocol*) e com suporte em *Ethernet switches* são inevitavelmente *merging* LSRs, e utilizam *per-platform label spaces*.

4.10.1.2 PROCEDIMENTOS

Os modos de distribuição de *bindings* no MPLS dependem apenas da natureza do LSR R$_U$, qualquer que seja a natureza do LSR R$_D$, isto é, se esse LSR R$_D$ é um *merging* LSR ou um *non-merging* LSR. Se o LSR R$_U$ for um *merging* LSR o LSR R$_D$ envia o seu *binding* no sentido *upstream* relativo a cada FEC, como default no modo *unsolicited downstream*, utilizando normalmente o modo de controle independente de distribuição de labels.

É possível que existam *merging* LSRs que possuam uma capacidade limitada de *merging*, requerendo assim uma divisão no processo. Por exemplo, suponhamos um *merging* LSR que só é capaz de superpor até quatro *incoming labels*, mas tenha seis *incoming labels* entrantes. Nesse caso, esse *merging* LSR deve superpor os seis *incoming labels* em dois *outgoing labels*, sendo três *incoming labels* em cada um dos dois *outgoing labels*.

4.10.2 NON-MERGING LSRs

4.10.2.1 CONCEITOS BÁSICOS

Um LSR não é capaz de *label merging* se, para uma mesma FEC, pacotes MPLS recebidos em diferentes interfaces ou recebidos em uma mesma interface com diferentes *incoming*

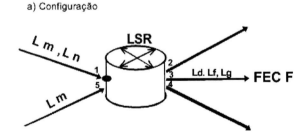

Figura 4.13 Funcionamento de um *non-merging* LSR.

60   TCP/IP sobre MPLS

labels, esse LSR tem de utilizar um *outgoing label* em uma interface de saída para cada um dos *incoming labels* recebidos.

Esses LSRs são denominados *non-merging* LSRs. Os ATM-LSRs e os FR-LSRs, que utilizam *per-interface label spaces*, são normalmente *non-merging* LSRs, embora possam também operar como *merging* LSRs (VC- merge LSRs, no caso).

A figura 4.13 ilustra o funcionamento de *non-merging* LSRs.

4.10.2.2   PROCEDIMENTOS

Os procedimentos utilizados em *non-merging* LSRs são aqueles atinentes à transmissão de células e quadros no ATM e *Frame Relay* respectivamente. Nesse caso, as LFIBs consistem de tabelas *cross-connect*, sendo que a montagem dessas tabelas é efetivada pela sinalização provida por um protocolo de distribuição de labels e não pelos processos de sinalização normais de redes ATM e redes *Frame Relay*.

As tecnologias ATM e *Frame Relay* não suportam necessariamente a facilidade *label merging*. No caso do ATM o resultado de simples *label merging* pode ser o *merging* de células de diferentes pacotes MPLS, impossibilitando a correta remontagem desses pacotes no destino. O mesmo pode ocorrer com o *Frame Relay*, pois essa tecnologia admite cell switching no backplane das redes que a suportam. Existe contudo a possibilidade de *merging* de labels no ATM e no *Frame Relay* mediante o uso de facilidades que permitem conexões multiponto-ponto, que podem existir nessas redes.

Quando o LSR Ru é um *non-merging* LSR, podem existir um ou diversos outros *non-merging* LSRs mais upstream relativamente a uma FEC. Como não pode ocorrer *label merging* nesses LSRs, o LSR Rd tem de distribuir *bindings* para todos esses *non-merging* LSRs Ru, o que pode gerar um alto tráfego de distribuição de labels e o consumo elevado de labels.

Então, quando o LSR Ru é *non-merging*, o LSR Rd envia o seu *binding on-demand*, isto é, mediante solicitação do LSR Ru, sendo que essa solicitação ocorre apenas pela interface de saída indicada pela FIB desse LSR Ru para a FEC em questão. Essa operação se processa em cascata, só terminando, em cada extremo, quando se alcança um dos *border* LSRs ou um *merging* LSR, podendo ocorrer com controle independente ou com controle ordenado.

Como em uma rede MPLS podem coexistir *merging* LSRs e *non-merging* LSRs, foram definidos procedimentos para a correta interoperação entre esses diferentes tipos de LSR.

4.10.3   NÚMERO DE LABELS PARA MERGING E NON-MERGING LSRs

Com *label merging*, o *merging* LSR necessita apenas de um único *outgoing label* para uma FEC. Sem *label merging* o número de *outgoing labels* por FEC necessários no *non-merging* LSR é igual ao número de *incoming labels* por ele recebidos.

Em qualquer dessas hipóteses o número de incoming labels em um LSR é função exclusivamente da configuração da rede MPLS *upstream*.

Capítulo 5

Aspectos Gerais da Fase de Transmissão de Pacotes

5.1 Preâmbulo

5.2 Mapeamento de Pacotes

5.3 Modos de Operação do MPLS

5.4 Túneis LSP Hierarquizados

5.5 Hierarchy of Routing Knowledge

5.6 Identificação de Protocolos de Camada de Rede

5.7 Geração de Mensagens ICMP por LSRs

5.8. Prevenção e Realização de Fragmentação

5.9 Detecção de Loops

5.10 Voice over MPLS (VoMPLS)

62 TCP/IP sobre MPLS

5.1 PREÂMBULO

Após a montagem das LFIBs ou das tabelas *cross-connect* nos LSRs de uma rede MPLS dá-se início à fase de transmissão de pacotes. Essa fase pode ser resumida nos macropassos a seguir.

O *border* LSR Ru recebe um *unlabeled packet* (datagrama IP), obtêm o valor da FEC a partir do prefixo do endereço IP de destino e eventualmente de outros elementos de FEC, realiza outros procedimentos adicionais, acrescenta o(s) *outgoing label(s)* obtido(s) em sua LFIB e envia o *labeled packet* (pacote MPLS) resultante pela interface de saída indicada.

Um LSR intermediário recebe o pacote MPLS, consulta a respectiva LFIB ou tabela *cross-connect*, realiza outros procedimentos adicionais, processa o(s) devido(s) *label (s)* recebidos (s) e envia o pacote MPLS pela interface de saída indicada.

O *border* LSR Rd recebe o pacote MPLS ou o datagrama IP se ocorreu *penultimate hop popping*, retira o(s) label(s) recebido(s) se for o caso, realiza outros procedimentos adicionais e envia o datagrama IP conforme os procedimentos IP convencionais.

Os procedimentos adicionais mencionados dizem respeito a alguns aspectos tais como constituição de túneis LSP hierarquizados, BGP *tunneling*, identificação de protocolos de rede, geração de mensagens ICMP quando necessárias, prevenção e realização de fragmentação de pacotes MPLS e detecção e mitigação de *loops*. Este capítulo tem como propósito apresentar os processos de mapeamento de pacotes e os modos básicos de operação do plano de dados do MPLS.

5.2 MAPEAMENTO DE PACOTES

5.2.1 MAPEAMENTO INICIAL DE PACOTES

Suponhamos que um *border* LSR Ru recebe um datagrama IP para ser transmitido pela rede MPLS. Esse datagrama IP se constitui em um IP *unlabeled packet*. Pelo cabeçalho desse datagrama IP, ou em alguns casos considerando elementos de FEC não contidos nesse cabeçalho, o *border* LSR Ru associa o datagrama IP a uma FEC registrada em sua LFIB.

O *border* LSR Ru mapeia então essa FEC em um registro em sua LFIB (mais precisamente em uma NHLFE dessa LFIB), de onde será extraído o label de saída (*outgoing label*) a ser adicionado ao pacote. A partir dessa adição, o pacote passa a se constituir em um *labeled packet* ou pacote MPLS. Esse processo de mapeamento na LFIB é denominado FTN (FEC-*to*-NHLFE) pela RFC 3031.

O pacote MPLS é transmitido então pelo *border* LSR Ru para o *next hop* definido pela LFIB, contendo o(s) respectivo(s) *outgoing label(s)*.

Se houver distribuição de tráfego no border LSR Ru (*multi-path routing*), a FEC será mapeada em mais de um NHLFE, sendo que apenas um deles será definido para o encaminhamento do pacote MPLS por meio de um algoritmo para isso definido.

Aspectos Gerais da Fase de Transmissão de Pacotes 63

5.2.2 MAPEAMENTO SUBSEQÜENTE DE PACOTES

Vamos considerar os casos de mapeamento de pacotes por LSRs intermediários e *border* LSRs RD.

Lembramos neste ponto que a presença do MPLS torna inviável a utilização dos identificadores de camada de rede contidos nos protocolos de camada 2 de suporte ou a eles anexados. São utilizadas as codificações *Ethertype* e NCP com esse propósito. Para a identificação de pacotes MPLS foram definidos novos valores de códigos *Ethertype* e NCP, conforme relação abaixo:

- MPLS *control packet*s para PPP (código 0x8281).
- PPP *unicast* (código 0x0281).
- PPP *multicast* (código 0x0283).
- LAN *unicast* (código 0x8847).
- LAN *multicast* (código 0x8848).

5.2.2.1 LSRs INTERMEDIÁRIOS

Cada LSR intermediário subseqüente recebe o pacote MPLS e mapeia o label nele contido (agora significando *incoming label*) em um registro (NHLFE) de sua LFIB ou em uma entrada em sua tabela *cross-connect*, obtendo o novo *outgoing label e* a correspondente interface de saída. Esse LSR insere então esse novo label no lugar do label recebido (operação dita *label swapping*), e retransmite o pacote MPLS. Pode ocorrer também nesses LSRs intermediários a inserção (*pushing*) ou retirada de (*popping*) de labels.

No caso de uso de LFIB, o mapa resultante do processo de mapeamento acima é denominado ILM (*incoming label map*) pela RFC 3031.

Pode ocorrer a impossibilidade de mapeamento na LFIB devido à invalidade do *incoming label* ou da ausência do *outgoing label* no respectivo registro. A viabilidade de encaminhar o datagrama IP sem label depende da capacitação do LSR para inferir a rota a partir do *header* do datagrama IP. Além disso, deve ser considerada a possibilidade de *loop* na rede em conseqüência. O procedimento usual é o de descartar o pacote MPLS nessa hipótese.

Havendo distribuição de tráfego na rede (*multi-path routing*), o *incoming label* de um pacote entrante em um LSR será mapeado em múltiplos NHLFEs, sendo apenas um deles escolhido para a transmissão do pacote.

5.2.2.2 BORDER LSRs RD

No final do LSP, o *border* LSR RD (ou o penúltimo LSR do LSP se houver *penultimate hop popping*) realiza o mapeamento ILM acima mencionado, mas sem obter obviamente valores de *outgoing labels*. O *incoming label* é então retirado, não ocorrendo assim *label swapping*, e a transmissão subseqüente do datagrama IP resultante a partir do LSR RD ocorre pelos processos convencionais do TCP/IP.

64   TCP/IP sobre MPLS

5.3   MODOS DE OPERAÇÃO DO MPLS

5.3.1   ASPECTOS INICIAIS

As redes MPLS operam de três modos:

- *Frame-mode.*
- *Cell-mode.*
- Modo *Frame Relay.*

Existem, por outro lado, três diferentes tipos de LSR:

- *Frame-based* LSRs.
- ATM-LSRs.
- FR-LSRs (*Frame Relay* LSRs).

Os *frame-based LSRs* são aqueles constituídos sobre protocolos tais como o PPP e o *Ethernet*, sendo os ATM-LSR e os FR-LSRs constituídos, respectivamente, sobre ATM *switches* e *Frame Relay switches*.

Finalmente, mencionamos também a existência de três diferentes tipos de interface:

- Interfaces *frame-based.*
- Interfaces LC-ATM (*label switching controlled* ATM).
- Interfaces LC-FR (*label switching controlled Frame Relay*).

Por opção do IETF as interfaces *frame-based* existem apenas em *frame-based* LSRs.

5.3.2   OPERAÇÃO FRAME-MODE MPLS

A operação de uma rede MPLS ou de parte de uma rede MPLS constituída por um domínio de *frame-based* LSRs e utilizando interfaces *frame-based* entre eles é denominada operação *frame-mode* MPLS.

Ocorrem os seguintes pontos relativamente a esse modo de operação:

- Os LSRs baseiam o *label swapping* em LFIBs.
- Não existem circuitos separados para função de controle entre os LSRs.
- É viável a distribuição de *labels* na forma UD (*unsolicited dowstream*), no modo ordenado ou no modo independente.
- São transmitidos pacotes MPLS inteiros entre os LSRs.

5.3.3   OPERAÇÃO CELL-MODE

A operação de uma rede MPLS ou de parte de uma rede MPLS constituída por um domínio de ATM-LSRs e utilizando interfaces LC-ATM entre eles é denominada operação *cell-mode* MPLS.

Esse modo de operação apresenta as seguintes características:

- Os LSRs baseiam o *label swapping* em tabelas *cross-connect.*

- Existem um ou mais circuitos virtuais separados para funções de controle.
- É utilizada a distribuição de labels na forma *DOD*, operando preferencialmente no modo de controle ordenado.
- Os pacotes MPLS transmitidos entre os LSRs são constituídos por células ATM.

5.3.4 OPERAÇÃO MPLS MODO FRAME RELAY

A operação de uma rede MPLS ou de parte de uma rede MPLS constituída por um domínio de FR-LSRs e utilizando interfaces LC-FR entre eles é denominada operação MPLS modo *Frame Relay*.

As características desse modo de operação do MPLS são as mesmas das da operação MPLS *cell-mode*, à exceção do fato de que os pacotes MPLS podem ser transmitidos inteiros, sem a sua fragmentação em células. Existem redes *Frame Relay*, contudo, cujo *backbone* opera em *cell switching*, o que de certa forma iguala as características desses dois modos de operação do MPLS, ressalvando-se as diferenças entre VPIs/VCIs e DLCIs.

Existem as alternativas de MPLS com base em *frame-mode* ATM e em *frame-mode Frame Relay*, sendo que a primeira dessas opções será abordada no capítulo 7 adiante.

5.3.5 OPERAÇÃO MPLS HETEROGÊNEA

Os *frame-based* LSRs podem possuir alternativamente interfaces LC-ATM ou interfaces LC-FR quando necessárias para possibilitar a esses LSRs operar como *edge* LSRs em domínios ATM-LSR ou em domínios FR-LSR. Tais LSRs podem também realizar funções de trânsito entre domínios de um mesmo tipo ou entre domínios de diferentes tipos, utilizando para isso as interfaces que se fizerem necessárias.

A isso se denomina operação MPLS heterogênea, que se encontra ilustrada na figura 5.1.

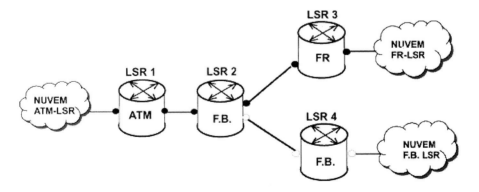

Figura 5.1 Operação MPLS heterogênea.

66 TCP/IP sobre MPLS

5.4 TÚNEIS LSP HIERARQUIZADOS

5.4.1 TÚNEIS NA CAMADA DE REDE

Podem ser constituídos túneis na camada de rede (IP, IPX, etc...). Um datagrama IP, por exemplo, pode ser envelopado em um outro datagrama IP de modo que só os roteadores terminais do túnel tenham conhecimento disso.

Os roteadores atravessados por um *tunneled packet* processam apenas o datagrama envelopador, e somente os roteadores nos extremos do túnel têm acesso ao datagrama envelopado.

No item 3.4 do capítulo 3 anterior foram apresentadas diferentes formas de constituição de túneis IP, razão pela qual recomendamos a revisão daquele item neste ponto do livro.

5.4.2 CONSTITUIÇÃO DE TÚNEIS NO MPLS

5.4.2.1 ASPECTOS INICIAIS

Com base em *labels stacks* é possível constituir túneis LSP de nível m, também denominados LSPs de nível m.

Seja <R1, - - -, RN> um túnel LSP de nível m, onde a seqüência dos LSRs indica o sentido do tráfego. R1 é o *endpoint* LSR Ru (ou o LSR de ingresso) do túnel LSP, enquanto RN é o *endpoint* LSR Rd (ou o LSR de egresso) desse túnel. No interior do túnel LSP podem existir LSRs que participam do túnel LSP, ou seja, que processam labels referentes a esse túnel, assim como LSRs transparentes a tais labels.

No interior de um túnel LSP de nível m, podem existir túneis de nível m-1, m-2, ...1. Um túnel LSP de nível 1 é constituído pelos LSRs diretamente conectados e opera com base nos *top labels* dos *label stacks*. A cada nível desses túneis corresponde um valor de FEC, sendo que os labels associados a essas FECs não devem ser repetidos.

A exemplo do que ocorre em túneis na camada de rede, existem dois tipos de túneis LSP de nível **m**:

- Túneis LSP com roteamento *hop-by-hop.*
- Túneis LSP com *explicit routing.*

5.4.2.2 EXEMPLO DE TÚNEIS LSP DE NÍVEL M

Vamos considerar, na figura 5.2, um exemplo de constituição de túneis LSP de nível 3. Admitamos nessa figura as seguintes hipóteses:

- Os LSR 1, LSR 5 e LSR 8 são *border* LSRs;
- Existem dois túneis LSP de nível 3 na figura, cujo *endpoint* LSR Rd é LSR 7, que são <LSR 1, LSR 7> e <LSR 5, LSR 7>, ambos correspondendo a valores próprios de FEC;

Aspectos Gerais da Fase de Transmissão de Pacotes 67

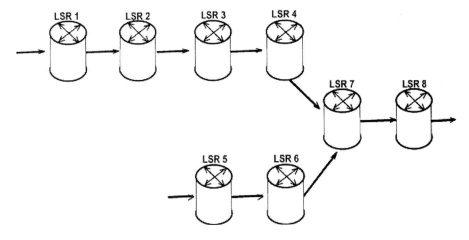

Figura 5.2 Constituição de túnel LSP de nível 3.

- Existem dois túneis LSP de nível 2 na figura, cujo *endpoint* LSR R_D é o LSR 7, que são <LSR 1, LSR 3, LSR 7> e <LSR 5, LSR 7>, ambos correspondendo a valores próprios de FEC;
- Existem dois túneis LSP de nível 1 na figura, cujo *endpoint* LSR R_D é R 8, que são <LSR 1, LSR 2, LSR 3, LSR 4, LSR 7, LSR 8> e <LSR 5, LSR 6, LSR 7, LSR 8>, ambos correspondendo a valores próprios de FEC.

Observa-se que os túneis LSP de nível 1 se estenderam além dos limites dos túneis LSP de níveis 3 e 2.

Os túneis LSP da figura nos trechos LSR 1 / LSR 7 e LSR 5 / LSR 7 apresentam os seus próprios *label stacks,* com valores diferentes para cada caso. Em nosso exemplo, os labels L_1 não sofrem *swapping*, os labels L_2 sofrem *swapping* apenas no LSR 3 e os labels L_3 sofrem *swapping* nos LSR 2, LSR 3, LSR 4, LSR 6 e possivelmente LSR 7. Se ocorrer *penultimate hop popping* (PHP) o LSR 7 descarta o label L_3 recebido juntamente com os labels L_1 e L_2.

5.4.3 PENULTIMATE HOP POPPING

A principal função dos i*ncoming labels* é permitir ao LSR receptor a realização de *label swapping*. Uma outra função desses labels é comunicar atributos ao LSR receptor, tais como identificação de camada de rede, precedência e classe de serviço.

Se um *endpoint* LSR R_D de um túnel LSP de nível **m** não realiza *label swapping* com um label correspondente a um túnel LSP de determinado nível e não processa atributos contidos nesse label, ele não necessita recebê-lo. Nesse caso o penúltimo *hop* do túnel LSP, isto é, o LSR que imediatamente precede o *endpoint* LSR R_D do túnel LSP, após identificar a devida interface de saída pode simplesmente descartar esse label, isto é, pode realizar o que se denomina *penultimate hop popping*.

68   TCP/IP sobre MPLS

As demais funções do *shim label header* retirado (relativas a TTL, EXP e atributos) devem ser realizadas, a partir do *penultimate hop popping*, por meio do cabeçalho do datagrama IP resultante.

Para que o *penultimate hop popping* ocorra é necessário que o *endpoint* LSR R_D solicite essa funcionalidade ao penúltimo *hop* quando da distribuição do *binding* relativo ao label a ser retirado. Isso ocorre, como já foi visto no capítulo 4 anterior, mediante o envio de um *implicit null label*.

Como nesse caso o *endpoint* LSR R_D tem conhecimento da ocorrência de *penultimate hop popping*, ele não necessita realizar procedimentos para acesso ao label descartado e para o seu posterior descarte, agindo por configuração relativamente a esse label. Essa é a razão da realização de PHP. Em contrapartida, todavia, o penúltimo LSR tem que realizar procedimentos adicionais necessários ao *hop popping*.

Para que um *endpoint* LSR R_D solicite *hop popping* ao penúltimo LSR, duas condições devem ser atendidas:

- O *penultimate hop popping* é desejável e viável.
- O penúltimo LSR está capacitado para *hop popping*.

Para ter conhecimento dessa segunda condição, o *endpoint* LSR R_D tem que inquirir os LSRs vizinhos quanto às suas capacitações para realizar *hop popping*. Os procedimentos para isso devem ocorrer na fase de negociação do protocolo de distribuição de labels.

A viabilidade de *penultimate hop popping* se baseia na unicidade e escopo dos valores de labels do *label stack*. Isso significa que um valor de label não pode ser repetido em um *label stack* e o LSR R_D que assigna esses valores de label sabe a sua correspondência com os níveis do *label stack*.

5.4.4   TRANSMISSÃO DE PACOTES MPLS EM TÚNEIS LSP

Para uma descrição geral dos procedimentos para a transmissão de pacotes MPLS em túneis LSP vamos considerar, como referência, a figura 5.3.

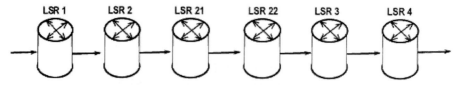

Figura 5.3   Configuração de um túnel LSP.

Estamos supondo nessa figura a existência de um túnel LSP < LSR 2, LSR 3 > de nível 2, cujo *endpoint* LSR R_U é o LSR2 e cujo *endpoint* LSR R_D é o LSR3. Nesse túnel, os LSR 21 e LSR 22 são LSRs intermediários e não participam efetivamente do túnel, isto é, eles são transparentes ao *label* de nível 1 do *label stack* de profundidade 2 que cursa entre o LSR 2 e LSR 3.

Supondo-se que o LSR 1 tenha recebido um datagrama IP que vai atravessar o túnel LSP de nível 1 <LSR 1, LSR 2, LSR 21, LSR 22, LSR 3 e LSR 4>, serão montados os label stacks apresentados na figura 5.4, sendo os correspondentes procedimentos descritos imediatamente após essa figura.

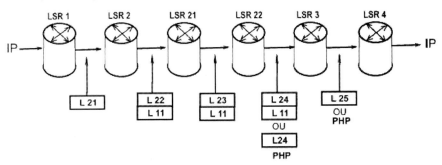

Figura 5.4 Transmissão de pacote MPLS no túnel LSP da figura 5.3.

O LSR 1 procede como um LSR comum, isto é, insere o label L 21 no datagrama IP e o envia para o LSR 2.

O LSR 2 recebe esse pacote MPLS, e, sabendo que é o *endpoint* LSR Ru do túnel que o quadro vai atravessar, procede da seguinte forma:

- Retira o *incoming label* do pacote MPLS.
- Insere o label L 11 do túnel <LSR 2, LSR 3>.
- Altera, por *swapping*, o *top label* de L 21 para L 22, e envia o pacote MPLS resultante.

O LSR 21 e o LSR 22 reenviam o pacote MPLS com base nos valores de L_2 (L 22 e L 23), sendo que o LSR 22, como penúltimo LSR no interior do túnel, pode (ou não) descartar o valor do L_1 (L 11 no caso) inserido pelo LSR 2.

Se o valor de L_1 (L 11) for descartado pelo LSR 22, o LSR 3, sendo o penúltimo LSR do túnel LSP de nível 1, pode adotar alternativamente os seguintes procedimentos:

- Realiza *penultimate hop popping*, enviando o datagrama IP para o LSR 4, que o reencaminhará com base no respectivo IP *header* (nesse caso o LSR 4 funciona como um simples roteador IP).
- Não realiza *penultimate hop popping*, cabendo assim ao LSR 4 descartar o label L 25 do pacote MPLS recebido e reenviar o datagrama IP resultante com base no respectivo IP *header*.

Se o valor de L_1 (L 11) não for descartado pelo LSR 22, ele será descartado pelo LSR 3, em uma das seguintes hipóteses:

- O LSR 3 descarta o valor de L_2 (L 24) juntamente com o valor de L_1 (L 11), e envia o datagrama IP resultante para LSR 4 (que funciona como um simples roteador IP).
- O LSR 3 descarta apenas o valor de L_1 (L 11), cabendo ao LSR 4 descartar o label L_2 (L 25) do pacote MPLS recebido e reenviar o datagrama IP resultante com base no respectivo IP *header*.

70 TCP/IP sobre MPLS

5.4.5 DISTRIBUIÇÃO DE LABELS EM TÚNEIS LSP

Existem duas formas de distribuição de labels entre *label distribution peers*:

- *Explicit peering.*
- *Implicit peering.*

5.4.5.1 EXPLICIT PEERING

Explicit peering, que é a forma natural para a distribuição de labels entre pares locais (vizinhos IGP), pode ser utilizado também para pares remotos (normalmente LSRs participantes em túneis LSP de profundidade igual ou maior que 2). Nesse caso o *explicit peering* consiste no envio de mensagens de distribuição de labels separadas para cada nível do *label stack.*

O endereço de destino de cada uma dessas mensagens é o *explicit peer address,* seja ele vizinho IGP (pares locais) ou vizinho remoto (pares remotos). Esse modo de distribuição de labels é indicado para os casos de poucos pares remotos, de muitos LSRs no interior do túnel ou de envolvimento de pares remotos situados em diferentes domínios de roteamento.

5.4.5.2 IMPLICIT PEERING

No *implicit peering* uma única mensagem de distribuição de labels é enviada do LSR Rd para o LSR Ru. Vamos admitir o exemplo da figura 5.4, que diz respeito a um túnel LSP de nível 2. Essa mensagem contém o *layer 2 tunnel label* (label L_1) explicitamente codificado, mas contém também o *top label* (label L_2) codificado implicitamente como atributo do label L_1.

Nesse exemplo o LSR 3, agindo como LSR Rd, envia a mensagem de distribuição de labels para o LSR 2 da forma acima apresentada. Os LSR 21 e LSR 22 decodificam os atributos da mensagem, obtendo assim os respectivos *outgoing top labels* (L_2). A seguir eles enviam seus *incoming labels upstream* recodificando sucessivamente os atributos da mensagem de distribuição de labels recebida. Quando essa mensagem atinge o LSR 2, esse LSR dela obterá explicitamente os *outgoing label* L_2 (L 22, no exemplo) e implicitamente o *outgoing label* L_1 (L 11, no exemplo).

Como o *implicit peering* diminui o tráfego de distribuição de labels, mas sobrecarrega os LSRs, ele é indicado quando da existência de muitos níveis hierárquicos de túneis LSP e de poucos LSRs no interior desses túneis LSP.

5.5 HIERARCHY OF ROUTING KNOWLEDGE

5.5.1 ASPECTOS INICIAIS

No caso de uma rede puramente IP que se constitui em um *transit* BGP *autonomous system,* além dos BGP *border routers* todos os roteadores no interior desse AS de trânsito participam de todo o processo BGP relativo ao tráfego que poderá atravessá-lo. Isso significa a ocorrência de um elevado tráfego de roteamento, sobrecarregando a rede de forma indesejável.

No caso de uma rede MPLS como AS de trânsito, pode haver uma significativa redução desse tráfego de roteamento, denominado *route distribution load*. Essa redução de carga de tráfego de roteamento ocorre por uma facilidade denominada *hierarquy of routing knowledge*, que recebe também a denominação LSP *tunnelling between* BGP *border routers*.

Por essa facilidade o tráfego BGP é visível apenas pelos *border* LSRs da rede MPLS, não envolvendo portanto os LSRs no interior da rede MPLS.

5.5.2 FUNCIONAMENTO DESSA FACILIDADE

5.5.2.1 HIPÓTESES INICIAIS

Para entendimento dessa facilidade, descrita na RFC 3031, vamos considerar a figura 5.5.

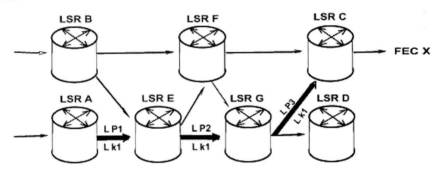

Figura 5.5   *Hierarchy of routing knowledge.*

Os *border* LSRs (LSR A, LSR B, LSR C e LSR D) são programados para processar o BGP da rede global e o IGP do AS MPLS. Os LSRs no interior da rede MPLS (LSR E, LSR F e LSR G) são programados para processar apenas o IGP do AS MPLS.

Consideremos o tráfego de pacotes MPLS entrantes pelo LSR A e destinados à FEC X, que sairão então pelo LSR C. Vamos supor que o endereço IP do LSR C, que se constituirá em uma FEC para o protocolo IGP, seja FEC C. Isso significa que para o IGP o LSR C (assim como os demais *border* LSRs) constitui-se em um *host router*. O endereço IP de um *host router* é considerado como um endereço IP de destino pelo IGP (FEC C em nosso exemplo), que passa a pesquisar rotas para o trafego a ele destinado.

5.5.2.2 RESULTADOS DO BGP E DO IGP

O BGP indica ao LSR A que, para atingir a FEC X, o endereço do *next-hop* é FEC C. O LSR C envia para o LSR A (assim como para os demais *border* LSRs), por hipótese, o label L k1 associado à FEC X.

Pelo protocolo IGP no AS MPLS de trânsito as FIBs dos LSRs passam a conter *bindings*, associando a FEC C às correspondentes interfaces de saída e endereços dos *next-hops*. Ocorre no AS MPLS de trânsito o processo de distribuição de labels associados à FEC C.

72   TCP/IP sobre MPLS

Resulta que o LSR A passa a dispor, em sua LFIB, de todos os dados necessários para enviar pacotes MPLS para a FEC X, inclusive o label L P1 (por hipótese) associado à FEC C no processo IGP e correspondente ao túnel LSP. O endereço IP do LSR C (BGP *next hop*) é o indexador comum que indica ao LSR A os labels L P1 e L k1.

Suponhamos que resultou no AS MPLS de trânsito, em conseqüência, o túnel LSP <LSR A, LSR E, LSR G, LSR C> para o envio de pacotes MPLS pelo LSR A para a FEC C. O LSR processa então o label L k1 de acordo com a funcionalidade que ele representa, que pode ser, por exemplo, a identificação de uma VPN.

5.5.2.3   TRANSMISSÃO DE PACOTES MPLS

Continuando nos referindo à figura 5.5, quando da transmissão de um pacote MPLS para a FEC X, o LSR A envia pela interface 2 o *label stack* representado na figura 5.6.

L Pn	EXP	*Stack*	TTL
L k1	EXP	*Stack*	TTL

Figura 5.6   *Label Stack* enviado pelo LSR A para a FEC X.

Esses procedimentos efetivamente criam um *hop-by-hop routed* LSP *tunnel* < LSR A, LSR C> entre esses BGP *border* LSRs, utilizando para isso a distribuição explicita de labels entre esses pares remotos. Na hipótese, por exemplo, de inclusão de uma nova FEC (FEC Y, por exemplo) para acesso via o LSR C, as informações de roteamento resultantes não necessitam ser passadas aos roteadores no interior do AS MPLS de trânsito, sem que isso impeça o envio de tráfego para essa nova FEC.

Como se observa, ocorre naturalmente agregação de todas as FECs nos LSRs que constituem as trajetórias de pacotes MPLS nos túneis LSP definidos pelos labels L_2 (labels L Pn, no exemplo) correspondentes aos *top labels*. Como essa agregação termina nos BGP *border* LSRs, contudo, ela não interfere na granularidade de transmissão dos pacotes MPLS. A importância dessa agregação ficará evidenciada em capítulos posteriores, uma vez que um túnel LSP de nível 1 constituído com *hierarchy of routing knowledge* pode ser utilizado por diferentes aplicações MPLS e, dentro de uma dessas aplicações, por diferentes instâncias de serviço.

5.5.3   BGP LSP TUNNELS ENTRE DIFERENTES ASes

É possível a criação de *hop-by-hop routed* LSP *tunnels* entre dois BGP *border* LSRs, mesmo que eles se encontrem em diferentes ASes. Como se poderá concluir adiante, esses túneis BGP são virtuais, mas resultam na correta transmissão de pacotes MPLS entre os BGP *border* LSRs.

A importância dessa possibilidade é evidente, uma vez que a configuração à qual ela se aplica envolve a interconexão entre diferentes provedores de serviços MPLS. Para um maior aprofundamento nesse tema, recomendamos consultar a especificação técnica IP/MPLS *Forum* 19.0.0, entitulada MPLS *Inter-Carrier Interconnect* (MPLS-ICI).

Vamos utilizar a figura 5.3 para exemplificar a constituição de túneis BGP entre diferentes ASes, supondo-se a existência adicional de um *border* LSR H situado em outro AS (AS 2), necessariamente conectado por uma sub-rede de camada 2 (rede ATM, por hipótese) diretamente ao AS que contém o LSR A e o LSR C (AS 1).

A figura 5.7 ilustra o que nos interessa ressaltar em uma configuração envolvendo túneis BGP LSP entre diferentes ASes.

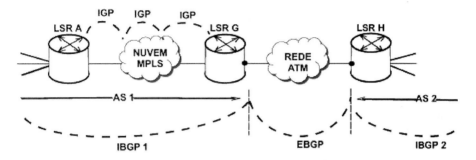

Figura 5.7   Túneis BGP entre diferentes ASes.

Observa-se que os LSR A, LSR G e LSR H constituem-se em BGP ASBRs. (*autonomous systems border routers*) nessa configuração. Os LSR A e LSR G são vizinhos IBGP, enquanto os LSR G e LSR H são vizinhos EBGP. A rede de camada 2 (ATM, no exemplo) constitui nessa configuração a denominada *delimitarized zone*.

A constituição de um túnel BGP virtual entre o LSR A e o LSR H ocorre nesse caso da seguinte forma:

- O LSR H distribui rotas BGP para o LSR G (intermediário) utilizando o EBGP, o que permitirá o envio futuro de pacotes do LSR G para LSR H.
- O LSR G redistribui essas rotas para o LSR A, utilizando o IBGP, o que indica que o *next-hop* para essas rotas é o LSR H (*next-hop virtual* no caso), cujo endereço é supostamente FEC H.

O LSR H pode ser, na realidade, um simples roteador IP. Em qualquer hipótese, o LSR H passa a se constituir em um *virtual host route* para o IGP do AS 1, com base no valor FEC H.

Se o LSR H for um simples roteador, o LSR G assigna e redistribui no AS 1 os *bindings* associando labels à FEC H, necessários para encaminhar o tráfego destinado ao LSR H intermediariamente para o LSR G, para o seu reencaminhamento.

Se o LSR H for realmente um LSR, os *bindings* associando labels às FECs alcançáveis via o LSR H são naturalmente distribuídos para o LSR G, que os repassa intactos para o LSR A.

Continua, contudo, de responsabilidade do LSR G a constituição do LSP correspondente aos *top labels* relativo à FEC H no AS 1.

74   TCP/IP sobre MPLS

5.6 IDENTIFICAÇÃO DE PROTOCOLOS DE CAMADA DE REDE

5.6.1 ASPECTOS GERAIS

Quando um pacote MPLS chega a um *border* LSR Rᴅ, após o descarte dos labels, ele será encaminhado ao processo de camada de rede (IPv4 ou IPv6), à qual pertence o datagrama resultante, para o devido processamento (transmissão do datagrama, processo de roteamento, etc..).

Para isso, é necessária a prévia identificação da camada de rede correspondente ao *unlabeled packet* (datagrama IP). Os identificadores de camada de rede contidos nos protocolos de camada 2 que suportam o MPLS não são utilizados, nesse caso, devido à presença da subcamada MPLS entre a camada 2 e o IP.

A identificação da camada de rede contida em um pacote MPLS tem que ser inferida do valor do *bottom label* do *label stack* do pacote MPLS. A razão de ser o *bottom label* é por ser ele o label do *label stack* mais próximo do cabeçalho da camada de rede.

Observa-se que quando da ocorrência de *penultimate hop popping* a inferição da identificação do protocolo de rede contido em pacotes MPLS a partir de valores de labels processa-se no penúltimo LSR.

Para que a inferição do protocolo de camada de rede se processe, é necessário que todos os LSRs Rᴜ utilizem os mesmos critérios de inferição quando da escolha de labels.

5.6.2 FORMAS DE INFERIÇÃO

Existem duas formas de inferição da identificação de camadas de rede no MPLS:

- Inferição baseada exclusivamente em labels.
- Inferição baseada em labels de forma associada à inspeção dos cabeçalhos de camada de rede.

Na primeira forma podem ser definidas, *a priori*, subfaixas de valores de label para as diferentes camadas de rede, o que é de conhecimento de todos os LSRs da rede MPLS, eliminando assim a necessidade de negociações.

Na segunda forma, alguns protocolos de camada de rede são previamente associados a subfaixas de valores de labels, enquanto o subconjunto dos demais protocolos de camada de rede é identificado por inspeção dos *headers* dos datagramas IP contidos nos pacotes MPLS.

5.6.3 IDENTIFICAÇÃO POR LSRs INTERMEDIÁRIOS

Em condições normais de tráfego, os LSRs intermediários de um LSP ou de um túnel LSP não processam o datagrama de camada de rede, não necessitando assim identificar essa camada de rede. Em condições de erro, contudo, a identificação do protocolo de camada de rede por LSRs intermediários se torna necessária.

São exemplos dessas condições de erro:

- Esgotamento do tempo do pacote MPLS na rede, quando o valor do TTL é zerado.
- O tamanho do pacote MPLS é grande demais para retransmissão pelo LSR.

Aspectos Gerais da Fase de Transmissão de Pacotes **75**

Nesses exemplos, o LSR que constatou a condição de erro pode ter de tomar algumas medidas corretivas ao nível de camada de rede, e para isso tem que previamente identificar essa camada de rede. Por exemplo, em se tratando de IPv4 ou IPv6 podem se tornar necessários a geração e o envio de mensagens ICMP específicas para um desses protocolos, destinadas ao terminal IP que gerou a mensagem original.

Na hipótese de existência de túneis LSP para isolar os LSRs intermediários do roteamento BGP da rede IP global, o que é regra no MPLS, esses LSRs intermediários não são capazes de acessar o *bottom label* dos *label stacks*, não sendo conseqüentemente habilitados a identificar protocolos de camada de rede. Para resolver essa questão, os critérios de inferição da identificação de protocolos de camada de rede pela associação a subfaixas de labels devem ser estendidos para os labels de todos os níveis dos *label stacks*.

5.7 GERAÇÃO DE MENSAGENS ICMP POR LSRs

5.7.1 CONDIÇÕES PARA GERAÇÃO DE MENSAGENS ICMP

Para que um LSR possa, ao detectar uma condição de erro, além de descartar o pacote MPLS emitir uma mensagem ICMP adequada destinada à fonte do datagrama, é preciso que esse LSR satisfaça a duas condições:

- Ser capaz de identificar o protocolo de camada de rede do datagrama.
- Ser capaz de enviar as mensagens ICMP para o endereço IP da fonte do datagrama.

A primeira condição já foi devidamente abordada anteriormente. A segunda condição é naturalmente atendida por todos os LSRs à exceção dos LSRs intermediários de um túnel LSP destinado ao seccionamento do roteamento BGP, como será visto a seguir. Em qualquer hipótese de não satisfação das condições citadas acima, o pacote MPLS deve ser silenciosamente descartado.

5.7.2 PROCEDIMENTOS DE LSRS INTERMEDIÁRIOS

5.7.2.1 ASPECTOS GERAIS

Quando se utiliza a facilidade *hierarquy of routing knowledge* é constituído um túnel LSP entre *endpoint* LSRs, objetivando estabelecer um hiato no roteamento BGP da rede IP global e assim reduzir o tráfego de roteamento IP no interior da rede MPLS. Isso significa que todos os LSRs intermediários desse túnel LSP participam exclusivamente do roteamento IGP dentro do túnel LSP e desconhecem inteiramente as FECs associadas aos *hosts* da rede IP externa (particularmente os seus endereços IP).

Assim sendo, esses LSRs intermediários são incapazes de enviar um datagrama IP (uma mensagem ICMP, por exemplo) diretamente para um terminal de rede IP externa à rede MPLS. Tais LSRs intermediários, em conjunto com os *endpoint* LSRs desse tipo de túnel LSP, constituem um *transit routing domain*. Os *endpoint* LSRs são denominados BGP *border routers* (RFC 3031) e constituem-se em *autonomous systems border routers* (ASBRs).

76 TCP/IP sobre MPLS

Vamos abordar as possíveis soluções para o problema mencionado no parágrafo anterior, à luz da classificação das formas de prestação de serviços MPLS abaixo apresentada:

- MPLS em redes para atendimento público (isto é, atendimento único para todos os terminais da rede MPLS, dentro ou fora de uma empresa).
- MPLS em VPNs (que compartilham uma mesma rede MPLS de suporte).

Para cada uma dessas opções de prestação de serviços MPLS foi definida uma forma de envio de mensagens ICMP por LSRs intermediários de domínios de roteamento de trânsito.

5.7.2.2 MPLS EM REDES PARA ATENDIMENTO PÚBLICO

Em redes MPLS para atendimento público, isto é, que atendam indiscriminadamente todos os seus terminais, os endereços IP são globalmente únicos, o que capacita qualquer domínio de roteamento de trânsito a enviar qualquer datagrama IP (inclusive mensagens ICMP) para qualquer endereço de destino da rede IP global.

Basta um LSR intermediário de um domínio de roteamento de trânsito enviar uma mensagem ICMP para qualquer ASBR da rede MPLS para que ela seja corretamente reenviada ao seu destino, que é o terminal originador do datagrama que motivou o envio da mensagem ICMP. É necessário capacitar esses LSRs intermediários para enviar a mensagem para um ou mais ASBRs escolhidos. Para isso, o ASBR escolhido (ou os ASBRs escolhidos) devem previamente enviar um registro *default* para inclusão nas FIBs dos LSRs internos da rede MPLS.

O ASBR que receber uma mensagem ICMP (em um pacote MPLS enviado com base no registro *default* da FIB) deve reencaminhar essa mensagem em um outro pacote MPLS para o endereço de destino dessa mensagem. O fato de a mensagem constar de um *labeled packet* evita o *looping* que poderia ser causado pelo uso do roteamento *default*, dentro do domínio de roteamento da rede MPLS.

5.7.2.3 MPLS COM VPNs

Caso uma rede MPLS seja compartilhada por diferentes VPNs, a unicidade global de endereços IP será por VPN, e não por toda a rede MPLS. Em conseqüência , não é viável enviar uma mensagem ICMP originada por um LSR intermediário de um domínio de roteamento de trânsito para um ASBR qualquer, pois ele será possivelmente incapaz de reencaminhar a mensagem ICMP.

O reenvio dessas mensagens deverá se realizar por um ASBR, ou por um roteador, que atenda às seguintes condições:

- Ser parte integrante da VPN por onde cursa a mensagem original.
- Ser capaz de identificar essa VPN.

A solução é transpor o *label stack* da mensagem original para a mensagem ICPM e enviar o *labeled packet* assim constituído. Esse pacote MPLS cursará pela rede MPLS no sentido contrário ao do reenvio da mensagem ICMP subseqüente, inevitavelmente para um ASBR que participa da VPN e sabe identificar essa VPN.

Aspectos Gerais da Fase de Transmissão de Pacotes   **77**

Ao receber esse pacote MPLS contendo a mensagem ICMP, esse ASBR retransmitirá essa mensagem ICMP em um novo pacote MPLS, no sentido contrário, para a fonte da mensagem original. Como no caso anterior, esse pacote MPLS evitará a ocorrência de *looping* causado pelo roteamento *default*.

Quando da transposição do *label stack* da mensagem original para etiquetar a mensagem ICMP, todos os valores devem ser exatamente copiados à exceção do campo TTL, qualquer que seja o tipo de mensagem ICMP. O novo valor do campo TTL deve ser grande o suficiente para permitir ao pacote MPLS cursar o longo caminho que lhe é destinado.

5.8. PREVENÇÃO E REALIZAÇÃO DE FRAGMENTAÇÃO

5.8.1 ASPECTOS GERAIS

A exemplo do que ocorre no TCP/IP, as tecnologias de rede de camada 2 que dão suporte ao MPLS impõem limites ao tamanho dos pacotes que podem transitar pelos LSRs respectivos. Os pacotes podem ser grandes demais para transmissão, sendo conseqüentemente descartados ou fragmentados para envio por fragmentos.

No caso do MPLS, é preciso considerar o aumento do tamanho dos *unlabeled packets* ao se acrescentar um *label stack*.

O tamanho máximo de um datagrama IP que pode ser transmitido através de uma rede de camada 2 é denominado MTU (*maximum transmission unit*). Quando uma rota atravessa diferentes redes de camada 2, o menor valor de MTU dessas redes se denomina *path* MTU (PMTU) dessa rota.

Objetiva-se prevenir e evitar ao máximo a ocorrência de fragmentação de pacotes MPLS ao longo de um LSP, a exemplo do que ocorre no TCP/IP. Caso o *host* de origem receba um pacote grande demais (*too big packet*) das camadas superiores, ele deve fragmentar esse pacote antes de seu envio.

Caso se torne necessária a fragmentação de um datagrama IP destinado a uma rede MPLS após a sua transmissão pelo *host* de origem, essa fragmentação deve ocorrer preferencialmente apenas uma vez, quando o datagrama IP recebe o primeiro label (o que ocorre no *border* LSR Ru), embora seja possível a refragmentação de um pacote ao longo da rede.

Quando se realiza fragmentação ao longo de um rota MPLS, os fragmentos podem conduzir partes de um segmento TCP. Se um fragmento se perder, o processo TCP ordenará a repetição de todos os fragmentos que compõem o segmento TCP original.

Todos os procedimentos de prevenção e realização de fragmentos ocorrem em processos IP contidos nos LSRs.

5.8.2 TERMINOLOGIA PARA O MPLS

Quando se considera valores de MTU para o MPLS é necessário levar em conta o tamanho dos *label stacks* para se calcular o tamanho máximo de datagramas IP, que podem ser contidos no interior dos pacotes MPLS . Por exemplo, sendo n bytes o tamanho de um

78 TCP/IP sobre MPLS

label stack acrescentado, o tamanho máximo de um datagrama IP contido em um pacote MPLS sobre *Ethernet* é igual a 1.500-n *bytes*. Utiliza-se no MPLS, também, a denominação *maximum frame payload size* para o valor máximo de *byte*s em vez de MTU.

Um pacote MPLS é considerado um *too big labeled* IP *packet* quando seu tamanho é maior que o *maximum frame payload size* efetivo, relativo à camada 2 pela qual o LSR vai enviar o pacote MPLS. Se um pacote MPLS não for *too big*, ele deve ser transmitido sem fragmentação.

Os pacotes MPLS podem ser classificados em dois tipos em função de suas condições quando é recebido por um LSR:

- *Initially labeled* IP *datagram*.
- *Previously labeled* IP *datagram*.

Os pacotes MPLS do tipo *initially labeled* IP *datagrams* são aqueles recebidos como *un-labeled* IP *packets* por um LSR, que então acrescenta um label (ou um *label stack*) antes de retransmiti-los. É o caso típico de datagramas IP quando recebidos por um *border* LSR Ru.

Os LSRs que processam esse tipo de pacote (os *border* LSRs Ru certamente) devem possuir um parâmetro de configuração denominado *maximum initially labeled* IP *datagram size parameter*. Esse parâmetro pode receber o valor zero (quando não tem efeito) ou pode receber um valor positivo, cuja funcionalidade será vista adiante.

Os pacotes MPLS transmitidos por um LSR que foram recebidos por esse LSR, já como pacotes MPLS (ou seja, que já possuíam um label ou um *label stack*), são denominados *previously labeled* IP *datagrams*. É o caso dos pacotes MPLS recebidos por LSRs que se encontram no sentido *downstream* com relação ao *border* LSR Ru à exceção do *border* LSR Rd quando ocorre PHP.

5.8.3 PROCEDIMENTOS PREVENTIVOS

Para prevenir e evitar o envio na rede MPLS de pacotes MPLS muito grandes, o que demandaria a sua fragmentação ou descarte, são utilizados dois procedimentos:

- *Path* MTU *discovery*.
- Envio de datagramas IP com tamanhos limitados.

Existem no IPv4 *hosts* que implementam *path* MTU *discovery* e *hosts* que não implementam essa facilidade. Nesse protocolo, a maioria dos *hosts* não suporta a facilidade *path* MTU *discovery*, admitindo a prática da fragmentação, enquanto no IPv6 a regra é a adoção do *path* MTU *discovery*, evitando ao máximo a fragmentação.

A probabilidade de envio de pacotes grandes demais por *hosts* que utilizam *path* MTU *discovery* é praticamente zero. Quando o *host* de origem não utiliza procedimentos de descobrimento de *path* MTUs, existe a possibilidade de envio de datagramas e pacotes MPLS grandes demais, mesmo que ele procure limitar os seus tamanhos.

Os algoritmos para o descobrimento de *path* MTUs para os protocolos IPv4 e IPv6 serão abordados adiante, assim como os respectivos critérios para limitação de tamanhos de pacotes.

Aspectos Gerais da Fase de Transmissão de Pacotes **79**

5.8.4 PROCESSAMENTO DE PACOTES GRANDES DEMAIS

Os datagramas IP e os conseqüentes pacotes MPLS considerados grandes demais são objeto de processamento nos LSRs que os recebem. Existem processos diferentes para os *border* LSRs e para os demais LSRs.

5.8.5 PROCEDIMENTOS PREVENTIVOS NO IPv4

5.8.5.1 DESCOBRIMENTO DE PATH MTUs NO IPv4

O que se obtém de início no MPLS, tanto para o IPv4 quanto para o IPv6, é o *path* MTU relativo a datagramas IP enviados pelo *host* de origem, embora isso não garanta a não fragmentação de pacotes .

Isso porque o acréscimo de labels ocorre posteriormente ao envio dos datagramas, e, portanto, o *path* MTU descoberto pelos *hosts* deveria ser igual à diferença entre o *effective maximum frame payload size* verificado no LSP e o número n de bytes máximo correspondentes ao acréscimo de *label stacks*. Esse problema pode ser resolvido em rodadas sucessivas do processo de descobrimento de *path* MTUs, como será visto adiante. Observa-se que pode ocorrer também a retirada de labels nos LSRs de uma rede MPLS.

O cabeçalho do IPv4 possui os campos *flags* e *fragment offset* necessários para a prevenção e realização de fragmentação de datagramas IP e, por extensão, de pacotes MPLS. Para o descobrimento de *path* MTU, utiliza-se um *bit* do campo *flags* denominado DF *bit* (*don't fragment*).

Se um datagrama é enviado com esse *bit* setado ele não poderá ser fragmentado ao longo de sua transmissão. Caso um LSR receba um pacote MPLS com o DF *bit* setado, mas que não seja grande demais, ele deve ser retransmitido normalmente.

Se o pacote MPLS for recebido com o DF *bit* setado e for grande demais para um LSR, esse LSR deve:

- Descartar o pacote MPLS
- Emitir uma mensagem ICMP do tipo 3 (*destination unreachable*) e código 4 (*fragmentation needed but* DF *set*) para o *host* que enviou o datagrama original.

Embora a maioria dos *hosts* no IPv4 não suporte a facilidade *path* MTU *discovery*, foi definido um algoritmo baseado em uma versão modificada do programa *traceroute* para permitir a determinação de *path* MTUs quando essa facilidade for suportada.

Nesse algoritmo de descobrimento de *path* MTUs o *host* de origem inicia o algoritmo enviando um primeiro datagrama IP com o DF *bit* setado, cujo tamanho dependerá do uso do UDP ou TCP no datagrama enviado. A definição do protocolo de transporte pela supervisão da rede depende das aplicações TCP/IP que cursam na rede IP global.

5.8.5.2 DESCOBRIMENTO DE PATH MTUs NO IPv4 COM SUPORTE NO UDP

Um mesmo caminho entre dois *hosts* no IPv4 pode apresentar um *path* MTU para aplicações com suporte no UDP diferente do *path* MTU para aplicações com suporte no TCP.

80 TCP/IP sobre MPLS

Essa possível diferenciação se estende para o LSP de uma rede MPLS que participa de um caminho IP fim-a-fim.

No caso de aplicações com suporte no UDP em IPv4, a limitação visível inicialmente é o tamanho de um datagrama IPv4 que pode ser suportado pela primeira rede de camada 2 para a qual esses pacotes serão enviados. Assim sendo, o tamanho do datagrama IP que deve iniciar a aplicação do algoritmo de descobrimento de *path* MTUs deve ser igual ao valor do MTU da rede de camada 2 à qual o *host* de origem se conecta.

Caso o datagrama enviado com o DF *bit* setado passe normalmente por todos os roteadores IP das redes IP de acesso e por todos os LSRs no LSP cursado, o *host* de origem, não recebendo uma mensagem ICMP dentro de um *time-out* programado, considera descoberto o valor de MTU e encerra a aplicação do algoritmo. Entra-se então na fase operacional do LSP.

Caso o datagrama enviado com o DF *bit* setado seja grande demais para um *hop* (IP ou MPLS) no seu curso, esse *hop* descarta o pacote (IP ou MPLS) e envia uma mensagem ICMP *fragmentation needed but DF set* para o *host* de origem indicando o seu limite de tamanho de pacotes. A questão do envio de mensagens ICMP por todos os tipos de LSRs em domínios de roteamento de trânsito foi já abordada no item 5.7, anteriormente.

Se for realmente impossível para qualquer LSR de um LSP enviar mensagens ICMP, o algoritmo de descobrimento de *path* MTUs não pode ser utilizado. Se o fosse, o *time-out* do *host* de origem expiraria, indicando erroneamente que os datagramas enviados teriam chegado normalmente ao destino, o que não é verdade.

Caso o descarte tenha ocorrido em um LSR, esse LSR leva em conta para o cálculo de seu limite de tamanho as operações com labels que ele tem de realizar, o que pode resultar em um aumento em sua MTU (retirada de labels) ou de uma redução (acréscimo de labels).

Na segunda rodada, o *host* de origem envia um datagrama IPv4 com o tamanho máximo indicado pelo nó da rede que acusou o descarte do datagrama anterior. Pode ocorrer que essa nova tentativa resulte na transmissão total do datagrama IP, o que encerra o processo e determina o tamanho máximo dos datagramas a serem enviados posteriormente.

Pode ocorrer, alternativamente, que um nó que se encontra a juzante do nó que acusou o primeiro problema venha a ser incapaz de processar o tamanho do pacote recebido, o que se reflete na necessidade de uma nova rodada do algoritmo.

Após um número pequeno de tentativas, chega-se ao final do algoritmo de descobrimento do *path* MTU desejado, passando o *host* de origem a enviar datagramas de tamanhos no máximo iguais ao *path* MTU efetivo descoberto.

Na fase operacional, os datagramas IP devem continuar a conduzir os DF *bits* setados, para detectar possíveis alterações na rede MPLS e nas redes IP de acesso para menor, isto é, com a inclusão de redes de camada 2 com valores de MTU menores.

Uma outra opção é não setar os DF *bits* durante a fase operacional, possibilitando a eventual retransmissão de pacotes fragmentados até a ocorrência de uma nova rodada do algoritmo de descobrimento do *path* MTU do LSP, o que se passa dentro de um determinado período.

Para detectar possíveis alterações na rede MPLS e redes IP de acesso para maior, providência necessária para otimização de uso dessas redes pelo aumento do tamanho dos datagramas que cursam pelos LSPs, ocorre periodicamente uma nova rodada do algoritmo de descobrimento dos *path* MTUs desses LSPs.

Aspectos Gerais da Fase de Transmissão de Pacotes   81

5.8.5.3   DESCOBRIMENTO DE PATH MTUs NO IPv4 COM SUPORTE NO TCP

No caso de uso do TCP para suporte a aplicações no IPv4 (assim como no IPv6), o tamanho inicial de um datagrama e do pacote MPLS dele resultante é limitado pelo menor dos valores entre o valor do *path* MTU da rede de camada 2 subseqüente e o valor da soma MSS + 40 inerente ao próprio TCP. O MSS (*maximum segment size*) é a maior quantidade de *bytes* que o TCP de um *host* pode enviar em seu *payload* para o *host* do outro lado da conexão TCP.

Sendo 20 *bytes* os tamanhos tanto do *header* IP quanto do *header* TCP, o tamanho máximo de um datagrama IP corresponde a um valor igual a MSS + 40 *bytes*. Quando do estabelecimento de uma conexão TCP, cada *host* tem a opção de anunciar o MSS que ele espera receber.

O anúncio de MSS por um *host* é indicado no segmento SYN, e o seu valor é indicado no campo *options* constante do TCP *header*. Caso um dos *hosts* não anuncie valor de MSS, o outro *host* assume o valor *default* de 536 *bytes* (que somado a 40 leva ao MTU de 576 *bytes*).

O algoritmo de descobrimento de *path* MTUs é aplicado no TCP como no UDP, exceto quanto ao tamanho do datagrama de partida para cada rodada do algoritmo. O tamanho enviado é o menor valor entre o valor do MTU da rede de camada 2 local de acesso ao *host* de origem, e o valor obtido a partir do MSS.

5.8.5.4   DATAGRAMAS IP COM TAMANHOS LIMITADOS

De um modo geral, os *hosts* IPv4 que não implementam o processo de descobrimento de *path* MTUs, enviam datagramas contendo não mais que 576 *bytes*. Datagramas assim transmitidos têm elevada probabilidade, mesmo após a adição de labels, de não necessitar de fragmentação, uma vez que a maioria das camadas de rede atuais tem MTU igual a 1.500 *bytes* ou mais.

Infelizmente alguns *hosts* geram datagramas contendo 1.500 *bytes*, sem os descontos dos n *bytes* correspondentes a *label stacks*. A conseqüência é o aumento da probabilidade de fragmentação, inevitável se existirem LSRs suportados por *Ethernet* no interior da rede MPLS.

Como foi dito anteriormente, os *border* LSRs Ru podem antecipar a fragmentação com base em um tamanho cujo valor se encontra no parâmetro *maximum initially labeled* IP *datagram size*. Essa antecipação reduz elevadamente a necessidade de nova fragmentação *downstream*, mas não a elimina totalmente.

5.8.6   PROCESSAMENTO DE PACOTES GRANDES DEMAIS NO IPv4

5.8.6.1   PROCESSAMENTO EM BORDER LSRs Ru

Ao receber um datagrama IP, um *border* LSR Ru examina o seu tamanho. Se esse tamanho for menor que o valor do parâmetro *maximum initially labeled* IP *datagram size* relativo ao LSP em questão, o datagrama é retransmitido dentro dos procedimentos MPLS normais.

82 TCP/IP sobre MPLS

Se o tamanho do datagrama IP for superior ao valor desse parâmetro (datagrama grande demais), o *border* LSR Ru verifica o DF *bit* do datagrama IP. Se o DF *bit* estiver setado o *border* LSR Ru age de acordo com os procedimentos para descobrimento de *path* MTUs no IPv4 anteriormente descritos.

Se o DF *bit* não estiver setado o datagrama será fragmentado conforme os procedimentos normais de fragmentação do IPv4. Cada fragmento será enviado conforme os procedimentos MPLS normais, sendo todos os fragmentos enviados no LSP original.

5.8.6.2 PROCESSAMENTO NOS DEMAIS LSRs

A despeito das medidas de prevenção nos *hosts* de origem e do processo de verificação de tamanho de pacotes nos *border* LSRs Ru descritos acima, existe a possibilidade de recebimento de pacotes MPLS grandes demais pelos LSRs *downstream*.

Assim, esses LSRs devem adotar procedimentos para o processamento de pacotes MPLS recebidos conforme abaixo:

- Ao receber um pacote MPLS, cada um desses LSRs examina o seu tamanho.
- Se esse tamanho atende a MTU do LSR e se esse tamanho, acrescido do tamanho de eventuais labels a serem inseridos pelo próprio LSR, for inferior ao MTU do nó subseqüente, o pacote MPLS é retransmitido dentro dos procedimentos MPLS normais.
- Se não, o pacote MPLS é grande demais, e deve ter o DF *bit* do datagrama IP examinado.
- Se o DF *bit* estiver setado, o LSR age de acordo com os procedimentos para descobrimento de *path* MTUs no IPv4 anteriormente descritos.
- Se o DF *bit* não estiver setado, o LSR descarta silenciosamente o pacote ou realiza a sua fragmentação.

Havendo fragmentação, cada fragmento deve ser transmitido conforme os procedimentos MPLS normais, sendo todos os fragmentos enviados no LSP original. Cada fragmento deve ter, no máximo, n *bytes* a menos que o MTU da rede de camada 2 subseqüente, sendo n *bytes* o tamanho máximo dos *label stacks* a serem acrescentados pelo LSR.

5.8.7 PROCEDIMENTOS PREVENTIVOS NO IPv6

O IPv6 foi definido para tratamento mais rigoroso da fragmentação de datagramas IP, o que se reflete no MPLS. Dentro dessa idéia, o uso de procedimentos de descobrimento de PMTUs é a regra no IPv6, e a possibilidade de fragmentação ao longo das redes IP de acesso e do *backbone* MPLS é reduzida.

O processo de descobrimento de PMTUs no MPLS dando suporte ao IPv6, definido com base na RFC 1981, assemelha-se ao caso de MPLS dando suporte ao IPv4. Como não existe DF *bit* no IPv6, qualquer datagrama IP, com uma exceção que será vista adiante, são considerados não-fragmentáveis.

De início, o *host* de origem envia para uma FEC o primeiro datagrama IP com o valor tentativo de PMTU igual ao do MTU da rede de camada 2 à qual esse *host* se conecta. Caso

Aspectos Gerais da Fase de Transmissão de Pacotes **83**

algum roteador IP ou algum LSR ao longo do LSP constate ser o datagrama IP ou o pacote MPLS grande demais (datagrama IP maior que 1.280 *bytes*), esse pacote é descartado, e o nó que o descarta envia uma mensagem ICMP para o *host* de origem do datagrama IP.

A mensagem ICMP enviada pelo roteador ou LSR deve conter o tamanho máximo de pacotes que podem ser recebidos por esse nó. Caso se trate de um roteador, o tamanho máximo indicado é o do MTU da rede de camada 2 que sucede o roteador. Caso se trate de um LSR, esse valor máximo é igual ao do MTU desse LSR deduzido do (ou somado ao) número **n** de octetos acrescidos (ou retirados) pela operação com o *label stack* nesse LSR.

Ao receber essa mensagem ICMP, o processo IP do *host* de origem deve notificar as camadas superiores, e fazer uma nova tentativa, agora com datagrama IP no máximo igual ao valor indicado pela mensagem ICMP. O processo se repete até que não ocorram pacotes grandes demais na rede.

Caso essa condição ocorra quando o valor de uma próxima tentativa for igual ou inferior ao IPv6 *minimum link* MTU (valor fixado em 1.280 octetos pela RFC 3032), o *host* de origem terá duas alternativas quando do envio do próximo datagrama IP:

- Enviar esse datagrama não contendo um *fragment header*.
- Enviar esse datagrama contendo um *fragment header*.

Se o *host* de origem não acrescentar um *fragment header*, o processo de descobrimento de PMTU prossegue, o que conduzirá à ineficiente transmissão de datagramas IP muito pequenos. Por essa razão essa prática não é recomendada pela RFC 1981, embora a RFC 3032 a admita.

Se o *host* de origem acrescentar o *fragment header*, ele estará sinalizando para os nós da rede que o datagrama pode, se necessário, ser fragmentado.

Caso ocorra uma mudança topológica no sentido de reduzir o PMTU, esse fato será detectado automaticamente e notificado pelo processo de descobrimento de PMTUs.

Para detectar mudanças topológicas no sentido de aumentar o PMTU, os nós da rede devem periodicamente usar valores tentativos superiores ao PMTU do momento. Isso pode resultar, por uma fase transiente, em descarte de pacotes, e, como a sua justificativa não é tão freqüente, a sua periodicidade não deve ocorrer com menos de 5 minutos (o valor recomendado é de 10 minutos).

5.8.8 PROCESSAMENTO DE PACOTES GRANDES DEMAIS NO IPv6

Ao receber um datagrama IP ou um pacote MPLS, um LSR verifica se o tamanho do pacote após o acréscimo de eventuais labels por ele próprio é inferior ao MTU da rede de camada 2 subseqüente.

Se houver a inferioridade de tamanho com relação ao MTU da rede de camada 2 subseqüente, o pacote MPLS é retransmitido dentro dos procedimentos MPLS normais.

Se não houver essa inferioridade, o pacote MPLS será grande demais, e o LSR deverá retirar os labels para análise do datagrama IP resultante. Se o datagrama IP resultante contém mais que 1.280 *bytes* ou se ele não contém um *fragment header*, o LSR deve agir conforme os procedimentos para descobrimento de *path* MTUs no IPv6.

84   TCP/IP sobre MPLS

Se o datagrama IP resultante for menor que 1.280 *bytes* e se ele contiver um *fragment header*, esse datagrama deverá ser fragmentado conforme os procedimentos de fragmentação do IPv6. A seguir esses fragmentos devem ser transmitidos conforme os procedimentos MPLS normais, sendo todos os fragmentos enviados pelo LSP original.

5.9 DETECÇÃO DE LOOPS

5.9.1 ASPECTOS GERAIS

Em redes MPLS, assim como em redes TCP/IP, pode ocorrer *loops* devido a fases transientes de alterações topológicas ou devido a erros de configuração. Na definição de protocolos de roteamento busca-se formas de estabelecimentos de *loop-free routes*, mas a maioria desses protocolos não é capaz de evitar a ocorrência *de loops*.

Para o caso de operação *frame-based* MPLS, foram adotadas formas de detecção e de mitigação de *loops* assemelhadas às do TCP/IP, sendo definidas formas específicas para os casos de operação *cell-based* MPLS e operação MPLS no modo *Frame Relay*.

No primeiro caso, a detecção de *loops* se baseia no campo TTL contido em *top shim label headers*. Como esse campo não está disponível em *links* entre interfaces LC-ATM e LC-FR (tais *links* constituem os denominados *non-TTL segments*), podendo ser utilizadas outras formas com esse propósito. Essas formas alternativas serão abordadas nos itens específicos para o ATM, e o *Frame Relay*, no capítulo 7 adiante. Vamos nos limitar, neste capítulo, à detecção de *loops* por tratamento do TTL. Valores de TTL atravessam transparentemente os ATM-LSRs e FR-LSRs.

Quando um pacote MPLS atravessa um LSR que possui de um lado um TTL *segment* e do outro lado um *non-TTL segment*, deve ocorrer a devida tradução entre as respectivas formas de encapsulamento, o que engloba o tratamento do TTL.

5.9.2 PROCESSAMENTO DO TTL NO MPLS

5.9.2.1 ASPECTOS INICIAIS

A RFC 3443, que complementa as RFC 3031 e RFC 3032, descreve o processamento do TTL em redes MPLS hierarquizadas, ou seja, que possuem túneis LSP associados a diferentes níveis de label em *label stacks*.

A RFC 3270 define três modelos para a aplicação dos *differenciated services* em túneis LSP:

- Modelo uniforme.
- Modelo *short-pipe*.
- Modelo *pipe*.

No modelo uniforme os valores dos parâmetros de *QoS* especificados no datagrama IP entrante na rede MPLS são mantidos nos *top shim label headers* ao longo dessa rede.

Nos modelos *short-pipe* e *pipe* o *border* LSR Ru altera os valores dos parâmetros de *QoS* a critério da supervisão da rede, sendo que a diferença entre esses dois modelos reside na definição dos valores de parâmetros de *QoS* a serem utilizados pelo *border* LSR Rd. Enquanto no modelo *short-pipe* são utilizados os valores de parâmetros de *QoS* contidos no datagrama IP envelopado, no modelo *pipe* utilizam-se os valores contidos no *shim label header* recebido.

O processamento do TTL no MPLS baseia-se em uma extensão dos modelos acima, específica para o caso. Nessa extensão, o *incoming label* em um LSR é designado por iTTL, enquanto o *outgoing label* é designado por oTTL.

O cheque realizado no oTTL para verificar se esse oTTL atingiu o valor zero é designado por oTTL *check*. Se o valor do oTTL é zerado, o pacote MPLS é simplesmente descartado ou passado para a camada de rede para processamento de erro (geração de mensagem ICMP, normalmente) antes de seu descarte.

No IPv4, o campo correspondente ao TTL do MPLS é também denominado TTL, enquanto no IPv6 é denominado *hop limit*, sendo que todos esses campos possuem 8 *bits* e se fazem representar pela sigla TTL nas descrições abaixo.

Para a descrição dos procedimentos adotados para o tratamento do TTL no MPLS vamos considerar os modelos separadamente.

5.9.2.2 MODELO UNIFORME SEM PHP

A figura 5.8 representa o modelo uniforme sem PHP.

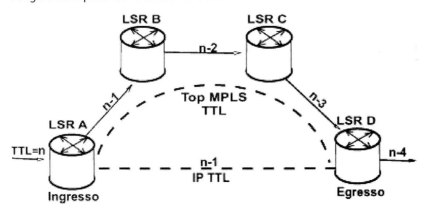

Figura 5.8 Modelo uniforme sem PHP.

Como se pode observar, no modelo uniforme o valor do oTTL do LSR A é o mesmo (igual a **n-1**) tanto no datagrama IP envelopado quanto no *top shim label header* do pacote MPLS sainte do *border* LSR de ingresso (LSR A na figura).

Os TTLs (oTTLs) do *top shim label header*, iniciando com o valor **n-1**, são decrescidos de uma unidade a cada LSR atravessado, inclusive o LSR D (LSR de egresso do túnel). O oTTL do LSR D, de valor **n-4**, segue no *header* do datagrama IP sainte.

5.9.2.3 MODELO UNIFORME COM PHP

Nesse modelo, o penúltimo LSR, além de realizar o *penultimate hop popping*, atua como um LSR comum do ponto de vista do TTL, isto é, realiza o decréscimo de uma unidade no TTL do *top shim label header*.

5.9.2.4 MODELO SHORT PIPE SEM PHP E MODELO PIPE

A figura 5.9 representa modelo *short-pipe* sem PHP e o modelo *pipe*.

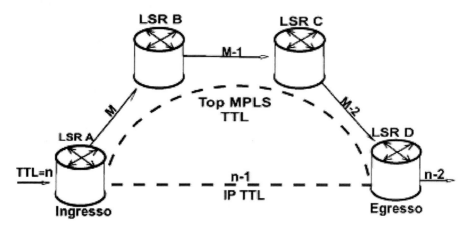

Figura 5.9 Modelo *pipe* e *short pipe* sem PHP.

Do ponto de vista do TTL os modelos *short pipe* sem PHP e *pipe* diferem apenas quanto à possibilidade de *penultimate hop popping*, que não existe no modelo *pipe*. Assim, desse ponto de vista, o tratamento dado ao modelo *short-pipe* sem PHP é idêntico ao do modelo *pipe*.

No interior do túnel LSP, foi atribuído pela supervisão da rede um valor inicial M para o TTL dos *top shim label headers* (que poderia ser igual a **n-1**), cuja função acaba no final do túnel LSP. Como se verifica, o datagrama IP sainte conduz como *o*TTL o valor de TTL do datagrama IP, que no caso igual a **n-2**.

5.9.2.5 MODELO SHORT PIPE COM PHP

A figura 5.10 representa o modelo *short-pipe* com PHP.

Observa-se que nesse caso não ocorre decréscimo do valor de TTL no penúltimo LSR, sendo ele inócuo do ponto de vista do TTL. O *o*TTL do LSR de egresso (LSR E) continua tendo o valor n-2, apesar da existência de mais um LSR no LSP. Os demais itens são idênticos aos do modelo *short- pipe* sem PHP e *pipe*.

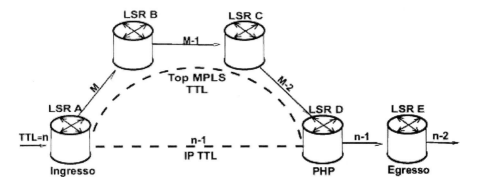

Figura 5.10   Modelo *short pipe* com PHP.

5.9.2.6   MENSAGENS ICMP GERADAS

Quando o *o*TTL de um datagrama IP ou de um pacote MPLS é igual a zero, o tempo desses pacotes nas redes expirou e eles devem ser descartados. Como regra básica o roteador ou LSR que detecta essa condição envia uma mensagem ICMP destinada ao *host* que originou o pacote, para as devidas providências.

No IPv4, essa mensagem é do tipo 11 (*time exceeded*), com o código zero (mensagem denominada *time-to-live equals zero during transit*). No IPv6, essa mensagem é do tipo 3 (*time exceeded error message*), com o código zero (mensagem denominada *hop limit exhausted*).

Pode ocorrer que, em presença de uma condição de *looping*, a mensagem ICMP gerada possa também ser atingida pelo *loop*, o que agravaria as condições de congestionamento da rede. Isto não acontece, contudo, porque uma mensagem ICMP, de qualquer natureza, não gera a emissão de outra mensagem ICMP. Além disso, muitas implementações estrangulam a geração de mensagens ICMP quando a situação de *looping* se confirma.

5.10   VOICE OVER MPLS (VoMPLS)

O presente item tem como base o padrão MPLS *Forum* 1.0 (*Voice over MPLS-Bearer Transport Implementation Agreement*), emitido pelo MPLS *Forum* em 2001. O propósito desse padrão é definir um método para transportar voz diretamente sobre MPLS (o que se denomina VoMPLS), sem a interferência, portanto, do protocolo IP.

5.10.1   CONSIDERAÇÕES BÁSICAS

O transporte de voz sobre IP (VoIP) sobre MPLS (designado por VoIP/MPLS) consiste em uma aplicação do MPLS básico, uma vez que os processos de voz não são visíveis para o MPLS.

VoMPLS provê um eficiente mecanismo de transporte de voz, constituindo-se no objeto do padrão MPLS *Forum* 1.0. Esse padrão define o transporte de voz diretamente encapsulada

88 TCP/IP sobre MPLS

em pacotes MPLS. Ele inclui a definição do formato de um VoMPLS *header* para suporte de vários tipos de *payloads*, incluindo *audio dialed digits* (DTMF-*dual tone multi-frequency*), sinalização por canal comum e *silence insertion descriptor* (SID). Registra-se que os formatos do VoMPLS *header* são diferentes dos formatos do RTP (*Real-Time Transport Protocol*) utilizados no VoIP, e no VoIP/MPLS em consequência.

Os *audio payloads* utilizados podem ser de vários tipos, incluindo *uncompressed voice payloads* (G.711-64 kbps, por exemplo) e *compressed voice payloads* (consistindo de um grande número de algoritmos). O escopo do padrão MPLS *Forum* 1.0, e deste item, não abrange a definição de algoritmos para codificação de voz. Ele restringe-se à referência a esses algoritmos e aos procedimentos para a inserção dos resultantes *voice payload*s em pacotes MPLS. Para isso ele inclui o transporte de informações de suporte, tais como aquelas relativas às indicações de sinalização e a *dialed digits*.

5.10.2 TIPOS DE SUBFRAMES

A rede MPLS contém um número de *gateways* (GWs) em suas extremidades, que podem ser conectados diretamente entre si ou por via de um ou mais LSRs. Um GW contém a funcionalidade de um LER (*label switching edge router*), assim como outras funções.

Os LSPs dessa configuração podem estar contidos em um único domínio MPLS ou podem ser constituídos por concatenação de LSPs em diferentes domínios MPLS. Essa última opção ocorre, por exemplo, quando a configuração envolve mais de um provedor de serviço MPLS.

Um grande número de conexões de voz pode ser multiplexado nos pacotes MPLS de um LSP. Para o pleno entendimento dessa multiplexação vamos tecer algumas considerações preliminares.

São definidos dois tipos de VoMPLS *subframes*:

- *Primary subframes.*
- *Control subframes.*

O VoMPLS possibilita a multiplexação de *primary subframes* em pacotes MPLS de um LSP. Os *control subframes* não são multiplexáveis, ou seja, são enviados individualmente em pacotes MPLS. Esses dois tipos de *subframe* não podem ser multiplexados em um mesmo pacote MPLS.

5.10.2.1 PRIMARY SUBFRAMES

Um *primary subframe* é constituído por um *primary payload* envelopado por um *primary header*. Um *primary payload*, por sua vez, pode consistir de uma sequência de *encoded voice subframes* (não confundir com *primary* ou *control subframes*) ou de um *silence insertion descriptor* (SID) *subframe*.

■ **Multiplexação de Primary Subframes em um Pacote MPLS**

A figura 5.11 representa o formato do processo de multiplexação de *primary subframes* em um pacote MPLS.

Aspectos Gerais da Fase de Transmissão de Pacotes   89

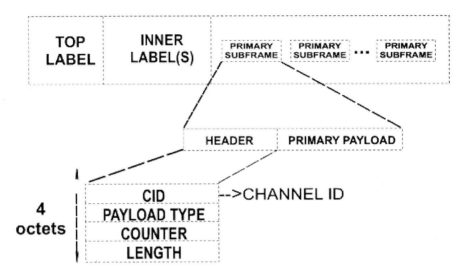

Figura 5.11   Multiplexação de *primary subframes* em pacotes MPLS.

No processo representado nessa figura, o MPLS *header* consiste de um *outer (top) label* mandatório e de zero ou mais *inner labels* opcionais. A função opcional dos *inner labels* será vista adiante neste subitem.

O campo *channel* ID (CID) identifica cada conexão multiplexada nos pacotes MPLS da um LSP, e possibilita a multiplexação de até 248 conexões VoMPLS em um *outer* LSP.

Quando uma nova conexão de voz atinge um *gateway*, é assignado um valor de CID para essa conexão. Essa assignação pode ocorrer por consulta a um espaço local ou por meio de um protocolo de sinalização que atende essa necessidade

A alocação geral de valores de CID encontra-se na figura 5.12.

CID *value*	Use
0 *to* 247	Identification of VoMPLS *User Channnels*
248	*Reserved for Layer Management Peer-to-Peer Procedures*
249	*Reserved for Signaling*
250 *to* 255	*Reserved*

Figura 5.12   Alocação geral de valores de CID.

É possível a ampliação do número de conexões multiplexadas em um *outer* LSP mediante a utilização de dois ou mais valores de *inner labels*. Cada valor de *inner label* permite a multiplexação de 248 conexões de voz. Assim, por exemplo, a utilização de três *inner labels* possibilita a multiplexação de 744 conexões de voz em um pacote MPLS.

O campo *payload type* indica o tipo de algoritmo de codificação usado para voz ou áudio. A alocação geral de valores de *payload type* obedece a composição exposta na figura 5.13.

90   TCP/IP sobre MPLS

Payload Type	Use
0 to 192	Allocated for Primary Payloads
193 to 223	Reserved
224 to 255	Allocated for Control Payloads

Figura 5.13 Alocação geral de valores de *payload types*.

O anexo A do padrão MPLS *Forum* 1.0 relaciona 69 valores de *primary payload type* (valores de zero a 68).

O campo *counter* provê um valor de contagem na primeira amostragem em um *subframe* de voz codificado. O valor inicial desse campo deriva do valor inicial do campo *timestamp* contido no respectivo *control subframe*.

O campo *lenght* indica o número de palavras de *voice/audio* de 32 *bits* no *primary payload*, incluindo os octetos de *padding* (PAD) eventualmente utilizados.

■ Conteúdo de Primary Payloads

Como foi dito anteriormente, um *primary payload* pode consistir de uma seqüência de *encoded voice/audio subframes* ou de um único SID. Tais *subframes* dizem respeito a uma conexão de *voz/audio*, conexão essa identificada por um valor de CID.

No primeiro caso pode ocorrer a inserção de um PAD na última palavra (32 *bits*) de um *primary payload*, para garantir o alinhamento do respectivo quadro em palavras de 32 *bits*.

Embora não conste especificamente da figura 5.11 anterior, os dois *bits* menos significativos do campo *length* do *primary subframe header* indicam o tamanho (em octetos) do campo PAD eventualmente incluído no *primary payload*. Os demais bits desse campo indicam o tamanho do *primary payload* com o PAD incluído, como dito anteriormente.

O papel do *silence information descriptor* (SID), quando utilizado em um *primary payload*, é o de indicar o fim de um *talk-spurt* (aumento súbito de tráfego) e o de transportar parâmetros de *comfort noise generation*. A indicação de fim de um *talk-spurt* suporta *voice activity detection* (VAD) e esquemas de supressão de silêncio.

Subframes SID não devem ser enviados se a facilidade VAD não for utilizada. Tais *subframes* podem ser também transmitidos a qualquer momento durante o intervalo de silêncio para atualizar parâmetros de *comfort noise generation*.

5.10.2.2 CONTROL SUBFRAMES

Um *control subframe* contém um único *control payload* envelopado por um *control header*.

■ Control Header

O *control header* de um *control subframe* compõe-se dos seguintes campos:

■ *Channel* ID (CID).

Aspectos Gerais da Fase de Transmissão de Pacotes **91**

- *Payload type.*
- *Timestamp.*
- *Redundancy.*

O campo *payload type*, como vimos anteriormente, utiliza a faixa de valores de 224 a 255 para indicar o transporte de *control payloads*, tendo sido especificados os seguintes valores:

- *Payload type* 240: *dialed digits.*
- *Payload type* 241: *channel associated signaling.*

O campo *timestamp* reflete o tempo amostrado do *control payload* e é codificado em unidades de 125 **us** (8 kHz *clock*). Ele provê um tempo relativo, sendo o seu valor inicial escolhido aleatoriamente.

O campo *redundancy* indica a ordem de transmissão (zero, 1 ou 2) do *control payload*, o que pode ocorrer por até três vezes (*triple redundancy*). O uso do valor 3 significa que não ocorre *triple redundancy*, isto é, o *control payload* só deve ser transmitido uma única vez.

Control Payload

O *control payload* contém apenas um único elemento de serviço, não requerendo a indicação de seu tamanho pelo *control header* nem a utilização de *padding*.

O elemento de serviço *dialed digits* transporta transparentemente DTMF ou outros tipos de *dialed digits* supridos pelos usuários do serviço. Esses dígitos podem ser enviados durante o estabelecimento de uma chamada de voz (*voice call setup*) ou após a ocorrência desse estabelecimento para transferir tons *in-band*.

O elemento de serviço *channel associated signaling* transporta *bits* de sinalização supridos pelos usuários do serviço. Tais *bits* podem objetivar funções tais como *dialed ringing* ou outras informações de acordo com o sistema de sinalização utilizado.

Capítulo 6

Label Distribution Protocol (LDP)

6.1 Preâmbulo
6.2 Operação Básica do LDP
6.3 Classificação Geral de Mensagens LDP
6.4 LDP PDUS
6.5 Codificação TLV
6.6 Formatação Geral de Mensagens LDP
6.7 Descrição das Mensagens LDP
6.8 Processos Operacionais do LDP
6.9 Detecção e Mitigação de Loops
6.10 Sincronização entre o LDP e o IGP
6.11 Proteção para Falhas de Links
6.12 Administração de Name Spaces
6.13 Considerações de Segurança

94   TCP/IP sobre MPLS

6.1 PREÂMBULO

A arquitetura MPLS (RFC 3031) define um protocolo de distribuição de labels como um conjunto de procedimentos pelo qual um LSR informa a outro LSR a associação entre um valor de label assignado pelo primeiro e uma FEC, associação essa a ser utilizada na transmissão de pacotes entre tais LSRs.

No ítem 4.7 do capítulo 4 anterior adiantamos que a RFC 3031 não assume a existência de um único protocolo de distribuição de labels, mencionando a existência do LDP, que é um protocolo exclusivo para esse propósito, e mais dois protocolos nos quais a distribuição de labels ocorre por *piggybacking* em quadros de protocolos que operam com outra finalidade. Tais protocolos são o RSVP-TE e o *multiprotocol extensions for* BGP-4 (MP-BGP), que serão abordados respectivamente nos capítulos 9 e 10 deste livro.

Vimos também, no item citado no capítulo 4, uma série de aspectos conceituais comuns à distribuição de labels que serão utilizados no decorrer deste capítulo.

O protocolo LDP, que se constitui no protocolo de distribuição de labels utilizado no MPLS básico, foi definido pela RFC 5036 e complementarmente pelas RFC 3037 e RFC 3988.

Dois LSRs que utilizam o LDP para distribuição de *bindings* entre labels e FECs constituem-se em pares LDP, havendo uma sessão LDP bidirecional entre eles. O LDP é, na realidade, um protocolo entre *label spaces* contidos nos LSRs pares LDP, que como vimos podem ser *per-platform* ou *per-interface label spaces*.

As mensagens LDP são estruturadas sob a forma TLV (*type-lenght-value*), sendo que um TLV pode conter outros TLVs.

O LDP poderá receber novas funcionalidades no futuro, em termos tanto de novas mensagens quanto de novos TLVs. De forma a possibilitar essas futuras funcionalidades, o LDP incorpora regras para o tratamento de *unknown message types* e de *unknown* TLVs.

6.2 OPERAÇÃO BÁSICA DO LDP

6.2.1 LDP IDENTIFIERS

Um *label space* é identificado por um LDP *identifier*, com 6 octetos, com a seguinte estrutura:

- Os primeiros 4 octetos identificam o LSR, sendo assim objeto de numeração única na rede MPLS.
- Os últimos 2 octetos identificam cada um dos *label spaces* de um LSR.
- Os *per-platform label spaces* são identificados pelo valor zero.

Os LDP *identifiers* utilizam a seguinte representação:

- <LSR Id> : <*label space* Id>
- Exemplos: LSR 171:0 e LSR 19:2

Na hipótese de uso de dois ou mais *links* entre dois LSRs com *per-interface label spaces* (ATM-LSRs, por exemplo), os LSRs têm que enviar LDP *identifiers* para cada um dos pares de *label spaces* desses LSRs.

6.2.2 FORMAS DE TRANSPORTE DO LDP

Na fase de LDP *discovery*, que precede a inicialização das sessões LDP, as mensagens LDP utilizam o protocolo UDP como transporte. Nas demais fases a partir da inicialização das sessões LDP, as mensagens LDP utilizam o protocolo TCP como transporte.

6.2.3 PROCESSOS OPERACIONAIS DO LDP

O LDP utiliza os seguintes processos operacionais:

- LDP *discovery*.
- Estabelecimento e manutenção das sessões LDP.
- Distribuição de labels e gerenciamento.

6.3 CLASSIFICAÇÃO GERAL DE MENSAGENS LDP

6.3.1 CATEGORIAS DE MENSAGENS LDP

Existem quatro categorias de mensagens LDP:

- *Discovery messages*, associadas à fase de descobrimento LDP.
- *Session messages*, associadas à fase de estabelecimento e manutenção de sessões LDP.
- *Advertisement messages*, associadas à fase de distribuição de labels e gerenciamento.
- *Notification messages*, usadas para conduzir informações de aviso e sinalizações de erros.

As mensagens *notification* são subdivididas em duas subcategorias:

- Mensagens *error notification*.
- Mensagens *advisory notification*.

6.3.2 TIPOS DE MENSAGENS

Existem 13 tipos de mensagens LDP, conforme a figura 6.1.

A faixa de tipos de mensagens de 0x0000 a 0x3DFF são parte do LDP básico cujos valores são alocados por uma IETF *consensus action*.

96 TCP/IP sobre MPLS

Mensagens	códigos
Notification messages	0x0001
Hello messages	0x0100
Initialization messages	0x0200
Keepalive messages	0x0201
Address messages	0x0300
Address withdraw messages	0x0301
Label mapping messages	0x0400
Label request messages	0x0401
Label withdraw messages	0x0402
Label release messages	0x0403
Label abort request messages	0x0404
Vendor-private extensions messages	0x3E00 0x3EFF
Experimental extensions messages	0x3F00 0x3FFF

Figura 6.1 Tipos de mensagens LDP.

6.4 LDP PDUs

A transmissão de mensagens LDP pode ocorrer individualmente ou em um bloco unificado de mensagens LDP. As mensagens LDP contidas em um bloco de mensagens LDP podem ser independentes entre si. Por exemplo, como as sessões LDP são bidirecionais um bloco pode conter mensagens *label request* para diferentes FECs em um sentido e mensagens *label mapping* para outro grupo de diferentes FECs no outro sentido, e ainda conter mensagens *notification* em qualquer sentido.

Para atender a essa aglomeração de mensagens LDP envelopam-se mensagens individuais ou blocos de mensagens por um cabeçalho formando uma LDP PDU.

Cada LDP PDU tem um cabeçalho, seguido por uma ou mais mensagens LDP, como mostrado na figura 6.2.

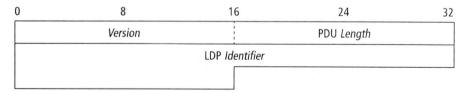

Figura 6.2 Formato do *header* de uma LDP PDU.

O campo *version* deve ser igual a 1, indicando a atual versão do protocolo LDP.

O campo PDU *lenght* indica o tamanho da LDP PDU em octetos, excluindo-se os campos *version* e PDU *Lenght*. Esse tamanho é negociado entre os pares LDP, e até que essa negociação ocorra o tamanho máximo permitido é de 4096 octetos.

O campo LDP *identifier* identifica o *label space* utilizado pelo LSR que envia a LDP PDU.

Os campos destinados às mensagens LDP podem iniciar ou terminar no primeiro ou no décimo sétimo *bit* de uma linha, dependendo do caso.

6.5 CODIFICAÇÃO TLV

6.5.1 FORMATO DA CODIFICAÇÃO TLV

O LDP utiliza a codificação TLV para grande parte da informação transportada em suas mensagens. A figura 6.3 apresenta o formato geral da codificação TLV.

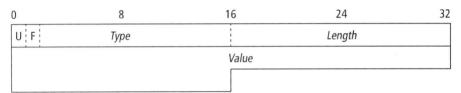

Figura 6.3 Formato geral da codificação TLV.

Os campos dessa figura têm os seguintes significados.

- U *bit* (*unknown* TLV *bit*) e F *bit* (*forward unknown bit*) o U *bit* e o F *bit* têm valor zero e nenhum significado na quase totalidade dos tipos de TLV. Nos casos em que o U *bit* e o F *bit* são considerados, os seus significados dependem do TLV em questão.
- Campo *tipo*: O campo *tipo*, com 14 *bits*, indica o modo como o campo *valor* deve ser interpretado.
- Campo *comprimento*: O campo *comprimento*, com 16 *bits*, especifica o tamanho do campo *valor* em octetos.
- Campo *valor*: O campo *valor*, com um número inteiro de octetos, codifica a informação a ser processada conforme indicação do campo *tipo*.

A RFC 5036 especifica o uso de TLVs apenas para informações das mensagens LDP que justifiquem esse uso, em virtude do tamanho significativo dessa codificação.

6.5.2 TIPOS DE TLVS

O sumário dos TLVs definidos pela RFC 5036 encontra-se na figura 6.4.

98   TCP/IP sobre MPLS

TLV	Code
FEC	0x0100
Address List	0x0101
Hop Count	0x0103
Path Vector	0x0104
Generic Label	0x0200
ATM Label	0x0201
Frame Relay Label	0x0202
Status	0x0300
Extended Status	0x0301
Returned PDU	0x0302
Returned Message	0x0303
Common Hello Parameters	0x0400
IPv4 Transport Address	0x0401
Configuration Sequence Number	0x0402
IPv6 Transport Address	0x0403
Common Session Parameters	0x0500
ATM Session Parameters	0x0501
Frame Relay Session Parameters	0x0502
Label Request Message ID	0x0600
Vendor-Private	0x3E00
	0x3EFF
Experimental	0x3F00
	0x3FFF

Figura 6.4   TLVS definidos pela RFC 5036.

Alguns TLVs são comuns a mais de uma mensagem LDP, o que será visto subseqüentemente neste capítulo. Os principais TLVs são abordados a seguir.

6.5.2.1   FEC TLV

O FEC TLV corresponde ao código 0x0100, contendo os elementos que definem cada FEC, e tem o formato apresentado na figura 6.5.

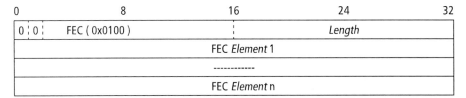

Figura 6.5 Formato do FEC TLV.

Existem dois tipos básicos de elementos de FEC:

- Prefixos, com código 0x02.
- Demais elementos de FEC (*wildcard* FEC *element*), com o código 0x01.

Os códigos acima possuem um octeto de tamanho, sendo que em caso de problemas com o FEC TLV recebido, o LSR receptor deve abortar o processamento de recepção e enviar uma mensagem de notificação específica para o LSR gerador da mensagem LDP.

6.5.2.2 LABEL TLVs

Os *label* TLVs, associados às mensagens *advertisement*, podem ser dos seguintes tipos:

- *Generic label* TLV (código 0x0200), utilizado na operação *frame-mode* MPLS.
- ATM *label* TLV (código 0x0201), que especifica os valores de VPIs / VCIs a serem utilizados.
- *Frame Relay label* TLV (código 0x0202), que especifica os valores de DLCIs a serem utilizados.

6.5.2.3 ADDRESS LIST TLV

O *address list* TLV (código 0x0101), utilizado nas mensagens *address* e *address withdraw*, indicam a família de endereços utilizados, sendo consideradas as famílias IPV4 e IPV6.

6.5.2.4 HOP COUNT TLV E PATH VECTOR TLV

O *hop count* TLV (código 0x0103) e o *path vector* TLV (código 0x0104) são utilizados em mensagens *label request* ou mensagens *label mapping*, com o propósito de implementar mecanismos de detecção de *loops*. Os procedimentos para o estabelecimento de LSPs que atravessam o ATM e o Frame Relay requerem o uso do *hop count* TLV ou do *path vector* TLV.

6.5.2.5 STATUS TLV

O *status* TLV (código 0x0300) é utilizado em mensagens *notification* (mandatoriamente) e em outras mensagens (opcionalmente), com o propósito de especificar os eventos que estão sendo sinalizados.

6.6 FORMATAÇÃO GERAL DE MENSAGENS LDP

Todas as mensagens LDP têm o formato geral apresentado na figura 6.6.

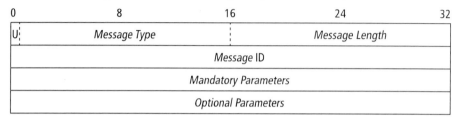

Figura 6.6   Formato geral de mensagens LDP.

Os campos dessas mensagens têm os seguintes significados:

- U *Bit* (*unknown message bit*): Se o U *bit* na recepção de uma mensagem for zero, uma mensagem *notification* é retornada para o LSR originador, enquanto que se o U *bit* for um ele é silenciosamente ignorado.
- Campo *message type*: identifica o tipo de mensagem.
- Campo *length*: o campo *comprimento* indica o comprimento cumulativo, em octetos, de todos os campos subseqüentes;
- Campo *message* ID: o campo *message* ID representa um número seqüencial, dispondo de 32 *bits*, utilizado para identificar uma mensagem, o que permite o envio inequívoco de mensagens *notification* a ele referentes, sendo que esse número de identificação consta do *status* TLV das mensagens *notification* relativas à mensagem original identificada por esse número;
- Parâmetros mandatários: existem mensagens LDP que requerem o uso de parâmetros, e outras que não requerem, sendo que quando são requeridos mais de um parâmetro, esses parâmetros aparecem na ordem especificada;
- Parâmetros opcionais: muitas mensagens LDP não utilizam parâmetros opcionais, sendo que quando se utiliza mais de um parâmetro opcional esses parâmetros podem aparecer em qualquer ordem.

6.7 DESCRIÇÃO DAS MENSAGENS LDP

6.7.1 MENSAGENS NOTIFICATION

Uma mensagem *notification* sinaliza um erro fatal ou provê uma informação de aviso relativamente às condições de chegada de uma mensagem LDP ou ao estado de uma sessão LDP.

O formato e a codificação de uma mensagem *notification* podem ser visualizados na figura 6.7.

Label Distribution Protocol (LDP)   101

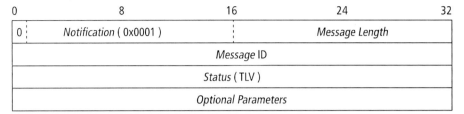

Figura 6.7   Formato de mensagens *notification*.

6.7.1.1 STATUS TLV

O *status* TLV é um parâmetro mandatário nesse tipo mensagem e possui o formato representado na figura 6.8.

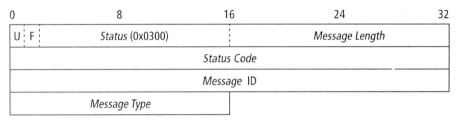

Figura 6.8   Formato do *status* TLV.

■ **U bit e F bit**

O U *bit* tem a seguinte codificação:

- Se em mensagens *notificação* o U *bit* deve ser zerado.
- Se em outros tipos de mensagem LDP o U *bit* deve ser setado.

O F *bit* deve ter o mesmo valor que o outro F *bit* junto ao campo *status data*.

■ **Campo Status e Campo Length**

O campo *status* apresenta o código 0x0300, o que indica o *status* TLV. O campo *length* indica o comprimento do *status* TLV.

■ **Campo Status Code**

O campo *status code*, com 32 *bits*, é subdividido no E *bit*, no F *bit* no subcampo *status data*.

O E *bit* (*fatal error bit*) deve ser setado para 1 em caso de notificação de erro fatal e zerado em caso de notificação de aviso.

O F *bit* (*forward bit*) tem a seguinte codificação:

102 TCP/IP sobre MPLS

- Se estiver setado para 1, o LSR receptor pode reenviar a notificação para o *next-ho*p ou para o *previous-hop* (PHOP).
- Se for zero o LSR receptor não pode reenviar a notificação.

O subcampo *status data*, com 30 *bits*, especifica o tipo de notificação contido na mensagem, conforme a tabela da figura 6.9.

Status Code Types	E Bit	Status Data Codes
Success	0	0x00000000
Bad LDP Identifier	1	0x00000001
Bad Protocol Version	1	0x00000002
Bad PDU Length	1	0x00000003
Unknown Message Type	0	0x00000004
Bad Message Length	1	0x00000005
Unknown TLV	0	0x00000006
Bad TLV Length	1	0x00000007
Malformed TLV Value	1	0x00000008
Hold Timer Expired	1	0x00000009
Shutdown	1	0x0000000A
Loop Detected	0	0x0000000B
Unknown FEC	0	0x0000000C
No Route	0	0x0000000D
No Label Resources	0	0x0000000E
Label Resources / Available	0	0x0000000F
Session Rejected / No Hello	1	0x00000010
Session Rejected / Parameters Advertisement Mode	1	0x00000011
Session Rejected / Parameters Max PDU Length	1	0x00000012
Session Rejected / Parameters Lable Range	1	0x00000013
KeepAlive Timer Expired	1	0x00000014
Label Request Aborted	0	0x00000015
Missing Message Parameters	0	0x00000016
Unsupported Address Family	0	0x00000017
Session Rejected Bad KeepAlive Time	1	0x00000018
Internal Error	1	0x00000019

Figura 6.9 Relação de códigos *status data*.

Label Distribution Protocol (LDP)   **103**

▪ Campos Message ID e Message Type

Os campos *message* ID e *message type* dizem respeito à mensagem LDP que causou o envio da mensagem *notification*. Se esses valores forem zero, não foram identificados nem a mensagem original nem (conseqüentemente) o seu tipo.

6.7.1.2 PARÂMETROS OPCIONAIS

As mensagens *notification* admitem alternativas de parâmetros opcionais, codificados como TLVs, conforme a figura 6.10.

Optional Parameters	TLV Code	Length (octets)
Extended Status	0x0301	4
Returned PDU	0x0302	Variable
Returned Message	0x0303	Variable

Figura 6.10   Parâmetros Opcionais de mensagens *notification*.

6.7.2 MENSAGENS HELLO

As mensagens *hello* são intercambiadas como parte do mecanismo LDP *discovery*. Elas têm como parâmetro mandatário o *common hello parameters* TLV, além de poder conter parâmetros opcionais.

O *common hello parameters* TLV tem o formato apresentado na figura 6.11.

0	8	16	24	32

0 0	Common Hello Parameters (0x0400)	Length
Hold Time	T R	Reserved

Figura 6.11   Formato do *common hello parameters* TLV.

Mesmo após o estabelecimento de uma sessão LDP os LSRs pares continuam trocando mensagens hello para manter a adjacência entre eles, utilizando para isso um hello interval e um hold time. O campo hold time especifica o tempo, em segundos, durante o qual um LSR originador da mensagem hello mantém os registros de mensagens hello originadas pelo LSR que receberá essa mensagem hello, sem receber uma nova mensagem hello. Existe uma negociação de valores do hold time entre LSRs, prevalecendo o menor dos valores propostos.

Uma mensagem hello enviada para um LSR diretamente conectado é denominada mensagem link hello, enquanto aquela enviada para um LSR distante é referida como mensagem *targeted hello*.

O valor do campo *hold time* igual a zero significa que se deve usar o valor *default* para o *hold time*, que é de 15 segundos para mensagens *link hello* e de 45 segundos para mensagens *targeted hello*. O valor 0xFFFF significa que o *hold time* é infinito.

104 TCP/IP sobre MPLS

O T *bit* (*targeted hello*) possui a seguinte codificação:

- Se o T *bit* for igual a 1, trata-se de uma mensagem *targeted hello*.
- Se o T *bit* for igual a zero, trata-se de uma mensagem *link hello*.

O R *bit* (*request send targeted hello*) só tem significado para mensagem *targeted hello*, com a seguinte codificação:

- Se o R *bit* for igual a 1, o LSR originador está requisitando ao LSR receptor o envio periódico de mensagem *targeted hello*.
- Se o R *bit* for igual a zero, não há qualquer requisição.

Os parâmetros opcionais das mensagens *hello* são os seguintes TLVs:

- IPv4 *transport address* TLV (0x0401).
- *Configuration sequence number* (0x0402).
- IPv6 *transport address* TLV (0x0403).

6.7.3 MENSAGENS INITIALIZATION

As mensagens *initialization* são intercambiadas como parte dos procedimentos para o estabelecimento de sessões no LDP. Elas têm como parâmetro mandatário o *common session parameters* TLV, além de poder conter parâmetros opcionais. Esse TLV tem o formato apresentado na figura 6.12.

0	8	16	24	32

0 0	Common Session Parameters (0x0500)		Length	
Protocol Version			KeepAlive Time	
A D	Reserved	PVLim	Max PDU Length	
Receiver LDP Identifier				

Figura 6.12 Formato do *common session parameters* TLV.

O campo *protocol version* especifica a versão do protocolo LDP utilizada, sendo o seu valor atual somente igual a 1.

O campo *keepalive time* especifica o tempo máximo, em segundos, que pode existir entre a recepção de PDUs sucessivas originadas pelo LSR par LDP na conexão TCP estabelecida. Esse valor é negociado entre os potenciais pares, prevalecendo o menor dos valores propostos.

O A *bit* (*label advertisement discipline*) especifica o modo de distribuição de labels que deverá ser utilizado na sessão em inicialização, com a seguinte codificação:

- Se o A *bit* for igual a zero, a distribuição de labels deverá ocorrer no modo *unsolicited downstream*.
- Se o A *bit* for igual a 1, a distribuição de labels deverá ocorrer no modo *downstream on-demand*.

Label Distribution Protocol (LDP) **105**

O D *bit* (*loop detection*) indica, se setado para 1, que a detecção de *loops* baseada em *path vectors* está ativada. O campo PV*Lim* (*path vector limit*) indica o tamanho máximo do *path vector* TLV.

Os parâmetros opcionais das mensagens *initialization* são os seguintes TLVs:

- ATM *session parameters* TLV (0x0501).
- *Frame Relay session parameters* TLV (0x0502).

6.7.4 MENSAGENS KeepAlive

Os LSRs enviam mensagens *keepalive* como parte de um mecanismo que monitora a integridade das conexões de transporte relativas às sessões LDP. Esse tipo de mensagem não utiliza parâmetros mandatários ou opcionais, sendo enviadas apenas quando os LSRs pares não enviam outros tipos de mensagem LDP, pois todas desempenham a função das mensagens *keepalive*.

6.7.5 MENSAGENS ADDRESS

As mensagens *address* são enviadas por LSRs para os seus pares para comunicar os seus endereços de interface associados a um LDP *identifier* e as respectivas famílias de endereços. As famílias de endereços IP definidas pela RFC 5036 são o IPv4 e o IPv6.

O parâmetro mandatário dessas mensagens é o *address list* TLV. Elas não utilizam parâmetros opcionais.

6.7.6 MENSAGENS ADDRESS WITHDRAW

Os LSRs enviam para os seus pares mensagens *address withdraw* para cancelar endereços de interface previamente enviados. Como as mensagens *address*, as mensagens *address withdraw* utilizam como parâmetro mandatário o *address list* TLV e não utilizam parâmetros opcionais.

6.7.7 MENSAGENS LABEL MAPPING

Os LSRs enviam mensagens *label mapping* para seus pares para distribuir os *bindings* locais entre FECs e labels. Os parâmetros mandatários dessas mensagens são o FEC TLV e o label TLV, e os seus parâmetros opcionais são os seguintes TLVs:

- *Label request message* ID TLV (0x0600).
- *Hop count* TLV (0x0103).
- *Path vector* (0x0104).

6.7.8 MENSAGENS LABEL REQUEST

Os LSRs enviam mensagens *label request* para seus pares para solicitar seus *bindings* locais entre FECs e labels. O parâmetro mandatário dessas mensagens é o FEC TLV, e os seus parâmetros opcionais são os seguintes TLVs:

- *Hop count* TLV.
- *Path vector* TLV.

6.7.9 MENSAGENS LABEL WITHDRAW

Os LSRs enviam mensagens *label withdraw* para um par *upstream* para sinalizar que esse par não deve continuar a utilizar um *binding* entre FECs e labels previamente enviado pelo LSR enviado por uma mensagem *label mapping*. O parâmetro mandatário dessas mensagens é o FEC TLV, sendo o *label* TLV utilizado como parâmetro opcional.

6.7.10 MENSAGENS LABEL RELEASE

Os LSRs enviam mensagens *label release* para um par *downstream* para sinalizar que o LSR enviador não mais necessita dos *bindings* entre FECs e labels previamente solicitados ou que já tenham sido enviados pelo LSR receptor. O parâmetro mandatário dessas mensagens é o FEC TLV, sendo o *label* TLV utilizado como parâmetro opcional.

6.7.11 MENSAGENS LABEL ABORT REQUEST

As mensagens *label abort request* são utilizadas na eventual necessidade de abortar uma mensagem *label request* ainda pendente. Os parâmetros mandatários dessas mensagens são o FEC TLV e o *label request message* ID TLV. Elas não utilizam parâmetros opcionais.

6.7.12 TLVs E MENSAGENS PARA EXTENSÕES

A RFC 5036 especificou duas alternativas para a extensão de TLVs e mensagens LDP, que são:

- LDP *vendor-private extensions*.
- LDP e*xperimental extensions*.

Para o caso de LDP *vendor-private extensions* foi reservada uma faixa de códigos que vai de 0x3E00 a 0x3EFF, utilizável tanto para tipos de TLV quanto para tipos de mensagens LDP.

Para as LDP *experimental extensions* foi reservada a faixa de códigos que vai de 0x3F00 a 0x3FFF, também válida para tipos de TLV e tipos de mensagens LDP.

6.8 PROCESSOS OPERACIONAIS DO LDP

6.8.1 LDP DISCOVERY

O processo operacional LDP *discovery* possibilita aos LSRs descobrir os seus potenciais pares LDP, tornando desnecessária a configuração explícita dessas paridades. Há duas variantes desse processo, utilizando diferentes mecanismos de descobrimento:

- Um mecanismo *basic discovery*, usado para descobrir vizinhos LDP que sejam diretamente conectados no nível de *link*, isto é, pares locais;

Label Distribution Protocol (LDP)   **107**

■ Um mecanismo *extended discovery*, usado para descobrir vizinhos LDP que não sejam diretamente conectados no nível de *link*, isto é, pares remotos.

6.8.1.1 MECANISMO BASIC DISCOVERY

No mecanismo *basic discovery* relativamente a uma interface, um LSR envia periodicamente mensagens *link hello* por essa interface. Essas mensagens são enviadas em quadros UDP, utilizando a UDP *well-known* LDP *discovery port* (*port* 646), para o endereço IP de grupo *multicast "all routes on this subnet"* (224.0.02, no IPv4).

Quando um LSR recebe uma mensagem *link hello* em uma interface, ele considera estabelecida uma adjacência *hello* com um par LDP potencial atingível pela interface, identificando inclusive o *label space* que o par pretende utilizar.

6.8.1.2 MECANISMO EXTENDED DISCOVERY

As sessões LDP entre LSRs não diretamente conectadas são suportadas pelo mecanismo *extended discovery*. Nesse mecanismo um LSR envia periodicamente mensagens *targeted hello* para um LSR específico, definido por configuração pelo seu endereço IP. As mensagens *targeted hello* são também suportadas pelo UDP, utilizando a *well-known* LDP *discovery port* (*port* 646), porém endereçadas no IP a um LSR específico.

Além de diferir do *basic discovery* no que concerne a forma de endereçamento IP, o *targeted discovery* opera de forma assimétrica, enquanto o *basic discovery* opera na forma simétrica. Isso significa que no *extended discovery* o LSR que recebeu uma mensagem LDP *extended hello* decide se responde ou ignora essa mensagem.

A recepção de uma mensagem LDP *extended hello* identifica uma adjacência *hello* como um potencial par LDP, atingível no nível da camada de rede, identificando inclusive o *label space* que o par enviador pretende utilizar.

6.8.1.3 MANUTENÇÃO DE ADJACÊNCIAS HELLO

Em qualquer desses mecanismos existem procedimentos comuns, relativos à manutenção das adjacências *hello* e à identificação de *label spaces*. Ao longo de sua existência uma sessão LDP se mantém em função da manutenção da adjacência *hello* entre eles. Se o *hold timer* expira o LSR, conclui que o par LDP não mais deseja a sessão naquele *link* ou *target*, ou que o par encontra-se com falha, e então deleta a adjacência *hello*.

Como uma sessão LDP pode ter mais de uma adjacência *hello* entre dois *label spaces* (como no caso de múltiplos *links* PPP entre dois LSRs), se todas essas adjacências forem deletadas, o LSR encerra a sessão LDP, enviando uma mensagem *notification* LDP e fechando a conexão TCP respectiva.

Para a manutenção de cada uma das adjacências *hello* os LSRs enviam periodicamente mensagens *hello* em intervalos denominados intervalos *hello*. O valor *default* para os intervalos *hello* é de 5 segundos. Como já abordado, o controle dessa manutenção de adjacências utiliza também o *hold time*.

108 TCP/IP sobre MPLS

6.8.2 ESTABELECIMENTO E MANUTENÇÃO DE SESSÕES LDP

6.8.2.1 ETAPAS NO ESTABELECIMENTO DE SESSÕES LDP

A identificação de uma *link hello adjacency* ou de uma *targeted hello adjacency* entre pares LDP potenciais dispara o processo de estabelecimento de uma sessão LDP entre eles.

O estabelecimento de uma sessão LDP envolve dois passos:

- Estabelecimento da conexão TCP.
- Inicialização da sessão LDP.

Após o estabelecimento de uma sessão LDP são utilizados mecanismos para a manutenção de adjacências *Hello* e para a manutenção das sessões LDP.

Para melhor entendimento, vamos considerar o estabelecimento de uma sessão LDP entre os LSR 1 e LSR 2, do ponto de vista de qualquer um deles. Admitiremos a existência de uma adjacência *Hello* entre dois *label spaces* desses LSRs, na qual vamos estabelecer uma sessão LDP.

6.8.2.2 ESTABELECIMENTO DA CONEXÃO TCP

Conhecendo o *link* que o conecta ao LSR 2 na adjacência *hello*, o LSR 1 inicia o processo de estabelecimento da sessão de transporte nesse *link*.

A primeira ação é o conhecimento mútuo dos endereços IP pelos LSRs. Esse conhecimento já havia sido obtido através das mensagens *hello* das seguintes formas:

- Se as mensagens *hello* utilizam o atributo opcional *transport address* TLV, cada LSR obteve o endereço IP de seu par por esse TLV, ou seja, o LSR 1 obteve o endereço IP A2, e o LSR 2 obteve o endereço IP A1.
- Se esse atributo opcional não for utilizado, os endereços IP serão obtidos diretamente dos endereços de origem dos datagramas IP *multicast* que transportaram as mensagens *hello* nessa adjacência *hello*.

A segunda ação é a determinação de qual dos LSRs deverá desempenhar o papel ativo e qual deverá desempenhar o papel passivo no estabelecimento da sessão, o que ocorre por comparação dos endereços A1 e A2 como números inteiros, da seguinte forma:

- Se A1 e A2 não são da mesma família de endereços eles não são comparáveis, e a sessão não pode ser estabelecida.
- Se A1 e A2 são da mesma família, suponhamos que os correspondentes números inteiros são U1 e U2.
- Se U1 for maior ou igual a U2, o LSR1 desempenha o papel ativo e o LSR 2, o papel passivo.
- Se U2 for maior ou igual a U1, o LSR 2 desempenha o papel ativo e o LSR1, o papel passivo.

Label Distribution Protocol (LDP) **109**

Na terceira ação, caberá ao LSR ativo iniciar os procedimentos para o estabelecimento da conexão TCP relativa a uma adjacência *hello* entre os LSRs. Observa-se que, em caso de estabelecimento de múltiplas adjacências *hello* em um mesmo link, o uso dos mesmos endereços IP nas mensagens *hello* garante que o papel desempenhado por cada um dos LSRs (ativo e passivo) será sempre o mesmo.

6.8.2.3 INICIALIZAÇÃO DA SESSÃO LDP

Após o estabelecimento da conexão TCP relativa a uma adjacência *hello* entre os LSRs, inicia-se a fase de troca de mensagens de inicialização LDP entre esses LSRs. Nessa fase são negociados alguns parâmetros necessários para o funcionamento da sessão sendo estabelecida que são a versão do protocolo LDP, o método de distribuição de labels, faixas de VPIs/VCIs para o caso de ATM e faixas de DLCIs para o caso de *Frame Relay*, dentre outros parâmetros.

Cabe ao LSR ativo dar inicio à fase de trocas de mensagens *initialization*. Após a conclusão do processo de inicialização estará estabelecida uma sessão LPD entre dois *label spaces* dos LSRs pares.

Os identificadores LDP correspondentes aos *label spaces* dos LSRs pares constam das mensagens *initialization*, contidos no *Common Session Parameters* TLV (de uso mandatário), o que permite a devida identificação da adjacência *hello*. Isso é necessário para o caso de múltiplos *links* entre LSRs que contêm múltiplos *label spaces*.

Os procedimentos iniciais do LSR ativo são os seguintes:

- O LSR ativo envia mensagem *initialization* para o LSR passivo.
- O LSR ativo passa a aguardar resposta do LSR passivo.

Os procedimentos iniciais do LSR passivo são os seguintes:

- Quando recebe uma mensagem *initialization*, oriunda do LSR ativo, o LSR passivo procura associar essa mensagem a uma adjacência *hello*.
- Se não encontrar essa adjacência *hello* e o respectivo *label space*, o LSR passivo responde ao LSR ativo enviando uma mensagem *session rejected / no hello error notification* e encerra a conexão TCP.
- Se encontrar essa adjacência *hello* e o respectivo label *space*, o LSR passivo verifica se aceita e concorda com os parâmetros propostos pelo LSR ativo.
- Se não aceitar os parâmetros o LSR passivo, responde enviando ao LSR ativo uma mensagem *session rejected parameters error notification* e encerra a conexão TCP.
- Se aceita os parâmetros, concordando ou não com eles, o LSR passivo envia ao LSR ativo uma mensagem *keepalive*. Se concordou com os parâmetros propostos, o LSR passivo ratifica-os na mensagem *initialization* enviada em resposta ao LSR ativo. Se não concordou, essa mensagem *initialization* conterá os novos parâmetros contrapostos pelo LSR passivo.
- O LSR passivo passa a aguardar resposta do LSR ativo.

110 TCP/IP sobre MPLS

Os procedimentos subseqüentes do LSR ativo são os seguintes:

- Se o LSR ativo receber como resposta, uma mensagem *session rejected/no hello error notification* ou uma mensagem *session rejected / parameters error notification*, ele encerra a conexão TCP.
- Se o LSR ativo receber como resposta uma mensagem *initialization* juntamente com uma mensagem *keepalive*, ele verifica se houve ratificação de uma proposta de parâmetros ou existe uma contra-proposta de parâmetros por parte do LSR passivo.
- Se for uma ratificação de proposta, o LSR ativo envia uma mensagem *keepalive* para o LSR passivo e considera estabelecida a sessão LDP.
- Se for uma contraproposta de atributos, o LSR ativo verifica se concorda ou não com ela.
- Se não concordar o LSR ativo envia uma mensagem *session rejected/parameters error notification* para o LSR passivo e encerra a conexão TCP.
- Se concordar o LSR ativo envia uma mensagem *initialization* para o LSR passivo ratificando os atributos contrapropostos juntamente com uma mensagem *keepalive*, e passa a aguardar resposta do LSR passivo.

Os procedimentos finais do LSR passivo são os seguintes:

- Se o LSR passivo receber uma mensagem *keepalive* do LSR ativo, ele considera estabelecida a sessão.
- Se o LSR passivo receber uma mensagem *session rejected/parameters error notification*, ele encerra a conexão TCP.
- Se o LSR passivo receber uma mensagem *initialization* do LSR ativo ratificando sua contraproposta de atributos juntamente com uma mensagem *keepalive*, ele envia uma mensagem *keepalive* para o LSR ativo e considera estabelecida a sessão.

O procedimento final do LSR ativo é o seguinte:

- Se o LSR ativo receber uma mensagem *keepalive* do LSR passivo, ele considera estabelecida a sessão.

Durante a fase de inicialização de uma sessão, nenhuma outra mensagem além daquelas mencionadas nos procedimentos anteriores pode ser intercambiada entre os LSRs . Se ocorrer uma transgressão à regra acima citada, uma mensagem *shutdown notification* deve ser enviada, e a conexão de transporte deverá ser encerrada.

Quando uma sessão não se concretiza por desacordo entre pares LDP potenciais, o LSR ativo deve realizar tentativas sucessivas para obter o estabelecimento da sessão LDP desejada. O primeiro intervalo de tempo entre o recebimento de uma mensagem de erro, a que se denomina NAK (*no acknowledgment*), e o início da nova tentativa não deve ser inferior a 15 segundos.

Como existe o risco de um processo sem-fim de tentativas de estabelecimento de sessões LDP por incompatibilidade de configuração entre os LSRs, o intervalo de tempo acima

Label Distribution Protocol (LDP) **111**

citado deve crescer exponencialmente a cada tentativa, atingindo valores máximos não inferiores a 2 minutos.

É necessário um mecanismo de aviso da existência de um processo sem-fim, como anteriormente definido, à supervisão da rede MPLS, para provocar a reconfiguração de um dos LSRs. Se a reconfiguração for no LSR passivo é necessária a intervenção adicional da supervisão da rede para que o LSR ativo tome conhecimento dessa reconfiguração.

6.8.2.4 MANUTENÇÃO DE SESSÕES LDP

O LDP possui mecanismos para monitorar a integridade de uma sessão LDP durante toda a utilização dessa sessão, que se baseiam na recepção de mensagens regulares de distribuição de labels para a constituição de LSP naquela sessão e, na falta delas, de mensagens *keepalive* enviadas com essa intenção.

Cada par LDP mantém um *keepalive timer*, que é resetado quando da recepção de uma das mensagens citadas anteriormente. Se o *keepalive timer* expirar, o LSR conclui que existe algum problema, e termina a sessão encerrando a conexão TCP. Em conseqüência todos os LSPs que utilizam a sessão são interrompidos.

O intervalo de tempo máximo entre a transmissão por um LSR de duas mensagens que ressetam o *heepalive timer* do seu par LDP é denominado *keepalive time*. Se durante um *keepalive time* não ocorrer o envio de uma mensagem LDP de distribuição, o LSR deve enviar uma mensagem *keepalive* antes que esse intervalo termine.

Um LSR pode, por iniciativa própria, terminar uma sessão LDP a qualquer momento. Para isso ele deve mandar uma mensagem *shutdown notification* para o seu par e encerrar a conexão TCP.

6.8.2.5 NÚMERO DE SESSÕES LDP

A cada par de *label spaces* corresponde uma sessão LDP.

No caso de *frame-based* LSRs com um único *per-platform label space*, que é a situação mais comum nesse tipo de LSR, existe uma única sessão entre dois LSRs ainda que existam múltiplos *frame-based links* ou *frame-mode links* entre eles. Isso significa que existe, para uma determinada FEC, um único LSP nos múltiplos *frame-based links* que possam existir entre dois LSRs. A forma de distribuição de tráfego entre esses *links* não é definida pela padronização do MPLS.

Nesse caso, existe, no entanto, uma adjacência *Hello* para cada um dos *frame-based links* entre os LSRs.

Na hipótese de conexão entre *frame-based* LSRs com múltiplos *per-platform label spaces* por múltiplos *frame-based links* entre eles, haverá uma sessão LDP para cada par de *per-platform label spaces* adjacentes.

No caso de múltiplos *links* conectando dois LSRs por diferentes pares de interfaces LC-ATM ou LC-FR, a cada par de interfaces corresponderá uma sessão LDP.

A figura 6.13 apresenta um exemplo das hipóteses acima apresentadas, considerando-se a existência de um único *per-platform label space* nos *frame-based* LSRs conectados, que contêm também *per-interface label spaces*.

112 TCP/IP sobre MPLS

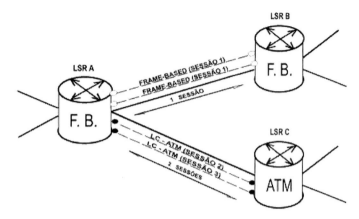

Figura 6.13 Exemplo de múltiplas conexões entre LSRs.

Nesse exemplo, existem três sessões LDP entre os LSRs, sendo duas para os dois LC-ATM *links* e uma para os dois *frame-based links*.

6.8.3 DISTRIBUIÇÃO DE ENDEREÇOS DE INTERFACES

Quando uma nova sessão LDP é inicializada e antes do envio de mensagens *Label Request* ou *Label Mapping*, um LSR envia para o seu par LDP, pela sessão LDP, os endereços IP das interfaces utilizadas nessa sessão. Isso permite aos LSRs associar os identificadores LDP relativos aos *label spaces* onde termina a sessão com os *links* utilizados pela sessão e, dessa forma, poder distribuir o tráfego de pacotes MPLS posteriormente por esses *links*.

Essa distribuição de endereços IP ocorre por meio de envio de mensagens *address* contendo um *address list* TLV, que discrimina a família de endereços IP (IPV4 ou IPV6) e os endereços IP da (s) interface (s) relativa (s) à sessão LDP.

A cada nova interface adicionada ao leque de atendimento da sessão LDP o LSR envia uma nova mensagem *address* acrescentando o correspondente endereço IP. Quando um LSR deseja desativar um endereço IP já enviado, ele envia uma mensagem *address withdraw* com esse propósito.

Se um LSR que recebe uma mensagem *address* não suporta a família de endereços informada, ele deve enviar ao seu LDP par uma mensagem *unsuported address family notification* e abortar o processamento da mensagem.

Caso um LSR receba uma mensagem *address* ou uma mensagem *address withdraw* inócua ele deve simplesmente desconsiderar a mensagem recebida.

6.8.4 DISTRIBUIÇÃO DE LABELS

6.8.4.1 ASPECTOS INICIAIS

Como foi visto no capítulo 4, a distribuição de labels pode ocorrer de modo *unsolicited downstream* (UD) ou *downstream-on-demand* (*DOD*). Por outro lado, em qualquer dos

Label Distribution Protocol (LDP) 113

modos acima, a distribuição de labels pode ocorrer com controle independente ou controle ordenado.

O ordenamento diz respeito ao comportamento dos LSRs, que só podem enviar mensagens *label mapping* no sentido *upstream* após o recebimento da respectiva mensagem *label mapping* dos seus pares *downstream*. O processo de distribuição de mensagens *label request* a partir do LSR de ingresso no modo *DOD* é normalmente no modo seqüenciado mesmo no caso de controle independente.

O modo ordenado tem início pela emissão da seqüência de mensagens *label mapping* a partir do LSR de egresso. Um LSR pode ser de egresso para uma FEC e não o ser para outra FEC. Para que um LSR seja egresso para o início do ordenamento de emissão de mensagens *label mapping* é preciso que satisfaça a uma das seguintes condições:

- A FEC corresponda ao próprio LSR (inclusive suas interfaces diretamente conectadas).
- O *next-hop* seja um roteador IP fora da rede MPLS alcançável pelo LSR.
- O LSR seja divisor de diferentes domínios de operação MPLS ou de diferentes sistemas autônomos de roteamento.

Vamos apresentar a seguir os seguintes tópicos:

- Procedimentos para mensagens *label request*.
- Procedimentos para mensagens *label abort request*.
- Procedimentos para mensagens *label mapping*.
- Procedimentos para mensagens *label withdraw*.
- Procedimentos para mensagens *label release*.
- Descrição conjunta desses procedimentos.

O comportamento dos LSRs com relação aos procedimentos abaixo descritos de modo informal é objeto de uma especificação formal definida para 15 eventos conforme o apêndice A (LDP *Label Distribution Procedures*) da RFC 5036. Essa especificação é composta por três partes:

- Sumário: Descrição geral da resposta do LSR ao evento.
- Contexto: Uma lista dos elementos considerados pelo algoritmo de resposta.
- Algoritmo: Um algoritmo para a resposta do LSR ao evento.

Vale mencionar os critérios para retenção de *bindings* entre FECs e labels que não são aplicados de imediato, que são o modo conservativo (descarte imediato desses *bindings*) e o modo liberal (retenção temporizada desses *bindings* para eventual uso futuro).

6.8.4.2 PROCEDIMENTOS PARA MENSAGENS LABEL REQUEST

As mensagens *label request* são utilizadas por LSRs *upstream* para requisitar explicitamente que o LSR *downstream* crie e envie um *binding* entre a FEC enviada e um valor de label. Essas mensagens são utilizadas exclusivamente no modo *DOD*, com controle independente ou ordenado.

O modo *DOD* é característico dos domínios ATM-LSR e FR-LSR, o que pode ocorrer com *non-vc-merge* LSRs ou com *vc-merge* LSRs.

114 TCP/IP sobre MPLS

O LSR que recebe uma mensagem *label request* deve responder com uma mensagem *label mapping* ou com uma mensagem *notification* indicando a razão pela qual o pedido não pode ser satisfeito. A atual versão do protocolo LDP define os seguintes *status codes* para mensagens *notification* com o objetivo acima:

- *No route notification*: A FEC para a qual o label foi solicitado inclui um elemento de FEC, do qual o LSR *downstream* não possui uma rota.
- *No label resources notification*: O LSR *downstream* não dispõe dos recursos necessários para satisfazer o *request*. Quando os recursos se tornam disponíveis o LSR envia para o LSR solicitante uma mensagem *label resources availabl notification*. O LSR solicitante tem que aguardar a mensagem de disponibilização de recursos antes de enviar outra mensagem *label request* repetindo a primeira.
- *Loop detected notification*: O LSR detectou a existência de um *loop* envolvendo o *label request*.

6.8.4.3 PROCEDIMENTOS PARA MENSAGENS LABEL ABORT REQUEST

Um LSR *upstream* pode enviar uma mensagem *label abort request* para abortar um *label request* pendente, nas seguintes circunstâncias:

- O LSR *downstream* não é mais o *next-hop* para a FEC.
- O LSR *upstream* é um *non-vc-merge*, e recebeu uma mensagem *label abort request* de um outro LSR mais acima no fluxo de dados.
- O LSR *upstream* é um *vc-merge* LSR, e recebeu uma mensagem *label abort request* relativa à última mensagem *label request* recebida de LSRs a montante no fluxo de dados.

Quando o LSR *downstream* receber uma mensagem *label abort request* antes de ter enviado uma mensagem *label mapping* ou uma mensagem *notification* em resposta, esse LSR deve responder imediatamente com uma mensagem *label request aborted notification* incluindo a identificação da mensagem abortada.

Se o LSR downstream já houver respondido ao *label request* ele deve ignorar a mensagem *label abort request* recebida.

Enquanto não receber uma resposta do LSR *downstream* a uma mensagem *label request*, o LSR *upstream* não pode reutilizar a identificação desse tipo de mensagem (*message* ID). Para o funcionamento desse procedimento os LSRs devem utilizar *time-outs* para a recepção dessas respostas.

6.8.4.4 PROCEDIMENTOS PARA MENSAGENS LABEL MAPPING

As mensagens *label mapping* são utilizadas por um LSR *downstream* para distribuir os seus *bindings* locais entre FECs e labels para os seus pares LDP *upstream*. Se um LSR distribui mensagens *label mapping* relativas a uma FEC para múltiplos LSRs *upstream*, será matéria local a decisão de utilizar um único label ou múltiplos labels para aquela FEC.

Label Distribution Protocol (LDP) **115**

O LSR *upstream* que receber uma mensagem *label mapping* somente deverá utilizar o *binding* recebido após a constatação da existência de uma entrada em sua FIB que corresponda à FEC recebida.

A forma de emissão de mensagens *label mapping* é função do modo de distribuição de labels, isto é, se a distribuição é no modo *DOD* ou UD. É função também do modo de controle utilizado, isto é, se é controle independente ou controle ordenado de distribuição de labels.

6.8.4.5 PROCEDIMENTOS PARA MENSAGENS LABEL WITHDRAW

Um LSR *downstream* envia uma mensagem *label withdraw* para um par *upstream* para sinalizar que esse par não deve continuar a usar um *binding* entre uma FEC e um label previamente enviado por uma mensagem *label mapping*. O LSR *downstream* transmite uma mensagem *label withdraw* nas seguintes circunstâncias:

- O LSR *downstream* não mais reconhece uma FEC para a qual ele enviou um *binding* para o LSR *upstream*.
- O LSR *downstream* decidiu unilateralmente (isto é, via configuração) não mais desejar utilizar o *binding* previamente enviado para aquela FEC.

A mensagem *label withdraw* especifica a FEC para a qual os *bindings* devem ser encerrados. Esse encerramento pode dizer respeito a um ou mais labels especificados no parâmetro opcional *label*TVL. Se esse parâmetro opcional não for enviado, todos os *bindings* concernentes à FEC devem ser encerrados.

O LSR *upstream* que receber uma mensagem *label withdraw* deve responder com uma mensagem *label release*.

6.8.4.6 PROCEDIMENTOS PARA MENSAGENS LABEL RELEASE

Um LSR *upstream* envia uma mensagem *label release* para um par *downstream* para sinalizar que não mais necessita de um *binding* anteriormente solicitado, tenha ele sido respondido ou não pelo par. O LSR *upstream* deve enviar mensagens *label release* nas seguintes condições:

- O LSR *downstream* que enviou o *binding* não é mais o *next-hop* para a FEC, e utiliza-se o modo conservativo de retenção de *bindings*.
- O LSR *upstream* recebeu uma mensagem *label mapping* do LSR *downstream* que não é o *next-hop* para a FEC, e utiliza-se o modo conservativo de retenção de *bindings*.
- O LSR *upstream* recebeu uma mensagem *label withdraw* do LSR *downstream*.

Observa-se que se fosse utilizado o modo liberal de retenção de *bindings*, a mensagem *label release* não seria transmitida nas duas primeiras condições anteriormente citadas. O *binding* seria mantido para eventual uso futuro.

Assim, como no caso das mensagens *label withdraw*, as mensagens *label release* dizem respeito a uma determinada FEC, podendo especificar ou não pelo parâmetro opcional *label* TLV, os labels aos quais uma mensagem se refere.

116 TCP/IP sobre MPLS

6.8.5 DISTRIBUIÇÃO DE LABELS EM DOMÍNIOS MPLS

Para melhor entendimento dos procedimentos conjuntos de distribuição de labels em redes MPLS vamos considerar duas hipóteses:

- Domínios formados por *frame-based* LSRs conectados por interfaces *frame-based*.
- Domínios ATM-LSRs ou domínios FR-LSRs conectados respectivamente por interfaces LC-ATM ou LC-FR.

6.8.5.1 DOMÍNIOS FORMADOS POR FRAME-BASED LSRs

Serão aqui apresentados os procedimentos básicos de distribuição de labels em domínios formados por *frame-based* LSRs interconectados por meio de interfaces *frame-based*.

O conjuntos de *links* utilizados definem os denominados TTL *segments*, e os LSRs são do tipo *merging*-LSRs operando com *per-platform label spaces*.

As operações *label swapping* ocorrem por consultas às LFIBs dos *frame-based* LSRs, constituídos sobre *ethernet switches* ou roteadores IP operando com PPP.

A figura 6.14 representa esse tipo de domínio:

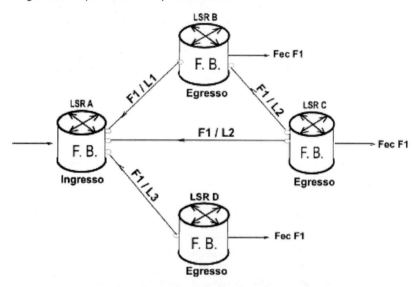

Figura 6.14 Distribuição de labels em domínio *frame-based*.

Estamos adotando as seguintes hipóteses nessa figura:

- Utiliza-se o modo UD (*unsolicited downstream*), com controle independente ou ordenado;
- Um LSR envia *bindings* referentes a uma FEC (FEC F1 no exemplo) para múltiplos pares *upstream* com o mesmo valor de label.
- Os *bindings* enviados no sentido *upstream* para a FEC 1 encontram-se na figura.

Label Distribution Protocol (LDP) **117**

Observa-se que mesmo que o LSR C tenha enviado *bindings* para os LSR A e LSR B com o mesmo label L2, os *bindings* alcançaram a LSR A com diferentes labels pela diferença de percursos.

Supondo-se roteamento IP *uni-path*, o *border* LSR upstream (LSR A) adotará o *binding* que entrou pela interface de saída indicada pela FIB para a transmissão de um *labeled packet* relativo à FEC em questão. Este será o *binding* que constará conseqüentemente da LFIB do LSR A.

Supondo-se roteamento IP *multi-path* a FEC estará associada a múltiplos *bindings*, que constam da FIB, da LIB e da LFIB do LSR A. Será utilizado um algoritmo local, não-padronizado, para a escolha do LSP a ser seguido por cada pacote MPLS.

No caso de definição do LSP relativo a uma FEC incluída nas FIBs dos LSRs de forma independente do processo de roteamento IP, tudo se passa como no caso anteriormente descrito para roteamento IP *uni-path*. No caso de transmissão de pacotes MPLS *multicast*, o que ainda se encontra em definição, os LSRs definirão múltiplos *bindings* neles entrantes para uso simultâneo.

No modo conservativo de retenção de *bindings*, os *bindings* que entraram em um LSR (LSR A por exemplo) por interfaces que não constam da FIB são descartados de imediato. Assim na figura 6.14, supondo-se roteamento *uni-path* com a escolha do *binding* F1/L2, o LSR A descartará de imediato os *bindings* F1/L1 e F1/L3.

No modo liberal de retenção de *bindings*, os *bindings* que entraram em um LSR por interfaces que não constam da FIB são retidos pelo LSR receptor para eventual uso futuro, por um tempo configurado. Este seria o caso, no exemplo, do procedimento do LSR A com relação aos *bindings* F1/L1 e F1/L3.

6.8.5.2 DOMÍNIOS ATM-LSRs E FR-LSRs

Os procedimentos adotados para essas configurações serão apresentados no capítulo 7. Vale mencionar que esses domínios apresentam normalmente LSRs *frame-based* como *edge* LSRs para facilitar a possibilidade de BGP *tunneling*. No entanto os *edges* LSRs podem constituir-se também de ATM-LSRs ou FR-LSRs, nesse caso utilizando LFIBs.

Os segmentos que conectam interfaces LC-ATM ou interfaces LC-FR são denominados *non*-TTL *segments*. Os ATM-LSRs e FR-LSRs apresentam *per-interface label spaces*, sendo os *top-labels* codificados respectivamente nos campos VPI/VCI e DLCI. Esses LSRs são normalmente *non-merging* LSRs, podendo opcionalmente operar como *vc-merge* LSRs.

6.9 DETECÇÃO E MITIGAÇÃO DE LOOPS

A detecção e a mitigação de *loops* se processam no MPLS de duas formas, em função do tipo de segmentos utilizados entre LSRs:

- Segmentos TTL.
- Segmentos *non*-TTL.

O protocolo LDP tem a ver apenas com o caso de detecção e mitigação de *loops* em segmentos *non*-TTL. A detecção e mitigação de *loops* em segmentos TTL foi já abordada no capítulo 5 anterior.

118 TCP/IP sobre MPLS

Como reflexo do mecanismo de detecção de *loops* baseado no *Hop Count* TVL, contudo, o LDP define uma forma de tratamento do TTL quando um pacote MPLS atravessa um segmento *non*-TTL em domínio ATM-LSR ou domínio FR-LSR.

O LDP define duas formas de detecção e mitigação de *loops* em segmentos *non*-TTL:

- Uso do *Hop Count* TVL.
- Uso do *Path Vector* TVL.

Esses mecanismos são aplicáveis para o caso de *non-vc-merge* LSRs. Existem restrições para sua utilização para *vc-merge* LSRs.

Os mecanismos acima detectam *loops* na fase de distribuição de labels, evitando a constituição de LSPs em presença desses *loops* . Eles não detectam, diferentemente do que ocorre no mecanismo TTL, a presença de *loops* na fase de transmissão de pacotes. Assim, os LSPs já constituídos não são afetados por esses mecanismos definidos no LDP.

Na seção referente ao uso do ATM como suporte ao MPLS do capitulo 7 item 7.2, serão abordados os aspectos referentes ao uso dos *Hop Count* e *Path Vector* TVLs na detecção e mitigação de *loops* e a manipulação do TTL quando um pacote MPLS atravessa segmentos *non*-TTL. Os termos dessa seção relativa ao ATM aplicam-se, com pequenos ajustamentos, ao caso do *Frame Relay* como suporte ao MPLS, tema abordado no item 7.3 do capítulo 7 deste livro.

6.10 SINCRONIZAÇÃO ENTRE O LDP E O IGP

Para que um pacote MPLS seja transmitido é necessário que os processos de roteamento IGP e de distribuição de labels estejam concluídos, com plena concordância entre as FIBs e LFIBs dos LSRs. Para garantia de que isso ocorra, torna-se necessária a sincronização entre esses processos, ou seja, é preciso que só haja transmissão de pacotes MPLS quando essas condições forem satisfeitas.

É comum a ocorrência de perda de uma sessão LDP, mesmo que o *link* correspondente continue operacional. Nesse caso, o LSR tenta enviar os pacotes na forma *unlabeled*, isto é, como datagramas IP. No caso do IPv4 sobre MPLS isso ocorre normalmente. Quando existem MPLS VPNs, VPWS, VPLS ou mesmo IPv6 sobre MPLS, no entanto, não é possível a transmissão de *unlabeled packets*, cuja ocorrência pode causar a perda de tráfego.

Esse problema ocorre também quando da inicialização de um LSP ou de seu *restart*, uma vez que o IGP converge mais rapidamente que o LDP.

A solução é a sincronização entre o LDP e o IGP. Isso significa que o *link* não deve ser utilizado pelo IGP enquanto perdurar a suspensão da correspondente seção LDP. O tráfego de pacotes MPLS deve ser desviado nesse ínterim para um outro *link* que esteja operando adequadamente. O protocolo OSPF possui essa facilidade.

Observa-se que o problema da falta de sincronização que pode existir para os protocolos IGP não ocorre para o caso do protocolo BGP, pois este se encontra acoplado ao processo LDP.

Para que a facilidade de sincronização entre LDP e IGP funcione, o protocolo IGP (OSPF, por exemplo) deve utilizar uma métrica especial para o desvio do tráfego enquanto perdurar o problema com a sessão LDP.

6.11 PROTEÇÃO PARA FALHAS DE LINKS

No caso de falha de um *link* direto entre dois LSRs, ocorre uma fase transiente até que o link seja restabelecido, o que leva o LDP e o IGP a um processo de convergência para sanar a interrupção do LSP. Isso é lento, levando-se em conta as diversas etapas operacionais do LDP.

Existe a possibilidade de proteção para essa situação, que consiste no estabelecimento e manutenção de uma *targeted* (remota) *LDP session* entre pares de LSRs via caminhos alternativos, como ilustrado na figura 6.15.

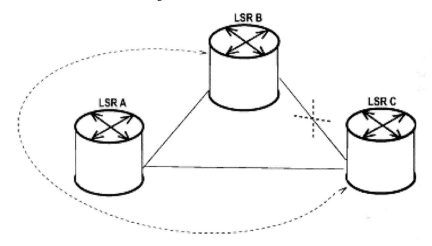

Figura 6.15   Proteção a falhas de *links*.

Em caso de falha no *link* direto entre o LSR B e o LSR C, como se observa na figura, passa-se a utilizar a *targetd LDP session* entre esses LSRs via o LSR A.

6.12 ADMINISTRAÇÃO DE NAME SPACES

O LDP define os seguintes *name spaces* que são administrados pelo IANA:

- *Message Type Name Space.*
- *TVL Type Name Space.*
- *FEC Type Name Space.*
- *Status Code Name Space.*
- *Experiment* ID *Name Space.*

São apresentadas a seguir algumas orientações para uso desses *name spaces*.

- **Message Type Name Space e TLV Type Name Space**

   O LDP divide esses espaços em três subfaixas:

120 TCP/IP sobre MPLS

- Valores de 0x0000 a 0x3DFF: esses valores são parte da base do LDP e são alocados por uma ação IETF *Consensus*.
- Valores de 0x3E00 a 0x3EFF: esses valores foram reservados para fabricantes, sem envolvimento do IANA.
- Valores de 0x3F00 a 0x3FFF: esses valores foram reservados para experimentadores individuais, sendo parcialmente administrados pelo IANA.

■ FEC Type Name Space

A faixa total de valores (de zero a 255) é subdividida pelo IANA nas seguintes subfaixas:

- Tipos de FEC de zero a 127: valores que são alocados por uma ação IETF *Consensus*.
- Tipos de FEC de 128 a 191: valores alocados na base *first come first served*.
- Tipos de FEC de 192 a 255: valores reservados para uso privativo.

■ Status Code Name Space

A faixa total de valores (de 0x00000000 a 0x3FFFFFFF) é subdividida pelo IANA nas seguintes subfaixas:

- Códigos de *status* de 0x00000000 a 0x1FFFFFFF: valores a serem alocados por uma ação IETF *Consensus*;
- Códigos de *status* de 0x20000000 a 0x3EFFFFFF: valores alocados na base *first come first served*;
- Códigos de *status* de 0x3F000000 a 0x3FFFFFFF: valores reservados para uso privativo.

■ Experiment ID Name Space

A faixa total de valores (de 0x00000000 a 0xFFFFFFFF) é subdividida pelo IANA nas seguintes subfaixas:

- *Experiment* IDs de 0x00000000 a 0xEFFFFFFF: valores alocados na base *first come first served*.
- *Experiment* IDs de 0xF0000000 a 0xFFFFFFFF: valores reservados para uso privativo.

6.13 CONSIDERAÇÕES DE SEGURANÇA

São, a seguir, apresentadas, de forma geral, algumas ameaças para as quais o LDP pode ser vulnerável e algumas idéias para a mitigação dessas ameaças, com base na RFC 5036.

Os *spoofing attacks*, objetivando prejudicar o processo de distribuição de label no MPLS, podem ocorrer nas etapas de envio dos principais tipos de mensagens do LDP, ou seja, das seguintes mensagens:

- Mensagens *hello*.
- Mensagens *initialization*.
- Mensagens de distribuição de labels.

Mensagens Hello

As mensagens *hello*, transportadas pelo UDP, podem ser objeto de introdução de um valor falso mais baixo do *hold time*, causando o encerramento errôneo da sessão LDP. Essa ameaça pode ser reduzida no caso de mensagens *link hello* pela limitação de aceitação dessas mensagens por interfaces conectadas a LSRs confiáveis e pela consideração exclusiva de mensagens recebidas pelo endereço IP *all routers on this subnet multicast group*.

No caso de mensagens *targeted hello* a ameaça pode ser reduzida pela filtragem das mensagens por listas de acesso.

Mensagens Initialization

No caso de mensagens *initialization*, transportadas pelo TCP, pode ocorrer a introdução de *spoofed* TCP *segments* no fluxo das mensagens. O mecanismo de proteção para essa ameaça recomendado pela RFC 5036 é baseada no uso do algoritmo TCP MD5 *Option* especificado pelas RFC 1321, RFC 2385, RFC 4271 e RFC 4278.

A opção MD5 (*Message-Digest* 5) atua como uma assinatura para os segmentos TCP, incorporando informações conhecidas apenas pelas extremidades da sessão LDP, o que reduz significativamente o perigo de certos *spoofing attacks*. É preciso que o infrator conheça a seqüência numérica do TCP e a senha incluída do MD5.

A RFC 2385 aponta deficiências no algoritmo MD5 e indica a conveniência de uso de algoritmos de proteção mais eficientes, sendo que a RFC 5036 deixa a questão em aberto.

Outras medidas preventivas para o caso de mensagens *initialization* são as seguintes:

- Os LSRs devem evitar o uso de conexões TCP promíscuas, atendendo aquelas estabelecidas com pares LDP potenciais confiáveis.
- Deve ser utilizada a filtragem por meio de listas de acesso a exemplo do que é recomendado para o caso de mensagens *targeted hello*, evitando ataques originados no exterior da rede MPLS.

Mensagens de Distribuição de Labels

O LDP não prevê mecanismos para proteção da privacidade de mensagens de distribuição de labels (*label request* e *label mapping*) contra a ameaça de *label spoofing*. Nesse contexto, o LDP equivale ao processo de distribuição de informações de roteamento. Essa ameaça se estende mesmo para a fase de transmissão de pacotes MPLS.

Essa vulnerabilidade decorre do fato de que os labels são transportados de forma clara. Além disso, os *label spoofing attacks* podem ocorrer sem a necessidade de se considerar as FECs associadas aos labels.

Para evitar esses *label spoofing attacks* é necessário assegurar que os labels sejam inseridos por LSRs confiáveis e que esses labels tenham sido distribuídos apropriadamente pelos LSRs RD.

Capítulo 7

MPLS sobre Redes de Suporte

7.1 Preâmbulo
7.2 MPLS com Suporte em ATM
7.3 MPLS com Suporte em Frame Relay
7.4 MPLS com Suporte em PPP E Ethernet
7.5 MPLS com Suporte em IP

124　TCP/IP sobre MPLS

7.1 PREÂMBULO

Conforme menção no capítulo 1 anterior, o MPLS se caracteriza pela operação no modo multiprotocolo, tanto no que concerne às redes que o suportam quanto às tecnologias por ele transportadas. Para cada uma dessas capacitações foram definidas particularidades operacionais específicas.

O presente capítulo tem como objetivo apresentar as particularidades operacionais do MPLS no que diz respeito ao seu funcionamento quando da utilização dos diferentes tipos de rede que o suportam. As particularidades relativas às características multiprotocolares do MPLS quanto às redes por ele transportadas serão objeto de capítulos posteriores deste livro.

O MPLS pode ser suportado, em princípio, por qualquer tecnologia de rede local, metropolitana ou interurbana, seja ela modo circuito ou modo pacote, que utilize dispositivos terminais (como *switches* ou roteadores). São utilizados normalmente os seguintes tipos de rede ou protocolo como suporte ao MPLS:

- ATM.
- *Frame Relay*.
- PPP.
- *Ethernet*.
- IP.

Tais alternativas são abordadas no presente capítulo, respectivamente nos itens 7.2 (ATM), 7.3 (*Frame Relay*), 7.4 (PPP e *Ethernet*) e 7.5 (IP).

Com a evolução do MPLS, particularmente no que concerne às suas aplicações, as redes *cross-connect* modo STM (*Synchronous Transfer Mode*), a exemplo de redes SDH e de redes WDM, passaram também a se constituir em redes de suporte ao MPLS. A solução para essa nova concepção de aplicação do MPLS, ainda em fase de implementação, vista de forma englobada com o MPLS existente, passou a denominar-se *Generalized* MPLS (GMPLS). O GMPLS encontra-se descrito no capítulo 13 deste livro, entitulado A Evolução do MPLS.

7.2 MPLS COM SUPORTE EM ATM

7.2.1 ASPECTOS INICIAIS

O MPLS com suporte em redes ATM, definido na RFC 3035, representa uma importante opção de forma de constituição de redes de Comunicação de Dados. Obtém-se com ela as vantagens de alta *performance* e alta disponibilidade da tecnologia ATM, sem incorrer nas desvantagens apresentadas pelas soluções anteriores para a transmissão de datagramas IP sobre ATM no modelo *overlay*, tais como a LANE e o MPOA, como foi visto, anteriormente no capítulo 2.

Com a adição do *hardware* adicional denominado LSC (*label switch controller*), uma central ATM é habilitada a operar como um ATM-LSR, sendo o LSC responsável pelas funções do plano de controle, englobando as funções de roteamento e de distribuição de labels. Assim, as funções específicas de controle do ATM original são desnecessárias, citando-se os procedimentos de endereçamento, roteamento e sinalização.

Embora admitindo o uso de outras formas de distribuição de labels, a RFC 3035 limita-se à descrição da utilização do protocolo LDP com esse propósito. Além do mais, essa RFC não especifica as técnicas de distribuição de labels no MPLS sobre ATM nos seguintes casos:

- Roteamento explícito obtido por configuração, e não por protocolos de roteamento.
- *Traffic Engeneering*, onde as rotas são definidas por *constraint-based routing*.
- Roteamento *multicast*.

7.2.2 UMA BREVE REVISÃO DO ATM

O ATM é uma tecnologia orientada a conexão, onde a informação é transmitida por meio de células de 53 octetos, sendo que 5 octetos constituem os *headers* das células e 48 octetos constituem os seus *payloads*.

Aos pacotes a serem transmitidos (datagramas IP, como grande exemplo) são acrescentados pelo terminal de origem os *headers* e *traillers* da camada AAL (ATM *adaptation layer*), que são então fragmentados em partes de 48 octetos. A seguir, os terminais de origem acrescentam os *headers* das células de 5 octetos e enviam essas células para a respectiva central ATM.

As células são encaminhadas através da rede ATM com base nos valores dos campos VPI/VCI (*virtual path identifier / virtual channel identifier*), que vão sofrendo operações *swapping* ao longo de suas rotas. Essas operações *swapping* se processam por consulta a tabelas *cross-connect* previamente montadas nas centrais ATM por configuração, quando os circuitos virtuais são denominados PVCs (*permanent virtual circuits*), ou por sinalização, quando os circuitos virtuais são denominados SVCs (*switched virtual circuits*).

A AAL 5, que é a AAL utilizada para o MPLS, caracteriza-se pela singular propriedade de possuir apenas *traillers*, não possuindo portanto *headers*. Os *traillers* da AAL 5 são conduzidos, em fragmentos pelas últimas células resultantes da fragmentação. As células são conduzidas ao longo da rede ATM sem remontagem, o que vai ocorrer apenas no terminal de destino.

Observa-se que no caso do MPLS sobre ATM ocorre a montagem de AAL 5 PDU pelo *edge* LSR Ru do domínio *cell-based*-MPLS (e não pelo terminal de origem como no ATM convencional), e a sua posterior fragmentação para a constituição das células. Essa AAL 5 PDU deve ser remontada no *edge* LSR Rd desse domínio.

Os campos VPI/VCI representam, no MPLS sobre ATM, os *top labels* dos pacotes MPLS. Os labels de outros níveis, juntamente com o *top shim label header* com valor irrelevante de label, se existirem, são transmitidos em *label stacks* transparentemente através dos ATM – LSRs. O campo VPI possui 12 *bits*, enquanto o campo VCI possui 16 *bits*, totalizando 28 *bits*, o que ultrapassa os 20 *bits* do campo label dos *shim label headers*.

7.2.3 CODIFICAÇÃO E ENVELOPAMENTO DE LABELS

7.2.3.1 CODIFICAÇÃO DE LABELS

Como já foi dito, os *top labels* no MPLS sobre ATM são codificados nos próprios campos VPI/VCI das células que constituem os pacotes MPLS. Essa codificação pode ocorrer utilizando-se apenas os VCIs ou pode utilizar conjuntamente os campos VPI e VCI.

Caso existam labels de outros níveis na transmissão MPLS, o respectivo *label stack* é inserido imediatamente após os *headers* da AAL 5 na formatação geral do quadro. No entanto, como a AAL 5 não possui *headers*, esses *shim label headers* encontram-se imediatamente antes dos *headers* dos datagramas IP envelopados.

Assim, supondo-se a existência de dois níveis de labels nos pacotes MPLS transmitidos em uma rede MPLS contendo ATM LSRs em seu interior, onde os *top labels* estão codificados em VPIs/VCIs, e admitindo-se a hipótese de fragmentação da PDU AAL 5 em quatro células, temos as condições ilustradas na figura 7.1.

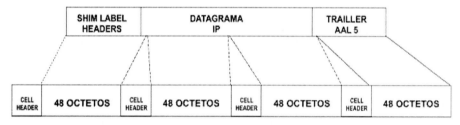

Figura 7.1 Codificação e envelopamento de labels no MPLS sobre ATM.

Esse *label stack* deve conter em seu nível *top* um *shim label header* contendo um valor de label irrelevante, correspondente ao *top label* já codificado no VPI/VCI. O valor do *top label* contido nesse *shim label header* deve ser igual a zero, o que significa que ele é inócuo, devendo ser ignorado ao longo do LSP, mas o correspondente *shim label header* deve ser transmitido em razão dos significados dos seus demais campos.

Caso o pacote MPLS tenha um *label stack* com apenas um *shim label header*, não existe a obrigatoriedade de que esse *label stack* atravesse os ATM-LSRs, e embora exista a alternativa oposta, essa é a forma indicada pela RFC 3035. Se por um lado essa forma indicada pela RFC 3035 evita a transmissão de informações adicionais, por outro lado ela obriga o conhecimento prévio da existência de apenas um label pelos LSRs após os ATM-LSRs, obrigando também a consulta direta ao *header* IP no destino para obtenção de informações sobre *QoS* e obtenção do valor de TTL.

7.2.3.2 ENCAPSULAMENTO DE AAL 5 PDUs

Conforme a RFC 2684, as PDUs dos protocolos AAL devem ser envelopadas pelas sub-camadas LLC/SNAP com propósito de permitir a identificação do protocolo de nível superior (camada de rede, principalmente) no destino. Isso ocorre pela simples passagem dessas

MPLS sobre Redes de Suporte **127**

subcamadas, normalmente existentes nas sub-redes que precedem as centrais ATM em inter-redes IP, através da rede ATM. Em caso de acesso à rede ATM por meio de roteadores, esses roteadores devem deixar passar transparentemente os campos LLC/SNAP por eles recebidos.

A RFC 2684 admite a existência de condições nas quais esse encapsulamento é desnecessário, e conseqüentemente ignorado, sendo essa opção denominada *null encapsulation*.

Observa-se que, como no MPLS a identificação dos protocolos de camada de rede são inferidos dos valores de labels ou obtidos por inspeção direta dos *headers* de camada de rede no destino, utiliza-se na transmissão de pacotes MPLS o *null encapsulation*, isto é, a identificação dos protocolos de camada de rede pelas subcamadas LLC/SNAP (ou por qualquer outra forma de encapsulamento) não é utilizada.

No LSR Rd que retira o label no destino (*border* LSR RD ou *penultimate* LSR) a identificação do protocolo de camada de rede é retomada, qualquer que seja a forma utilizada, passando a constar do protocolo de camada 2 que envelopa o datagrama IP transmitido a partir desse ponto.

7.2.4 CARACTERÍSTICAS ESPECIAIS DOS ATM SWITCHES

Algumas das principais características das centrais ATM que têm influência especial em sua utilização como ATM-LSRs são as seguintes:

- As operações *label swapping* se realizam com base em VPIs/VCIs, por meio de tabelas *cross-connect*, o que altera os procedimentos normais do MPLS.
- Para que ocorra VC-*merge* é necessária a existência de conexões multiponto-ponto.
- Não existe a capacitação do ATM para realizar a função TTL-*decrement*, nos moldes do IP, o que se constitui em fator restritivo.

A despeito dessas características limitadoras o ATM vem se constituindo em uma opção de veículo de suporte ao MPLS.

7.2.5 CONEXÃO DE ATM-LSRs

7.2.5.1 CONEXÃO DE LSRs DE MESMO TIPO

Um ATM-LSR é conectado a outro ATM-LSR por interfaces do tipo LC-ATM (*label switching controlled-ATM*). Entre duas interfaces LC-ATM as informações transitam fragmentadas em células, cujos VPIs/VCIs norteiam o encaminhamento dessas informações pelos respectivos ATM-LSRs. Como vimos, esse encaminhamento baseia-se exclusivamente no VCI ou em ambos identificadores, o que é negociado por meio de mensagens LDP.

Um VC ATM constituído entre interfaces LC-ATM denomina-se LCV (*label switched controller virtual circuit*). Quando as informações atravessam um ATM-LSR por duas interfaces LC-ATM, essas informações entram, transitam e saem do LSR fragmentadas em células.

7.2.5.2 CONEXÃO DE LSRs DE TIPOS DIFERENTES

Quando ocorre a conexão entre um ATM- LSR e um *frame-based* LSR, existem duas alternativas de configuração:

- Configuram-se uma ou mais interfaces *frame-based* no ATM-LSR.
- Configuram-se uma ou mais interfaces LC-ATM no *frame-based* LSR.

A alternativa recomendada pela RFC 3035 é a segunda, o que pode ser ilustrado pela figura 7.2, na hipótese de configuração de apenas uma interface LC-ATM no *frame-based* LSR.

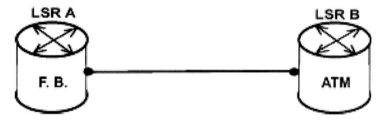

Figura 7.2 Conexão entre *frame-based* LSR e ATM-LSR.

Quando uma nuvem de ATM-LSRs, denominada domínio ATM-LSR, é cercada por um envoltório de *frame-based* LSRs, esses *frame-based* LSRs são denominados *domain edge* LSRs. É viável a implementação de duas ou mais interfaces LC-ATM em *frame-based* LSRs, com a possibilidade inclusive de comunicação através dessas interfaces LC-ATM. Nesse caso, o *frame-based* LSR opera como trânsito entre dois domínios ATM-LSR.

7.2.6 A FUNÇÃO LABEL SWITCHING NO ATM

A RFC 3035 considera apenas o caso em que a função *label switching* no ATM utiliza informações obtidas diretamente dos protocolos de roteamento IP do tipo IGP, sendo os ATM-LSRs participantes desse roteamento.

Quando uma central ATM suporta a função MPLS, isto é, opera como um ATM-LSR, ela pode não suportar as funções de controle do ATM definidas pelo ITU-T e pelo ATM *Forum*, que englobam endereçamento, sinalização e roteamento.

Um ATM-LSR pode opcionalmente, contudo, suportar também essas funções de controle do ATM original, até em uma mesma interface, sem que uma funcionalidade interfira na outra. Essa forma híbrida de operação de centrais ATM, que recebe a estranha denominação *ships in the night*, constitui-se em uma importante facilidade adicional para os ATM-LSRs, ampliando a gama de configurações por eles atendidas.

7.2.7 MERGING ATM-LSRs

Observa-se que a ocorrência de *label merging* é uma característica do tipo de LSR e não das interfaces que ele utiliza. Por exemplo, um *frame-based* LSR híbrido pode realizar *label*

MPLS sobre Redes de Suporte   129

merging mesmo para pacotes MPLS recebidos ou transmitidos por uma de suas interfaces LC-ATM. Para realizar *label merging*, um *frame-based* LSR associa os diferentes *incoming labels* a um único *outgoing label*.

O número de *incoming labels* distribuídos por um LSR é função do número e da configuração dos LSRs *upstream* para a FEC e dos tipos de interfaces utilizadas por esses LSRs, e não depende do tipo do LSR que distribui esses labels.

Um aspecto relativo ao uso do ATM como suporte ao MPLS é a possibilidade de realização de *label merging*. É preciso que as centrais ATM permitam a constituição de conexões multiponto-ponto. Caso contrário, o *merging* de VCs resultaria na impossibilidade de separação de células para a correta remontagem de AAL 5 PDUs no destino.

Existem duas possibilidades de ocorrência de *label merging* em ATM-LSRs:

- VC-*merge*.
- VP-*merge*.

7.2.7.1   VC-MERGE

A ocorrência de VC-*merge*, que demanda a possibilidade de conexões multiponto-ponto na central ATM, tem como base o uso de *buffers* de certa capacidade no *switch* ATM, para armazenar separadamente as células de cada origem, e depois enviá-las em blocos distintos para o *next-hop* ATM *switch*. A possibilidade de VC-*merge* é uma característica de cada um dos ATM-LSRs, podendo ocorrer em todo um domínio ATM-LSR (*cell based* MPLS *domain*) ou em parte dele.

A figura 7.3 representa a ocorrência de VC-*merge* em ATM-LSRs para uma FEC F.

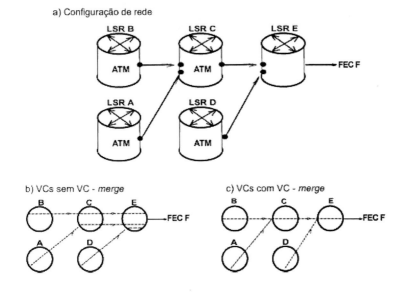

Figura 7.3   Representação de VCs sem e com VC-*merge*.

130 TCP/IP sobre MPLS

7.2.7.2 VP-MERGE

O VP-*merge*, com menor utilização que o VC-*merge*, é um recurso que permite a distribuição de labels para uma determinada FEC, constituído exclusivamente por VPIs entre as interfaces LC-ATM. O VP-*merge* caracteriza também o uso de *label merging*, sendo estabelecidos contudo VCs fim-a-fim para cada um dos LSRs de origem de pacotes MPLS.

O VP-*merge* baseia-se na facilidade do ATM denominada VP *switch*, com o devido ajustamento para o MPLS. A cada *edge* LSR é atribuído um valor de VCI, a ser utilizado em todos os circuitos virtuais dele saintes.

Os labels, distribuídos unitariamente entre interfaces LC-ATM, constituem-se exclusivamente de VPIs. Os ATM-LSRs ao longo dos LSPs constituídos incluem registros em suas tabelas *cross-connect* associando os VPIs recebidos com os VCIs previamente definidos para cada *edge* LSR. Dessa forma as células transmitidas atingirão o seu destino em VCs diferentes, o que possibilitará a correta remontagem das PDUs AAL 5.

As desvantagens do VP-*merge* são a limitação do tamanho do campo VPI para representar labels e as dificuldades de configuração e administração de facilidades.

7.2.8 USO DE VPIs/VICs

7.2.8.1 NON-MPLS CONNECTION

Na fase de controle do MPLS que precede a fase de transmissão de pacotes MPLS, as interfaces LC-ATM interconectadas utilizam, entre si, uma conexão *non*-MPLS. O encapsulamento LLC/SNAP deve ser utilizado na conexão *non*-MPLS, devido ao fato de que na fase prévia de controle a operação é puramente IP, sem a adição ainda da subcamada MPLS.

A RFC 3035 estabelece que essa conexão *non*-MPLS deve ser utilizada para o tráfego LDP, mas torna opcional a sua utilização para outras opções de funções de controle baseadas na transmissão de datagramas IP de modo nativo, a exemplo do roteamento. Para essas opções podem ser estabelecidas alternativamente outras conexões IP, também conexões *non*-MPLS, cujos valores de VCI não podem se encontrar na faixa 0-32, utilizando ou não o encapsulamento LLC/SNAP.

7.2.8.2 FORMAS DE CONEXÃO ENTRE INTERFACES LC-ATM

Duas interfaces LC-ATM podem ser conectadas de três diferentes formas:

- Conexão direta.
- Conexão via VPs.
- Conexão via VCs.

■ Conexão Direta

Uma conexão entre duas interfaces LC-ATM é direta se não existirem centrais ATM convencionais entre elas. Nesse caso, essas interfaces controlam conjuntamente a alocação de VPIs/VCIs para a codificação de labels. Os valores de VCI na faixa 0-32 não podem ser utilizados para codificação de labels. As interfaces negociam, através do LDP, as faixas de VCI que eles efetivamente utilizarão.

O valor *default* de VPI/VCI para a conexão *non*-MPLS para o caso de uma conexão direta entre interfaces LC-ATM é VPI=0 e VCI=32, embora outros valores possam ser negociados.

■ Conexão via VPs

Em alguns casos é recomendável tratar duas interfaces LC-ATM como adjacências LDP, mesmo que entre elas exista uma nuvem ATM convencional, via um ou mais VPs. Nesse caso, estando o VP estabelecido (comutação de VPs), os labels devem ser codificados exclusivamente com base em VCIs.

Como no caso de conexão direta, os valores de VCI na faixa 0-32 não podem ser utilizados para a codificação de labels. As faixas de VCIs a serem efetivamente utilizadas devem ser negociadas pelas interfaces, sendo que a cada VP utilizado pode ser atribuída uma faixa própria de VCIs.

A conexão *non*-MPLS, destinada ao suporte da sinalização LDP, utiliza nesse caso o valor de VCI igual a 32 como *default*, embora outros valores possam ser negociados.

Essa forma de conexão é ilustrada pelo exemplo da figura 7.4.

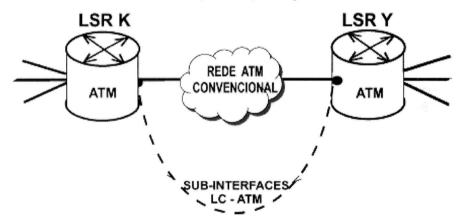

Figura 7.4 Conexão entre LSRs via rede ATM convencional.

Como se observa nessa figura, são utilizadas interfaces LC-ATM adaptadas, denominadas subinterfaces LC-ATM. Uma subinterface LC-ATM pode estar em qualquer tipo de LSR, seja ele ATM-LSR, FR-LSR ou *frame-based* LSR.

■ Conexão via VCs

Em alguns casos é recomendável tratar duas interfaces LC-ATM como adjacências LDP, mesmo que entre elas exista uma nuvem ATM convencional via um conjunto de VCs. Essa forma de conexão não foi especificada pela RFC 3035.

7.2.9 PROCEDIMENTOS NO MPLS SOBRE ATM

Vamos aqui considerar os seguintes procedimentos relativos à operacionalização do MPLS com suporte no ATM:

- Distribuição de labels entre interfaces LC-ATM.
- Transmissão de pacotes em LVCs.
- Outros procedimentos.

Admitiremos neste item a não ocorrência de qualquer problema atinente a *looping* na rede. Os procedimentos relativos à detecção e à mitigação de *loops* no interior de um domínio ATM-LSR serão abordados no item 7.2.10 deste capítulo.

7.2.9.1 DISTRIBUIÇÃO DE LABELS ENTRE INTERFACES LC-ATM

Ao contrário do que ocorre no caso de interfaces *frame-based*, onde a distribuição de labels pode ocorrer na forma *unsolicited downstream* (UD), entre interfaces LC-ATM é utilizada a forma *downstream-on-demand* (*DoD*).

Nesse caso, uma interface LC-ATM só envia um *binding upstream* se isso for solicitado pelo par LDP *upstream*. O LSR *upstream* sabe por qual interface LC-ATM deve enviar uma mensagem *label request* relativamente a uma FEC por consulta à sua FIB.

■ **DoD no Modo de Controle Ordenado**

Por *default*, a distribuição *DoD* entre interfaces ATM-LSRs deve ocorrer no modo de controle ordenado, o que significa que a distribuição de mensagens *label mapping* deve ocorrer em cascata, a partir do *edge* LSR Rᴅ. Ou seja, um *binding* só é enviado no sentido *upstream* por um LSR após o recebimento, por esse LSR, do *binding* associado à mesma FEC advindo do seu par *downstream*.

O *DoD* no modo de controle ordenado deve se processar também de modo ordenado na transmissão de mensagens *label request* que ocorre no sentido *downstream*. A isso se denomina *ingress-initiated ordered control*, conforme ilustração na figura 7.5.

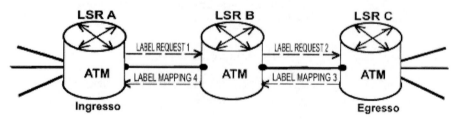

Figura 7.5   *DoD* no modo *ingress-initiated ordered control*.

■ **DoD no Modo de Controle Independente**

Embora o *DoD* no modo de controle ordenado seja o recomendado, é possível a opção do *DoD* no modo de controle independente. Nesse caso, um LSR pode atender um l*abel request* a qualquer momento, enviando a correspondente mensagem *label mapping* solicitada, no sentido *upstream*, tão logo tenha recebido o correspondente *label request*, mesmo que não tenha ainda recebido o correspondente label do seu par *downstream*.

A transmissão de *label request no sentido downstream* ocorre de forma ordenada mesmo no *DoD* no modo de controle independente, contudo, como ilustrado na figura 7.6.

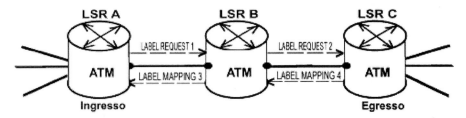

Figura 7.6 *DoD* no modo independente com ordenamento *downstream*.

■ Non-VC-Merge versus VC-Merge ATM-LSRs

Os procedimentos de distribuição de labels entre interfaces LC-ATM existentes em *non-VC-merge* ATM-LSRs são basicamente os mesmos (*DoD* no modo de controle ordenado, como *default*), com alguns pequenos ajustamentos.

Em qualquer hipótese, qualquer alteração no roteamento IP que afete os LSRs ao longo de um LSP envolvendo interfaces LC-ATM desencadeia a emissão de uma série de mensagens LDP para a constituição de novos LSPs para as FECs atingidas, nos moldes subseqüentemente descritos neste capítulo. Os LSRs *downstream* atingidos pela mudança deverão ser notificados. Essa fase transiente pode causar *looping* na rede, que persistirá até a total convergência do processo de roteamento de ajustamento.

■ Non-VC-Merge ATM-LSRs

A característica fundamental dos procedimentos de distribuição de labels por um *non*-VC-*merge* ATM-LSR é a de que ele envia para o seu par LDP *downstream* tantas mensagens *label request* quantas foram as mensagens *label request* recebidas de seus pares LDP *upstream*. Esse procedimento não depende da natureza dos demais LSRs existentes na rede MPLS.

Nessa hipótese, ocorrendo uma alteração de rota, os registros relativos à condição anterior serão deletados, o que significa a utilização do modo conservativo de retenção de labels.

■ VC-Merge ATM-LSRs

O que caracteriza o comportamento de um VC-*merge* ATM-LSR é que ele envia apenas um *label request* para o seu par LDP *downstream*, qualquer que seja o número de mensagens *label request* recebidas de seus pares LDP *upstream*. Da mesma forma que no caso anterior, esse procedimento não depende da natureza dos demais LSRs existentes na rede MPLS.

134 TCP/IP sobre MPLS

Em caso de ocorrência de alteração de rota, os registros anteriores podem ser deletados ou retidos por um certo tempo, isto é, é optativa a escolha entre o modo conservativo e o modo liberal de retenção de labels.

7.2.9.2 EXEMPLO DOS PROCEDIMENTOS DESCRITOS

Para melhor entendimento dos procedimentos de distribuição de labels acima descritos, vamos considerar um exemplo baseado na figura 7.7.

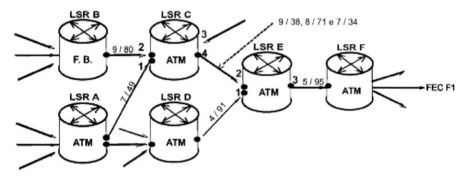

Figura 7.7 Exemplo de distribuição de labels entre interfaces LC-ATM.

Vamos admitir as seguintes hipóteses para esse exemplo:

- ATM-LSR C é um *non-VC-merge* ATM-LSR.
- O ATM-LSR E é um *VC-merge* ATM-LSR.
- Os LSRs solicitaram *bindings* relativos à FEC K aos respectivos *next-hops*, conforme indicação das FIBs.
- O LSR C solicitou ao LSR E *bindings* para os LSRs *upstream* (LSR A e LSR B) e para si próprio.
- Os labels (VPIs/VCIs) distribuídos constam da figura 7.7.
- Resultou a tabela *cross-connect* da figura 7.8 no LSR C (*non-merging* LSR).

INTERFACE DE ENTRADA	VPI/VCI DE ENTRADA	INTERFACE DE SAÍDA	VPI/VCI DE SAÍDA
–	–	4	9/38
1	7/49	4	8/71
2	9/80	4	7/34

Figura 7.8 Tabela *cross-connect* do LSR C.

Podemos supor também que tenha resultado a tabela *cross-connect* da figura 7.9 para o LSR E (*merging* LSR).

MPLS sobre Redes de Suporte **135**

INTERFACE DE ENTRADA	VPI/VCI DE ENTRADA	INTERFACE DE SAÍDA	VPI/VCI DE SAÍDA
1	4/91		
2	9/38	3	5/95
	8/71		
	7/34		

Figura 7.9 Tabela *cross-connect* do LSR E.

7.2.9.3 TRANSMISSÃO DE PACOTES MPLS

Utilizando o exemplo da figura 7.7, vamos admitir que o LSR A recebeu um datagrama IP, cujo destino é a FEC K, na sua interface 1, para sua transmissão. São adotados, então, os procedimentos abaixo, que não estão apresentados, necessariamente, na ordem cronológica de seus acontecimentos.

■ **Procedimentos no LSR A**

No LSR A serão realizados os seguintes procedimentos:

- ■ O LSR A analisa o envelopamento de camada 2 do datagrama IP e obtém a identificação do protocolo de camada de rede (IPv4 ou IPv6) que será utilizada como atributo a ser codificado nos valores de labels nos pacotes MPLS a serem transmitidos pelo LSR A.
- ■ O LSR A analisa o valor do TTL do datagrama IP para concluir quanto ao procedimento a adotar (conforme item 7.2.10 adiante neste capítulo).
- ■ O LSR A verifica no *header* do datagrama IP as informações de *QoS* para eventuais providências e para a sua retransmissão no pacote MPLS (veja capítulo 12 adiante).
- ■ O LSR A realiza os procedimentos de verificação de tamanho do pacote para eventuais providências.

Vamos supor que a decisão foi no sentido de transmitir o pacote MPLS. Nesse caso, o LSR A analisa o *header* IP para obter a identificação da FEC F.

Como existe *hierarchy of routing knowledge* e o LSR A é o *edge* LSR Ru, ele associa a FEC K à FEC C, e realiza a montagem de um *label stack* com o *shim label header* de nível 1 contendo o label L1 anteriormente enviado, via BGP, pelo LSR F. O *shim label header* de nível 2 conterá o valor zero para o label, e nele será escrito o valor do *outgoing* TTL obtido pelo LSR A e eventuais valores relativos a *QoS* obtidos do datagrama IP.

A partir desse momento, o LSR A adota os seguintes procedimentos adicionais:

- ■ Com base na FEC F, o LSR A obtém em sua LFIB a interface de saída (interface 2, no caso) e o VPI/VCI de saída já enviado pelo LSR C por solicitação previamente ocorrida.

136   TCP/IP sobre MPLS

- O LSR A monta então a PDU AAL 5, necessária para a remontagem do pacote MPLS *downstream*, e acrescenta o *label stack* montado como se fosse o *header* da PDU AAL 5.
- O LSR A fragmenta o pacote MPLS assim montado em pedaços de 48 octetos, e acrescenta a esses fragmentos os cabeçalhos das células obtidas, com os valores de VPI/VCI enviados pelo LSR C já mencionado.
- O LSR A envia então as células ATM assim constituídas pela sua interface de saída 2.

▨ Procedimentos nos LSR C e LSR E

Nos LSR C e LSR E as células são transmitidas, por *label swapping*, com base nas tabelas *cross-connect* das figuras 7.8 e 7.9, respectivamente.

Esses LSRs, na qualidade de ATM-LSRs, realizam os procedimentos adicionais aplicáveis.

▨ Procedimentos no LSR F

No LSR F, que é o *edge* LSR Rᴅ, operam-se os seguintes procedimentos:

- O LSR F obtém a identificação do protocolo de camada de rede, com base nos valores de VPI/VCI.
- O LSR F descarta os cabeçalhos das células e remonta a PDU AAL 5, e, a seguir, o pacote MPLS original.
- O LSR F verifica no *label stack* o valor do TTL para decidir se retransmite o pacote (datagrama IP ou pacote MPLS) ou se o descarta.
- O LSR F verifica eventuais informações de *QoS* no campo EXP do *top shim label header*.
- O LSR F consulta a sua LFIB para a devida retransmissão do pacote.

Vamos supor que o resultado seja a retransmissão de um datagrama IP, isto é, o LSR F é também o *border* LSR Rᴅ. Nesse caso, o LSR F adota os seguintes procedimentos adicionais.

- O LSR F decrementa de 1 o *incoming* TTL contido no *top shim label header* do *label stack*, para depois inserir o resultado (*outgoing* TTL) no cabeçalho do datagrama IP.
- O LSR F descarta o *trailler* da PDU AAL 5 e o *label stack*, restando apenas o datagrama IP para inspeção e retransmissão.
- O LSR F conclui o processo de identificação do protocolo de camada de rede, para depois codificá-la (provavelmente nas subcamadas LLC/SNAP) no processo de envelopamento do datagrama IP pela camada 2 que o conduzirá ao *nex-hop* ou ao *host* de destino.
- O LSR F inspeciona o cabeçalho do datagrama IP para acionar, pela FEC K, o processo de retransmissão IP subseqüente.
- O LSR F efetiva os procedimentos complementares relativos a *QoS*, ao valor de TTL e à eventual fragmentação, e retransmite o datagrama IP.

MPLS sobre Redes de Suporte **137**

7.2.9.4 OUTROS PROCEDIMENTOS

Agregação de FECs

Quando a facilidade *hierarchy of routing knowledge* é utilizada no MPLS sobre ATM, assim como no MPLS sobre qualquer outra rede de suporte, ocorre naturalmente a agregação de FECs inerente a essa facilidade.

Se essa facilidade não for utilizada, é possível a ocorrência de agregação de FECs apenas de forma fim-a-fim, pois o processo de agregação demanda a inspeção do cabeçalho do datagrama IP, o que ocorre naturalmente nos *border* ATM-LSRs dessa configuração, mas é inviável nos ATM-LSRs intermediários.

Mensagens Address do LDP

Como se utiliza o modo *DoD* na distribuição de labels entre interfaces LC-ATM, quando um ATM-LSR possui apenas um par LDP, torna-se desnecessário o envio prévio de mensagens *address* do LDP. Contudo, é possível que algum provedor de rede requeira essas mensagens, o que torna aconselhável a sua implementação por todos os provedores de rede, para uso em caso de necessidade.

Bloqueamento de Mensagens Label Request

Um ATM-LSR pode ser configurado para bloquear o envio de mensagens *label request* relativas a determinadas FECs para as quais não há necessidade de estabelecimento de LSPs.

7.2.10 DETECÇÃO DE LOOPS EM NON-TTL SEGMENTS

7.2.10.1 ASPECTOS INICIAIS

Como as células ATM não transportam o campo TTL, uma vez que os segmentos entre interfaces LC-ATM são *non*-TTL *segments*, não é possível a detecção e mitigação de *loops* da forma realizada no IP e na operação *frame-mode* MPLS.

Existem quatro processos de detecção e mitigação de *loops* utilizados pelo ATM:

- Alocação adequada de *buffers* de entrada nos LSRs.
- Uso do *hop count* TLV.
- Uso do *path vector* TLV.
- Uso de *colored threads*.

Os três últimos processos ocorrem na fase de distribuição de labels, quando a presença de um *loop* aborta os procedimentos de distribuição de labels e provoca a emissão de uma mensagem *notification* para o LSR *upstream* que acionou o mecanismo de *label request*. Isso não afeta diretamente os LSPs que já se encontram operacionais, mas evita o agravamento das conseqüências do *loop* ocorrido.

138 TCP/IP sobre MPLS

7.2.10.2 ALOCAÇÃO ADEQUADA DE BUFFERS

Como os *switch buffers* alocados para as conexões *non*-MPLS são próprios, eles são configurados com maior capacidade que os *switch buffers* alocados para os LVCs de tráfego. Isso tem dupla vantagem. A primeira é que durante a ocorrência de um *loop* transiente, o que é a forma mais comum de *looping*, o tráfego de roteamento naturalmente aumenta em busca da convergência do processo, requerendo assim maior capacidade de memória nos *switches* de controle.

A segunda é que o tráfego na rota atingida pelo *loop* aumenta gradativamente à medida que novos pacotes MPLS são atingidos pelo *loop*, o que pode atingir um ponto superior à capacidade de memória dos *switch buffers* dos LVCs atingidos, resultando no descarte de pacotes MPLS. Isso evita sobrecarga nos *links* físicos, liberando-os para o tráfego de controle e para tráfego *non-looping* de pacotes MPLS, o que é vantajoso mesmo em caso de *loops* não-transientes.

7.2.10.3 USO DO HOP COUNT TLV

O uso do *hop count* TLV nas mensagens *label request* e *label mapping* do LDP, que se trata de um atributo opcional dessas mensagens, é recomendado para o caso de domínios ATL-LSR e de domínios FR-LSR. A forma de utilização desse TLV depende do modo de controle de distribuição de labels adotado, que pode ser o modo de controle ordenado, que é o *default*, ou o modo de controle independente.

Como se viu anteriormente, os mecanismos de distribuição de labels adotados para *non-merging* ATM-LSRs e para VC-*merge* ATM-LSRs apresentam pequenas diferenças, que naturalmente se projetarão na utilização do *hop count* TLV. Os procedimentos para essa utilização encontram-se descritos abaixo.

■ Modo de Controle Ordenado de Distribuição de Labels

No *DoD* no modo de controle ordenado de distribuição de labels, os procedimentos de utilização do *hop count* TLV durante a fase de envio de mensagens *label request* são os seguintes:

- É fixado um valor máximo para o *hop count* TLV (*maxhop*), cujo valor *default* é 255, podendo ser configurados outros valores.
- O *border* LSR Ru, ou o *edge* LSR Ru de um domínio ATM-LSR, inclui o *hop count* TLV em mensagens *label request* com o valor 1 (o tamanho do campo valor desse TLV é de 1 octeto).
- Os ATM-LSRs *downstream* subseqüentes registram os valores de *hop count* recebidos, incrementam o seu valor de 1, e reencaminham as mensagens *label request* no sentido *downstream*.

Durante a fase de envio de mensagens *label mapping* ocorrem os seguintes procedimentos:

MPLS sobre Redes de Suporte 139

- O *border* LSR Rᴅ, ou normalmente o *edge* LSR Rᴅ de um domínio ATM-LSR, após o recebimento de uma mensagem *label request* reseta o valor do *hop count* para 1, e envia a correspondente mensagem *label mapping* com esse valor de *hop count* no sentido *upstream*.

- Os ATM-LSRs *upstream* subseqüentes registram os valores de *hop count* recebidos, incrementam o seu valor de 1, e reencaminham a mensagem *label mapping* no sentido *upstream*.

- O LSR que iniciou o processo de envio das mensagens *label request* para o LSP registra o valor de *hop count* recebido. Esse registro servirá para o processo de tratamento do campo TTL, conforme o item 7.2.11 adiante neste capítulo. Qualquer mudança de rota deve ocasionar o envio no sentido *upstream*, a partir do LSR afetado, de novas mensagens *label mapping* para permitir ao LSR iniciante ajustar o seu valor de *hop count* para controle do TTL.

Se ocorrer um *loop* que atinja um LSP na fase de distribuição de labels, o valor do *hop count* aumentará em conseqüência. Se esse valor se igualar ao *maxhop* em mensagens label *request* ou *label mapping*, o processo em curso deve ser interrompido pelo LSR que detectou o *loop*, e esse LSR deve enviar uma mensagem *loop detection notification* para o seu par *upstream*.

■ Modo de Controle Independente de Distribuição de Labels

Considerando-se ordenamento no envio de mensagens *label request* no *DoD* no modo de controle independente, os procedimentos na fase de envio de mensagens *label request* são os mesmo que os do modo de controle ordenado, o que possibilita a detecção de *loops* no caso do valor do *hop count* atingir o *maxhop*, que é fixado como no caso anterior.

No retorno das mensagens *label mapping*, em decorrência da independência de ação por parte de cada LSR, os procedimentos do modo de controle ordenado não se aplicam. Nesse caso, o *border* LSR Rᴅ, ou o *edge* LSR Rᴅ de um domínio ATM-LSR, atribui o valor zero ao *hop count*, o que significa valor desconhecido (*unknown hop count value*). O valor zero será mantido no sentido *upstream*, até que se atinja o LSR que iniciou o envio das mensagens *label request*.

7.2.10.4 USO DO PATH VECTOR TLV

Como um segundo tipo de atributo opcional de mensagens de distribuição de labels, o *path vector* TLV é recomendável para uso em um domínio ATM-LSR quando não se utiliza o mecanismo *hop count* acima descrito. Assim como no caso do mecanismo *hop count*, o uso do *path vector* TLV não realiza prevenção de *loops*, mas permite a sua detecção em rotas por onde transitam as mensagens de distribuição de labels para a constituição de um LCV.

O *path vector* é um mecanismo mais rápido que o *hop count*, mas requer maior *overhead* nas mensagens de distribuição, uma vez que cada identificador de LSR utiliza 4 octetos no IPv4 e 16 octetos no IPv6, podendo existir um número considerável de LSRs em um LSP.

Os procedimentos básicos para utilização do TLV *path vector* são os seguintes:

140 TCP/IP sobre MPLS

- O LSR iniciador do processo insere, na mensagem *label request* relativa a uma determinada FEC, o seu objeto *path vector*, isto é, o seu endereço IP, e a envia no sentido *downstream*.
- Os ATM-LSRs *downstream* subseqüentes inserem, quando da emissão da mensagem *label request* correspondente ao *request* recebido, os respectivos objetos *path vector* e retransmitem a mensagem *downstream*.
- Quando um LSR envia uma mensagem *label mapping* no sentido *upstream*, ele copia em seu *path vector* TLV os objetos contidos na mensagem *label request* que motivou o envio dessa mensagem *label mapping*.
- Se ocorrer *looping* que afete qualquer uma das mensagens de distribuição de labels, um LSR acabará por receber o seu próprio objeto *path vector* em uma dessas mensagens. Esse LSR aborta então o processo de distribuição de labels e envia uma mensagem *loop detection notification* para o seu par LDP *upstream*.

7.2.10.5 USO DE COLORED THREADS

A detecção de *loops* pelo uso de *colored threads* é uma forma mais eficiente que o uso do *path vector* TLV em termos de *overhead*. O uso do *DoD* no modo *ingress-initiated ordered control* é obrigatório nesse caso.

O LSR iniciador do processo insere uma "cor" (*colored thread*) na mensagem *label request*, que consiste no seu endereço IP adicionado por uma identificação do *thread*, e registra o valor desse *thread*. Os LSRs subseqüentes registram esse mesmo *thread*, antes de encaminhar a correspondente mensagem *label request* no sentido *downstream*, processo que é repetido nas mensagens *label mapping* que retornam subseqüentemente. Esse procedimento se denomina *extending a thread*.

Se o *colored thread* retornar a um LSR, fica detectado um *loop*, provocando a interrupção do processo de distribuição de labels e o envio de uma mensagem *loop detected notification* para o par LDP *upstream*. Quando o *loop* se desfaz, inicia-se um novo processo com o mesmo *thread*, procedimento denominado *rewinding the thread*.

O processo *colored thread* possui algumas facilidades complementares, como aquela que permite o tratamento de configurações envolvendo VC-*merge* ATM-LSRs.

A definição do processo *colored thread* não consta das RFC 3035 e RFC 5036.

7.2.11 PROCESSAMENTO DO TTL

Os procedimentos para processamento de TTL afetam apenas os *edge* LSRs de um domínio ATM-LSR, sendo transparentes para os ATM-LSRs desse domínio. Quando um *unlabeled packet* é recebido pelo *edge* LSR Ru, o *incoming* TTL é copiado do cabeçalho IP para o *top shim label header*. Se for um *labeled packet*, o *incoming* TTL é copiado diretamente do *top shim label header*.

Se não existe um *hop count* associado ao *binding* a ser usado na transmissão do pacote MPLS pelo *edge* LSR Ru, o *outgoing* TTL é o *incoming* TTL menos 1. Se o resultado for zero, o pacote MPLS é descartado, sendo emitida uma mensagem ICMP para o *host* de origem do datagrama IP.

MPLS sobre Redes de Suporte **141**

Se existe um *hop count* associado ao *binding*, o *outgoing* TTL será igual à diferença entre o *incoming* TTL e o *hop count*. Se essa diferença for positiva, o seu valor deve ser transmitido como TTL no *top shim label header* do pacote MPLS. Se for igual ou menor que zero, o pacote MPLS deve ser enviado com o *top* TTL igual ao *incoming* TTL menos 1. Dessa forma ele será descartado quando o valor do TTL chegar efetivamente a zero na rede subseqüente ao MPLS, ocorrendo então a emissão de uma mensagem ICMP para o *host* de origem.

Na chegada do pacote MPLS, certamente por uma interface LC-ATM, o *edge* LSR Rᴅ verifica o valor do TTL do *top shim label header* entrante. Se esse valor for maior que 1, ele retransmite o pacote conforme o tipo da rede *downstream*. Se a rede *downstream* for um novo domínio ATM-LSR, os procedimentos citados acima serão repetidos. Se esse valor for igual a 1, o *edge* LSR Rᴅ descarta o pacote e emite uma mensagem ICMP para o *host* de origem.

7.2.12 FRAME-MODE ATM MPLS

7.2.12.1 ASPECTOS INICIAIS

Como vimos em subitens anteriores deste item, o MPLS sobre ATM opera normalmente no *cell-mode* MPLS, quando existe uma tabela *cross-connect* associando, para uma FEC, os VPIs/VCIs correspondentes a duas interfaces LC-ATM de um ATM-LSR. As células são comutadas nesse ATM-LSR, por *label swapping*, em conformidade com essa tabela *cross-connect*.

Quando se interconecta dois LSRs, sejam eles ATM-LSR ou *frame-based* LSRs, por meio de interfaces LC-ATM através de uma nuvem *non*-MPLS ATM (rede ATM convencional), pode se utilizar, como já vimos no item 7.2.8 deste capítulo, duas diferentes formas:

- Conexão via VP.
- Conexão via VC.

A forma operacional de realização dessas conexões se denomina *frame-mode* ATM. Vem sendo normalmente utilizada a opção *frame-mode* ATM por meio de conexão via VP, ilustrada no exemplo da figura 7.4 anterior. Nessa opção, constituem-se um ou mais PVPs (*permanent virtual paths*) entre os LSRs a serem interconectados, utilizando-se subinterfaces LC-ATM para isso.

7.2.12.2 FUNCIONAMENTO DO FRAME-MODE ATM MPLS

Em cada VP constituído, que define um caminho a ser percorrido pelas células originadas no LSR Rᴜ e que transitarão pelo LSR Rᴅ ligados por esse VP, serão constituídos os LCVs, cada um para cada FEC atendida via o LSR Rᴅ.

Caso o LSR Rᴜ possua interfaces LC-ATM entrantes (como no caso do *edge* LSR de um domínio ATM-LSR), esse LSR Rᴜ deve remontar sucessivamente o datagrama IP, a PDU AAL 5 e o pacote MPLS, verificar a associação do pacote MPLS remontado com os respectivos LCVs existentes no VP utilizado, fragmentar o pacote MPLS para a constituição de células e enviar as células assim constituídas.

Observa-se que a associação entre os pacotes e os LCVs na nuvem *non*-MPLS ATM é feita por consulta a uma LFIB, e não a uma tabela *cross-connect*. Por outro lado, não se justifica

142   TCP/IP sobre MPLS

o uso de *DoD* entre os pares LDP através da rede *non*-MPLS ATM, que são os LSR Ru e LSR Rᴅ no caso, podendo a distribuição de labels ocorrer de forma *unsolicited downstream* no modo de controle independente.

Essa distribuição de labels (constituídos apenas por VCIs, como vimos) ocorre de forma assemelhada aos procedimentos do protocolo *In*ATMARP, já descrito no capítulo 2 anterior.

As particularidades acima descritas indicam a razão de se denominar esse modo operacional de *frame-mode* ATM MPLS. Ressalta-se a importância do *frame-mode* ATM MPLS, que é a forma adotada de interconexão de quaisquer tipos de redes MPLS por meio de uma rede *non*-MPLS ATM.

7.3   MPLS COM SUPORTE EM FRAME RELAY

7.3.1   ASPECTOS INICIAIS

A RFC 3034 define o MPLS com suporte em redes *Frame Relay*, o que se constitui em outra opção de redes de Comunicação de Dados de alta velocidade, além das redes MPLS com suporte no ATM. O *Frame Relay* opera com velocidades múltiplas de 64 Kbps, 2 Mbps, 34 Mbps e 53 Mbps, o que evidencia a sua importância como rede de transporte de cargas elevadas de tráfego.

Como no caso do MPLS sobre ATM, o MPLS sobre *Frame Relay* não apresenta os problemas que caracterizam o uso dessas redes de forma direta em redes *mesh* com elevado número de PVCs, que resultam em elevado tráfego de roteamento e de resolução de endereços.

Embora também admitindo o uso de outros protocolos de distribuição de labels, a RFC 3034 se concentra na utilização do LDP com esse propósito. Além disso, a exemplo da RFC 3035, a RFC 3034 limita-se, para o MPLS sobre *Frame Relay*, à hipótese de roteamento *unicast hop-by-hop*, excluindo a possibilidade de roteamento explícito, roteamento *multicast* e *Traffic Engineering*, embora mencione superficialmente alguns aspectos de *multicasting*.

Os FR-LSRs operam normalmente como *non-merging* LSRs, mas é admitida a possibilidade de VC-*merge* LSRs se a rede *Frame Relay* de suporte possuir a facilidade conexão multiponto-ponto.

7.3.2   UM BREVE RESUMO DO FRAME RELAY

O *Frame Relay* foi concebido na década de 1980 com o objetivo de operar com velocidades superiores às das redes X.25, de forma a adequá-lo para uso como sub-rede nas inter-redes que surgiam com elevada demanda de tráfego, devido basicamente à rápida expansão de uso do TCP/IP. Isso foi obtido graças à simplificação operacional obtida eliminando-se a robustez do X.25 em termos de controle de erros e controle de fluxo, no pressuposto de que tais funções passariam a ocorrer fim-a-fim, por meio de protocolos a exemplo do TCP.

7.3.2.1   FORMATAÇÃO DE QUADROS

O quadro do DL-*Core*, protocolo fundamental do plano de dados do *Frame Relay*, tem o formato básico da figura 7.10.

MPLS sobre Redes de Suporte   143

Figura 7.10   Formato básico do quadro do DL-Core.

O campo Q.922 *address* contém o DLCI, campo a ser utilizado para codificação de labels no MPLS sobre *Frame Relay*, e possui, representado na forma canônica, o formato *default* apresentado na figura 7.11.

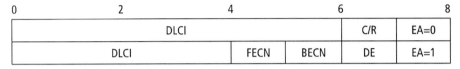

Figura 7.11   Formato *default* do campo endereço do DL-*Core*.

O C/R *bit* (*command/response*) tem funções fim-a-fim, enquanto o DE *bit* (*discard elegebility*) cria uma escala de elegibilidade para eventuais descartes na rede *Frame Relay*. Os campos FECN (*forward explicit congestion notification*) e BECN (*backward explicit congestion notification*) são utilizados para notificar os terminais da existência de congestionamento nos dois sentidos da rede, possibilitando ações corretivas por parte desses terminais.

O campo DLCI (*data link connection identifier*) possui 10 *bits*, como se observa. Esse número de *bits* pode ser aumentado para 16 *bits* ou para 23 *bits*, utilizando-se extensões que permitem campos endereço do DL-*Core* com 3 ou 4 octetos.

7.3.2.2   ENCAPSULAMENTO DE PROTOCOLOS PELO DL-CORE

Conforme a RFC 2427, o encapsulamento de protocolos superiores (protocolos de camada de rede, como principal exemplo) requer uma subcamada de identificação, que se situa, no caso do *Frame Relay*, entre o cabeçalho do *Frame Relay* e o cabeçalho do protocolo envelopado. O modo básico de envelopamento ocorre pela utilização da subcamada NLPID (*network layer protocol identifier*), como pode ser visto na figura 7.12.

O campo controle do LAP-F indica se o quadro é numerado ou não-numerado, enquanto o campo PAD (opcional) é para fins de enchimento para tornar o restante do quadro um número par.

Quando um protocolo superior possui um código NLPID, deve ser utilizada a forma *default* acima apresentada. Esse é o caso dos protocolos IPv4 e IPv6, quando não se utiliza o campo PAD, sendo o valor do NLPID igual a 0XCC para o IPv4 e a 0X8E para o IPv6.

Caso um protocolo superior não possua, no entanto, um código NLPID (como no caso do protocolo IPX), o NLPID, pelo código 0X80, introduz a subcamada SNAP (*Subnetwork Access Protocol*), que através da codificação *Ethertype* (indicada pelo valor do OUI igual a 00-00-00) identifica o protocolo de camada superior. Existem outros protocolos, como aqueles da IBM, que utilizam uma variante do NLPID a partir do código 0X08, para apontar a subcamada Q.933, levando assim à identificação de cada um dos protocolos superiores. É possível também a identificação de protocolos superiores através da introdução do protocolo PPP, conforme a RFC 1973.

144 TCP/IP sobre MPLS

Flag (1 octeto)
DL-*Core Address* (2 octetos)
LAP-F *Control* = 3 (1 octeto)
Optional PAD (1 octeto)
NLPID = 80 (1 octeto)
OUI = 00-00-00 (*Ethertype*) (3 octetos)
Ethertype ID (2 octetos)
Payload (N octetos)
DL-*Core* FCS (2 octetos)
Flag (1 octeto)

Figura 7.12   Formato de um quadro do DL-*Core* utilizando *Ethertype*.

O campo controle do LAP-F indica se o quadro é numerado ou não-numerado, enquanto o campo PAD (opcional) é para fins de enchimento para tornar o restante do quadro um número par.

Quando um protocolo superior possui um código NLPID, deve ser utilizada a forma *default* acima apresentada. Esse é o caso dos protocolos IPv4 e IPv6, quando não se utiliza o campo PAD, sendo o valor do NLPID igual a 0XCC para o IPv4 e a 0X8E para o IPv6.

Caso um protocolo superior não possua, no entanto, um código NLPID (como no caso do protocolo IPX), o NLPID, pelo código 0X80, introduz a subcamada SNAP (*Subnetwork Access Protocol*), que através da codificação *Ethertype* (indicada pelo valor do OUI igual a 00-00-00) identifica o protocolo de camada superior. Existem outros protocolos, como aqueles da IBM, que utilizam uma variante do NLPID a partir do código 0X08, para apontar a subcamada Q.933, levando assim à identificação de cada um dos protocolos superiores. É possível também a identificação de protocolos superiores através da introdução do protocolo PPP, conforme a RFC 1973.

Caso não seja desejada (ou possível) a identificação do protocolo superior, utiliza-se o mecanismo que tem as denominações *Null Network Layer, Inative Set* ou *Null Encapsulation*.

7.3.3   CODIFICAÇÃO E ENVELOPAMENTO DE LABELS

Os *top labels* no MPLS sobre *Frame Relay* são codificados no campo DLCI do quadro do DL-*Core*. Por *default*, todos os pacotes MPLS transmitidos por FR-LSRs devem utilizar o encapsulamento genérico de labels, ainda que só exista um *shim label hader* no *label stack*. Deve ser utilizado o mecanismo *Null Encapsulation*, em decorrência da presença da subcamada MPLS, o que implica a identificação dos protocolos de camada rede ser inferida dos valores dos labels, ou seja, dos DLCIs.

O *top label* do encapsulamento genérico não tem significado, mas os correspondentes valores dos campos EXP e TTL transportam os respectivos significados. Supondo-se um exemplo com *label stack* de profundidade 2 e *null encapsulation*, o encapsulamento no MPLS sobre *Frame Relay* pode ser representado pela figura 7.13.

DL-*Core Header*
Top Shim Label Header
Botton Shim Label Header
IP *Datagram*
DL-*Core Trailler*

Figura 7.13   Encapsulamento no MPLS sobre *Frame Relay*.

7.3.4   CARACTERÍSTICAS ESPECIAIS DOS FRAME RELAY SWITCHES

As centrais *Frame Relay* (*Frame Relay switches*) possuem, a exemplo das centrais ATM, algumas características especiais que influenciam a sua utilização como FR-LSRs. Essas características são as seguintes:

- Uso de tabelas *cross-connect* para as operações *label swapping*.
- Formato e tamanho próprios dos DLCIs para codificação de labels.
- Existência limitada de *Frame Relay switches* com a facilidade de conexão multiponto-ponto, restringindo a possibilidade de constituição de VC-*merge* FR-LSRs.
- Incapacitação dos *Frame Relay switches* para o desempenho da função TTL-*decrement*.

A despeito dessas limitações, o *Frame Relay* vem sendo utilizado como suporte ao MPLS embora de modo não muito significativo.

7.3.5   CONEXÃO DE FR-LSRs

Como foi visto no capítulo 5 anterior, dois FR-LSRs se interconectam normalmente por meio de interfaces LC-FR. Foi visto também que a comunicação entre um domínio FR-LSR, que opera no modo *Frame Relay*, e um outro domínio de qualquer tipo (domínio FR-LSR, domínio ATM-LSR ou domínio *frame-based* LSR), ocorre normalmente através de *frame-based* LSRs, que possuindo as devidas interfaces realizam função de trânsito.

Quando um domínio FR-LSR é circundado por uma envoltória de *frame-based* LSRs, esses *frame-based* LSRs se denominam *edge* LSRs do domínio FR-LSR.

7.3.6   A FUNÇÃO LABEL SWITCHING NO FRAME RELAY

A exemplo do que ocorre com os ATM-LSRs, os FR-LSRs podem operar exclusivamente com a função *label switching*, quando não utilizam as facilidades convencionais de controle do *Frame Relay*, tais como endereçamento, sinalização e roteamento.

As funções do DL-*Core*, baseadas nos campos do cabeçalho desse protocolo, tais como FECN, BECN e DE, são, no entanto, mantidas. Os parâmetros contratuais relativos a *throughput*,

146   TCP/IP sobre MPLS

a tamanho de quadros e a velocidades de transmissão podem ser notificados aos FR-LSRs por via do protocolo RSVP ou podem ser configurados. Deve ser configurado o valor de CIR (*commited information rate*) igual a zero, para evitar o descarte de quadros DL-*Core*.

Um FR-LSR pode, opcionalmente, suportar também a funcionalidade plena do *Frame Relay* convencional, inclusive em uma mesma interface, sem que uma funcionalidade interfira com a outra. A exemplo do ATM, essa funcionalidade híbrida se denomina *ships in the night*.

7.3.7   USO DE DLCIs

Como no ATM, são configuradas conexões *non*-MPLS entre FR-LSRs para uso do LDP, da mesma forma que podem ser também configurados DLCIs específicos para o tráfego de roteamento IP. Esses DLCIs, assim como os DLCIs alocados como labels, têm valores únicos e independentes em cada um dos sentidos de transmissão de um circuito virtual.

As faixas permitidas de DLCIs a serem utilizados como labels, os respectivos tamanhos e o eventual suporte para VC-*merging* devem ser comunicados através de mensagens LDP. Observa-se que as faixas de DLCIs permitidas dependem do tamanho do campo DLCI adotado.

7.3.8   PROCEDIMENTOS NO MPLS SOBRE FRAME RELAY

Os procedimentos no MPLS sobre *Frame Relay* são basicamente os mesmos utilizados no MPLS sobre ATM, com os devidos ajustamentos. A necessidade de ajustamentos decorre principalmente das seguintes diferenças entre essas duas tecnologias:

- O campo DLCI não é hierarquizado, como o são os campos VPI/VCI do ATM. Assim, por exemplo, não existem a possibilidade de VP-*merge* e de conexões de LSRs via VPs.
- Os pacotes MPLS entre interfaces LC-FR envelopam normalmente quadros DL-*Core* da NNI (*network-node interface*), embora possam também envelopar células resultantes da fragmentação desses quadros. Entre interfaces LC-ATM, como vimos, trafegam exclusivamente células ATM.

Os principais procedimentos relativos ao MPLS sobre *Frame Relay* considerados são os seguintes:

- Distribuição de labels.
- Transmissão de pacotes MPLS.
- Detecção e mitigação de *loops*.
- Tratamento do TTL.

A distribuição de labels, que se fundamenta no LDP, ocorre no modo *DoD*, admitindo as possibilidades de modo de controle ordenado ou de modo de controle independente. Os procedimentos de transmissão de pacotes MPLS são semelhantes aos do ATM, ressalvando-se as diferenças citadas acima.

A detecção e mitigação de *loops*, considerando-se que os FR-LSRs se interconectam por meio de *non-TTL segments*, ocorrem fundamentalmente com base nos TLVs *hop count* ou *path vector*, na forma descrita no MPLS sobre ATM e no LDP.

MPLS sobre Redes de Suporte **147**

Registra-se a similaridade de tratamento do TTL com o caso do MPLS sobre ATM, que leva em conta o valor do *hop count* registrado no *border* LSR Ru. A RFC 3034 apresenta o tratamento do TTL com maior profundidade que a RFC 3035, inclusive com maiores detalhes para o caso de transmissão *multicast*.

A RFC 3034 trata também com maiores detalhes a especificação de mensagens *initialization* do LDP contendo os parâmetros opcionais *Frame Relay session parameters,* mencionando as questões *Frame Relay merge* e *Frame Relay label range components.*

A MTU do *Frame Relay* varia entre 262 octetos e valores superiores configurados, sendo o valor *default* igual a 1.600 octetos. No caso dos FR-LSRs, assim como no caso de *frame-based* LSRs, é preciso deduzir o tamanho dos *label stacks* para se definir o tamanho máximo de um datagrama IP que pode ser transmitido.

7.4 MPLS COM SUPORTE EM PPP E ETHERNET

7.4.1 ASPECTOS INICIAIS

Como já mencionado em capítulos anteriores, os LSRs de uma rede MPLS podem se basear em roteadores IP, interconectados pelo protocolo PPP (*point-to-point protocol*) ou em *Ethernet switches*, constituindo os denominados *frame-based* LSRs. Na realidade, outros tipos de *switches* podem ser utilizados dentro dessa classificação, como no caso do *Token-Ring* e do FDDI, mas essas hipóteses recebem pouca atenção na literatura disponível sobre o assunto

Algumas características comuns aos *frame-based* LSRs podem ser citadas:

- Utilização de LFIBs para a realização de *label swapping.*
- Utilização *de per-platform label spaces.*
- Operação dos LSRs como *merging* – LSRs.
- Plena utilização do encapsulamento genérico de labels por meio de *label stacks* contendo *shim label headers.*
- Possibilidade de detecção de *loops* pelo campo TTL.

Serão abordados a seguir alguns aspectos gerais do protocolo PPP e do funcionamento das redes *Ethernet.* Subseqüentemente serão apresentadas algumas particularidades dos procedimentos operacionais do domínios constituídos por *frame-based* LSRs, que constituem o modo de operação do MPLS denominado *frame-mode* MPLS.

7.4.2 VISÃO GERAL DO PPP

7.4.2.1 ASPECTOS INICIAIS

O protocolo PPP é um protocolo de enlace de dados utilizado entre equipamentos que não possuem uma rede de comutação modo pacotes entre eles. Esse é o caso, por exemplo, do acesso de estações a um *host* ou a um dispositivo de roteamento via rede telefônica e

148 TCP/IP sobre MPLS

o da interconexão direta entre dispositivos de roteamento (entre dois roteadores IP, como exemplo).

O protocolo PPP, descrito na RFC 1661, possui três componentes fundamentais:

- Um método para o encapsulamento de datagramas multiprotocolo.
- O protocolo LCP (*link control protocol*).
- Uma família de protocolos NCP (*network control protocol*).

7.4.2.2 MÉTODO DE ENCAPSULAMENTO

O PPP é um protocolo desenvolvido para ser o padrão para conexão remota via linhas seriais de baixa velocidade, mas transporta também dados em velocidades múltiplas de 64 Kbps ou mesmo em velocidades superiores.

O seu encapsulamento é assemelhado ao do HDLC (*high-level data link control*) da ISO, e o formato básico do seu quadro encontra-se na figura 7.14.

Flag 1 octet	*Address* 1 octet	*Control* 1 octet	*Protocol* 2 a 4 octets	*Payload* n octets	*Padding* m octets	*FCS* 2 ou 4 octets	*Flag* 1 octet

Figura 7.14 Formato do quadro PPP.

O campo *protocol* (tipo de protocolo) identifica o protocolo superior contido no campo *payload*, constituído basicamente por um datagrama de camada de rede (datagrama IP, como principal exemplo). No caso do IPv6, por exemplo, o valor indicativo do tipo de protocolo é o hexadecimal 0057.

O campo *payload* contém o datagrama da camada de rede especificado no campo *tipo de protocolo*. A soma do tamanho máximo desse campo com o tamanho do campo *padding* é denominada MRU (*maximum receive unit*), cujo *default* é de 1.500 octetos. Podem ser utilizados outros tamanhos por negociação. Esse campo deve conter, no mínimo, o valor mínimo da MTU do protocolo de camada de rede envelopada.

O campo *padding* consiste em um número arbitrário de octetos com valor zero, que pode ser inserido no quadro PPP até o limite do valor da MRU adotada.

7.4.2.3 O PROTOCOLO LCP

O PPP passa, no início, por uma fase de estabelecimento de *link*, que se processa através do protocolo LCP. Observa-se que o LCP, assim como o NCP, realiza-se mediante a troca de opções de configuração. As opções de configuração do LCP são independentes de tipo de protocolo de rede envelopado.

O LCP opera com base em diferentes mensagens, ressaltando-se as mensagens *configure-request* e *configure-ack (acknowledgment)*. Opcionalmente, segue-se ao estabelecimento de um *link* a fase de autenticação entre os equipamentos pares que se encontram nos extremos do *link* estabelecido.

MPLS sobre Redes de Suporte **149**

7.4.2.4 O PROTOCOLO NCP

Após a conclusão do estabelecimento do *link* e da fase opcional de autenticação, inicia-se a fase do protocolo de controle de camada de rede. Para isso cada tipo de protocolo de camada de rede deve utilizar o seu próprio NCP, necessário para a configuração e capacitação dos pares PPP. Somente após a conclusão dessa fase pode-se iniciar a fase de transmissão de quadros PPP.

A família de protocolos NCP utiliza os mesmos procedimentos que o LCP, embora não necessite de todas as mensagens desse protocolo. Observa-se que as mensagens do LCP e da família NCP utilizam o formato das mensagens de dados do PPP, conforme o envelopamento acima descrito. Para melhor entendimento da família de protocolos NCP recomendamos a leitura das RFCs pertinentes, particularmente a RFC 5072.

7.4.3 VISÃO GERAL DA ETHERNET

7.4.3.1 A PADRONIZAÇÃO IEEE 802

A comissão IEEE 802 definiu uma série de padrões relativos ao funcionamento de LANs e do DQDB (*distributed queue dual bus*) que se enquadra na classificação de *MANS*. A exceção foi o FDDI (*fiber distributed data interface*), que foi padronizado pelo ANSI (*American Nacional Standard Institute*) e pela ISO. As redes LAN e MAN possuem, além da camada física, duas subcamadas da camada 2 (*link layer*), que são o MAC (*medium access control*) e o LLC (*logical link control*).

Vamos citar como exemplos os seguintes padrões IEEE 802:

- IEEE 802.2: *Logical Link Control* (LLC).
- IEEE 803.3: *Carrier Sensing Multiple Access-Collision Detection* (CSMA-CD).
- IEEE 802.5: *Token Ring*.

Todas as opções de LAN e MAN utilizam a sub-camada LLC definida pelo padrão IEEE 802.2, inclusive o FDDI.

O padrão IEEE 802.3, que se baseia no método de acesso CSMA-CD, define as LANs IEEE 802.3 *Ethernet*. Continuaram a existir, contudo, as LANs *Ethernet* legadas, que apresentam algumas características diferentes. As redes *Ethernet* utilizam diferentes tipos de redes e interfaces, como as redes 10BASE5, 10BASE2, 10BASE-T, 100BASE-T e 100BASE-X. Para essas redes foram especificadas as velocidades de 10 Mbps, 100 Mbps, 1 Gbps e 10 Gbps.

7.4.3.2 FORMATAÇÃO DO QUADRO IEEE 802.3

O formato dos quadros das redes IEEE 802.3 *Ethernet*, que utiliza a forma canônica de representação, encontra-se na figura 7.15.

150 TCP/IP sobre MPLS

MAC Header	Length or Type	LLC Header	Layer 3 Datagram	MAC T railler

Figura 7.15 Formato de quadros IEEE 802.3 *Ethernet*.

O MAC *header* possui, dentre os seus campos, os endereços MAC de origem e de destino dos quadros MAC transmitidos. O campo *length or type* especifica o tamanho dos campos contidos na interior do quadro MAC ou o tipo de codificação de quadros MAC especiais.

7.4.3.3 IDENTIFICAÇÃO DE PROTOCOLOS SUPERIORES

Cabe ao LLC identificar o protocolo de camada de rede envelopado. Para isso é utilizada a codificação LSAP (*Link Service Access Point*), que indica diretamente o protocolo superior. Por exemplo, o protocolo IP é identificado pelos códigos 0x06 e 0x07. Existem casos, contudo, em que se faz necessária a intermediação da subcamada SNAP (*Sub-Network Access Protocol*), indicada pelos códigos LSAP 0xAA e 0xAB, sendo que o SNAP aponta para a codificação *Ethertype* para a identificação do protocolo de camada de rede.

Observa-se que esse é o critério adotado para a identificação de protocolos superiores pelo ATM, conforme deliberação do IETF, como vimos no item 7.2 deste capítulo.

As redes *Ethernet* legadas, que precederam a elaboração da padronização IEEE 802, não consideram a existência do LLC, apontando então diretamente pelo MAC o protocolo superior envelopado pela codificação *Ethertype*. Uma outra diferença com relação à *Ethernet* legada diz respeito ao valor de MTU. Enquanto no IEEE 802.3 (10BASE5) a MTU é de 1.492 octetos, na *Ethernet* legada a MTU é de 1.500 octetos.

7.4.3.4 TIPOS DE REDE ETHERNET

▓ Formas Básicas de Operação

As redes *Ethernet* operam em duas configurações básicas de rede:

- ■ *Ethernet* LANs em barramento ou em *hub*.
- ■ *Switched Ethernet* LANs.

As *Ethernet* LANs em barramento ou em *hub* constituem o tipo tradicional de *Ethernet* LANs, que se baseiam no método de acesso CSMA-CD. Vamos abordar com mais profundidade as *switched Ethernet* LANs, por se constituírem no suporte ao MPLS. Esse tipo de LAN utiliza os *Ethernet switches* como nós de comutação do tipo *bridge*, operando com topologia *star*, de forma assemelhada ao que ocorre em redes ATM e *Frame Relay*.

A figura 7.16 apresenta a configuração típica de uma *switched Ethernet* LAN constituída por um único *Ethernet switch*.

MPLS sobre Redes de Suporte   151

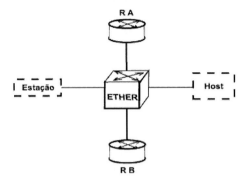

Figura 7.16 Configuração básica de uma *switched Ethernet* LAN.

O endereçamento nessa configuração pode ser direcionado a uma porta de saída, identificada pelo endereço MAC previamente aprendido, ou pode ocorrer a inundação (*flooding*) da rede caso o endereço MAC de destino seja desconhecido ou caso se trate de endereçamento *multicast* ou *broadcast*. Essas redes podem ser expandidas por meio de troncos, podendo inclusive assumir a configuração topológica *hub-and-spoke*, que é uma forma expandida da topologia *star*.

A figura 7.17 ilustra essa forma expandida de rede na configuração *hub-and-spoke*.

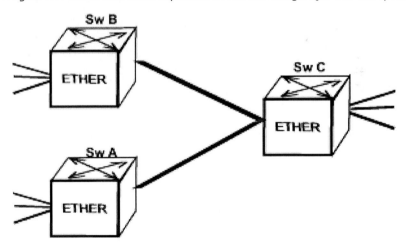

Figura 7.17 Switched Ethernet LAN expandida com configuração *hub-and-spoke*.

■ **Constituição de VLANs**

As *switched Ethernet* LANS podem operar de modo aberto ou podem possibilitar a constituição de VLANs. Na forma aberta o quadro é denominado *untagged Ethernet frame*, enquanto no caso das VLANs os quadros são do tipo *tagged Ethernet frame*. A constituição

152 TCP/IP sobre MPLS

de VLANs tem como base o padrão IEEE 802.1Q, cujo ponto fundamental é a introdução, em um quadro MAC, de uma subcamada de identificação de VLANs denominada VLAN *tag*, conforme a figura 7.18.

MAC Header	*Type* 0x8100	VLAN *Tag*	*Payload*	MAC *Trailler*

Figura 7.18 Formato do quadro MAC em VLANs.

A identificação de uma VLAN é composta por um campo *type* com dois octetos e um campo VLAN *tag*. O campo *type* identifica um quadro IEEE 802.1Q com o valor 0x8100, ou seja, indica a existência da VLAN. O campo VLAN *tag* (também com dois octetos) apresenta a seguinte semântica, contando a partir da esquerda:

- 3 *bits*: prioridade 802.1P.
- 1 *bit*: identificador de formato canônico.
- 12 *bits*: identificador da VLAN.

É montada, por meio de tabelas, uma correspondência entre os endereços MAC de destino, as portas de saída e as correspondentes VLANs. Como os endereços MAC não são configuráveis por *software*, eles tem que ser aprendidos com base nos endereços IP de destino, pelo processo referido como ARP (*Address Resolution Protocol*).

É possível a hierarquização da constituição de VLANs pelo envelopamento sucessivo dos campos *type* (0x8100) e VLAN *tag*. Essa opção de operação é denominada, de forma não-padronizada, 802.1Q-*in*-802.1Q (ou Q-*in*-Q) *tagged Ethernet*.

Protocolo Spanning Tree

Como as *switched Ethernet* LANS operam por aprendizagem de endereços MAC e por inundação, ocorre inevitavelmente *looping* na rede, ocasionando um processo a que se denomina *broadcast storm*. A utilização do protocolo STP (*Spanning Tree Protocol*) evita esse processo, pelo bloqueamento de caminhos redundantes, o que resulta em um único caminho entre os *Ethernet switches*. O STP fundamenta-se na distribuição de quadros BPDU (*bridge protocol data units*) com esse propósito.

Metro Ethernet / Carrier Ethernet

A utilização de s*witched Ethernet* LANs como forma de transporte no segmento denominado *metro* (abreviação de *metropolitan*) que interliga o ambiente de usuários as redes WANs ou se circunscreve à periferia das redes WANs, vem crescendo de importância nos últimos anos. Essa forma de rede recebeu a denominação *Metro Ethernet*. Para tratar do assunto foi constituído o MEF (*Metro Ethernet Forum*), que vem definindo inclusive padrões para o assunto.

O MEF definiu dois tipos de serviços *Metro Ethernet*:

- *Ethernet Line Service* (ELS ou E-LINE).
- *Ethernet LAN Service* (E-LAN).

MPLS sobre Redes de Suporte **153**

O ELS é um serviço basicamente ponto-a-ponto (P2P), enquanto o E-LAN é um serviço multiponto-a-multiponto (MP2MP) operando de forma assemelhada a uma LAN tradicional. A tecnologia *Metro Ethernet* passou a denominar-se também *Carrier Ethernet*, conotanto a crescente extensão das redes *Metro Ethernet* para o âmbito *wide-area* atendido pelos *carriers*.

7.4.3.5 TRANSPORTE DE ETHERNET POR CARRIERS

Existem diferentes formas pelas quais as redes de *carriers* (ou *service providers*) vêm tradicionalmente transportando *Ethernet* PDUs:

- Por redes de camada 2 (ATM e *Frame Relay*, particularmente).
- Por redes IP (utilizando túneis L2TPv3, particularmente).
- Por redes MPLS (utilizando VPWS e VPLS).

O IEEE vem desenvolvendo novas formas de transporte modo nativo de *Ethernet* PDUs sobre redes *Ethernet* de provedores de serviços de redes, que possibilitam a manutenção da identidade das redes VLANs de seus usuários. Foram desenvolvidas as seguintes opções:

- IEEE 802.1Q *virtual* LANs.
- IEEE 802.1AD *provider bridges* (PB).
- IEEE 802.1AH *provider backbone bridges* (PBB).
- IEEE 802.1ay PBB – *Traffic Engineering* (PBB-TE).

IEEE 802.1Q Virtual LANs

Essa solução consiste em estender para os *Ethernet switches* de um provedor de serviço o E-LAN *service* de uma VLAN de usuário constituída com base no padrão IEEE 802.1Q. Esses *Ethernet switches* passam a receber o VLAN ID atribuído à VLAN do usuário nos dois extremos da rede do provedor.

Essa solução, embora apropriada para o âmbito de um usuário, mostra-se inadequada quando um provedor de serviço é envolvido. O controle da VLAN do usuário envolve-se com a participação do provedor, além do fato de que o número de VLANs (um Q-*tag* consiste de 12 *bits*) é limitado para o alcance pretendido.

Para contornar essas dificuldades, o IEEE definiu o padrão IEEE 802.1AD.

IEEE 802.1AD Provider Bridges (PB)

Essa concepção consiste na adição, pelo provedor, de um VLAN ID adicional (S-*Tag*) aos VLAN IDs do usuário (C-*Tags*). O S-*Tag* é utilizado para identificar a rede de um usuário, enquanto as diferentes VLANs do usuário, identificadas pelos respectivos C-*Tags*, atravessam transparentemente a rede do provedor de serviço.

Utiliza-se a sigla Q-*in*-Q para essa concepção, designando o uso hierarquizado de VLAN IDs. A despeito dessa hierarquização, permanece uma limitação na escalabilidade da rede, além do fato de que os endereços MAC são globalmente únicos em toda a rede, criando um *overlaping* nas atribuições do usuário e do provedor de serviços.

154   TCP/IP sobre MPLS

O IEEE emitiu o padrão IEEE 802.1AH para contornar essas dificuldades.

▨ IEEE 802.1AH Provider Backbone Bridges (PBB)

O padrão 802.1AH definiu uma nova arquitetura de transporte nativo de rede *Ethernet* sobre rede *Ethernet*, agora sob a forma MAC-*in*-MAC. Nessa concepção, o provedor não altera o quadro MAC recebido do usuário, mas encapsula esse quadro em um novo MAC *header*, que será retirado no *egress border switch* do provedor.

O MAC *header* acrescido contém um I-*Tag* e um B-*Tag*, o que amplia a escalabilidade da rede e possibilita a multiplexação hierarquizada por tecnologias (B-*Tag*) e por instâncias de serviço dentro de cada uma dessas tecnologias.

Essa solução carece, no entanto, da possibilidade de utilização de *Traffic Engineering*, uma vez que se trata de um serviço E-LAN, quando os caminhos através da rede não se encontram predefinidos. Para contornar essa limitação foi emitido o padrão IEEE 802.1Qay, referente à concepção denominada PBB-TE (PBB – *Traffic Engineering*).

▨ IEEE 802.1Qay PBB – Traffic Engineering

Com o objetivo de acrescentar *Traffic Engineering*, além de uma funcionalidade mais apurada de OAM à solução PBB, foi emitido o padrão IEEE 802.1Qay, que define a concepção de rede referida como PBB-TE.

Tal solução tem como base a alteração do papel desempenhado pelo VLAN *Tag* no quadro MAC. No caso do PBB-TE, o VLAN *Tag* passa a identificar um caminho através da rede *Ethernet* do provedor de serviço, criando um túnel *Ethernet* entre um par de *border Ethernet switches*.

O processo de *flooding* na rede e o de MAC *address learning* são desativados, o mesmo ocorrendo com o protocolo STP (*Spanning Tree Protocol*). Fica então constituído um túnel *Ethernet* com caminho prefixado, nos moldes de um LSP MPLS, o que possibilita a utilização de *Traffic Engineering*.

Na visão do IEEE, o PBB MAC-*in*-MAC pode passar a ser feito através de um túnel PBB-TE, com o ganho adicional de *Traffic Engineering*.

Em complemento ao IEEE, o IETF definiu a alternativa de uso de túneis *Ethernet* assim criados para o suporte ao VPWS, e possivelmente a outras aplicações do MPLS, ensejando o transporte de diversos protocolos nesses túneis (inclusive de *Ethernet*). Considerando-se a adição de funcionalidades de OAM, essa concepção de rede passou a ser considerada uma rede de transporte, com a possibilidade de concorrer com as redes SDH e com o T-MPLS (*Transport* MPLS) em desenvolvimento pelo ITU-T.

Essa nova visão do PBB-TE passou a denominar-se PBT (*Provider Backbone Transport*), que será abordada no subitem 13.3.2 do capítulo 13 deste livro.

7.4.4   PROCEDIMENTOS NO MPLS SOBRE PPP E ETHERNET

Os procedimentos do MPLS sobre PPP e *Ethernet* foram já abordados com a devida profundidade ao longo dos capítulos 4 e 5 anteriores. Vale aqui enfatizar, todavia, alguns aspectos relativos a tais procedimentos.

MPLS sobre Redes de Suporte 155

Como já foi dito, o MPLS sobre PPP e *Ethernet* concretiza-se pela constituição de *frame-based* LSRs. Esse tipo de LSR, além de ser a base para a operação *frame-mode* MPLS por meio das suas interfaces *frame-based*, podem suportar interfaces LC-ATM e LC-FR com o propósito de possibilitar a existência de LSPs heterogêneos.

A operação *frame-mode* MPLS, que tem como base o PPP e a *Ethernet*, caracteriza-se pela utilização de LFIBs e de *per-platform label spaces* contidos em *frame-based* LSRs. É sempre possível a ocorrência de *label merging* nessa forma de operação do MPLS, sendo que a distribuição de labels se processa normalmente no modo UD, com controle independente ou ordenado

Obedecendo as regras estabelecidas para a codificação dos quadros de redes de camada 2 dando suporte ao MPLS, os *label stacks* são inseridos entre os *headers* do protocolo PPP ou do protocolo *Ethernet* (da subcamada LLC, nesse caso) e o *header* do datagrama IP contido no pacote MPLS.

Seguindo também a regra geral para o MPLS sobre redes de camada 2, os mecanismos de identificação de protocolos de camada de rede do PPP e da *Ethernet* são inócuos, em vista da presença intermediadora da subcamada MPLS. Essa identificação de protocolos de camada de rede é inferida dos próprios valores dos *labels* contidos nos pacotes MPLS.

Ressalva-se que outros atributos e parâmetros conduzidos pelos *shim label headers* ou diretamente pelos labels neles contidos, tais como precedência, classes de serviço, TTL e parâmetros de *QoS*, são obtidos a partir dos cabeçalhos dos datagramas IP entrantes na rede MPLS, sem a interferência das redes de camada 2 que encapsulam os datagramas IP externamente à rede MPLS.

7.5 MPLS COM SUPORTE EM IP

Em diversas aplicações do MPLS, tais como MPLS VPNs, VPWS e VPLS, os pacotes MPLS atravessam a rede *backbone* MPLS transportando *label stacks* com dois ou mais níveis de labels. O *top label* desses *label stacks*, denominados *tunnel labels*, destinam-se à condução dos pacotes MPLS através a rede *backbone* MPLS do PE de ingresso para o PE de egresso, de modo *hop-by-hop*.

Os labels que se encontram abaixo do *top label* (normalmente existe apenas um desses labels representando o *bottom label* do *label stack*) têm significado apenas na comunicação entre os PEs de ingresso e de egresso.

É possível a substituição dos *top labels* desses quadros por uma IP-*based encapsulation*, possibilitando assim que as aplicações do MPLS acima mencionadas possam ser implementadas sobre redes *backbone* IP que não são capacitadas para o MPLS. Como o pacote encapsulado, nesse caso, continua a ser um pacote MPLS, o resultado representa uma configuração MPLS-*in*-Y (sendo Y, no caso, o IP).

O encapsulamento de protocolos no modo X-*in*-IP foi apresentado no item 3.4 do capítulo 3 anterior. Neste item abordaremos o caso em que o protocolo X é o MPLS, ou seja, as configurações de envelopamento MPLS-*in*-IP. Recomendamos então a consulta a esse item para um melhor entendimento do conteúdo deste item.

156 TCP/IP sobre MPLS

Existem diferentes formas de envelopamento MPLS-*in*-IP, sendo abordadas, a seguir, as seguintes hipóteses:

- Envelopamento do MPLS em IP de modo nativo (MPLS-*in*-IP).
- Envelopamento do MPLS em túneis GRE (MPLS-*in*-GRE).
- Envelopamento do MPLS em túneis L2TPv3 (MPLS-*in*-L2TPv3).
- Envelopamento do MPLS em túneis IP*sec* (MPLS-*in*-IP*sec*).

Como se observa, a denominação MPLS-*in*-IP, embora represente de forma genérica o envelopamento do MPLS em IP, é também utilizada para designar o caso específico do envelopamento do MPLS em IP no modo nativo. Nos subitens subseqüentes, vamos abordar essas técnicas de envelopamento do MPLS.

7.5.1 ENCAPSULAMENTO DO MPLS EM IP OU EM TÚNEIS GRE

A RFC 4023 define o encapsulamento do MPLS em IP ou em túneis GRE, denominados respectivamente MPLS-*in*-IP e MPLS-*in*-GRE (ou MPLS-*in*-GRE-*in*-IP).

Em qualquer dessas formas de encapsulamento o LSR encapsulador deve ter conhecimento do endereço IP do LSR desencapsulador, assim como da capacitação desse LSR para realizar o particular desencapsulamento. Esse conhecimento pode ser obtido por configuração manual ou por meio do protocolo de sinalização da aplicação MPLS em que o encapsulamento se processa, em caso de existência desse protocolo.

7.5.1.1 ENCAPSULAMENTO EM IP (MPLS-*in*-IP)

Nesse tipo de encapsulamento o *header* IP (IPv4 ou IPv6) é sobreposto nativamente ao MPLS *label stack* (sem o *tunnel label*), compondo assim o pacote MPLS.

O IPv4 *protocol number field* é setado para o valor 137, indicando envelopamento de um pacote MPLS *unicast*. O encapsulamento de pacotes MPLS *multicast* não foi definido pela RFC 4023.

7.5.1.2 ENCAPSULAMENTO EM GRE (MPLS-*in*-GRE)

A figura 7.19 apresenta o formato de um datagrama IP envelopando o MPLS mediante o uso de GRE.

IP *Header*
GRE *Header*
MPLS *Label Stack*
MPLS *Payload*

Figura 7.19 Formato de envelopamento MPLS-*in*-GRE.

O subcampo *protocol type* do GRE *header,* codificado em *Ethertype,* deve conter o valor 0x8847 para o MPLS *unicast* e o valor 0x8848 para o MPLS *multicast*.

MPLS sobre Redes de Suporte   157

Conforme as RFC 2784 e RFC 2890 , podem existir opcionalmente no GRE os campos GRE *checksum*, GRE *key* e *sequence number*. No caso específico do MPLS-*in*-GRE, contudo, esses campos não têm maior utilidade. Assim, as implementações dessa forma de encapsulamento devem estar capacitadas para operar sem a existência desses campos, o que se constitui no modo operacional *default* no caso.

Conforme menção anterior, o MPLS-*in*-GRE é também referido como MPLS-*in*-GRE-*in*-IP.

7.5.2 ENCAPSULAMENTO EM L2TPV3 (MPLS-*in*-L2TPv3)

A RFC 4817 define o encapsulamento MPLS-*in*-L2TPv3, também referido como MPLS-*in*-L2TPv3-*in*-IP. A figura representativa do formato desse tipo de encapsulamento é a mesma do MPLS-in-GRE, substituindo-se o GRE *header* pelo L2TPv3 *header*. Também nesse caso o datagrama pode ser IPv4 ou IPv6. O formato do L2TPv3 *header* encontra-se na figura 3.8 do capítulo 3 anterior. O significado dos campos daquela figura é válido para o MPLS-*in*-L2TPv3. As considerações do subitem 3.4.2 do capítulo 3 anterior são aplicáveis para o caso particular que representa o MPLS-in-L2TPv3.

7.5.3 USO DE PE-PE IPsec TUNNELS IN BGP/MPLS IP VPNs

Como vimos no subitem 3.4.3 do capítulo 3, IP*sec tunneling* representa o acréscimo de funções de segurança em túneis IP, assim como em túneis GRE e em túneis L2TPv3. O IETF encontra-se em fase de elaboração de padrões objetivando a utilização de IP*sec tunneling* em MPLS VPNs. Existe em fase de estudos no IETF o *Internet draft* denominado *Architecture for the Use of* PE-PE IP*sec Tunnels in* BGP/MPLS IP VPNs.

Como no IP*sec tunneling* em geral, esse *Internet draft* especifica a possibilidade de substituição de *tunnel labels* por um *header* envelopador com uma IP*sec Security Association* (SA). Esse encapsulamento é utilizado mesmo no caso de PEs adjacentes, quando nenhum *tunnel label* é necessário. Contudo, nenhum encapsulamento IP*sec* é aplicado se a função PE de ingresso coexistir com a função PE de egresso em um mesmo equipamento.

Em certas aplicações do MPLS pode ocorrer o encapsulamento IP*sec* hierarquizado. Nesse caso pode ocorrer a existência, por exemplo, de um pacote MPLS contendo um datagrama IP contendo um pacote IP*sec* contendo um pacote MPLS.

Em suma, os termos do *Internet draft* supra mencionado consiste nos seguintes quesitos:

- Uso da arquitetura de MPLS VPNs sem a presença do *tunnel label*.
- Uso de alguma forma de IP *tunneling* para o MPLS (MPLS-*in*-IP ou MPLS-*in*-GRE, por exemplo).
- Uso do IP*sec transport mode* para aumentar a segurança no túnel IP adotado.

Capítulo 8

Traffic Engineering (TE)

8.1 Preâmbulo

8.2 Limitações de Protocolos Convencionais

8.3 Traffic Engineering over MPLS (MPLS TE)

8.4 Extensões do OSPF para TE (OSPF-TE)

8.5 Extensões do IS-IS para TE (ISIS-TE)

8.6 Atributos de Classes de Tráfego

8.7 Atributos de Túneis MPLS TE

8.8 Algoritmo Constrained SPF (CSPF)

8.9 Protocolo RSVP-TE

8.10 Transmissão de Pacotes no MPLS TE

160 TCP/IP sobre MPLS

8.1 PREÂMBULO

A RFC 2702 descreve a funcionalidade básica de *Traffic Engineering* (TE) em um sistema autônomo de roteamento com enfoque em sua utilização em redes MPLS (MPLS TE). As limitações dos protocolos IGP são apontadas, mostrando a necessidade de novas formas de roteamento para possibilitar a adoção de TE como uma das principais aplicações do MPLS, conforme menção no capítulo 1 anterior.

Pode ser também mencionada a RFC 2430, que objetiva descrever uma arquitetura denominada PASTE (*Provider Architecture for Differenciated Services and Traffic Engineering*), onde se observa ênfase significativa no caso do MPLS.

Traffic Engineering tem como propósito criar condições para a operação de uma rede com eficiência e confiabilidade, utilizando ou mesmo alocando, de forma otimizada, os recursos da rede e garantindo padrões de performance de tráfego. Tais propósitos são alcançados mediante a correta distribuição de tráfego pela rede, considerando as características e o grau de utilização de seus *links*, preferencialmente com a reserva prévia de largura de faixa ao longo da rede.

A RFC 2702 endereça particularmente a utilização de MPLS TE para a rede *Internet* global, com a sua enorme extensão. O MPLS tem se mostrado uma opção de rede *backbone* de grande importância para a *Internet*. Por outro lado, as capacitações do MPLS TE apresentadas na RFC 2702 podem ser também adotadas em redes privativas de qualquer porte e em diferentes aplicações do MPLS.

A utilização de TE precede a existência das redes MPLS. As redes *Frame Relay*, por exemplo, possibilitam a negociação prévia com usuários do padrão CIR (*commited information rate*), que garante uma largura de faixa aos circuitos constituídos. Outro exemplo a ser citado é o balanceamento de tráfego em redes IP proporcionado por mecanismos de roteamento *multi-path*.

As ações de TE podem ser automatizadas ou podem se realizar por intervenções manuais. O ideal é minimizar as ações por intervenções manuais, mas persiste a necessidade de existência de controle humano da rede, para acompanhamento de sua *performance* e realização de modificações de parâmetros e atributos que podem se fazer necessárias.

Existem dois objetivos fundamentais de TE quanto à *performance* de redes:

- Objetivos orientados a tráfego.
- Objetivos orientados a recursos.

Objetivos orientados a tráfego encompassam aspectos relacionados à melhoria dos padrões de QOS nas redes. São exemplos a minimização da perda de pacotes, minimização de retardo, minimização da variação de retardo (*jitter*), maximização das taxas de vazão e reforço no compromisso quanto aos níveis de serviço negociados. Devem ser mensurados, então, alguns parâmetros tais como variação de retardo *peak-to-peak*, taxa de perda de pacotes e retardo máximo de transferência de pacotes nas redes.

Objetivos orientados a recursos, por sua vez, dizem respeito à otimização de utilização de recursos, e se refletem sobre os objetivos orientados a tráfego, posto que, por exemplo, o congestionamento de uma rede redunda inevitavelmente no aumento da taxa de perda de pacotes. A reserva prévia de recursos é uma ferramenta da maior importância para se atingir os objetivos orientados a recursos.

O congestionamento de uma rede pode ser ocasionado por insuficiência total de recursos, ou pela má distribuição do tráfego na rede. O tratamento dessa última situação, quando por exemplo alguns *links* da rede estão congestionados enquanto outros *links* estão sendo subutilizados, pode realizar-se por meio de TE, através a utilização de suas diferentes técnicas.

8.2 LIMITAÇÕES DE PROTOCOLOS CONVENCIONAIS

Os protocolos convencionais de roteamento IGP impõem limitações para o uso de TE em redes, por sua inadequação para essa funcionalidade. Os protocolos IGP convencionais, baseados em métricas que consideram apenas a topologia das redes e não consideram a disponibilidade de recursos e as características de tráfego dos *links* das redes, contribuem significativamente para o congestionamento nessas redes.

É comum a convergência de tráfego nas redes IP para determinados *links* ou para interfaces de roteadores, até mesmo quando tais *links* ou interfaces se encontram em estado de congestionamento.

Existem, contudo, algumas alternativas de solução para atenuar as limitações dos protocolos IGP convencionais em redes IP.

Por outro lado, as redes de camada 2 orientadas a conexão, pela forma com que são estabelecidos os seus circuitos virtuais, possibilitam facilmente a implementação de alguns recursos de TE. Essas alternativas de solução serão vistas a seguir.

8.2.1 ALTERNATIVA MULTI-PATH ROUTING

A alternativa oferecida pelos protocolos IGP convencionais mais significativa para atenuar essa inadequação é a possibilidade de roteamento *multi-path*. O roteamento *multi-path* faculta a implementação de algoritmos de distribuição de carga de tráfego em *links* que apresentam os mesmos custos na métrica de protocolo IGP utilizado. Embora esse mecanismo tenha se revelado útil, ele apresenta limitações, particularmente para seu uso em grandes redes com densa topologia.

8.2.2 OUTRAS ALTERNATIVAS EM REDES IP

Existem, no entanto, duas outras alternativas adicionais para aliviar essa deficiência dos protocolos IGP convencionais em redes totalmente IP que são:

- Alteração de métricas IGP.
- Roteamento baseado em políticas administrativas.

No primeiro desses métodos, a supervisão da rede pode aliviar uma situação de congestionamento em determinados *links* pela simples alteração de valores de métrica de *links* da rede. Observa-se que uma mudança que alivia um determinado *link* pode prejudicar um outro *link*, tornando essa solução de difícil implementação, particularmente em grandes redes.

162 TCP/IP sobre MPLS

No método baseado em políticas administrativas, o supervisor da rede determina, a seu critério, qual a rota a ser seguida por um determinado subconjunto de datagramas IP. Como o roteamento IGP em redes totalmente IP se baseia exclusivamente nos cabeçalhos dos datagramas IP, a única forma de se aplicar esse método é por *source (explicit) routing*, quando a rota a ser seguida por cada datagrama IP é inserida pelo *host* de origem. É também uma alternativa que vem sendo utilizada, mas as suas limitações para uso em larga escala são facilmente observáveis.

8.2.3 TE EM ATM E FRAME RELAY

Em redes de camada 2 orientadas a conexão, que se resumem em redes ATM e redes *Frame Relay*, cujas limitações para o transporte do TCP/IP foram detalhadas no capitulo 2, anteriormente, existe, no entanto, maior flexibilidade para a implementação de certos mecanismos de TE.

No caso de configuração de PVCs, a supervisão dessas redes pode selecionar *links* físicos menos sobrecarregados de tráfego para localização dos circuitos virtuais. Podem inclusive ser negociados parâmetros de garantia de qualidade para os serviços prestados e adotadas formas de policiamento e de formatação de tráfego.

No caso de SVCs, quando ocorre o processo de sinalização, a determinação da rota a ser utilizada pode ocorrer por mecanismos de roteamento do tipo *constraint-based routing*, o que conduz à melhor utilização dos recursos das redes.

8.3 TRAFFIC ENGINEERING OVER MPLS (MPLS TE)

8.3.1 RAZÕES PARA O MPLS TE

A tecnologia MPLS é estrategicamente significativa para TE por prover flexibilidade na constituição e alteração de rotas nos moldes do que ocorre nas redes de camada 2, orientadas a conexão, sem os inconvenientes do transporte de forma nativa do protocolo IP sobre essas redes abordados no capitulo 2 anterior. A aplicação *Traffic Engineering over MPLS* é designada por MPLS TE.

Como será visto com maiores detalhes adiante neste capítulo, a operacionalização de TE tem como base a utilização de classes de tráfego, definidas a partir de seus atributos e características.

Será visto também que os LSPs constituídos em redes MPLS, denominados túneis MPLS TE, são iniciados nos *head end LSRs* e terminam nos *tail end LSRs*. Os agregados de tráfego em um túnel MPLS TE de uma mesma classe de tráfego são denominados *traffic trunks*. Cada *traffic trunk* deve cursar por um ou mais túneis LSP, de acordo com o ajustamento entre os atributos e características da classe de tráfego e do túnel MPLS TE escolhido para o atendimento dessa classe de tráfego.

A atratividade do MPLS para suporte a TE pode ser atribuída adicionalmente aos seguintes fatos:

- Ampla implementação de redes MPLS.

- Facilidade para associar atributos às classes de serviço.
- Facilidade para associar atributos a recursos (*links*).
- Facilidade para associar atributos a túneis MPLS TE para atendimento às classes de tráfego.
- Possibilidade de mapeamento das classes de tráfego em túneis MPLS TE.
- Facilidade para integrar *constraint-based routing* com o MPLS.
- Facilidade para implementar túneis MPLS TE, de forma manual ou automática.
- Facilidade para manutenção eficiente de túneis MPLS TE.
- Possibilidade de *overhead* reduzido do MPLS TE em relação às demais soluções.

8.3.2 ETAPAS DO MPLS TE

A implementação do MPLS TE envolve as seguintes etapas:

- Especificação de conjuntos de atributos para os recursos da rede (*links*), para as classes de tráfego e para os túneis MPLS TE.
- Utilização de um protocolo do tipo *constraint-based routing* para distribuição de informações de TE para o *head end LSR*.
- Utilização de um algoritmo no *head end LSR* para definição dos caminhos que satisfaçam os atributos das classes de tráfego e para cálculo e seleção dos melhores caminhos.
- Utilização das extensões do RSVP definidas pela RFC 3208 para estabelecimento dos túneis MPLS TE correspondentes aos caminhos selecionados e para rerroteamento de tráfego.
- Utilização de formas de transmissão de pacotes pelos túneis MPLS TE estabelecidos.

Os protocolos do tipo *constraint-based routing* utilizados para o MPLS TE são aqueles resultantes de extensões ao protocolo OSPF e ao protocolo IS-IS, definidas respectivamente pelas RFC 3630 e RFC 3784, que serão abordadas nos itens subseqüentes deste capítulo.

8.4 EXTENSÕES DO OSPF PARA TE (OSPF -TE)

8.4.1 ASPECTOS INICIAIS

A RFC 3630 define as extensões do protocolo OSPF versão 2 para *Traffic Engineering* (OSPF-TE) aplicáveis a redes IP, sendo também totalmente válidas para o MPLS TE.

Essas extensões, partindo da descrição da topologia e dos parâmetros de *QoS* da rede que suporta TE (incluindo largura de banda e restrições administrativas), provêem os mecanismos de distribuição dessas informações dentro de uma área de roteamento OSPF. A RFC 3630 não aborda a aplicação dos mecanismos nela descritos para TE entre áreas OSPF, deixando essa tarefa para futuros documentos de padronização.

Uma outra restrição da RFC 3630 diz respeito à sua aplicabilidade apenas a *links* ponto-a-ponto, não refletindo acuradamente o seu alcance a *links* multiacesso, exceto para o caso de existência de apenas dois terminais na sub-rede multiacesso.

164 TCP/IP sobre MPLS

O OSPF-TE, objeto da RFC 3630, descreve e define uma forma de distribuição de *extended link attributes*, que se baseia em *constraint-based routing*.

Ao contrário do OSPF convencional, onde cada *hop* realiza o roteamento de pacotes com base em tabelas de roteamento local, o OSPF-TE centraliza as informações em uma base de dados localizada no *head end hop* (*head end* LSR, no caso do MPLS TE), denominada TE *database* (TED). A partir da TE *database*, que recebe todas as informações atinentes a TE (informações topológicas e de atributos), são montados e selecionados os caminhos a serem percorridos por *source routing*.

8.4.2 OPAQUE LSAs

8.4.2.1 TIPOS DE LSA OPACA

O OSPF-TE utiliza uma nova modalidade de *link-state advertisement* (LSA), denominada LSA opaca. Foram definidos três tipos de LSA opaca:

- LSA opaca tipo 8.
- LSA opaca tipo 10.
- LSA opaca tipo 11.

Esses tipos de LSA opaca diferem quanto à abrangência de suas inundações. A LSA opaca tipo 8 abrange apenas um *link*, enquanto a LSA opaca tipo 10 abrange uma área OSPF. A LSA opaca tipo 11, por sua vez, abrange todo um sistema autônomo OSPF. A RFC 3630 engloba apenas a LSA opaca tipo 10, ou seja, restringe a sua aplicabilidade ao interior de uma área OSPF.

Existem formas que permitem a existência de TE em sistemas autônomos OSPF sem utilizar a LSR opaca tipo 11. Essas formas não foram contempladas ainda pela emissão de RFCs que as definam.

Dentro do tipo 10 de LSAs opacas foi definida uma LSA específica para TE, denominada *Traffic Engineering LSA*, identificada pelo código 1. Essa LSA descreve roteadores, *links* ponto-a-ponto e conexões para redes *multi-access*, de forma similar a uma *router* LSA do OSPF convencional.

8.4.2.2 FORMATO DE LSAs OPACAS TIPO 10

A figura 8.1 apresenta o formato do *header* de LSAs opacas tipo 10.

0	8	16	24	32
LS *Age*		*Options*	LSA *Type* = 10	
Type = 1		*Instance*		
Advertising Router				
LS *Sequence Number*				
LS *Checksum*		*Length*		

Figura 8.1 Formato do *header* de LSAs opacas tipo 10.

Traffic Engineering (TE) **165**

O significado dos campos do *header* de LSAs foi já apresentado no capitulo 3, sendo que alguns desses campos apresentam aspectos significativos para o MPLS TE.

O *payload*, subseqüente ao *header* acima, é constituído por um *top-level* TLV, que pode ou não ser seguido por uma sucessão de sub-TLVs. Uma LSA opaca tipo 10 contém apenas um *top-level* TLV. Foram definidos dois tipos de *top-level* TLV, que serão abordados posteriormente neste item, a saber:

- *Router address* TLV.
- *Link* TLV.

Abordaremos, a seguir, aspectos dos campos do *header* de LSAs que dizem respeito ao OSPF-TE.

Campo Options

Foi criada uma nova opção para LSAs opacas denominada *O-bit* (2° *bit* à esquerda do campo *options*), com o objetivo de indicar a capacidade de um roteador (ou LSR) quanto ao envio de LSAs opacas.

Campo LSA Type

Esse campo recebe o valor 10, para indicar LSA opaca tipo 10.

Campo LSA ID

Esse campo, com 32 *bits*, é subdividido no campo *type* (8 *bits*) e no campo *instance* (24 *bits*). O campo type recebe o valor 1 para indicar *Traffic Engineering* LSA. O campo *instance* compõe-se de valores arbitrários, utilizados para diferenciar múltiplas *Traffic Engineering instances* LSAs. O campo LSA ID não tem qualquer significado topológico.

8.4.2.3 ROUTER ADDRESS TLV

O *router address* TLV, que é um *top-level* TLV, especifica um endereço IP estável do roteador (ou LSR) que envia a LSA. Esse endereço é tipicamente implementado como um *loopback address*, o que significa que ele é sempre alcançável enquanto houver conectividade para o roteador a que corresponda, em qualquer de suas interfaces.

Quando se utiliza o OSPF-TE em um conjunto com o IS-IS estendido, o *router address* TLV indica, para as respectivas TEDs, os roteadores (ou LSRs) que originaram as LSAs recebidas por essas TEDs, possibilitando a identificação do respectivo protocolo de roteamento.

O *router address* TLV é tipo 1, e ocupa os 32 *bits* correspondentes a endereços IPV4 .

8.4.2.4 LINK TLV

O *link* TLV, que é um *top-level* TLV, descreve os *link attributes* de cada um dos *links* da rede. Ele é constituído como um conjunto de sub-TLVs, sendo que cada sub-TLV corresponde a um atributo do *link*. Os sub-TLVs podem ser posicionados em qualquer ordem, após o cabeçalho do *link* TLV.

166 TCP/IP sobre MPLS

O *link* TLV é do tipo 2, e seu comprimento é variável. A relação dos atributos de *links* (sub-TLVs) definidos pela RFC 3630 encontra-se na figura 8.2.

Type	Sub-TLVS	Length (octets)
1	*Link Type*	1
2	*Link ID*	4
3	*Local Interface IP Address*	4
4	*Remote Interface IP Address*	4
5	*Traffic Engineering Metric*	4
6	*Maximum Bandwidth*	4
7	*Unreserved Bandwidth*	4
8	*Administrative Group*	32

Figura 8.2 Relação parcial de sub-TLVs do *link* TLV.

A RFC 3630 definiu oito sub-TLVs, mas deixou aberta a possibilidade de definição de novos *link attributes*. Os sub-TLVs *link type* e *link* ID são mandatórios, isto é, devem aparecer em todas as SLAs originárias de um roteador (LSR), enquanto as demais são opcionais. Os futuros sub-TLVs poderão ser ou não mandatórios. Alguns atributos de *links* são configuráveis, a exemplo do atributo *maximum reservable bandwidth*, enquanto outros não o são, a exemplo do atributo *unreserved bandwidth*.

Foram definidos, após a emissão da RFC 3630, dois novos atributos para o *link* TVL:

- *Shared risk link group* (SRLGs).
- *Maximum reservable sub-pool bandwidth*.

8.4.3 DESCRIÇÃO DE ATRIBUTOS DE LINKS

Serão apresentados, a seguir, os sub-TLVs e os novos atributos de *link* acima mencionados, observando-se que alguns dos valores correspondentes usam o IEEE *floating point format* (32 *bits*), descrito no *standard* 754-1885 (ISBN 1-5583-7653-8) do IEEE.

8.4.3.1 LINK TYPE SUB-TLV

Esse sub-TLV, que se identifica como tipo 1 e tem o comprimento igual a um octeto, define o tipo de *link* utilizado, dentre as seguintes opções:

- Point-to-point links.
- Multi-access links.

8.4.3.2 LINK ID SUB-TLV

Esse sub-TLV identifica o final do link. Para *links* ponto-a-ponto esse sub-TLV diz respeito ao *router* ID do roteador vizinho no extremo do *link*. O *link* ID neste caso é idêntico ao campo *link* ID das *router* LSAs do OSPF convencional. O *link* ID é tipo 2, e tem 4 octetos de comprimento.

8.4.3.3 LOCAL INTERFACE IP ADDRESS SUB-TLV

Esse sub-TLV especifica o(s) endereço(s) IP da(s) interface(s) de inicio do *link*. Se existem múltiplos endereços locais no *link*, eles são todos relacionados nesse sub-TLV. O sub-TLV local interface IP *address* é do tipo 3, e o seu comprimento é igual a 4N octetos, onde N é o número de endereços locais.

8.4.3.4 REMOTE INTERFACE IP ADDRESS SUB-TLV

Esse sub-TLV especifica o(s) endereço(s) IP da(s) interface(s) do roteador (ou LSR) vizinho correspondente(s) ao *link*. Esse sub-TLV, associado ao sub-TLV *local interface* IP *address*, é utilizado para discernir múltiplos *links* paralelos entre dois roteadores (ou LSRs).

O sub-TLV *remote interface IP address* é do tipo 4, e o seu comprimento é igual a 4N, onde N é o número de endereços no roteador (ou LSR) no extremo do *link*.

8.4.3.5 TRAFFIC ENGINEERING METRIC SUB-TLV

Esse sub-TLV especifica a métrica *link-state* utilizada pelo *link* para fins de TE. Essa métrica pode ser diferente da métrica utilizada pelo OSPF convencional, e é tipicamente configurada pela supervisão da rede.

É possível a utilização conjunta da métrica OSPF convencional e de uma métrica TE no MPLS TE para diferentes classes de tráfego. Uma aplicação de voz pode utilizar a métrica OSPF convencional relativa a retardos e a *jitters* na rede, enquanto uma transferência de grandes arquivos pode utilizar uma métrica TE (relativa a larguras de banda disponíveis).

O sub-TLV *Traffic Engineering metric* é do tipo 5, e o seu tamanho é de 4 octetos.

8.4.3.6 MAXIMUM BANDWIDTH SUB-TLV

Esse sub-TLV especifica a largura de banda máxima que pode ser utilizada no sentido do *link*. É, na realidade, a velocidade no sentido do *link*, medida em *bytes* por segundo. O sub-TLV *maximum bandwidth* é do tipo 6, e seu tamanho é de 4 octetos.

8.4.3.7 MAXIMUM RESERVABLE BANDWIDTH SUB-TLV

Esse sub-TLV especifica a largura de banda máxima que pode ser reservada no *link*, no sentido desejado. O seu valor pode ser superior ao da *maximum bandwidth* (*oversubscription*), devido à natureza estatística do tráfego na rede. O valor *default* corresponde ao da *maximum bandwidth*. O sub-TLV *maximum reservable bandwidth* é configurável, sendo tipo 7 e tendo 4 octetos como tamanho.

A RFC 2702 define esses sub-TLV em termos de proporção relativamente ao sub-TLV *maximum bandwidth*, sendo essa proporção denominada *maximum allocation multiplier* (MAM).

168 TCP/IP sobre MPLS

8.4.3.8 UNRESERVED BANDWIDTH SUB-TLV

Esse sub-TLV especifica a quantidade de largura de banda ainda não reservada, separadamente para cada um dos oito níveis de prioridade utilizados. A ordem dos valores de largura de banda não-reservadas no sub-TLV começa com o nível zero e termina com o nível 7. Todos os níveis se iniciam com o valor do atributo *maximum reservable bandwidth* para o sub-TLV *unreserved bandwidth*.

O sub-TLV *unreserved bandwidth* é do tipo 8, e o seu tamanho é de 32 octetos.

8.4.3.9 ADMINISTRATIVE GROUP SUB-TLV

Esse sub-TLV contém um conjunto de 32 *bits* configurado pela supervisão da rede. Cada *bit*, quando setado, corresponde a um grupo administrativo desejado na interface local do *link* considerado. Um *link* pode pertencer a múltiplos grupos administrativos.

A supervisão da rede define uma relação de no máximo 32 parâmetros expressos de forma binária como, dentre outros, os seguintes exemplos:

- O *link* tem velocidade superior (ou não) a um determinado valor.
- O *link* apresenta retardo inferior (ou não) a um certo valor.
- O *link* tem confiabilidade superior (ou não) a um determinado padrão.
- O *link* se localiza (ou não) em uma certa área geográfica.
- O *link* é privativo ou alugado de terceiros.
- O *link* trafega (ou não) via satélite.

Nessa relação, o *bit* menos significativo é referido como grupo zero, e o mais significativo como grupo 31.

Essa relação é configurada nos LSRs que participam do MPLS TE. Para cada *link*, esses LSRs utilizam um conjunto de 32 *bits*, configurada pela supervisão de rede. O resultado é um subconjunto de parâmetros (denominados grupos administrativos), que definem as características de cada um desses *links*. Como será visto adiante, esses subconjuntos de parâmetros serão confrontados com subconjuntos de igual natureza relativos às classes de tráfego, resultando na definição dos *links* que apropriadamente as atendam, e por extensão, na definição dos caminhos que englobam tais *links*.

Um grupo administrativo é também denominado uma classe de recursos ou uma "cor", de acordo com a RFC 2702. Os parâmetros relacionados em cada uma das classes de recursos são referidos, nessa RFC, como *resource class attributes*.

O sub-TLV *administrative group* é do tipo 9, e o seu tamanho é de 4 octetos.

8.4.3.10 SHARED RISK LINK GROUPS (SRLGs)

Esse atributo objetiva identificar o meio de transmissão utilizado por cada um dos *links* que participam do MPLS TE. Tais meios de transmissão podem ser, por exemplo, fibras ópticas, cabos coaxiais ou *links* de satélite. Quando se constituem túneis MPLS TE alternativos para servir de *backup* para túneis MPLS TE, deve ser evitada a utilização de um mesmo meio para um túnel MPLS TE e para o seu *backup*.

Traffic Engineering (TE)   169

De posse desse atributo, o *head end* LSR pode evitar que esse fato indesejável aconteça.

8.4.3.11   MAXIMUM RESERVABLE SUB-POOL BANDWIDTH

Do valor global da *maximum reservable bandwidth*, uma fração é reservada para a constituição de túneis MPLS TE para fins de *DiffServ (differenciated services)*. Essa fração é denominada *maximum reservable sub-pool bandwidth*.

8.4.4   PROCEDIMENTOS NO OSPF-TE

Uma vez configurados os atributos de *links*, iniciam-se os procedimentos para operacionalização do OSPF-TE. As SLAs são enviadas pelas interfaces dos LSRs para todos os seus vizinhos, ou seja, por inundação. Cada LSR, além de enviar as suas LSAs, repassa adiante as LSAs recebidas de seus vizinhos. Vai resultar, então, no recebimento pelo *head end LSR* de todas as LSAs emitidas na rede MPLS TE.

De posse dessas informações, o *head end router* pode compará-las aos atributos das classes de tráfego, obtendo assim as relações de caminhos que satisfazem a cada uma dessas classes de tráfego. Essas relações são subdivididas em função de cada um dos *tail end LSRs* existentes.

Deve haver, periodicamente, nova etapa de inundação de LSAs na rede. O valor default desse período no OSPF é de 20 minutos, mas o período pode ser alterado pela supervisão da rede. No caso de Traffic Engineering, esse período deve ser reduzido para um valor default igual a 3 minutos.

Além desse modo periódico, os LSRs devem originar TE LSAs quando ocorrem mudanças de estado na rede. Isso não significa, necessariamente, que qualquer mudança deva ser comunicada imediatamente. Uma implementação pode selecionar mudanças que devem ser distribuídas de imediato, e outras que devem ser distribuídas após um curto intervalo de tempo.

Quando o parâmetro *unreserved bandwidth* varia em um LSR TE, o procedimento desse LSR é função da criticidade desse parâmetro. Quanto maior o percentual de ocupação da largura de banda disponível no *link*, mais crítica é a situação. Então, a ocorrência de inundações deve ser mais freqüente quando a largura de banda disponível estiver mais utilizada.

Após o recebimento de novas LSAs, as TEDs dos *head end LSRs* devem ser atualizadas, o que não significa que alterações de rede resultantes devam ocorrer de imediato.

8.5   EXTENSÕES DO IS-IS PARA TE (ISIS-TE)

8.5.1   ASPECTOS INICIAIS

A RFC 3784 descreve extensões para o protocolo IS-IS para suporte a *Traffic Engineering*, que se realizam pela adição de novas informações relativas ao estado da rede que são úteis às métricas TE, pelos *intermediate systems* (roteadores) da rede.

O protocolo IS-IS foi especificado pelo padrão ISO 10588, sendo que a RFC 1185 definiu extensões do IS-IS para suporte ao roteamento no IPv4. Cada roteador distribui um ou mais

170   TCP/IP sobre MPLS

LSPs (*link state protocol data units*) com informações de roteamento, que correspondem às LSAs do OSPF. Cada LSP é composto por um cabeçalho fixo e um conjunto de TLVs. É preciso não confundir LSP (*label switching path*), que significa caminho no MPLS, com essa outra utilização da sigla LSP.

O objetivo da RFC 3784 é definir novos TLVs em substituição a TLVs do IS-IS convencional, contendo novas informações de roteamento necessárias para TE. Ela introduz um novo objeto, que são os sub-TLVs, da mesma forma do que ocorre com as extensões do OSPF para TE.

Os procedimentos no ISIS-TE são assemelhados aos do OSPF estendido para TE, com algumas pequenas diferenças. Por exemplo, o período *default* para o *reflooding* periódico de informações de roteamento, que é de 30 minutos para o OSPF-TE, assume o valor de 15 minutos para o ISIS-TE.

8.5.2   NOVOS TLVS

Os novos TLVs definidos pela RFC 3784 são os seguintes:

- *Extended* IS *reachability* TLV.
- *Traffic Engineering router* ID TLV.
- *Extended* IP *reachability* TLV.

8.5.2.1   EXTENDED IS REACHABILITY TLV

Esse novo TLV é do tipo 22, e substitui o IS *reachability* TLV (tipo 2) do IS-IS convencional.O *payload* do *extendend* IS *reachability* TLV apresenta a seguinte codificação:

- 7 octetos para o *system* ID e o *pseudonode number*.
- 3 octetos para a métrica *default*.
- 1 octeto para indicar o tamanho dos sub-TLVs.
- 0-244 octetos para sub-TLVs.

Como na extensão do OSPF para TE, a RFC 3784 admite a criação de novos sub-TLVs, tendo sidos especificados os sub-TLVs relacionados na figura 8.3.

Type	Sub-TLVs
3	*Administrative Group*
6	IPv4 *Interfaces Address*
8	IPv4 *Neighbor Address*
9	*Maximum Link Bandwidth*
10	*Reservable Link Bandwidth*
11	*Unreserved Bandwidth*
18	TE *Default Metric*

Figura 8.3   Relação parcial de sub-TLVs do *extended* IS *reachability* TLV.

Traffic Engineering (TE)   171

Como se observa, a codificação desse novo TLV do ISIS-TE assemelha-se à do *link* TLV do OSPF-TE, inclusive apresentando basicamente os mesmos significados para os seus sub-TLVs.

8.5.2.2   TRAFFIC ENGINEERING ROUTER ID TLV

Esse novo TLV é do tipo 134, e contém o *router* ID (4 octetos) do roteador que origina o LSP que o contém. Essa identificação é importante para TE, por garantir um endereço estável único que pode ser referenciado mesmo por LSRs distantes, e por possibilitar o uso conjunto do ISIS-TE e do OSPF-TE.

Um LSR que implementa TE deve incluir esse TLV em seus LSPs (*link state protocol data units*), enquanto um LSR que não implementa TE pode ou não incluí-lo.

8.5.2.3   EXTENDED IP REACHABILITY TLV

Esse TLV é do tipo 135, e substitui os IP *reachability* TLVs (tipos 128 e 130) do IS-IS convencional. O *payload* do *extended* IP *reachability* TLV apresenta a seguinte codificação:

- 4 octetos para informações de métrica.
- 1 octeto para informações de controle.
- 0-4 octetos para prefixos IPV4.
- 0-250 octetos opcionais para sub-TLVs.

O octeto para informações de controle possui um *bit* referido como *up/down bit*, cuja função é prevenir a ocorrência de *looping* de prefixos IP. Esse *bit* é também utilizado no *extended* IS *reachability* TLV.

O *extended* IP *reachability* TLV pode conter sub-TLVs relativos a um prefixo IP particular. A RFC 3784 não definiu qualquer sub-TLV para esse TLV.

8.6   ATRIBUTOS DE CLASSES DE TRÁFEGO

A RFC 2702 apresenta uma relação contendo 6 tipos de atributos de classe de tráfego, sendo que alguns desses tipos são divididos em subtipos de classes de tráfego.

Os atributos de classes de tráfego, após a sua filtragem por comparação com os atributos de *link*, vão contribuir para a definição de subconjuntos de caminhos para os diferentes LSRs de destino. Em uma etapa subseqüente, esses caminhos têm os seus custos calculados por meio do algoritmo CSPF de forma que permita a seleção ordenada dos melhores desses caminhos.

Os atributos das classes de tráfego e alguns atributos eventualmente definidos a critério da supervisão da rede, como localização geográfica de recursos, por exemplo, juntamente com os prefixos dos endereços IP de destino, vão permitir a definição dos atributos dos túneis MPLS TE e os caminhos escolhidos para a sua constituição.

Serão descritos abaixo os atributos de classes de tráfego apresentados na RFC 2702:

- Atributos de parâmetros de tráfego.

172 TCP/IP sobre MPLS

- Atributos de afinidade de classes de recurso.
- Atributos de adaptabilidade.
- Atributo de preempção.
- Atributo de resiliência.
- Atributo de policiamento.

Observa-se que os sub-TLVs definidos pele RFC 3630 não são suficientes para acomodar, para fins comparativos, todas as possibilidades de definição de atributos conforme a relação acima. O que pode ocorrer, então, é o não atendimento de parte desses atributos ou a definição de novos sub-TLVs para o seu atendimento.

8.6.1 ATRIBUTOS DE PARÂMETROS DE TRÁFEGO

Esses atributos podem ser utilizados para capturar as características de tráfego das classes de tráfego. Essas características podem incluir, por exemplo, picos de vazão de tráfego, vazões médias de tráfego e tamanho de *bursts* de tráfego. Eles englobam também parâmetros de alocação de recursos, particularmente aqueles relativos à alocação de largura de banda, a exemplo daqueles mencionados como atributos de *links*, que são os parâmetros *maximum bandwidth, maximum reservable bandwidth* e *unreserved bandwidth*.

Como se observa pelos exemplos acima, esse tipo de atributo é de fundamental importância para o MPLS TE.

8.6.2 ATRIBUTOS DE AFINIDADE DE CLASSES DE RECURSO

Como vimos no item 8.4 deste capítulo, os *links* utilizam um atributo (sub-TLV) denominado grupo administrativo. A sua utilização tem como base uma relação definida de 32 parâmetros de significado binário, configurada pela supervisão da rede para cada um dos *links* da rede. Dessa aplicação, como vimos, resultam subconjuntos de parâmetros que caracterizam cada um desses *links*.

No *head end* LSR realiza-se o mesmo processo, sobre a mesma relação de 32 parâmetros, porém agora com a aplicação de máscaras de 32 *bits* configuradas para cada uma das classes de tráfego. Quando um *bit* da máscara é setado para um, esse *bit* deve ser considerado. Os valores desses *bits* considerados representam os atributos de afinidade, que devem ser comparados com os respectivos valores de *bit*.

Procede-se então à comparação entre os subconjuntos de parâmetros dos *links* e das classes de tráfego, para identificação dos *links* que satisfazem as características de cada classe de tráfego. Essa comparação, que ocorre por meio de testes de afinidade para cada classe de recurso (também referida como *cor* ou grupo administrativo), é parte integrante do algoritmo CSPF contido no *head end* LSR.

Um atributo de afinidade de classe de recurso identifica um recurso para o qual uma relação de afinidade é definida entre os *links* e a classe de tráfego. Ele é expresso por um parâmetro binário que assume um dos seguintes valores:

- Inclusão explícita.
- Exclusão explícita.

Isso significa que para cada classe de recurso fica definido se um *link* satisfaz ou não a uma classe de tráfego. Caso não se observe plena afinidade para todas as classes de recurso, cabe à supervisão da rede rejeitar ou não determinados *links*. Pode inclusive não ocorrer qualquer afinidade, o que é referido como *"don't care" affinity*, o que significa que qualquer caminho pode ser utilizado, prevalecendo então a métrica IGP convencional. Essa forma deve ser adotada como *default* na prática.

Antes da fase de cálculos para a seleção de caminhos, devem ser feitas as relações de todos os caminhos que satisfaçam às classes de tráfego e aos demais atributos das classes de tráfego. Não basta apenas a consideração dos atributos de afinidade de classe de recurso, pois outros tipos de atributos que satisfaçam às classes de tráfego devem ser também considerados.

8.6.3 ATRIBUTO DE ADAPTAVIDADE

Em certos cenários, se ocorrem mudanças em recursos de rede que indiquem um novo caminho (túneis MPLS TE, no caso de MPLS TE) que melhor atenda a uma classe de tráfego, é desejável que, dinamicamente, essa classe de tráfego passe a ser atendida pelo novo caminho. Isso significa que deve ocorrer, dinamicamente de preferência, uma troca de túneis MPLS TE no atendimento à(s) classe(s) de tráfego afetada(s) pelas mudanças de recursos na rede. A isso se denomina *reoptimazation*. Em outros cenários, a reotimização pode ser indesejável.

Um atributo de adaptatividade indica, de forma binária, se a classe de tráfego requer da rede a possibilidade de re-otimização de seus túneis MPLS TE ou requer que a re-otimização seja desativada.

A re-otimização de um túnel MPLS TE pode ocorrer de três formas:

- De forma periódica;
- Em decorrência de eventos no túnel MPLS TE;
- Acionada manualmente.

A re-otimização periódica ocorre em períodos no máximo igual a 7 horas (normalmente uma hora), tendo como base as novas informações contidas na TE database (TED) do *head end* LSR. Observa-se que esses valores de período são superiores aos períodos normalmente estabelecidos para o *reflooding* periódico de informações de roteamento dos protocolos IGP estendidos para TE. Isso se deve ao fato de que as informações de *reflooding* armazenadas na TED do *head end* LSR não provocam, necessariamente, a imediata re-otimização de uso de recursos.

A re-otimização devida a eventos ocorridos no túnel MPLS TE ou acionada manualmente deve ser objeto de ações de configuração por parte da supervisão da rede. A re-otimização em resposta a eventos pode ser imediata, acionada pelo mecanismo *fast rerouting*.

8.6.4 ATRIBUTO DE PREEMPÇÃO

Esse atributo possibilita que uma classe de tráfego tenha primazia sobre outras classes de tráfego na ocupação dos recursos da rede, particularmente no que diz respeito a larguras de faixa. Essa primazia existe na fase de reserva de recursos ou mesmo após a constituição

174 TCP/IP sobre MPLS

dos túneis MPLS TE afetados. A preempção pode ser também utilizada para a implementação de políticas de priorização após a ocorrência de falhas na rede.

Uma classe de tráfego pode apresentar quatro modos de preempção:

- *Preemptor enabled.*
- *Non-preemptor.*
- *Preemptable.*
- *Non-preemptable.*

Uma classe de tráfego *preemptor enabled* tem primazia sobre outra classe de tráfego *preemptable*, se a primeira tiver maior prioridade que a segunda. Uma classe de tráfego *non-preemptable* não pode ceder recursos para nenhuma outra classe, independentemente das prioridades. Uma classe de tráfego *preemptable*, ao contrário, deve ceder recursos a outra classe *preemptor enabled* com maior prioridade.

A escala de prioridades vai de zero a 7, sendo zero a maior prioridade. Existe uma escala de prioridade para obter a cessão de recursos (*setup priority*) e outra para permitir a cessão (*holding priority*). Para ocorrer a cessão, a prioridade da classe de tráfego *peemptor enabled* para obter a cessão deve ser superior à prioridade da classe de tráfego *preemptable* para conceder o recurso. É recomendável que uma classe de tráfego com alta *setup priority* tenha também alta *holding priority*, caso ela seja também uma classe *preemptable*.

O *default* deve ser uma classe de tráfego *non-preemptor* e *non-preemptable*. É necessário que os LSRs possuam o atributo de preempção para responder à sua necessidade por parte das classes de tráfego.

8.6.5 ATRIBUTO DE RESILIÊNCIA

Esse atributo determina o comportamento de uma classe de tráfego sob condições de falha na rede que a afete. Existem três circunstâncias envolvidas nesse comportamento:

- Detecção de falhas.
- Notificação de falhas.
- Recuperação e restauração de serviço.

Muitas políticas podem ser especificadas em caso de falhas. Um esquema exeqüível compreende as seguintes possibilidades.

- Não há rerroteamento da classe de tráfego afetada.
- Há rerroteamento da classe de tráfego afetada se houver uma alternativa com recursos suficientes.
- Há rerroteamento da classe de tráfego afetada para qualquer alternativa existente.
- A combinação dessas possibilidades.

Um atributo básico de resiliência é uma variável binária, que indica a ocorrência de re-roteamento ou não, em caso de falha atingindo um túnel MPLS TE. Um atributo estendido de resiliência pode ser utilizado para especificar ações detalhadas em casos de falhas na rede, inclusive indicando os caminhos alternativos.

Traffic Engineering (TE)   175

O mecanismo básico utilizado rede MPLS TE para atendimento da necessidade do atributo de resiliência das classes de tráfego denomina-se *fast rerouting*, que será visto no item 8.9 adiante neste capítulo.

Observa-se que os atributos de re-otimização e de resiliência são diferentes, embora sejam facilmente confundíveis.

8.6.6 ATRIBUTO DE POLICIAMENTO

Esse atributo determina as ações que devem ser tomadas pela rede quando uma classe de tráfego torna-se *non-compliant*, isto é, quando ela excede os parâmetros de tráfego negociados. O resultado pode ser a limitação de velocidade de acesso, a marcação do tráfego para eventual descarte de pacotes ou mesmo o simples descarte de pacotes.

O policiamento normalmente realiza-se no ingresso da rede. Como o policiamento pode não ser conveniente em determinadas circunstâncias em MPLS TE, é necessária a implementação de mecanismos que possam desativá-lo, quando necessário, para cada uma das classes de tráfego.

8.7 ATRIBUTOS DE TÚNEIS MPLS TE

Alguns dos atributos de túneis MPLS TE são de mesma natureza que os atributos de *link* distribuídos pelos protocolos IGP estendidos para TE. Alguns outros atributos dos túneis MPLS TE são configurados pela supervisão da rede, transparentemente ao protocolo de roteamento utilizado.

Dentre esses outros atributos podem ser citados os seguintes:

- Endereço do *tail end* LSR.
- Largura de banda desejada.
- Atributo de preempção.
- Atributo reotimização.
- *Fast rerouting*.

O atributo endereço do *tail end* LSR de um túnel MPLS TE representa todas as FECs (prefixos IP) atendidas através desse *tail end* LSR. O roteamento IGP estendido na rede MPLS TE ocorre de forma opaca com relação a esses prefixos IP, à exceção do que ocorre no *head end* LSR. Esse LSR mapeia o prefixo IP de destino do datagrama IP no endereço IP do *tail end* LSR (que é o *next-hop* BGP, nesse caso), operação necessária (mas não suficiente) para encontrar corretamente o LSP a ser utilizado. O *next-hop* BGP constitui-se no ponto de encontro entre os protocolos BGP e IGP utilizados.

O atributo largura de banda desejada é utilizado pelo protocolo RSVP-TE, devendo ser configurado pela supervisão da rede quando do início do processo de estabelecimento de túneis MPLS TE.

O atributo de preempção é configurado no *head end* LSR, e transportado para os LSRs a juzante nos túneis MPLS TE pelo protocolo RSVP-TE. Esse atributo, além do atributo de re-otimização, foram abordados no item 8.6 anterior neste capítulo, enquanto o mecanismo *fast rerouting* será visto adiante neste capítulo.

176 TCP/IP sobre MPLS

8.8 ALGORITMO CONSTRAINED SPF (CSPF)

Concluída a aplicação do protocolo IGP estendido para uma classe de tráfego, e estando a TED do *head end* LSR configurada com todos os parâmetros de atributos, inicia-se a operacionalização do algoritmo CSPF. Nesse algoritmo, além do atendimento aos critérios de escolha baseada em uma métrica escalar, as rotas não podem violar um conjunto de condições (*constraints*) estabelecidas.

O algoritmo SPF, que se aplica aos protocolos IGP convencionais com métrica *link state* (OSPF ou IS-IS), utiliza uma métrica de cálculo de rotas que tem nos valores únicos de custo de cada rota a sua referência. O resultado desse cálculo é a constituição, em cada roteador, de uma tabela de roteamento, que indica o *next-hop* e a respectiva interface de saída correspondente a cada prefixo IP de destino.

O CSPF, diferentemente, baseia-se em uma série de elementos de FEC, que engloba, além do prefixo IP de destino, a topologia da rede, os seus recursos, a comparação dos atributos das classes de tráfego (*traffic trunks*) com os atributos dos recursos e a configuração de parâmetros na rede. O resultado desse processo é concentrado nos *head end* LSRs da rede MPLS TE, onde opera o algoritmo CSPF. Os *head end* LSRs são capazes então de definir os caminhos explícitos que atendam às necessidades das classes de tráfego, selecionar esses caminhos por ordem de preferência e acionar o protocolo RSVP-TE para constituir os túneis MPLS desejados de acordo com a ordem de preferência.

Quando do acionamento do protocolo RSVP-TE para constituição de um túnel MPLS para atendimento a uma classe de tráfego e destinado a um determinado *tail end* LSR, após a necessária configuração de parâmetros (como a largura de banda desejada, por exemplo) pela supervisão da rede, o *head end* LSR inicia o processo da sinalização pelo caminho de maior preferência. Caso esse caminho não possua no momento os recursos desejados, o *head end* LSR reinicializa o processo de sinalização no segundo caminho de maior preferência, e assim sucessivamente. Pode ocorrer que nenhuma das alternativas de caminho possua os recursos desejados, quando normalmente o túnel MPLS TE não é constituído.

Quando da definição dos caminhos para atendimento de uma classe de tráfego, os *links* que não satisfazem às necessidades da classe de tráfego são desconsiderados. Essa deliberação de desconsideração de *links* pode ser feita diretamente pela supervisão da rede e materializada por configuração, mesmo no caso do uso do CSPF. O *head end* deve simplesmente eliminar esses *links*, o que obviamente diminui a possibilidade de uso de alguns caminhos.

A exclusão de *links* pode ser desconsiderada na hipótese de recuperação de recursos associados a tais *links*, inclusive dos roteadores que os incorporam. A retomada do uso dos *links* recuperados ocorre pelo processo de re-otimização, já abordado anteriormente.

Ressalta-se que todo o processo dinâmico de roteamento por protocolos IGP estendidos para TE e de seleção de rotas pelo CSPF pode ser realizado explicitamente, a critério da supervisão da rede, o que se torna problemático em grandes redes.

Para melhor entendimento do CSPF, vamos considerar o exemplo de configuração de rede MPLS TE da figura 8.4

Traffic Engineering (TE) 177

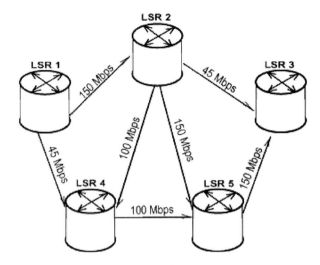

Figura 8.4 Exemplo de confIguração de rede MPLS TE.

Vamos admitir as seguintes hipóteses com relação a essa figura:

- Objetiva-se definir o melhor caminho entre o LSR 1 e o LSR 3.
- Todos os *links* têm a mesma distância na métrica SPF utilizada.
- Os *links* <LSR 1, LSR 2>, <LSR 2, LSR 5> e <LSR 5, LSR 3> têm uma largura de banda disponível de 150 Mbps.
- Os *links* <LSR 2, LSR 4> e <LSR 4, LSR 5> têm uma largura de banda disponível de 100 Mbps.
- Os *links* <LSR 1, LSR 4> e <LSR 2, LSR 3> têm uma largura de banda disponível de 45 Mbps.

Vamos supor, inicialmente, que a classe de tráfego a ser atendida demande uma largura de banda de 120 Mbps. O *head end* LSR (LSR 1), pela aplicação do CSPF, elimina o *link* <LSR 1, LSR 4>, escolhendo o *link* <LSR 1, LSR 2>, em função da disponibilidade de largura de banda.

No próximo passo, o LSR 2, pelo CSPF, elimina os *links* <LSR 2, LSR 4> e <LSR 2, LSR 3>, e escolhe o *link* <LSR 2, LSR 5>. No passo seguinte, a única opção é o *link* <LSR 5, LSR 3> que, por satisfazer o CSPF, é o escolhido.

Assim, o único caminho que satisfaz o CSPF é <LSR 1, LSR 2, LSR 5, LSR 3>. Observa-se que no MPLS básico, o caminho escolhido seria <LSR 1, LSR 2, LSR 3>, cuja distância no IGP convencional é a menor de todas.

Vamos supor uma segunda alternativa, em que a classe de tráfego demande uma largura de banda de 80 Mbps. Aplicando-se os critérios acima, o CSPF, em sua primeira ação, define os caminhos <LSR 1, LSR 2, LSR 4, LSR 5, LSR 3> e < LSR 1, LSR 2, LSR 5, LSR 3> como viáveis. Em uma segunda etapa, escolhe o caminho <LSR 1, LSR 2, LSR 5, LSR 3> por possuir uma distância IGP inferior à da segunda opção viável.

178 TCP/IP sobre MPLS

Registramos que o CSPF pode desconsiderar um caminho pelo fato de um (ou mais) de seus *links* não satisfazerem os atributos de afinidade desejados, além da desconsideração por não atendimento à largura de faixa almejada. Dentre os caminhos que satisfizerem essas duas condições, a escolha do melhor caminho realiza-se com base na métrica aplicável. Como apenas um caminho deve ser escolhido, é utilizado um critério de desempate, se necessário, baseado, por exemplo, na maior das menores velocidades dos *links* que compõem esses caminhos.

8.9 PROTOCOLO RSVP-TE

8.9.1 ASPECTOS INICIAIS

A RFC 3208 define o protocolo RSVP-TE, que incorpora extensões ao protocolo RSVP versão 1 definido na RFC 2205, com o propósito de permitir o seu uso no estabelecimento de LSPs em MPLS. Além de sinalizar para a constituição de LSPs no MPLS básico (da mesma forma que o LDP), o RSVP-TE encontrou maior aplicação no MPLS TE. No MPLS básico prevalece a utilização do LDP para distribuição de labels.

Para o atendimento ao MPLS TE, uma outra alternativa é o CR-LDP (*constraint-based routing* –LDP). Prevaleceu o uso do RSVP-TE, considerando-se a natureza do RSVP, originalmente desenhado para possibilitar a reserva de recursos e o tratamento de parâmetros de *QoS*. Essa preferência do RSVP-TE relativamente ao CR-LDP para o MPLS foi resultado da análise comparativa realizada no âmbito do IETF, e tornada pública através da RFC 3468. Embora o protocolo RSVP definido pela RFC 2205 não tenha tido aceitação em grandes redes IP, por questões de escalabilidade na manutenção de estados baseados em fluxos de tráfego entre um grande número de roteadores, as alterações realizadas pelo IETF quando da especificação do RSVP-TE permitiram viabilizar a sua utilização em grandes redes MPLS, particularmente na *Internet* sobre MPLS.

O RSVP convencional intercambia mensagens entre *hosts* da rede, de modo fim-a-fim, o que significa um fator de dificultação do processo. O RSVP-TE aplicado ao MPLS, por sua vez, intercambia mensagens entre os pares de *head end* LSRs e *tail end* LSRs, reduzindo então esse problema. Por outro lado, o MPLS-TE não utiliza o conceito de fluxo de tráfego, substituído pelo conceito de classe de tráfego (ou *traffic trunk*), que permite o mapeamento direto de túneis MPLS TE.

Os túneis MPLS TE possibilitam a implementação de diferentes políticas relacionadas à otimização e ao uso da rede. Por exemplo, mediante o uso do mecanismo *fast rerouting* os túneis MPLS TE podem ser automaticamente ou manualmente substituídos em caso de falhas e de congestionamento na rede.

A RFC 3208 objetiva descrever o uso do RSVP-TE para o estabelecimento de túneis MPLS TE, englobando as suas mensagens, os respectivos objetos e os seus procedimentos. Ela incorpora também a descrição de formas de rápida detecção de falhas nos LSRs da rede MPLS TE. A abordagem dessa RFC restringe-se à transmissão *unicast* de pacotes MPLS, ficando a transmissão *multicast* para estudos futuros.

A RFC 3836 define procedimentos para modificações do RSVP, englobando também orientações para administração de *number spaces* atinentes ao RSVP. Essa RFC especifica procedimentos para adicionar, atualizar, estender ou obsoletar mensagens, objetos, formatos e códigos de erro, no RSPV.

8.9.2 FUNCIONAMENTO BÁSICO DO RSVP-TE

No MPLS TE, como mencionado, é possível aos LSRs associar a reserva de recursos e a definição de parâmetros de *QoS* a túneis MPLS TE. O protocolo RSVP-TE utiliza distribuição de labels no modo *DOD*, com controle ordenado.

O processo de requisição de labels inicia-se no *head end* LSR e prossegue pelo caminho explícito desejado, até atingir-se o *tail end* LSR. Para isso, são utilizadas as mensagens RSVP *path* contendo novos abjetos necessários ao MPLS TE, a exemplo dos objetos LABEL_REQUEST, EXPLICIT_ROUTE (ERO) e RECORD_ROUTE (RRO).

No sentido contrário, pelo caminho inverso, o *tail end* LSR envia uma mensagem RSVP *resv* contendo os novos objetos LABEL e RECORD_ ROUTE, além de alguns outros objetos.

Os labels são solicitados aos LSRs no sentido *downstream* por meio das mensagens RSVP *path*, sendo assignados então pelos LSRs ao longo do caminho explicitado no objeto ERO e distribuídos no sentido *upstream* por meio do objeto LABEL contido nas mensagens RSVP *resv*.

A figura 8.5 ilustra o funcionamento básico do RSVP-TE.

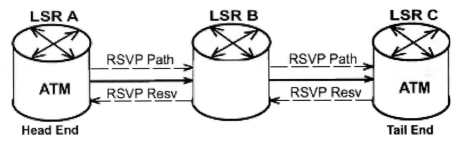

Figura 8.5 Funcionamento básico do RSVP-TE.

Como se observa nessa figura, as mensagens RSVP-TE transitam entre os *head end* LSR e *tail end* LSR, não envolvendo, ao contrário do RSVP convencional, as redes IP de acesso ao MPLS. Após essa troca de mensagens fica estabelecida uma sessão RSVP, ou seja, um túnel MPLS TE, entre os *head end* LSR e *tail end* LSR.

É possível o envio de uma mensagem RSVP *resvconf (resv confirmation)*, pelo *head end* LSR, com o objetivo de confirmar a constituição do túnel MPLS TE.

O funcionamento do RSVP-TE se baseia em *explicit routing*, o que possibilita a otimização da utilização dos recursos da rede e a orientação do tráfego conforme as características de *performance* desejadas.

O conceito de caminhos explícitos pode ser generalizado através da noção de nós abstratos. Um nó abstrato é um grupo de nós cuja topologia interna é opaca para o *head end*

180 TCP/IP sobre MPLS

LSR. Um nó abstrato em sua forma mais simples é um único nó, mas ele pode ser constituído por seqüências de nós ou mesmo por seqüências de sistemas autônomos.

Um caminho explícito pode conter *strict routes* e *loose routes*. Uma *loose route* constitui um hiato em um caminho explícito, posto que nela o roteamento ocorre por tabelas de roteamento IGP, no modo convencional de funcionamento desse tipo de protocolo.

Para a manutenção de um túnel MPLS TE, os LSRs que o compõem emitem periodicamente mensagens RSVP *path* e RSVP *resv*, sendo esse período tipicamente igual a 30 segundos. Registramos, contudo, que a emissão dessas mensagens, embora no mesmo período, são independentes entre si.

Embora de grande importância, a reserva de recursos não é obrigatória no funcionamento do RSVP-TE. Esse protocolo foi concebido inclusive para a constituição de LSPs no MPLS básico, sem a utilização da aplicação MPLS TE. Essa alternativa pode ser utilizada com o objetivo da transmissão de tráfego *best effort* ou em outros contextos, a exemplo do uso de políticas de recuperação da rede em caso de falha de recursos.

Conforme a RFC 3208, o protocolo RSVP-TE comporta as seguintes funcionalidades:

- Capacitação para estabelecer túneis LSP com ou sem consideração de parâmetros de *QoS*.
- Capacitação para rerotear dinamicamente um túnel LSP estabelecido.
- Capacitação para monitorar a rota real correspondente a um túnel LSP estabelecido.
- Capacitação para identificar e diagnosticar túneis LSP.
- Capacitação para realizar preempção em um túnel LSP estabelecido sob controle de políticas administrativas.
- Capacitação para distribuição de labels no modo *DOD* com controle ordenado.

8.9.3 ESTILOS DE RESERVA DE RECURSOS

8.9.3.1 OPÇÕES DE ESTILOS

Como vimos, quando fica concluída a troca de mensagens RSVP *path* e RSVP *resv* entre um par de *end* LSRs, fica estabelecida uma sessão RSVP entre esses LSRs. Quando da ocorrência de uma nova troca de mensagens RSVP entre os mesmos ou diferentes *end* LSRs, e essas mensagens convergem para um determinado LSR da rede MPLS, o novo túnel MPLS TE constituído pode ser, ou não, do ponto de vista desse LSR comum, incorporado à sessão RSVP anteriormente estabelecida.

Essa incorporação é utilizada como base para constituir os denominados estilos de reserva de recursos, cujas alternativas são as seguintes:

- Estilo *fixed filter* (FF).
- Estilo *shared explicity*.
- Estilo *wildcard filter* (WF).

Os pontos de ingresso de túneis MPLS TE não têm qualquer influencia na escolha do estilo de reserva. Os pontos de egresso de um desses túneis podem escolher diferentes estilos

Traffic Engineering (TE) **181**

de reserva para os respectivos túneis. Os pontos de ingresso ou de egresso de dois túneis MPLS TE podem ou não estar em um mesmo LSR, sendo que esse LSR pode ser qualquer LSR dos túneis MPLS TE.

8.9.3.2 ESTILO FIXED FILTER (FF)

O estilo FF representa o modo usual de estabelecimento de túneis MPLS TE. Nesse caso, não existe incorporação de sessões RSVP, sendo esses túneis independentes entre si possuindo labels próprios.

A reserva de recursos nos LSRs comuns a diferentes túneis MPLS TE é independente, tendo cada túnel a sua própria reserva de recursos. Esse estilo é apropriado para aplicações independentes e concorrentes no tempo. A soma das reservas individuais representa a reserva total de recursos nos LSRs comuns aos túneis MPLS TE.

8.9.3.3 ESTILO SHARED EXPLICITY (SE)

O estilo SE é apropriado para aplicações cujos tráfegos originários de diferentes pontos de ingresso de túneis MPLS TE não são concorrentes no tempo. Dessa forma, é viável o compartilhamento de recursos nos LSRs comuns aos túneis MPLS TE que possuem esses pontos de ingresso.

Existem duas formas de utilização do estilo SE:

- Caminhos com diferentes objetos ERO.
- Caminhos sem objetos ERO ou com os mesmos objetos ERO.

■ Diferentes Eros

Nessa forma, o estilo SE funciona, do ponto de vista da configuração dos túneis MPLS TE, de modo idêntico ao estilo FF. Os túneis MPLS TE são configurados de forma independente, com labels próprios, e os respectivos caminhos podem convergir ou divergir a qualquer ponto da rede MPLS.

A diferença ocorre apenas no que se refere à reserva de recursos nos LSRs onde os túneis MPLS TE convergem. Enquanto no estilo FF cada túnel MPLSTE possui reservas próprias de recursos, no estilo SE, os recursos são compartilhados por um conjunto de *head end* LSRs explicitados quando do estabelecimento dos respectivos túneis MPLS TE. Os *head end* LSRs não explicitados não compartilham os recursos comuns ao grupo SE.

A figura 8.6 ilustra os estilos FF e SE com diferentes EROs.

Nessa figura, o LSR A inicia um túnel MPLS TE que termina no LSR G passando pelo LSR C.

O LSR B inicia dois túneis MPLS TE, ambos passando pelo LSR C, sendo que um deles segue para o LSR F, enquanto o outro destina-se ao LSR G.

Na hipótese de estilo FF no LSR C, esse LSR mantém reservas de recursos independentes para cada um dos três túneis MPLS TE. Na hipótese de estilo SE, o LSR C mantém apenas uma reserva de recursos, que é compartilhada pelos três túneis MPLS TE.

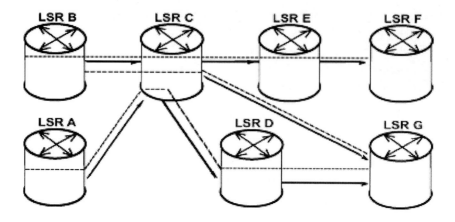

Figura 8.6 Estilo FF e estilo SE com diferentes EROs.

■ **Mesmos EROs ou Ausência de EROs**

Nessa forma, quando os caminhos são possuem objeto ERO ou possuem objetos ERO idênticos, o estilo SE funciona do mesmo modo que o estilo WF. Ressalva-se, contudo, o fato de que o estilo SE explicita os túneis MPLS TE.

Quando dois ou mais caminhos não possuem objetos ERO, tudo se passa como no MPLS básico.

Quando diferentes caminhos possuem os mesmos objetos ERO eles possuem o mesmo *tail end* LSR, o que torna mais eficiente a utilização do estilo SE nos moldes do estilo WF, quando se utiliza um menor número de labels.

8.9.3.4 ESTILO WILDCARD FILTER (WF)

No estilo WF uma reserva de recursos em um LSR, para onde convergem túneis MPLS TE originários de diferentes *border* LSRs R$_U$ relativos a uma sessão RSVP, é compartilhada por todos esses túneis. A reserva permanece a mesma, mesmo em caso de variação no número de LSRs.

Nesse caso, o protocolo RSVP-TE é utilizado para constituição de LSPs do MPLS básico, não podendo existir objetos ERO nas mensagens RSVP *path* enviadas. Ocorre nos LSRs de convergência agregação de FECs, por meio de *label merging*. Assim, todos os LSPs de uma sessão RSVP possuem um único label nos *links* compartilhados por esses LSRs a partir do primeiro ponto de convergência.

Por não utilizar objetos ERO, o estilo WF não é aplicável a *Traffic Engineering*, não sendo assim considerado pela RFC 3208.

8.9.4 PATH MTU

Diferentemente do LDP, o RSVP-TE, assim como o RSVP convencional, provê o *head end* LSR de um túnel MPLS TE diretamente com o valor do *path* MTU desse túnel. A informação

Traffic Engineering (TE)   **183**

com esse propósito é transportada através do objeto *integrated services* ou do objeto *null service*, contidos nas mensagens RSVP.

Em qualquer das versões do RSVP, o valor da *path* MTU é utilizado pelo originador de pacotes (*head end* LSR, no caso de RSVP-TE) para verificação do tamanho dos pacotes que podem ser transmitidos.

Caso o *head end* LSR de um túnel MPLS TE receba um datagrama IP que exceda o *path* MTU, ele fragmenta o datagrama IP antes de transmiti-lo, ou, se o *bit don't fragment* estiver setado (caso do IPv4) ou pelo simples fato de ser grande demais (caso do IPv6), ele descarta o datagrama IP e envia uma mensagem ICMP *destination unreachable*.

O tratamento detalhado desses procedimentos foi apresentado no item 5.8 do capítulo 5 deste livro.

8.9.5   MENSAGENS DO RSVP-TE

O RSVP-TE utiliza as seguintes mensagens:

- Mensagens RSVP *path*.
- Mensagens RSVP *resv*.
- Mensagens RSVP *resvconf*.
- Mensagens RSVP *pathtear*.
- Mensagens RSVP *resvtear*.
- Mensagens RSVP *patherr*.
- Mensagens RSVP *resvtearconf*.
- Mensagens RSVP *resverr*.
- Mensagens *hello*.

As mensagens RSVP *pathtear* e RSVP *resvtear* constituem o grupo de mensagens *teardown* utilizado para remover, de imediato, os estados estabelecidos nos LSRs de um túnel MPLS TE por mensagens RSVP *path* e RSVP *resv*. Um processo *teardown* pode ser inicializado em uma aplicação em um *host* ou por um LSR em conseqüência da expiração de um *timeout* ou de uma preempção de serviço. Quando, por exemplo, o *head end* LSR envia uma mensagem RSVP *pathtear*, o *tail end* LSR responde com uma mensagem RSVP *resvtear*. Existem fabricantes que utilizam complementarmente mensagens RSVP *resvtearconf* (*resvtear confirmation*) para que o *head end* LSR confirme para o *tail end* LSR que o túnel MPLS TE foi efetivamente removido.

As mensagens RSVP *error*, que são as mensagens RSVP *patherr* e RSVP *resverr*, são aquelas enviadas através de túneis MPLS TE para notificar a ocorrência de erros. As mensagens RSVP *patherr* são enviadas, na realidade, no sentido contrário ao das mensagens RSVP *path*, isto é, no sentido do *head end* LSR. Com as mensagens RSVP *resverr* ocorre o contrário, ou seja, elas são enviadas no sentido do *tail end* LSR.

As mensagens RSVP *path*, RSVP *resv* e *hello* serão objeto de maior detalhamento a seguir.

Registra-se que as mensagens RSVP são enveloladas como datagramas IP, e contêm um cabeçalho próprio, seguido dos objetos que compõem cada uma das mensagens. O cabeçalho RSPV contém, dentre outros campos, o campo *message identifier*.

184 TCP/IP sobre MPLS

A figura 8.7 apresenta o formato geral dos datagramas IP correspondentes às mensagens RSVP-TE.

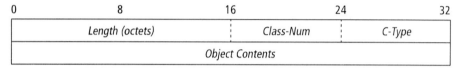

Figura 8.7 Formato geral de mensagens RSVP-TE.

Os objetos de mensagens RSVP-TE apresentam o formato exposto na figura 8.8.

0	8	16	24	32
	Length (octets)	Class-Num	C-Type	
Object Contents					

Figura 8.8 Formato dos objetos de mensagens RSVP-TE.

O campo *Class-Num* (*class number*), ou simplesmente classe, identifica a classe do objeto, enquanto o campo *C-Type* (*class type*) identifica o tipo de objetos dentro de cada classe de objetos.

8.9.6 MENSAGENS RSVP PATH

8.9.6.1 OBJETOS DAS MENSAGENS RSVP PATH

As mensagens RSVP *path* contêm, dentre outros, os objetos mencionados na RFC 3208 relacionados na figura 8.9.

RSVP-TE Path Objects	Class Number
LABEL_REQUEST Object	19
EXPLICIT_ROUTE Object (ERO)	20
RECORD_ROUTE Object (RRO)	21
SESSION Object	1
SENDER_TEMPLATE Object	11
FILTER_SPEC Object	10
SENDER_TSPEC Object	12
SESSION_ATTRIBUTE Object	207

Figura 8.9 Objetos da mensagem RSVP-TE *Path*

Traffic Engineering (TE)   185

Alguns desses objetos são legados do RSVP convencional, enquanto outros foram definidos especificamente para o RSVP-TE. Os novos objetos são o LABEL REQUEST, o ERO, o RRO e o SESSION_ATTRIBUTE.

8.9.6.2   LABEL_REQUEST OBJECT

O objeto LABEL_REQUEST (classe 18) corresponde, funcionalmente, à mensagem *label request* do LDP. Esse objeto indica, no campo L3PID, o protocolo de camada de rede que vai ser utilizado no respectivo túnel MPLS TE, tornando desnecessária a identificação desse protocolo por inferição com base nos labels distribuídos, como ocorre no LDP.

Existem três C-*Types* definidos pela RFC 3208 para esse objeto:

- *Label Request* sem faixa de labels (C-*Type* 1).
- *Label Request* com faixa de labels ATM (C-*Type* 2).
- *Label Request* com faixa de *Frame Relay* (C-*Type* 3).

O objeto LABEL_REQUEST, conduzido pelas mensagens RSVP *path*, leva os LSRs que compõem o caminho explícito ao armazenamento dos pedidos de labels e a providências prévias necessárias. Quando do retorno da mensagem RSVP *resv* os labels são distribuídos no sentido *upstream*, dentro das faixas registradas, se for o caso.

O *C-Type* 1 corresponde aos labels com envelopamento genérico que vão constar de *labels stacks* a serem montados subseqüentemente.

Os ATM-LSR e FR-LSRs que não possam realizar *label merging* indicam essa condição no objeto LABEL_REQUEST. Essa indicação pode ser realizada por esses LSRs por meio do campo M-*bit* no *C-Type* 2 e *C-Type* 3, relativos, respectivamente, aos ATM-LSRs e aos FR-LSRs com faixas de labels.

8.9.6.3   EXPLICIT_ROUTE OBJECT (ERO)

As rotas explícitas, por onde serão constituídos os túneis MPLS TE, são especificadas pelas mensagens RSVP *path* por meio do objeto EXPLICIT_ROUTE (ERO), cuja classe é 20. A RFC 3208 define apenas um *C-Type* (*C-Type* 1) para esse objeto, denominado *Explicit Route*. Esse objeto é sub-dividido em subobjetos, com diferentes propósitos.

O objeto *EXPLICIT_ROUTE* restringe-se ao tráfego *unicast*. O uso desse objeto para tráfego *multicast* não foi considerado na RFC 3208. A sua restrição de uso estende-se aos LSRs que não suportam esse objeto ao longo do caminho, devendo esse tipo de LSR responder com uma mensagem de erro *Unknown Object Class*.

Uma rota explícita consiste em uma lista de LSRs ou de grupos de LSRs ao longo dessa rota. Cada um desses componentes corresponde a um subobjeto, sendo que um grupo de LSRs pode corresponder a um sistema autônomo.

Como uma rota de um caminho pode ser uma *strict route* ou uma *loose route*, os subobjetos correspondentes devem indicar essa opção, por meio de um *bit* específico (*loose route bit*). Se esse *bit* for setado para 1, indica-se uma *loose route* inserida no caminho explícito, enquanto que se o valor desse *bit* for igual a zero o subobjeto corresponde a uma *strict route*.

186 TCP/IP sobre MPLS

Em uma *loose route*, como visto anteriormente, o encaminhamento de tráfego obedece ao roteamento IGP, enquanto em uma *strict route* o encaminhamento obedece ao *explicit path*.

Os subobjetos contém um campo tipo que indica o conteúdo dos subobjetos. Alguns valores definidos para esse campo são os seguintes:

- Subobjeto tipo 1: prefixo IPV4.
- Subobjeto tipo 2: prefixo IPV6.
- Subobjeto tipo 32: número do sistema autônomo.

Quando um LSR recebe uma mensagem RSVP *path*, esse LSR deve determinar, com base no objeto EXPLICIT_ROUTE contido nessa mensagem, qual o *next-hop* nesse caminho. Esses LSRs podem alterar o ERO dessas mensagens por meio de inserção de subobjetos. Por exemplo, uma *strict route* pode ser inserida em substituição a uma *loose route*, para forçar o tráfego para um determinado *next-hop*.

A presença de *loose routes* pode ensejar a ocorrência de *loops* na rede durante fases transientes. A presença desses *loops* pode ser detectada pelo *head end* LSR por meio do objeto RECORD_ROUTE, que será visto adiante.

8.9.6.4 RECORD_ROUTE OBJECT (RRO)

O objeto ERO enviado por uma mensagem RSVP *path* pode não corresponder ao caminho real no qual será estabelecido o túnel MPLS TE. Uma primeira razão para isso é a possível existência de *loose routes* no caminho, que serão determinadas pelo protocolo IGP. Uma segunda razão é a possibilidade de alteração da ERO ao longo do caminho.

Em conseqüência, a rota real é registrada pelos LSRs e distribuída no sentido *downstream* pelo objeto RECORD_ROUTE (classe 21) contido na mensagem RSVP *path*. O *tail end router* pode reenviar o objeto RECORD_ROUTE *upstream* por meio da mensagem RSVP *resv*. Foi definido apenas um C-*Type* (C-*Type* 1), denominado *Record Route*, para o objeto RRO.

Além dos endereços IP dos LSRs, os subobjetos do objeto RECORD_ROUTE podem conter também os valores de labels assignados. Foram definidos os seguintes subobjetos para esse objeto:

- Subobjeto tipo 1: endereço IPv4.
- Subobjeto tipo 2: endereço IPv6.
- Subobjeto tipo 3: label.

A aplicabilidade do RRO, restrita a sessões *unicast*, concretiza-se por meio de três possibilidades:

- Mecanismo de detecção de *loops*.
- Coleção de informações reais sobre caminhos.
- *Feedback* em próximos EROs.

O RRO funciona, adicionalmente da mesma forma que o *path vector* TLV do LDP para detecção e mitigação de *loops*. As informações reais dos caminhos são imprescindíveis

Traffic Engineering (TE)   187

no caso de mudanças topológicas ou de rerroteamento na rede. Por último, o objeto RRO recebido pelo *head end* LSR pode ser considerado quando da definição de novos EROs a serem inseridos em uma mensagem RSVP *path* subseqüente.

8.9.6.5   SESSION OBJECT

Essa classe de objeto (classe 1) tem como propósito definir uma sessão específica para os objetos subseqüentes. Ela contém o endereço IP de destino, a identificação do protocolo IP e alguma forma de porta de destino para uso geral.

Para o RSVP-TE foram criados dois novos tipos de objeto para a classe de objetos *SESSION*, que foram denominados objetos LSP-TUNNEL, apresentados a seguir:

- LSP-TUNNEL-IPV4 *object* (*C-Type* 7).
- LSP2TUNNEL-IPV6 *object* (*C-Type* 8).

O objeto SESSION tem presença obrigatória em qualquer mensagem RSVP.

8.9.6.6   SENDER_TEMPLATE OBJECT

As mensagens RSVP *path* transportam um objeto SENDER_TEMPLATE (classe 11) com o objetivo de prover a identificação do túnel MPLS TE em constituição (campo LSP ID) e o endereço IP do *head end* LSR.

Foram definidos dois *C-Types*:

- LSP-TUNNEL_IPV4 (*C-Type* 7).
- LSP-TUNNEL_IPV6 (*C-Type* 8).

8.9.6.7   FILTER_SPEC OBJECT

O objeto FILTER_SPEC (classe 10), possui a mesma estrutura do objeto SENDER_TEMPLATE, inclusive os mesmos *C-Types* (*C-Type* 7 e *C-Type* 8).

8.9.6.8   SENDER_TSPEC OBJECT

O objeto SENDER_TSPEC (classe 12), tem, dentre outros, o importante objetivo de transportar a largura de banda desejada para a constituição do túnel MPLS TE, expressa em *bytes* por segundo. Esse objeto utiliza o *C-Type* 2 como único *C-Type*, conforme a RFC 2205.

8.9.6.9   SESSION_ATTRIBUTE OBJECT

O objeto SESSION_ATTRIBUTE (classe 207) objetiva conduzir os valores de atributos necessários para o perfeito funcionamento dos requisitos do RSVP-TE nos túneis MPLS TE constituídos. A RFC 3208 define dois *C-Types*:

- LSP_TUNNEL (*C-Type* 7).
- LSP_TUNNEL_RA (*C-Type* 1).

188 TCP/IP sobre MPLS

O LSP_TUNNEL_RA *C-Type* contém os mesmos campos que o LSP_TUNNEL C-*Type*, com a adição de informações relativas à afinidade de recursos.

O *C-Type* 7 transporta duas classes de parâmetros:

- *Setup priority* e *holding priority*.
- *Flags*.

Os parâmetros *setup priority* e *holding priority* definem a ocorrência de preempção, como já foi discutido no subitem 8.6.4 anterior deste capítulo.

Foram definidos três valores de *flag*:

- *Local protection desired* (flag 0x01).
- *Label recording desired* (flag 0x02).
- SE *style desired* (flag 0x04).

O *flag* 0x01 autoriza os LSRs de trânsito violar a rota explícita indicada pelo ERO em caso de falhas em *links downstream* adjacentes. Nesse caso um LSR de trânsito pode utilizar o mecanismo *fast rerouting* (FRR).

O *flag* 0x02 indica que os valores de label devem ser incluídos no objeto RECORD-ROUTE.

O *flag* 0x04 indica que o *head end* LSR pode optar pelo rerroteamento desse túnel MPLS TE sem a necessidade de desfazê-lo. O *tail end* LSR deve utilizar o estilo SE em sua resposta por uma mensagem RSVP *resv*, com o propósito de possibilitar o compartilhamento das reservas de recursos entre o túnel existente e o novo túnel que vai substituí-lo.

8.9.7 MENSAGENS RSVP RESV

8.9.7.1 OBJETOS DAS MENSAGENS RSVP RESV

As mensagens RSVP *resv* contém, dentre outros, os objetos relacionados na figura 8.10:

RSVP-TE *Resv Objects*	*Class Number*
LABEL *Object*	16
RECORD_ROUTE *Object*	21
SESSION *Object*	1
FILTER_ SPEC *Object*	10
STYLE *Object*	8
FILTER *Specification List*.	-

Figura 8.10 Objetos das mensagens RSVP-TE *Resv*.

O objeto RECORD_ROUTE é de uso opcional em mensagens RSVP *resv*, sendo utilizado, quando necessário, nos LSRs *upstream*.

Traffic Engineering (TE) **189**

O objeto STYLE especifica o estilo de reserva desejado (FF ou SE), enquanto o atributo *filter spec list* relaciona os *head end* LSRs que compartilham recursos no caso de estilo de reserva SE.

8.9.7.2 LABEL OBJECT

O objeto LABEL (classe 16) desempenha a mesma função que a mensagem *label mapping* do LDP, ou seja, ele distribui, no sentido *upstream*, os labels assignados pelos LSRs que compõem um túnel MPLS TE. Esse objeto é transportado por uma mensagem RSVP *resv* imediatamente após o objeto FILTER_SPEC contido nessa mensagem. Para os estilos FF e SE, utilizados no RSVP-TE, um label é associado a cada *head end* LSR.

O conteúdo de um objeto LABEL, que possui apenas um *C-Type* (*C-Type* 1), definido na RFC 3209, é um único label codificado em quatro octetos. Para os labels genéricos e labels para *Frame Relay* (DLCIs), os respectivos valores são números inteiros ocupando os quatro octetos. No caso de labels para o ATM, o VPI e o VCI ocupam, individualmente, 16 octetos.

Um LSR *downstream* assigna um label para um determinado túnel MPLS TE dentro das faixas de labels definidas, quando for o caso. Se nenhum label estiver disponível, o LSR *downstream* envia uma mensagem RSVP *patherr* para o LSR *upstream* que solicitou o label, com o código de erro correspondente a um *routing problem* e o valor de erro correspondente a *label allocation failure*.

No caso de estilo de reserva SE com *label merging*, o LSR *downstream* envia um único label para o LSR *upstream*, relativo a determinados *head end* LSRs.

O LSR *upstream* pode associar um único label ou labels diferentes ao label recebido do LSR *downstream*. Ressalva-se o caso de ATM-LSRs e FR-LSRs que não podem realizar *label merging*.

Um LSR *upstream* pode não aceitar um label enviado nas seguintes circunstâncias:

- O LSR é um *non-merging* LSR, mas o LSR *downstream* assignou o mesmo label para diferentes *head end* LSRs.
- Foi assignado o *implicit null label* mas o LSR não é capaz de realizar PHP.
- O label assignado está fora da faixa divulgada.

Em qualquer desses eventos, o LSR envia, para o LSR *downstream*, uma mensagem RSVP *resverr* com o código de erro correspondente a um *routing problem*, e o valor de erro correspondente, a um *unacceptable label*.

Em condições normais, um LSR só deve aceitar um label caso o tenha solicitado. Se ele não reconhece um label, deve enviar, para o LSR *downstream*, uma mensagem RSVP *resverr* com o código de erro correspondente a *unknown object class*, o que encerra o processo de distribuição desse label.

8.9.8 MENSAGENS HELLO

8.9.8.1 EXTENSÃO HELLO DO RSVP

A RFC 3208 define uma extensão do mecanismo *hello* do RSVP, que possibilita aos LSRs detectar quando os LSRs vizinhos não são alcançáveis, isto é, permite a detecção de falhas

190 TCP/IP sobre MPLS

entre pares de LSRs vizinhos. Esse mecanismo *hello* estendido é utilizado quando o processo de notificação de falhas provido pela camada 2 não é utilizado ou não é suficiente para uma rápida detecção de falhas.

Essa extensão permite que cada LSR a utilize independentemente do seu LSR vizinho, e pode ser utilizada a qualquer momento desde o inicio do processo RSVP-TE. Ela é composta por uma mensagem *hello*, com um objeto HELLO REQUEST e um objeto HELLO ACK (*aknowledgment*).

Cada vizinho pode, de modo autônomo, enviar uma mensagem *hello* contendo um objeto HELLO REQUEST. Essa mensagem é respondida por outra mensagem *hello* contendo o objeto HELLO ACK.

A detecção de falha em um LSR vizinho se realiza pela transmissão e controle de um valor *instance*. Mudanças ou problemas no valor *instance* recebido indica falha no vizinho. Como o objeto HELLO REQUEST contém valor *instance*, ele é utilizado pelo LSR que o recebe como um *aknowledgement*, o que reduz a necessidade de mensagens na rede. Existe um valor do *failure detection interval* (*hello-interval*) que define o intervalo entre rodadas do mecanismo *hello* estendido. Esse valor é configurável pela supervisão da rede, o seu *default* é 5 ms.

8.9.8.2 UTILIZAÇÃO DAS MENSAGENS HELLO

A extensão *hello* é de classe 22, e possui dois *C-Types*, que correspondem a seus objetos.

O objeto HELLO REQUEST corresponde ao *C-Type* 1 e o objeto HELLO ACK ao *C-Type* 2. Esses objetos possuem dois campos de 32 *bits*, com o valor *instance* do emissor e do receptor da mensagem *hello* respectiva. Em condições normais os mesmos valores *instance* são trocados entre os LSRs vizinhos.

As mensagens *hello* são opcionais. Mesmo sendo elas enviadas, o receptor pode ignorá-las. A RFC 3208 considera existentes as mensagens *hello* nos dois sentidos entre pares de LSRs vizinhos. Quando a comunicação é perdida, os LSRs devem reiniciar o processo *hello* estendido com um novo valor *instance*, o que será repetido até o recebimento de algum tipo de *aknowledgement*.

8.9.9 FAST REROUTING (FRR)

Um dos requisitos para *Traffic Engineering* é a capacidade de rerrotear, rapidamente, um túnel MPLS TE sob um número de condições com base em políticas administrativas. Os mecanismos que viabilizam essa capacidade são denominados, em conjunto, *Fast ReRouting* (FRR).

As situações típicas em que deve ocorrer rerroteamento de túneis MPLS TE são as seguintes:

- Disponibilidade de uma nova rota mais otimizada.
- Ocorrência de falhas de recursos do túnel MPLS TE.
- Conveniência de retornar ao túnel MPLS TE original quando da reativação de recursos com falhas.

Traffic Engineering (TE) 191

De modo geral, é altamente desejável que o rerroteamento ocorra sem interrupção de tráfego ou sem impactar o funcionamento da rede na fase de rerroteamento. Essa forma de rerroteamento, que é o FRR, requer o estabelecimento de um novo túnel MPLS TE em paralelo ao(s) *link(s)* ou LSR(s) afetado(s), requerendo também a manutenção do túnel MPLS TE afetado enquanto não for concluído por completo o rerroteamento. Esse conceito é denominado *make-before-break*.

Para a implementação do conceito *make-before-break* são necessárias algumas medidas relativamente à reserva de recursos nos LSRs comuns aos túneis. É necessário que se evite duplicidade de reserva de recursos, que pode ser prejudicial aos túneis MPLS TE que compartilham recursos com o novo túnel MPLS TE a ser constituído. Para isso, as reservas de recursos não devem ser contadas duas vezes, passando integralmente para o novo túnel MPLS TE após a sua completa instalação. Caso contrário, pode ocorrer que o novo túnel MPLS TE seja rejeitado pelo mecanismo *admission control*. Se houver diferença nas necessidades de reserva de recursos entre os dois túneis MPLS TE, deve prevalecer aquela que requeira maior quantidade de recursos.

Para que isso ocorra, permitindo inclusive a manutenção dos dois túneis MPLS TE em paralelo por um período mais longo, esses túneis devem compartilhar recursos enquanto existirem simultaneamente, o que é viabilizado pela utilização do estilo de reserva SE para ambos. Para correta identificação desses túneis utiliza-se o objeto LSP-TUNNEL- SESSION.

8.9.9.1 REPARO LOCAL

Para que o FRR se viabilize, é necessário que as ações ocorram no ponto onde a falha ocorreu, ponto esse denominado *point of local repair* (PLR). Além do reparo local, existe a possibilidade de reparo fim-a-fim, quando todo o túnel MPLS TE é transferido para uma nova alternativa de túnel, mas não com a mesma velocidade do reparo local.

Em qualquer dessas hipóteses, os caminhos paralelos já devem estar estabelecidos, sem necessidade de sinalização quando ocorre uma falha, para minimizar o tempo necessário para início de operação do novo túnel MPLS TE. No caso de reparo local, o rerroteamento pode ocorrer em dezenas de milisegundos, sendo 50 ms um valor de referência que caracteriza o FRR.

A figura 8.11 ilustra a ocorrência de reparo fim-a-fim.

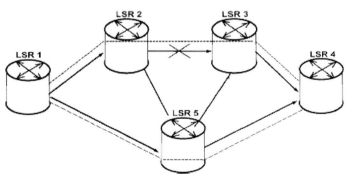

Figura 8.11 Rerroteamento com reparo fim-a-fim.

Nesse caso, há um túnel MPLS TE <R1, R2, R3, R4> previamente constituído. Ocorrendo uma falha no link <R2, R3> o tráfego passa a cursar pelo túnel MPLS TE < R1, R5, R3, R4>. O rerroteamento ocorreu no LSR R1, que é *head end* LSR dos túneis MPLS TE.

O reparo local, por sua vez, ocorre, por exemplo, como na figura 8.12.

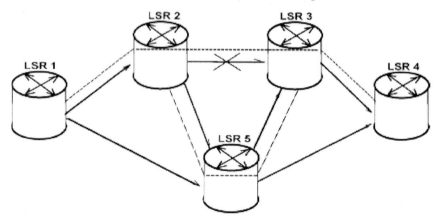

Figura 8.12   Rerroteamento com reparo local (*fast rerouting*).

No exemplo, uma falha no *link* <R2, R3> do túnel MPLS TE < R1, R2, R3, R4> provoca a entrada em funcionamento do túnel MPLS TE < R1, R2, R5, R3, R4>, no LSR R2, que é o PLR. O tempo de rerroteamento é menor que o do caso anterior, como se observa facilmente.

Para que o FRR ocorra, o túnel MPLS TE <R2, R5, R3,>, que bypassa o *link* com falha, deve estar previamente constituído.

8.9.9.2   PROTEÇÃO DE LINKS E DE LSRs

O FRR pode ocorrer em duas circunstâncias:

- Proteção de *links*.
- Proteção de LSRs.

A proteção de *links* já foi vista nos exemplos das figuras 8.11 e 8.12 anteriores. Nesse caso, dependendo da configuração, o túnel MPLS TE *backup*, também denominado *detour tunnel* MPLS TE, pode ser constituído entre dois LSRs vizinhos, quando protege apenas um *link*.

No caso de proteção de LSRs, o *detour* MPLS TE *tunnel* não pode ser constituído entre LSRs vizinhos. O túnel *detour*, que se inicia no PLR, tem que terminar, no mínimo, no *next-next-hop* (NNHOP).

8.9.9.3   CONSTITUIÇÃO DE DETOUR MPLS TE TUNNELS

Para que um *detour* MPLS TE *tunnel* seja constituído, o PLR, com base na seqüência de LSRs que constitui o túnel MPLS TE original, envia uma mensagem RSVP *path* para o LSR no qual deve terminar o *detour* MPLS TE *tunnel*. Após o recebimento de uma mensagem RSVP *resv* em resposta, onde é indicado o estilo SE, o PLR implementa o paralelismo dos dois túneis, utilizando apenas um deles, em função das circunstâncias momentâneas.

Na constituição de um *detour* MPLS TE *tunnel* deve ser considerado o atributo SRLG, no sentido de se evitar que esse túnel e o túnel MPLS TE original utilizem um mesmo meio de transmissão.

8.10 TRANSMISSÃO DE PACOTES NO MPLS TE

8.10.1 FORMAS DE SELEÇÃO DE TÚNEIS MPLS TE

Uma vez concluídas as etapas da fase de controle do MPLS, estando já constituídos os túneis MPLS TE a partir dos diferentes *head end* LSRs, pode ser iniciada a fase de transmissão de pacotes. Lembramos que diferentemente do MPLS básico, no MPLS TE as FECs são compostas por outros elementos de FEC representados pelos diferentes atributos das classes de tráfego. Quando do recebimento de um datagrama IP um *head end* LSR necessita mapear esse datagrama IP no túnel MPLS TE indicado com base nos correspondentes elementos de FEC.

Considerando o MPLS básico como um caso particular do MPLS TE, pode-se vislumbrar as seguintes formas de definição de um túnel MPLS TE para transmissão de um datagrama IP entrante em um *head end* LSR:

- Adotar os procedimentos do MPLS básico.
- Utilizar roteamento baseado em políticas administrativas.
- Selecionar caminhos com base nas classes de tráfego.

Os procedimentos do MPLS básico foram já abordados com detalhes no capítulo 5 deste livro. A adoção desses procedimentos significa, nesse caso, a utilização de um túnel MPLS TE *default* para a transmissão do pacote, utilizando exclusivamente o elemento de FEC IP *address* ou IP *address prefix*. O uso desses procedimentos pode apenas ocorrer em caráter excepcional para determinados pacotes, uma vez que representa a anulação das características vantagens do MPLS TE.

A utilização de roteamento baseado em políticas administrativas, viabilizada pelo MPLS, foi também abordada em capítulos anteriores deste livro. Dessa forma é possível a seleção de um grupo de túneis MPLS TE com base no endereço IP de origem, na interface de entrada no *head end* LSR, no próprio *head end* LSR, dentre outras formas, o que mostra a diversidade de opções de granularidade possíveis.

Vamos abordar com maior profundidade a definição de um túnel MPLS TE para transmissão de um datagrama IP com base nas classes de tráfego, o que constitui a essência do MPLS TE.

8.10.2 SELEÇÃO DE TÚNEIS MPLS TE COM BASE EM CLASSES DE TRÁFEGO

Essa facilidade, denominada *class-based tunnel selection* (CBTS), possibilita a um *head end* LSR o mapeamento de um datagrama IP em um determinado túnel MPLS TE em função

194 TCP/IP sobre MPLS

do prefixo de endereço IP de destino (que define o *tail end* LSR do túnel) e da classe de tráfego a que pertence o datagrama IP. Todos os datagramas IP que entram nesse *head end* LSR, destinados ao mesmo prefixo IP e pertinente à mesma classe de tráfego, devem cursar pelo mesmo túnel MPLS TE.

Um túnel MPLS TE definido da forma acima pode ser um *global pool tunnel* (ou seja, destinado a tráfego de pacotes) ou um *sub-pool tunnel* (ou seja, destinado a serviços diferenciados).

Para que a classe de tráfego seja identificável pelo *head end* LSR, é necessário que o *host* de origem identifique essa classe de tráfego em algum campo do datagrama IP. No IPv4, por exemplo, são utilizados os três *precedence bits*, que constam do campo *type-of-service* (TOS) do respectivo datagrama. Com base no valor configurado para cada classe de tráfego (máximo de oito classes) codificado nos *precedence bits*, o *head end* LSR define o túnel MPLS TE *next-hop* correspondente ao datagrama IP.

Caso a identificação da classe de tráfego não conste do datagrama IP, esse datagrama deve ser enviado via um túnel MPLS TE *default*.

O valor que identifica a classe de tráfego pode ser transposto para o campo **EXP** no *label stack* do pacote MPLS enviado pelo *head end* LSR, o que será visto com maiores detalhes no capítulo 12 deste livro.

Capítulo 9

BGP/MPLS IP Virtual Private Networks

9.1 Preâmbulo

9.2 Conceitos Gerais e Tipos de VPN

9.3 Conceitos Específicos

9.4 Operação Resumida de MPLS VPNs

9.5 Associações entre Componentes de MPLS VPNs

9.6 Distribuiçao de Rotas Via BGP-4 e MP-BGP

9.7 Roteamento em MPLS VPNs

9.8 Distribuição de Labels pelo BGP-4 Estendido

9.9 Transmissão de Pacotes em MPLS VPNs

9.10 SP como Usuário de VPNs (Carrier's Carrier)

9.11 Redes Backbone Inter-SPs

9.12 Tráfego entre MPLS VPNs e a Internet

9.13 MPLS VPNs para Gerência de CEs

9.14 Considerações sobre Segurança

9.15 Aspectos Relativos a Escalabilidade

196 TCP/IP sobre MPLS

9.1 PREÂMBULO

A RFC 4364 especifica uma opção de constituição de *virtual private networks* (VPNs) com suporte no MPLS, denominada BGP/ MPLS IP VPNs. Essa denominação deriva do fato de que o roteamento *inter*-ASes e a distribuição de labels se efetivam com base na RFC 4760 (*Multiprotocol Extensions for* BGP-4) e na RFC 397 (*Carrying Label Information in* BGP-4). Acrescenta-se que o uso da sigla IP na denominação desse tipo de VPN tem como razão o fato de que o roteamento ocorre com base nos endereços IP contidos nos datagramas IP por ele transmitidos.

Existem outras formas de VPN com suporte em MPLS *labels* , mas as BGP / MPLS IP VPNs são a opção utilizada correntemente. Em decorrência, essas VPNs são referidas, por razões de simplificação, como MPLS VPNs.

Na realidade, foram definidas múltiplas formas de constituição de VPNs antes do advento do MPLS. O assunto é amplo e variado, existindo vasta literatura a esse respeito. O MPLS, entretanto, veio a se tornar o suporte fundamental para a disseminação do uso de VPNs, não só pela sua adequabilidade específica, mas também pela grande aceitação das redes MPLS pelo mercado usuário.

A constituição de MPLS VPNs, por outro lado, é a mais popular e difundida das aplicações do MPLS, e a sua importância é ampliada pela utilização da facilidade *hierarchy of routing hnowledge* (ver item 5.5 do capítulo 5) e pela possibilidade de sua associação com a aplicação MPLS *Traffic Engineering* (objeto do capítulo 8).

A crescente utilização dessa aplicação do MPLS, inicialmente restrita a um provedor de serviços de rede, conduziu à sua extensão a configurações de interligação de diferentes provedores, aumentando assim a sua aplicação e seu alcance geográfico.

9.2 CONCEITOS GERAIS E TIPOS DE VPN

Uma VPN é uma rede de uso privativo virtualmente constituída sobre uma rede pública, ou seja, sobre uma rede compartilhada com outras VPNs, e mesmo com serviços de rede de acesso público. A rede compartilhada pode ser de propriedade de um provedor de serviços de rede ou da própria entidade que constitui as VPNs. No presente capítulo estaremos nos referindo a serviço MPLS VPN prestado por provedores de serviços de rede, mas o que for dito é também aplicável a VPNs sobre redes *backbone* privativas.

Os mecanismos de efetivação de VPNs podem se encontrar em protocolos das camadas OSI 2 e OSI 3. VPNs com suporte em ATM, *Frame Relay* e *Ethernet*, por exemplo, são L2VPNs, enquanto as VPNs constituídas com suporte no protocolo IP e no MPLS são ditas L3VPNs. Como veremos nos capítulos 11 e 12 deste livro, referentes às aplicações VPWS e VPLS do MPLS respectivamente, é possível a existência de L2VPNs sobrepostas ao MPLS.

Uma outra forma de classificar as VPNs diz respeito à constituição jurídica de seus usuários. VPNs restritas a uma entidade jurídica denominam-se *intranets*, enquanto aquelas que alcançam diferentes entidades jurídicas que possuem algum tipo de afinidade entre si são denominadas *extranets*.

BGP/MPLS IP Virtual Private Networks **197**

Finalmente, a constituição de VPNs pode ser vista sob o ponto de vista dos modelos de interconexão de redes, já abordados no capítulo 1 e no capítulo 2 anteriores. Sob essa perspectiva, as VPNs podem ser classificadas da seguinte forma:

- VPNs no modelo *overlay*.
- VPNs no modelo *peer* (ou *peer-to-peer*).

9.2.1 VPNs NO MODELO OVERLAY

No modelo *overlay* para VPNs, toda a lógica funcional das VPNs ocorre nos equipamentos dos usuários, limitando-se o provedor de serviços de rede a fornecer circuitos físicos ou opções de comunicação modo pacotes, de forma transparente para o curso do tráfego das VPNs.

Os circuitos físicos podem resultar de serviços de aluguel de facilidades modo circuito, como canais TDM, E1, E3 e SONET/SDH. Circuitos virtuais podem ser providos por redes de camada 2 modo pacotes orientadas a conexão, enquanto outras redes de comunicação modo pacotes podem advir de redes de camada 3, como nos exemplos da constituição de VPNs com suporte em túneis GRE e em túneis L2TPv3.

9.2.2 VPNs NO MODELO PEER

No modelo *peer* para VPNs, as redes do provedor de serviços de rede participam diretamente dos mecanismos funcionais das VPNs. Os CE e PE das topologias das VPNs constituem-se em pares no que concerne o processo de roteamento das VPNs.

Essa forma de solução evita as limitações fundamentais das VPNs no modelo *overlay*, particularmente no que diz respeito à escalabilidade, no sentido de capacitar os provedores de serviços de rede a oferecer serviços para suporte a um número elevado de VPNs (que pode alcançar a ordem de milhões) com variados números de usuários por VPN.

Um importante exemplo de VPNs no modelo *peer* são as VPNs BGP/MPLS IP, que representam o tema central do presente capítulo. Observa-se que, a despeito de suas inúmeras vantagens, as VPNs constituídas segundo o modelo *peer* apresentam duas pequenas desvantagens relativamente às VPNs do modelo *overlay*, desvantagens essas presentes inclusive nas MPLS VPNs.

Essas desvantagens são as seguintes:

- Os usuários compartilham a responsabilidade de roteamento com o provedor de serviços de rede.
- Os *edge devices* dos provedores de serviço (PEs) são sobrecarregados com funções adicionais.

A primeira desvantagem, presente na tecnologia MPLS, pode significar também uma vantagem, dado o maior grau de conhecimento operacional por parte dos provedores de serviços de rede. A responsabilidade do provedor de serviços de rede pode inclusive se estender no sentido das redes dos usuários, mediante a devida negociação entre as partes.

198   TCP/IP sobre MPLS

9.3 CONCEITOS ESPECÍFICOS

Uma MPLS VPN é constituída pelos seguintes tipos de equipamentos:

- *Custumer edge equipmente* (CE).
- *Provider edge equipment* (PE).
- *Provider equipment* (P).

Cada CE pode estar conectado a um ou mais PEs, e cada PE pode estar conectado a um ou mais CEs da mesma ou de diferentes VPNs. Os CEs podem ser roteadores ou *hosts*.

A conexão entre CEs e PEs pode ocorrer por meio de diferentes tipos de rede, dentre os quais podem ser citados os seguintes:

- Conexões PPP.
- Circuitos virtuais ATM ou *Frame Relay.*
- Interfaces *Ethernet* com ou sem VLANs.
- *Layer* 2 *tunnelling protocol* (L2TP).
- Túneis GRE.
- Túneis IP*Sec.*

Como as MPLS VPNs, assim como as aplicações do MPLS básico, se baseiam no modelo *peer*, os CEs e PEs que se conectam entre si são pares de roteamento, enquanto os CEs não o são.

9.3.1 CONCEITO DE SITE

Uma rede de acesso de propriedade de um usuário conectada a um ou mais CEs, cuja comunicação interna ocorre independentemente dos equipamentos de uma VPN de propriedade do(s) provedor(es) de serviços de redes, constitui-se em um *site*. Um *site* é normalmente limitado geograficamente, mas a sua extensão pode ser ampliada por seu proprietário, pelo uso de redes de maior alcance, particularmente circuitos físicos ponto-a-ponto.

Cada *site* pode englobar um ou mais CEs e pode participar de uma ou mais VPNs. Um CE, entretanto, é sempre visto como pertencente a um único *site*, embora um *site* possa consistir de múltiplos *virtuais sites*. Isso significa então que um CE pode participar de diferentes *sites* virtuais.

O conceito de *site* virtual está associado ao conceito de *sub*-VPN. Uma VPN pode ser dividida em *sub*-VPNs, sendo que cada *sub*-VPN engloba os correspondentes *sites* virtuais. Os *sites* virtuais de um *site* utilizam normalmente um único CE, mas podem também utilizar CEs específicos para cada um dos *sites* virtuais ou para subgrupos de *sites* virtuais.

Observa-se, por outro, lado que um *site* pode pertencer a diferentes VPNs. É o que ocorre, por exemplo, no caso em que certos sistemas de um *site* pertencem simultaneamente a uma *intranet* e uma *extranet*. Nesse *site*, além dos sistemas que pertencem a ambas VPNs, podem existir sistemas que pertençam separadamente a cada uma dessas VPNs. Nesse exemplo, é comum a existência de dois *attachments circuits*, um para cada uma das VPNs, utilizando-se um equipamento CE para cada um dos dois *attachment circuits*, tendo o CE pertinente à *extranet* comumente a função de *firewall*.

BGP/MPLS IP Virtual Private Networks 199

Quando duas ou mais VPNs compartilham um ou mais *sites*, essas VPNs não utilizam, como regra, endereçamentos IP independentes. Nesse caso, os endereços IP são globalmente únicos no conjunto dessas VPNs. Uma alternativa é a utilização de endereçamentos independentes, havendo contudo uma função de conversão de endereços com o propósito de eliminar a ambigüidade invibializadora da operação dessas VPNs.

9.3.2 CONCEITO DE *ATTACHMENT CIRCUITS*

Dá-se a denominação *attachment circuit* a uma terminação de algum tipo de rede de conexão em um determinado roteador. Vamos utilizar essa denominação particularmente para uma terminação em um PE, de uma rede de conexão entre esse equipamento e um CE correspondente.

A totalidade do tráfego concernente a um *site* de uma VPN transita em um PE por um único *attachment circuit*. O *attachment circuit* que se encontra a montante no tráfego de dados se denomina *ingress attachment circuit*. Aquele que se encontra a jusante no tráfego de dados se denomina *egress attachment circuit*. Os respectivos PEs se denominam *ingress* PE e *egress* PE.

9.3.3 MÚLTIPLAS FORWARDING TABLES EM PES

Cada equipamento PE mantém múltiplas *forwarding tables*. Uma dessas tabelas é a *default forwarding table*, e as demais são denominadas VPN *routing and forwarding tables* (VRFs). As VRFs são associadas às diferentes VPNs, enquanto a *default forwarding table* se destina ao tráfego *non*-VPN. Os *attachments circuits* são associados individualmente a VRFs, sendo um *attachment circuit* associado a uma VRF referido como VRF *attachment circuit*.

Uma VRF a montante no tráfego é uma *ingress* VRF, estando contida no respectivo PE de ingresso. Da mesma forma, a VRF a jusante no tráfego se denomina *egress* VRF, e está contida no PE de egresso.

Um pacote entrante por um *attachment circuit* não associado a uma qualquer VRF é conduzido à *default forwarding table*, sendo por ela roteado. Os componentes contidos ou associados à *default forwarding table* são ditos componentes públicos da rede MPLS global, enquanto aqueles referentes às VRFs são ditos componentes privativos dessa rede.

9.3.4 ASSOCIAÇÃO ENTRE COMPONENTES DE VPNS

Uma VRF é normalmente associada a uma VPN, a um *attachment circuit*, a um equipamento CE e a um *site*. Essa correspondência pode não existir no sentido contrário. Um *site* que pertença a mais de uma VPN ou que esteja subdividido em *sites* virtuais, por exemplo, é associado a múltiplas VRFs.

9.4 OPERAÇÃO RESUMIDA DE MPLS VPNs

Vamos considerar, conforme a figura 9.1, uma configuração parcial de uma MPLS VPN.

200 TCP/IP sobre MPLS

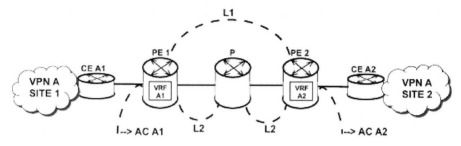

Figura 9.1 Configuração parcial de uma MPLS VPN.

Vamos admitir a hipótese de tráfego de pacotes no sentido do *site* 1 para o *site* 2 na VPN A. Para simplificação da figura, nela não aparecem as demais VPNs que compartilham o *backbone* MPLS da figura. O PE 1 é o *ingress* PE e o PE 2 o *egress* PE, por hipótese.

Observa-se que pode existir superposição de endereços IP entre as diversas VPNs existentes na rede MPLS, ou seja, os endereços IP são únicos somente dentro de cada uma dessas VPNs. Como será visto adiante neste capítulo, essa não-unicidade de endereços IP convencionais será eliminada no nível global da rede MPLS, mediante a utilização de uma nova família de endereços IP. Como dito anteriormente, caso duas ou mais VPNs compartilhem pelo menos um *site*, deve existir, de alguma forma, unicidade de endereços IP no conjunto dessas VPNs.

Dentro da hipótese acima considerada podemos dividir o processo de constituição e operação da VPN A em cinco etapas:

- Envio das rotas do *site* 2 do CE 2 para o PE 2 pelo *attachment circuit* associado à VPN A no PE 2.
- Estabelecimento de um caminho <PE 2, P, PE 1> para envio de informações de roteamento BGP e de distribuição de labels do PE 2 para o PE 1.
- Envio de informações de roteamento e de distribuição de labels do PE 2 para o PE 1 por meio do protocolo BGP estendido para VPNs.
- Envio das rotas do *site* 2 do PE 1 para o CE 1 pelo *attachment circuit* associado à VPN A no PE 2.
- Transmissão de pacotes do *site* 1 para o *site* 2 pela VPN A constituída.

9.4.1 COMUNICAÇÃO NOS TRECHOS ENTRE CEs E PEs

Na primeira e na quarta etapas, que consistem na troca de informações de roteamento nas interfaces entre CEs e PEs nos dois sentidos, a RFC 4364 presume que o protocolo de roteamento nessas interfaces seja o BGP. A RFC 4577, emitida posteriormente, atualiza a RFC 4364 no sentido de estender as suas especificações para permitir o uso do OSPF com esse propósito.

Essa medida se justifica pelo fato de que o protocolo OSPF é largamente utilizado no roteamento *intra-site*, o que facilita a sua aplicação também nos *links* CE-PE. A RFC 4577 define os diversos aspectos dessa forma de roteamento, inclusive as suas implicações no

BGP/MPLS IP Virtual Private Networks   201

processo de interação entre o protocolo OSPF no *link* CE-PE e o protocolo BGP estendido utilizado entre os PEs para a constituição de VPNs.

9.4.2 COMUNICAÇÃO NOS TRECHOS PE-P-PE

Na segunda etapa, que objetiva estabelecer um túnel LSP <PE 2, P, PE 1> para trânsito das informações de roteamento BGP e de distribuição de labels relativas ao *site* 2, existem algumas opções de solução. Observa-se que esse LSP será utilizado também para o trânsito de pacotes MPLS de dados e para tráfego relativo a outras VPNs e mesmo a protocolos de outras aplicações MPLS que requeiram o seu uso.

A opção fundamental é a implementação de um túnel LSP <PE 2, P, PE 1> da forma descrita no item 5.5 do capítulo 5, incorporando a facilidade *hierarchy of routing knowledge*, o que possibilita a blindagem dos equipamentos P relativamente ao tráfego BGP. É importante mencionar a possibilidade alternativa de uso da aplicação *Traffic Engineering* no estabelecimento desse túnel MPLS com o propósito de otimizar o uso das facilidades que constituem a rede MPLS *backbone*.

Outras opções para essa questão residem no estabelecimento de túneis GRE ou IP*sec*, ou na utilização do processo convencional de transmissão de datagramas IP contendo, no caso, mensagens BGP. Para maior aprofundamento quanto a essas alternativas, o leitor pode referir-se aos capítulos 3 e 7 deste livro.

9.4.3 COMUNICAÇÃO DIRETA ENTRE PEs

A terceira etapa, que representa a essência do processo de controle das MPLS VPNs, consiste na utilização das *multiprotocol extensions* for BGP-4 (RFC 4760) para a transmissão de informações de roteamento e de distribuição de labels do PE 2 para o PE 1, que será abordada com maiores detalhes subseqüentemente neste capítulo. Os aspectos específicos da distribuição de labels pelo BGP-4 foram definidos pela RFC 3107.

Para maior aprofundamento no assunto, recomendamos a leitura também da RFC 4364 e da RFC 4684 (que atualiza a primeira, no que diz respeito a essa etapa), além das RFCs 4360 e RFC 4456.

9.4.4 TRANSMISSÃO DE PACOTES EM VPNs

Estando concluída a fase de montagem da VPN A, englobada nas quatro primeiras etapas acima abordadas, pode ser iniciada a quinta e última etapa de funcionamento do VPN A, que consiste na transmissão de pacotes, por exemplo, do *site* 2 para o *site* 1 dessa VPN. Essa transmissão ocorre nos mesmos moldes que no MPLS básico já vistos em capítulos anteriores, ressalvando-se as particularidades introduzidas pela implementação de VPNs, que serão vistas adiante neste capítulo.

9.5   ASSOCIAÇÕES ENTRE COMPONENTES DE MPLS VPNs

Para a análise das associações entre componentes de MPLS VPNs, que vão compor as suas possíveis configurações, vamos considerar, com base na RFC 4364, as seguintes premissas:

202 TCP/IP sobre MPLS

- Um PE pode se conectar a múltiplos equipamentos CE pertinentes aos respectivos *sites* em uma ou mais VPNs.
- Um equipamento CE pode, para fins de robustez, ser conectado a múltiplos PEs, de um ou mais provedores de serviços de rede.
- Um *site* pode consistir de múltiplos *sites* virtuais.
- Cada *attachment circuit* é associado, por configuração, a uma ou mais VRFs.
- No caso mais típico e mais simples, um *attachment circuit* é associado a apenas uma VRF.
- Um *site* pode pertencer a uma ou mais VPNs.

9.5.1. UTILIZAÇÃO DE VRFs

Quando um PE recebe um datagrama IP de um CE, esse PE deve identificar o *attachment circuit* utilizado, o que determina a VRF (ou um conjunto de VRFs na hipótese de *sub*-VPNs) que tratará o datagrama IP.

Para a identificação do *attachment circuit*, o PE leva em consideração a interface física utilizada e, possivelmente, algum aspecto do quadro do protocolo de camada 2 que envelopa o datagrama IP no trecho CE-PE. Por exemplo, no caso de uso de rede *Frame Relay*, o PE tem que identificar também o DLCI utilizado na interface física pela qual o datagrama IP foi recebido.

Uma VRF pode estar associada a diferentes *attachment circuits* no respectivo PE. Tais *attachments circuits*, como regra básica, devem estar associados a uma única VPN.

O conteúdo de uma VRF é constituído por rotas de duas diferentes fontes. O primeiro desses grupos de rotas consiste naquelas oriundas do(s) CE(s) local(ais) respectivo(s). O outro grupo de rotas é aquele recebido das demais VRFs instaladas nos demais equipamentos PE, que são associadas a essa VRF. Essas ultimas rotas são intercambiadas entre os equipamentos PE mediante o uso das *multiprotocol extensions* para BGP-4, juntamente com os VPN *labels*, como veremos adiante neste capítulo.

9.5.2 CONFIGURAÇÕES DE MPLS VPNs COM SITES PRÓPRIOS

9.5.2.1 SITES PRÓPRIOS SEM SITES VIRTUAIS

A figura 9.2 apresenta uma configuração hipotética em que existem duas MPLS VPNs, cada uma delas contendo apenas *sites* próprios.

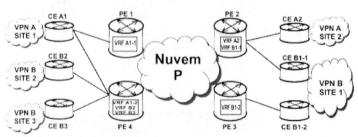

Figura 9.2 Configuração parcial de duas MPLS VPNs com *sites* próprios.

O CE A1, relativo ao *site* 1 da VPN A, está conectado, para maior robustez, aos PE 1 e PE 4. O PE 4, por estar conectado também ao CE B2 e ao CE B3, possui três VRFs, a saber, a VRF A1-2, a VRF B2 e VRF B3.

A VRF A1-2, assim como a VRF A1-1 contida no PE 1, está associada ao *site* 1 da VPN A, e ambas se comunicam com a VRF A2 contida no PE 2.

Observa-se também que o *site* 1 da VPN B engloba dois CEs, a saber, o CE B1-1 e o CE B1-2, cada um desses CEs se conectando a diferentes PEs (PE 2 e PE 3, respectivamente). Essa forma de conexão objetiva maior resiliência e a possibilidade de distribuição de tráfego em diferentes *links*.

9.5.2.2 SITES PRÓPRIOS COM SITES VIRTUAIS

Como vimos anteriormente, uma VPN pode dividir-se em *sub*-VPNs, de forma que um ou mais de seus *sites* se dividem nos respectivos *sites* virtuais. Os *sites* virtuais de um *site* utilizam normalmente um único equipamento CE, em um mesmo *attachment circuit*. No interior do respectivo PE, entretanto, os pacotes de cada *site* virtual são processados em diferentes VRFs, dentro de um subconjunto especifico de VRFs, uma para cada um dos *sites* virtuais.

Para que isso possa ocorrer, é necessário que alguma característica dos pacotes do usuário seja utilizada para a seleção da correta VRF. Essa necessidade decorre do modo operacional básico das VPNs, em que uma VRF é associada ao *attachment circuit* pelo qual transitam os pacotes de uma VPN. Caso cada sistema do *site* pertença exclusivamente a um site virtual, a seleção de VRFs pode ser feita a partir do endereço IP de origem ou de destino, dependendo do sentido do tráfego dos datagramas IP referentes à VPN.

Uma outra opção é a utilização de um *attachment circuit* por *site* virtual, sendo que tais *attachment circuits* podem originar-se de um CE ou de diferentes CEs.

9.5.3 CONFIGURAÇÕES COM SITES EM MÚLTIPLAS VPNs

Um *site* pode pertencer a múltiplas VPNs. A configuração básica nessa condição é a utilização de um *attachment circuit* para cada VPN, sendo que cada um desses *attachment circuits* é associado a uma única VRF. Os diferentes *attachments circuits* associados aos *sites* podem estar conectados a diferentes equipamentos CE ou a apenas um equipamento CE.

A RFC 4364 admite a hipótese de uso de uma mesma VRF para atendimento de pacotes entrantes em um equipamento PE por *attachments circuits* correspondentes a diferentes VPNs que contêm um mesmo *site*. Admite também o uso de um único *attachment circuit* associado a uma única VRF para atendimento das diferentes VPNs que contêm um único *site*. Em todos os casos deste parágrafo, a VRF comum às diferentes VPNs deve conter as rotas da totalidade dessas VPNs, não podendo haver superposição de *sites* nessas VPNs.

A descrição de procedimentos de roteamento, distribuição de labels e de transmissão de pacotes em VPNs, subseqüente neste capítulo, parte do pressuposto de que uma VPN, ou uma *sub*-VPN, está associada a um determinado *attachment circuit* e a uma determinada VRF, e, no sentido oposto, uma VRF está associada a um *attachment circuit* e a uma VPN ou *sub*-VPN.

A figura 9.3 apresenta a configuração básica de VPNs contendo *sites* comuns.

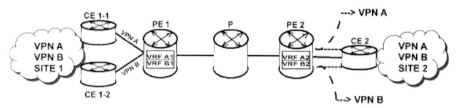

Figura 9.3 Configuração parcial de duas MPLS VPNs com *sites* comuns.

9.6 DISTRIBUIÇÃO DE ROTAS VIA BGP-4 E MP-BGP

9.6.1 O PROTOCOLO BGP-4

Como já visto no capítulo 3 anterior, a RFC 4271 discute e define o *Border Gateway Protocol* versão 4 (BGP-4), aqui denominado BGP convencional, que é o protocolo de roteamento inter-ASes de maior importância na atualidade. A função primária de roteadores (ou LSRs, no caso do MPLS) que participam do roteamento BGP, denominados BGP *speakers*, é intercambiar informações de roteamento (*network reachability information*) relativas a rotas IP situadas em diferentes ASes.

Complementando a RFC 4271 quanto à definição do BGP-4 convencional, foram emitidas algumas RFCs, dentre as quais podemos citar as RFCs 1997, 2918, 3392, 4365 e 4456.

A mensagem fundamental do BGP-4 é a mensagem *update*. As mensagens BGP-4, envelopadas pelo protocolo TCP, possuem um cabeçalho comum, onde o campo *type* identifica o tipo de mensagem BGP-4. As mensagens *update* são do tipo 2, enquanto as mensagens *notification* são do tipo 3.

As mensagens *update* possuem, em seus quadros, o campo *path attributes*. Esses atributos são de vários tipos, dentre os quais podem ser citados os atributos ORIGIN, AS-PATH, NEXT-HOP, dentre outros.

A RFC 1997 (BGP *Communities Attribute*) objetiva ampliar a gama de atributos das mensagens *update*, dentro da concepção de comunidades BGP, isto é, de conjuntos identificados de BGP *speakers* que apresentam uma forma de afinidade de tráfego considerada importante. Para o caso de MPLS VPNs, no entanto, as definições das RFCs 4271 e 1997 não são satisfatórias, por se destinarem especificamente ao IPv4, não deixando margem para outros protocolos de camada de rede e, por extensão, para o MPLS. Foram então emitidas, para solucionar esse problema, as RFCs 4760 (*Multiprotocol Extensions for* BGP-4) e 4360 (BGP *Extended Communities Attribute*). Essas RFCs constituem a base para a concepção das MPLS VPNs, e serão abordadas com maiores detalhes em itens subseqüentes deste capítulo.

A RFC 4360 define cinco tipos de atributos BGP *extended communities*. Para suporte à concepção de MPLS VPNs, entretanto, apenas o tipo de atributo *route targeted community* tem significado.

BGP/MPLS IP Virtual Private Networks 205

9.6.2 MULTIPROTOCOL EXTENSIONS FOR BGP-4 (MP-BGP)

A RFC 4760 define extensões para o BGP-4, para habilitá-lo para o transporte de informações de roteamento para múltiplos protocolos de camada de rede, tais como IPv6 e o IPX. Tais extensões permitem a interoperação entre roteadores operando com o BGP-4 convencional e roteadores operando com o MP-BGP (condição denominada *compatibily*).

As mensagens *update* do BGP-4, que se limitam ao roteamento no IPv4, recebem através da RFC 4760, dois novos *path attributes* que possibilitam o atendimento à multiplicidade de protocolos de camada de rede desejada.

9.6.2.1 IDENTIFICADORES AFI E SAFI

O mecanismo básico para o funcionamento desses novos *path attributes* consiste na introdução da alternativa de utilização de novas famílias de endereços de camada de rede, além daquela de endereços IPv4, cujos identificadores são denominados *address family identifier* (AFIs).

Foi introduzido também um novo parâmetro denominado *subsequent address family*, cujos identificadores são os SAFIs. Esse identificador, em conjunto com um AFI, identifica totalmente um protocolo de camada de rede ou um conjunto afim desses protocolos.

Cada protocolo ou cada conjunto afim de protocolos de camada de rede identificado por uma *tuple* <AFI, SAFI>, deve ser associado às informações relativas ao *next-hop* BGP 4 e também às rotas contidas no campo *network layer reachability information* (NLRI). Essas rotas são aquelas associadas ao *next-hop* informado na mensagem *update*.

9.6.2.2 REACHABLE E UNREACHABLE DESTINATIONS

Conforme as circunstâncias, as destinações de pacotes podem ser de duas naturezas:

- *Reachable destinations.*
- *Unreachable destinations.*

As *reachable destinations* são as que correspondem a novas rotas viáveis relativas a um *next-hop*, e devem ser distribuídas por mensagens *update*. As *unreachable destinations*, ao contrário, são as que correspondem a rotas já distribuídas que se tornaram inviáveis, e que devem ser retiradas também por meio de mensagens *update*.

As informações relativas às *reachable destinations* devem ser conjugadas à identificação dos respectivos *next-hops*, e esse conjunto de informações deve ser separado daquele referente às *unreachable destinations*.

Com base nas premissas acima, a RFC 4760 define os dois novos *path attributes* para mensagens *update* abaixo relacionados:

- *Multiprotocol reachable* NLRI (MP_REACH_NLRI).
- *Multiprotocol unreachable* NLRI (MP_UNREACH_NLRI).

9.6.2.3 MULTIPROTOCOL REACHABLE NLRI (MP_REACH_NLRI)

O *path attribute* MP_REACH_NLRI (*type code* 14) é um atributo pertinente à categoria *optional non-transitive* (categoria 4), e tem os seguintes propósitos:

206   TCP/IP sobre MPLS

- Distribuir rotas BGP viáveis relativas a múltiplos protocolos de camada de rede.
- Possibilitar a um BGP *speaker* distribuir o en*dereço de camada* de rede do roteador a ser utilizado como *next-hop* para as destinações *constantes do campo NLRI* respectivo.

O atributo MP_REACH_NLRI é *codificado conforme a figura 9.4.*

Address Family Identifier - AFI (2 octetos)
Subsequent Address Family Identifier - SAFI (1 octeto)
Length of Next-Hop Network Address (1 octeto)
Network Address of Next-Hop (variável)
Reserved (1 octeto)
Network Layer Reachability Information - NLRI (variável)

Figura 9.4   Codificação do atributo MP_REACH_NLRI.

Campos AFI e SAFI

O campo AFI, juntamente com o campo SAFI, identificam os seguintes parâmetros:

- O protocolo ou o conjunto de protocolos de uma camada de rede ao qual os endereços distribuídos dizem respeito.
- O modo pelo qual o endereço do *next-hop* é codificado;
- A semântica das informações contidas no campo NLRI.

Se o *next-hop* pode pertencer a mais de um protocolo de camada de rede, a própria codificação do *next-hop* deve prover um meio de determinar o protocolo de camada de rede referente ao atributo MP_REACH_NLRI sendo transmitido.

Aos valores do AFI são totalmente definidos pela IANA, enquanto os valores do SAFI são em parte definidos pela RFC 4760. Essa RFC define os seguintes valores de SAFI:

- SAFI 1: informações do campo NLRI são utilizadas para tráfego *unicast*.
- SAFI 2: informações do campo NLRI são utilizadas para tráfego *multicast*.

Uma implementação pode conter a totalidade, parte ou nenhum dos valores de SAFI definidos pela RFC 4760.

Campo Endereço do Next-Hop

Esse campo, de tamanho variável, é codificado de acordo com o protocolo de camada de rede indicado pela *tuple* <AFI,SAFI> contida no atributo MP_REACH_NLRI sendo transmitido. Como veremos adiante neste capítulo, no caso de MPLS VPNs, o endereço do *next-hop* é codificado conforme a família de endereços VPN-IPv4.

Campo NLRI

Esse campo, de tamanho variável, conduz uma relação de rotas viáveis contidas no atributo MP_REACH_NLRI, sendo a sua semântica definida pela respectiva *tuple* <AFI,SAFI>.

BGP/MPLS IP Virtual Private Networks   207

Quando o campo SAFI é igual a 1, indicando tráfego *unicast*, utiliza-se a codificação indicada pela figura 9.5

| Comprimento (1 octeto) |
| Prefixo (variável) |

Figura 9.5   Codificação do campo NLRI do MP-BGP com SAFI igual a 1.

O campo *prefixo* contém um prefixo de endereço de camada de rede seguido por *bits* de enchimento necessários para completar um octeto. Os valores desses *bits* são irrelevantes.

Como veremos adiante neste capítulo, no caso de MPLS VPNs, quando se utiliza endereços VPN-IPv4, o campo NLRI passa a englobar também valores de labels correspondentes aos prefixos (rotas) nele contidos.

9.6.2.4   MULTIPROTOCOL UNREACHABLE NLRI (MP_UNREACH_NLRI)

O *path attribute* MP_UNREACH_NLRI (*code type* 15) é um atributo pertinente à categoria *optional non-transitive* (categoria 4), e tem como objetivo retirar de serviço múltiplas rotas inviáveis.

Esse atributo é codificado conforme a figura 9.6.

| *Address Family Identifier* - AFI (2 octetos) |
| *Subsequent Address Family Identifier* - SAFI (1 octeto) |
| *Withdrawn Routes* (variável) |

Figura 9.6   Codificação do atributo MP_UNREACH_NLRI.

Os campos AFI e SAFI têm os mesmos significados que esses campos possuem no atributo MP_REACH_NLRI.

O campo *withdrawn routes* é o mesmo campo NLRI do atributo MP_REACH_NLRI, agora representando as rotas inviáveis a serem retiradas de serviço, sendo utilizada a mesma codificação aplicável quando o valor do SAFI é igual a 1.

9.6.2.5   PARÂMETRO BGP CAPABILITY ADVERTISEMENT

O uso do parâmetro opcional BGP *capability advertisement* foi definido pela RFC 3392 para suporte ao BGP-4, sendo que esse parâmetro pode ser utilizado para indicar, a um par MP-BGP, se um BGP *speaker* pode utilizar o MP-BGP para uma determinada *tuple* <AFI, SAFI>, vale dizer, para um protocolo de camada de rede. A troca desse parâmetro deve ocorrer, nos dois sentidos, entre um par de MP-BGP *speakers*.

Esse parâmetro opcional é transmitido em mensagens *open* do BGP-4 quando do estabelecimento de uma sessão BGP-4. Se o par BGP-4 *speaker* que receber um parâmetro *capability advertisement* não possa, por sua vez, suportar a capacidade anunciada, deve responder com uma mensagem BGP *notification* indicando *unsuported optional parameter*. O BGP *speaker* que originou a mensagem *open* pode então interromper a paridade com esse par *speaker*.

A codificação do parâmetro BGP *capability* TLV utiliza o código 1 no campo *capability code* para indicar *multiprotocol extensions capabilities*, utilizando o campo *value* com tamanho igual a quatro octetos.

O campo *value* tem, para o caso acima, o formato indicado na figura 9.7.

Figura 9.7 Formato do campo *value* do parâmetro *capability advertisement* para o MP-BGP.

Os campos AFI e SAFI têm os mesmos significados e codificações apresentados para os atributos MP_REACH_NLRI e MP_UNREACH_NLRI.

O campo *reserved* deve ser preenchido com zeros pelo originador e ignorado pelo receptor da mensagem *open* que o transporta.

9.7 ROTEAMENTO EM MPLS VPNs

A idéia que fundamenta o uso do BGP-4 em MPLS VPNs é a de considerar o MPLS como uma alternativa de protocolo de camada de rede no BGP-MP. Observa-se que, sendo o MPLS, em si, uma tecnologia multiprotocolo, é necessária a definição de alguma forma de constituição de VPNs para cada um dos diferentes protocolos de camada de rede que se superpõem ao MPLS. Como veremos a seguir, a RFC 4364 limita-se à definição de MPLS VPNs apenas para o IPv4.

Como as MPLS VPNs, ou grupos dessas VPNs, possuem endereçamento próprio com *overlaping* de endereços IP, é indispensável a utilização de mecanismos no MP-BGP que possibilitem a eliminação dessa ambigüidade, no sentido de permitir a separação de rotas pertinentes às diferentes VPNs.

Tais mecanismos foram concretizados por meio da definição de uma nova família de endereços específica para as MPLS VPNs, codificados no interior dos atributos MP_REACH_NLRI e MP_UNREACH_NLRI das mensagens *update* do MP-BGP. Essa definição foi efetivada pela RFC 4364 e a nova família de endereços passou a denominar-se VPN-IPv4 *address family*.

Observa-se que, como veremos subseqüentemente neste capítulo, as mensagens *update* que conduzem os endereços VPN-IPv4 distribuem também valores de labels necessários à posterior transmissão de pacotes MPLS nas VPNs constituídas.

9.7.1 FAMÍLIA DE ENDEREÇOS VPN-IPv4

9.7.1.1 COMPONENTES DE ENDEREÇOS VPN-IPv4

Um endereço VPN-IPv4, cujo comprimento é de 12 octetos, constitui-se de um campo *route distinguisher* (RD) com 8 octetos e de um campo endereço contendo endereços ou prefixos IPv4 com 4 octetos. Cabe ao campo RD eliminar a ambigüidade de endereços, tornando o endereçamento globalmente único na rede MPLS que suporta as VPNs. Como

BGP/MPLS IP Virtual Private Networks **209**

os endereços e prefixos IPv4 podem ser repetidos em diferentes VPNs, os valores de RDs devem ser globalmente únicos para possibilitar o propósito almejado.

O RD é simplesmente um identificador, sem conter qualquer outra semântica. Ele possibilita a transmissão de pacotes oriundos de um sistema em um *site* pertinente a diferentes VPNs por diferentes rotas na rede MPLS, em função da VPN a que pertença.

O formato do quadro de um endereço VPN-IPv4 encontra-se na figura 9.8.

Type (2 octetos)	Administrator (2 octetos)	*Assigned Numbers* (4 octetos)	Address (4 octetos)

Figura 9.8 Formato de endereços VPN-IPv4.

Nessa figura, os subcampos *administrator* e *assigned numbers*, em conjunto, definem um RD.

Um provedor de serviços de rede que oferece MPLS VPNs atribui, a seu critério, *assigned numbers* para os seus diferentes valores de RD, o que em si não elimina a ambigüidade. Para se conseguir essa eliminação, cada provedor de serviço de redes (ou seja, um administrador) utiliza um valor único para o campo *administrador*, que pode ser um prefixo IPv4, ou, normalmente, um *autonomous system number* (ASN) atribuído àquele provedor de serviços de redes por uma autoridade apropriada.

Observa-se que essa estrutura de endereços VPN-IPv4 é opaca para o BGP, que a trata no modo uniforme dedicado à totalidade de famílias de endereços de camada de rede.

Como regra geral, um valor de RD é associado a uma VRF e, por meio dessa VRF, a um determinado equipamento CE. Pode ocorrer que diferentes RDs, associados a diferentes VRFs, conduzam a um mesmo equipamento CE. Por exemplo, duas *sub*-VPNs, que utilizam diferentes VRFs, podem estar associados a um único CE.

Em situações excepcionais uma VPN pode conter diferentes valores de RD para um único BGP *speaker*, como no caso de existência de múltiplos provedores de serviços. Pode ocorrer, também excepcionalmente, que um valor de RD possa corresponder a diferentes VPNs. Tais situações excepcionais demandam a utilização de mecanismos que possam administrar a ambigüidade inerente, de modo a permitir a correta operacionalização das MPLS VPNs a que correspondam.

9.7.1.2 CODIFICAÇÃO DE ROUTE DISTINGHISHERS

Os RDs são codificados da seguinte forma:

- *Type field*: 2 octetos.
- *Value field*: 6 octetos.

A estrutura do *value field* depende do valor do *type field*, conforme as opções abaixo listadas:

- *Type field* igual a zero: subcampo *administrator* (ASN) possui 2 octetos, e o subcampo *assigned number* possui 4 octetos.
- *Type field* igual a 1 ou a 2: subcampo *administrator* (ASN) possui 4 octetos, e o subcampo *assigned number* possui 2 octetos

210   TCP/IP sobre MPLS

Se o *type field* for igual a zero, o subcampo *administrator* tem que conter um *autonomous system number* (ASN). Se esse ASN provier de um espaço público, ele deve ser assignado por uma autoridade apropriada. O uso de espaços privativos para ASNs é fortemente desencorajado. O campo *assigned field* contém um número advindo de um espaço administrado pela entidade receptora do ASN assignado.

Se o *type field* for igual a 1, o subcampo *administrator* deve conter um endereço IP. A forma indicada para obtenção desse endereço IP é através de uma entidade autorizada. O subcampo *assigned number* contém um número advindo de um espaço administrado pela entidade receptora do endereço IP assignado.

Se o *type field* for igual a 2, temos uma situação semelhante ao primeiro caso (*type field* igual a zero), porém com uma inversão nos comprimentos dos subcampos. Neste caso, o subcampo ASN tem o comprimento igual a 4 octetos enquanto o subcampo *assigned number* possui o comprimento igual a 2 octetos.

9.7.2   CONTROLE DA DISTRIBUIÇÃO DE ROTAS

Se um determinado equipamento PE é associado a uma VPN (e possivelmente também a outras VPNs), ele aprende as rotas do *site* local pertinente a essa VPN através do equipamento CE local a ele conectado e associado à VPN e ao *site* local. Essas rotas, recebidas por via de um *attachment circuit* associado ao equipamento CE local, devem ser instaladas em uma VRF associada a esse *attachment circuit*.

Essas rotas IPv4 são convertidas, nessa VRF, em rotas VPN-IPv4 e exportadas para o MP-BGP. O MP-BGP distribui essas rotas para os demais MP-BGP *speakers* por meio de mensagens MP-BGP *update*. Os demais equipamentos PE, isto é, os demais MP-BGP *speakers*, verificam se possuem VRFs que se identificam com os valores de RD recebidos para cada uma das rotas distribuídas.

Se um equipamento não possui um valor de RD igual ao valor de RD recebido para uma rota, o que significa que na periferia desse equipamento PE não existe um *site* associado à VPN identificada pelo valor de RD, o equipamento PE descarta silenciosamente a mensagem *update* recebida.

Se um equipamento PE possui um valor de RD igual ao RD recebido para uma rota, o PE pode ou não instalar essa rota em uma sua VRF, que corresponde ao valor de RD recebido. Isso depende do valor do atributo *route target community* contido na mensagem *update* recebida e da sua comparação com os valores desse mesmo parâmetro contidos na VRF eleita para instalação da rota, o que será visto no subitem 9.7.4 adiante.

Caso uma rota venha a ser instalada em uma VRF, ela deverá ser reconvertida em uma rota IPv4, mediante a eliminação do campo RD. Vale ratificar que as rotas VPN-IPv4 são utilizadas exclusivamente no processo de roteamento MP-BGP entre equipamentos PE que participam da VPN considerada.

Uma vez reconvertidas as rotas para o formato IPv4, o PE as envia para o CE associado à VRF utilizada, através do correspondente *attachment circuit*, vale dizer, dentro da VPN a que pertencem essas rotas.

9.7.3 TRANSPORTE DO CAMPO VPN-IPv4 NLRI

No subitem 9.6.2.3 anterior deste capítulo, vimos o formato e a codificação do campo NLRI do atributo MP_REACH_NLRI contido em mensagens MP-BGP *update*. Mencionamos também que em MPLS VPNs o campo NLRI é constituído por rotas VPN-IPv4, que consistem de um valor de RD com 8 octetos, seguido por um prefixo IPv4.

Mencionamos também que esse campo, conforme definição contida na RFC 3107, passa a ter um subcampo *label*, o que será visto com mais detalhes no subitem 9.8.2 adiante neste capítulo.

Para indicar que o campo NLRI é codificado por endereços VPN-IPv4, o campo AFI deve ser igual a 1 e o campo SAFI igual a 128. O valor AFI igual a 1 é utilizado posto que um endereço VPN-IPv4 é também um endereço IP.

Para que dois BGP-4 *speakers* possam intercambiar VPN-IPv4 NLRIs, eles devem intercambiar previamente BGP *capability advertisements* específicos para esse propósito, nos moldes apresentados no subitem 9.6.2 anterior deste capítulo. Essa medida visa a assegurar que esses *speakers* estão devidamente capacitados para processar a NLRI intercambiada entre eles. Para isso utiliza-se o *capability code* 1, e os valores de AFI e SAFI são os mesmos que os das mensagens *update* correspondentes, isto é, AFI 1 e SAFI 128.

9.7.4 ATRIBUTO ROUTE TARGET COMMUNITY (RT)

Conforme menção no subitem 9.6.1 anterior, a RFC 4360, que objetiva a extensão dos atributos BGP *communities* anteriormente definidos pela RFC 1997 para o atendimento de diferentes protocolos de camada de rede, especificou o atributo *route target community*, ou simplesmente atributo *route target* (RT). Esse atributo foi adotado como uma importante ferramenta para as MPLS VPNs pela RFC 4364, cujos termos serão a base para o presente subitem.

9.7.4.1 FUNCIONAMENTO DO ATRIBUTO RT

Por meio do atributo *route target* pode haver a seleção de VRFs contidas nos diferentes equipamentos PE que devem instalar uma determinada rota VPN-IPv4 por eles recebida, desde que essas VRFs satisfaçam também o valor de RD contido nessa rota.

Uma VRF pode estar associada a um ou mais valores de RT que a caracterizam como exportadora de rotas VPN-IPv4. Esses valores se denominam *export targets*, e são inseridos nas mensagens *update* distribuídas pela VRF. Essa VRF pode estar também associada a um ou mais valores de RT que a qualificam como importadora de rotas VPN-IPv4, valores esses que se denominam *import targets*.

Esses dois subconjuntos de valores de RT possuem diferentes funções. Suponhamos que um equipamento PE tenha recebido uma rota IPv4 de um equipamento CE e, por meio do respectivo *attachment circuit*, tenha associado essa rota a uma determinada VRF (VRF atinente a uma VPN). Ao transformar essa rota IPv4 em uma rota VPN-IPv4 para distribuição para os demais BGP *speakers* por uma mensagem *update*, o equipamento PE insere na rota VPN-IPv4 um valor de RD e no atributo *route target* um ou mais valores de *export target*.

212 TCP/IP sobre MPLS

9.7.4.2 CONDIÇÕES PARA INSTALAÇÃO DE ROTAS EM VRFs

Um outro PE que recebe essa rota VPN-IPv4 verifica se possui uma VRF que satisfaça as seguintes condições:

- Identifica-se com o RD contido na rota, isto é, pertence à VPN indicada por esse RD.
- Possui como *import target(s)* o(s) *export target(s)* especificado(s) no atributo *route target* da mensagem *update* recebida.

Uma VRF que satisfaça a essas duas condições instala a rota VPN-IPv4 recebida, transformando-a antes em uma rota IPv4 correspondente, isto é, retirando o valor de RD (que já havia desempenhado a função que lhe cabe).

Subjacente à primeira das condições citadas acima existe uma outra condição, que é de que a VPN associada ao RD da rota VPN-IPv4 distribuída englobe pelo menos um *site* localmente associado ao equipamento PE possuidor da VRF que instalará a rota VPN-IPv4 em questão.

Como veremos adiante neste capítulo, a transmissão de pacotes MPLS nas MPLS VPNs só se efetiva para os equipamentos PE que satisfizeram às condições citadas anteriormente, o que representa um fator de elevação da escalabilidade desse tipo de VPNs.

Registra-se a possibilidade de distribuição de rotas VPN-IPv4 entre VRFs que se identificam por um valor de RD mesmo quando essas VRFs se encontram instaladas em um mesmo PE. Os mecanismos concernentes ao uso do atributo RT, nesse caso, são utilizados como se as VRFs estivessem localizadas em diferentes PEs.

9.7.4.3 PARTICIPAÇÃO DE USUÁRIOS NA ASSIGNAÇÃO DE RTs

A participação de usuários na assignação de valores de RTs em MPLS VPNs é função do tipo de envolvimento dos equipamentos CE e PE no processo de roteamento da rede. Se o roteamento CE-PE é do tipo IGP, cabe ao provedor de serviços de rede a assignação e administração de valores de RT. Essa tarefa é exercida, naturalmente, sob orientação do usuário das VPNs.

Se os equipamentos CE e PE forem pares BGP (EBGP, na realidade), a integração desse roteamento no interior das respectivas MPLS VPNs possibilita, dentro de certos limites, maior participação dos usuários na especificação das formas de distribuição de suas rotas.

O SP e o usuário de uma VPN devem concordar previamente quanto ao conjunto de valores de RT a serem utilizados. O usuário, através o seu CE, pode então inserir um ou mais desses valores de RT em uma mensagem *update* referente a uma rota que ele envia para o respectivo PE. Essa possibilidade concede ao usuário a liberdade de especificar em tempo real, dentro dos limites acordados, as suas políticas de distribuição de rotas.

O SP deve filtrar os valores de RT recebidos dos equipamentos CE na hipótese acima, no que diz respeito tanto à permissão genérica para que determinados usuários possam inserir valores de RT quanto á permissão para valores particulares de RT recebidos.

9.7.4.4 EXEMPLOS DE USO DO ATRIBUTO RT

Pela assignação apropriada de *import targets* e *export targets*, é possível construir diferentes tipos de MPLS VPNs.

Como primeiro exemplo, vamos considerar a figura 9.9, que contempla a configuração de um grupo fechado de três sites em uma VPN operando em *mesh*.

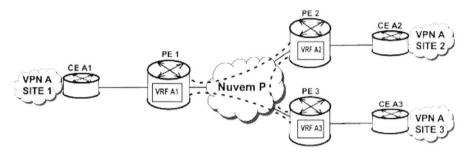

Figura 9.9   MPLS VPNs em configuração *mesh*.

Como, por premissa, na configuração dessa figura os *site* 1, *site* 2 e *site* 3 devem intercambiar tráfego direta e exclusivamente entre si, às respectivas VRFs são assignados valores iguais e exclusivos de RT, válidos como *import* e *export targets*. Em conseqüência, o tráfego escoará dentro de um grupo fechado, em *mesh*, o que significa que qualquer PE poderá enviar tráfego para qualquer outro PE dentro dos limites estabelecidos, enquanto outros PEs que não possuam esses valores de RT não poderão se comunicar com esse grupo fechado.

Suponhamos, alternativamente, que se deseja criar um grupo fechado operando na configuração *hub and spoke*, tendo o PE 1 como *hub* e os PE 2 e PE 3 como *spokes*. Essa configuração encontra-se ilustrada na figura 9.10.

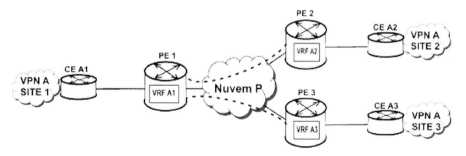

Figura 9.10   MPLS VPNs em configuração *hub-and-spoke*.

Para se atingir este objetivo, é necessário alocar, de modo exclusivo (grupo fechado), dois valores de RT às VRFs associadas à VPN A nos equipamentos PE. Esses valores devem ser alocados às VRFs segundo o papel dessas VRFs na configuração, sendo um deles denominado valor *hub* e o outro, valor *spoke*.

214 TCP/IP sobre MPLS

Na VRF correspondente ao *hub site* (*site* 1) o valor *hub* é o *export target*, e o valor *spoke* é o *import target*. Nas VRFs correspondentes aos sites *spoke* (sites 2 e 3) ocorre o contrário, ou seja, o valor *hub* é o *import target* e o valor *spoke* é o *export target*.

Em conseqüência, o *hub site* (*site* 1) vai instalar as rotas recebidas de modo tal que, posteriormente, ele será capaz de intercambiar tráfego com os *sites* 2 e 3. Esses *sites*, no entanto, ficam impossibilitados de trocar tráfego diretamente entre si, só podendo fazê-lo via PE 1. Os túneis MPLS são montados de forma a possibilitar esse modo de operação.

Como se depreende, dos exemplos acima, existe ampla flexibilidade em termos de montagem de configurações de VPN, podendo-se citar a instalação de grupos fechados de *sites* dentro de uma VPN como um importante exemplo.

9.7.5 DISTRIBUIÇÃO DE ROTAS VPN-IPv4

9.7.5.1 ASPECTOS INICIAIS

Se dois *sites* em uma MPLS VPN estão associados a equipamentos PE em um mesmo sistema autônomo BGP, esses PEs podem distribuir rotas VPN-IPv4 entre si através de uma conexão IBGP entre eles. Alternativamente, essa distribuição de rotas pode ocorrer mediante a intermediação de *route reflectors* (RRs), como será visto subseqüentemente neste capítulo.

Nessa distribuição de rotas, cada PE distribuidor utiliza o seu próprio endereço como endereço do BGP *next-hop*, sendo codificado como um endereço VPN-IPv4, com o valor de RD igual a zero, posto que a RFC 2858 requer que esse endereço seja codificado na mesma família de endereços (VPN-IPv4, no caso) que as rotas contidas no campo NLRI.

Como veremos no item 9.8 deste capítulo, os PEs distribuem valores de labels codificados nas rotas do campo NLRI. Podemos inclusive dizer que o que se distribui são *labeled VPN-IPv4 routes*.

9.7.5.2 FORMAS DE DISTRIBUIÇÃO DE ROTAS

Um equipamento PE pode distribuir distintamente cada rota VPN-IPv4 contida na VRF associada à VPN tratada, pode distribuir agregados dessas rotas ou pode utilizar uma combinação dessas possibilidades. Em determinadas condições, particularmente no caso de distribuição distinta de rotas, pode ocorrer o mapeamento direto entre um label recebido por um PE e o respectivo *attachment circuit*, sem a necessidade de consulta a VRFs.

A forma de distribuição de rotas a ser adotada é uma questão de implementação. Existem as seguintes três opções que podem ser adotadas na escolha da forma utilizada:

- Uso de labels distintos para cada rota.
- Uso de um único label para uma VRF inteira.
- Uso de labels distintos para cada *attachment circuit*.

Nas duas primeiras opções, quando da recepção de um pacote MPLS, torna-se necessária uma consulta a tabelas, no sentido de verificar a existência de *attachment circuits* alternativos. Nesse caso, com base no endereço IP de destino do pacote MPLS recebido, define-se o *attachment circuit* indicado para a transmissão local desse pacote.

9.7.5.3 CONDIÇÕES PARA INSTALAÇÃO DE ROTAS

Um PE, a menos que se trate de um RR ou de um ASBR (*autonomous system border router*) em uma VPN *inter*-SPs (o que será visto adiante neste capítulo), não deve instalar uma rota VPN-IPv4 recebida, a não ser que esse PE possua, no mínimo, uma VRF com um *import target* contido nessa rota. Rotas que não satisfaçam a essa condição devem ser descartadas.

Dizendo em outras palavras, um PE, exceto um RR ou um ASBR, instala exclusivamente rotas VPN-IPv4 relativas a VPNs a que pertençam. Como resultado, esse modo operacional representa um importante ganho de escalabilidade para as MPLS VPNs.

▨ Operações VPN Join e VPN Prune

Se ocorrer posterior adição de valores de *import targets* em uma VRF (operação denominada VPN *join*), essa VRF deve adquirir as rotas descartadas, mas que passaram a ser instaláveis com a operação *join*. Isso pode ocorrer por meio do mecanismo *refresh* descrito na RFC 2918, o que pode ser tornado mais dinâmico com o uso adicional do mecanismo *cooperative route filtering capability for* BGP-4.

Do mesmo modo, se valores de *import targets* forem posteriormente retirados (operação VPN *prune*), o PE deve eliminar todas as rotas instaladas afetadas.

▨ Route Refresh Capability

A RFC 2918 define uma nova capacitação BGP denominada *route refresh capability*, que possibilita o intercâmbio dinâmico de mensagens *route refresh* entre BGP *speakers* adjacentes, o que provoca o posterior reenvio de rotas entre esses *speakers*. Nesse caso, as alterações no processo de instalação de rotas ocorrem de forma não disruptiva, o que significa uma elevação no grau de *performance* operacional das redes que utilizam essa capacitação.

A RFC 2918 tem como base a RFC 3392 já mencionada anteriormente neste capítulo. A nova *route refresh capability* utiliza o *capability code* 2 e anuncia comprimento zero, o que significa que essa capacitação informa ao *speaker* adjacente apenas que o seu originador está capacitado para ela. Conforme a RFC 3392, as capacitações BGP são transmitidas em mensagens BGP *open*.

Quando um PE deseja a emissão do novo desenho de rotas por parte de um PE adjacente para isso habilitado, ele envia uma nova mensagem BGP, do tipo 5, denominada *route-refresh message*. Essa mensagem especifica os valores <AFI, SAFI> que identificam o conjunto de rotas que devem ser reenviadas pelo PE adjacente.

Quando o PE adjacente recebe uma mensagem *route-refresh* contendo uma *tuple* <AFI, SAFI> já registrada, esse PE reenvia, por uma *update message*, as rotas contidas na *adj*-RIB-*out* (*adjacent-route information base-outcome*) referentes a *tuple* <AFI< SAFI> recebida.

9.7.5.4 BGP ROUTE REFLECTION

A RFC 4456 define o mecanismo *route reflection* como uma alternativa ao processo de distribuição direta de rotas IBGP-4 em *full mesh*. Esse mecanismo, que se restringe a um BGP AS, é utilizado em MPLS VPNs na distribuição de rotas VPN-IPv4 entre equipamentos PE.

A idéia básica do mecanismo *route reflection* é muito simples, e consiste na utilização de um ou mais roteadores (PEs, em MPLS VPNs) de um BGP AS como intermediadores na distribuição de rotas, evitando assim o ineficiente uso da distribuição dessas rotas em *mesh*. Esses roteadores intermediários se denominam *route reflectors* (RRs). *Route reflection* representa uma alteração no *modo de operação* do IBGP, e requer a adição de dois novos atributos BGP não transitivos opcionais para evitar *looping* na rede.

Da mesma forma que um PE necessita instalar apenas rotas de VPNs a que pertence, um *route reflector* conhece apenas as rotas VPN-IPv4 que lhe dizem respeito, o que significa ganho de escalabilidade.

- Configurações de uso de RRs

A figura 9.11 apresenta os componentes de uma configuração utilizando RR.

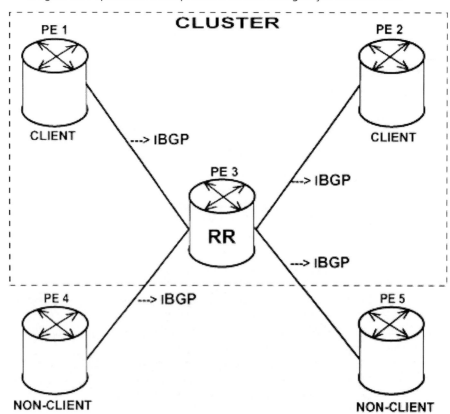

Figura 9.11 Configuração de MPLS VPN utilizando *route reflector* (RR).

Nessa figura, o PE 3 constitui-se em um RR. Esse PE pode ter funcionalidade híbrida, isto é, ser também um PE comum, ou pode ser exclusivamente um RR.

Os PE 1 e PE 2 são pares *client* do RR, enquanto os PE 4 e PE 5 são pares *non-client* do RR. O conjunto formado pelo RR e seus pares *client* constitui-se em um *cluster*..
Existem duas alternativas de distribuição de rotas nessa configuração:

- Rotas distribuídas por pares IBGP *non-client*.
- Rotas distribuídas por pares IBGP *clients*.

As rotas são distribuídas por um par IBGP *non-client* de duas formas. Se ela se destina a um par IBGP *client*, a distribuição deve ser intermediada pelo RR. Se a distribuição se destinar a outro par IBGP *non-client*, no entanto, ela deve ocorrer diretamente, o que implica uma distribuição *mesh* entre pares *non-client*. As rotas distribuídas por um par IBGP *client* deve transitar via o RR, não importando o seu destino.

Uma configuração pode utilizar diferentes RRs em um BGP AS, sendo que um RR pode ser um par *client* ou um par *non-client* para outro RR. Essas configurações podem conter BGP *speakers* que não participam da reflexão de rotas.

Uma outra possibilidade a considerar é a utilização de RRs redundantes, para maior confiabilidade operacional. Os RRs são identificados de forma única dentro de uma VPN, mediante a utilização de CLUSTER_IDs, que identificam cada *cluster* existente na VPN.

Caso Especial de Distribuição de Tráfego com RRs

No caso de uso de RRs na distribuição de rotas VPN-IPv4 de um *site* contido em uma mesma VPN e originárias de CEs conectados a diferentes PEs, ocorre um problema. O RR só é capaz de identificar um *next-hop* por valor de RD, de forma tal que o PE receptor da rota VPN-IPv4 perde a possibilidade de distribuir tráfego entre os PEs de origem. A figura 9.12 ilustra a ocorrência desse problema.

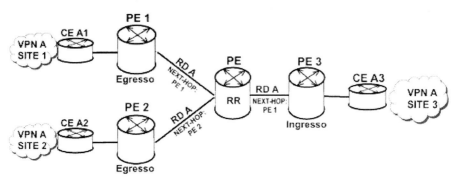

Figura 9.12   MPLS VPN com RR utilizando valor único de RD.

Como se trata de uma única VPN (VPN A), os PE 1 e PE 2 utilizam um mesmo valor de RD na distribuição de rotas VPN-IPv4. Como o RR (PE 3) só pode enviar uma rota, ele escolhe, hipoteticamente, aquela que indica o PE 1 como *next-hop*. Isso impossibilita o PE 3 de enviar o tráfego para o PE 2, inviabilizando a possibilidade de distribuição de carga de tráfego pelo PE 3.

218 TCP/IP sobre MPLS

Uma solução para o problema é a utilização de valores diferentes de RD pelos PE 1 e PE 2, conforme a figura 9.13.

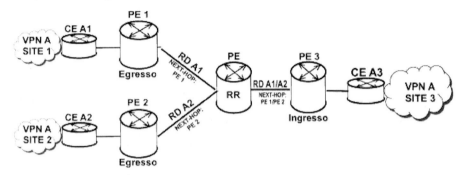

Figura 9.13   MPLS VPN com RR utilizando múltiplos valores de RD.

Como se observa nessa figura, o PE 3 passou a receber as rotas que conduzem aos PE 1 e PE 2, eliminando-se assim a impossibilidade de distribuição de carga de tráfego existente na configuração anterior.

■ Novos Atributos

Foram definidos pela RFC 4456 dois novos *path attributes*, de categoria 4 (*opcional non-transitive*), que objetivam detectar e evitar a ocorrência de *loops* na rede em decorrência de falhas de configuração que impactam as rotas redistribuídas pelos RRs. Esses novos atributos são os seguintes:

- ORIGINATOR_ID.
- CLUSTER_LIST.

O atributo ORIGINATOR_ID, com quatro octetos de comprimento, utiliza o *type code* 9. Ele é criado por um RR quando da reflexão de uma rota, e transporta o identificador BGP do originador da rota refletida dentro do AS. Quando um roteador recebe o seu próprio ORIGINATOR_ID a rede está em *looping*, e esse roteador deve ignorar a rota recebida na mensagem *update* correspondente.

O atributo CLUSTER_LIST, que usa o *type code* 9, consiste em uma seqüência de valores de CLUSTER_ID representando o caminho percorrido pela rota após a primeira reflexão. Caso, devido a uma falha de reconfiguração, uma rota retorne a um *cluster* cujo CLUSTER_ID conste da CLUSTER_LIST contida na mensagem update, essa rota deve ser ignorada.

9.8   DISTRIBUIÇÃO DE LABELS PELO BGP-4 ESTENDIDO

9.8.1   ASPECTOS INICIAIS

Como vimos anteriormente, as MPLS VPNs podem ter os seus pacotes MPLS constituídos por um label stack com dois níveis de labels caso utilizem túneis LSP entre os PEs.

BGP/MPLS IP Virtual Private Networks **219**

O top label desse label stack , se existir, é o IGP label (ou tunnel label) que tem como objetivo conduzir os pacotes MPLS ao longo da rede MPLS, entre o PE de ingresso e o PE de egresso. Como vimos, esse túnel pode não ser um túnel LSP e se tratar, por exemplo, de um túnel GRE entre os PEs. Em caso de existência de túneis MPLS com esse intento os labels IGP são distribuídos pelo LDP, assunto já abordado no capítulo 6 anterior, ou pelo protocolo RSVP-TE na hipótese de Traffic Engineering, objeto do capítulo 8 anterior.

O objetivo do presente item é abordar o bottom label desse label stack, denominado BGP label ou VPN label. Mesmo no caso em que o IGP label não exista, o BGP label inevitavelmente estará presente, pois como veremos, a ele cabe a identificação das VRFs associadas a uma VPN na fase de transmissão de pacotes MPLS, quando os endereços VPN-IPv4 não mais são utilizados. Como foi visto, esses endereços têm o seu papel desempenhado apenas na fase de roteamento.

A distribuição de VPN labels pelo BGP-4 é o tema da RFC 3107.

9.8.2 A RFC 3107

9.8.2.1 VISÃO GERAL

A RFC 3107 especifica o modo pelo qual informações de mapeamento de labels para uma rota são transportadas, como carona (piggybacking), em mensagens update do BGP-4, que são utilizadas normalmente para distribuir rotas.

Como se verifica pelo parágrafo anterior, o protocolo BGP-4 pode conduzir MPLS labels inclusive do MPLS básico, com redes de acesso público. Essa opção, entretanto, não teve aplicabilidade, em decorrência da predominância do LDP para o MPLS básico. O mesmo ocorreu com relação à aplicação Traffic Engineering do MPLS, onde ficou estabelecido o uso do protocolo RSVP-TE para a distribuição de labels.

A RFC 3107 veio a ser aplicada para a distribuição de labels em MPLS VPNs, com suporte no MP-BGP e em complemento à RFC 4364. A sua aplicação, nesse caso, engloba as configurações de distribuição direta de rotas, assim como aquelas que se utilizam RRs.

Em MPLS VPNs, que utilizam a RFC 3107 e que será o tema do restante deste item, os labels são codificados no campo NLRI do atributo MP_REACH_NLRI das mensagens *update* que o conduzem, e o respectivo valor de SAFI é utilizado para indicar que o campo NLRI contém labels. Um BGP *speaker* só envia labels para um par BGP se esse par BGP houver indicado, por meio da facilidade BGP *capability advertisement*, que ele está habilitado a processar mensagens *update* com o valor de SAFI a ser utilizado.

9.8.2.2 NOVAS MENSAGENS UPDATE

O valor de SAFI 4 indica a presença de VPN *labels* no campo NLRI do atributo MP_REACH_NLRI das novas mensagens *update*. Conforme a RFC 3107, o campo NLRI passa a ser codificado conforme a figura 9.14.

220   TCP/IP sobre MPLS

| *Lenght* (1 octeto) |
| *Label* (3 octetos) |
| VPN-IPv4 *Route* (variável) |

Figura 9.14   Codificação do campo NLRI em MPLS VPNs.

O subcampo *lenght* indica o tamanho do(s) label(s) e da(s) rota(s) VPN-IPv4.

O subcampo *label*, com 3 octetos, possui um valor de label codificado nos primeiros 20 *bits*, enquanto o *bit* de menor ordem contém o *bottom of stack*, como definido no capítulo 4 anterior. Esse valor de label, que corresponde ao respectivo valor de RD contido na respectiva rota VPN-IPv4, tem a função de identificar a VRF contida no PE originador da mensagem *update*, que corresponde à VPN considerada.

O subcampo VPN-IPv4 *route* contém o prefixo da rota IPv4 enviada, juntamente com o correspondente valor de RD destinado a identificar a VRF almejada no PE receptor da mensagem *update*.

Para que haja comunicação entre dois BGP *speakers* pares, é necessário o intercâmbio de mensagens *update* nos dois sentidos, para cada VPN considerada, transportando os devidos labels nessas mensagens.

Como vimos anteriormente, um PE pode enviar para outro PE labels associados individualmente a cada rota VPN-IPv4 de uma VPN, ou pode utilizar labels para diferentes agregações dessas rotas.

9.9   TRANSMISSÃO DE PACOTES EM MPLS VPNs

Admitindo-se que todas as ações concernentes à fase de controle na implementação de uma MPLS VPN esteja concluída, procede-se à fase de transmissão de pacotes nessa VPN. O subitem 9.4.1 anterior deste capítulo antecipou uma visão sistêmica resumida do processo de estabelecimento de VPNs, com base no exemplo de configuração parcial de uma MPLS VPN apresentado na figura 9.1 anterior.

9.9.1   REQUISITOS PRÉVIOS PARA A TRANSMISSÃO DE PACOTES

Considerando-se o objetivo de transmitir pacotes do *site* 1 para o *site* 2 da VPN A da figura 9.1, a conclusão da fase de controle na montagem da VPN A pode ser sumarizada nos seguintes tópicos:

- Foi operacionalizado um processo de roteamento entre os CE A2 e PE 2 relativamente às rotas do *site* 2 da VPN A.
- Com base no *attachment circuit* utilizado, o PE 2 associou uma VRF (VRF A2, por hipótese) à VPN A onde foram registradas as rotas IPV4 recebidas.
- O PE 2 definiu também um valor de RD (RD A, por hipótese) para a VPN A, associando-o à VRF A2.

- O PE 2 transformou as rotas IPv4 do site 2 da VPN A em rotas VPN-IPv4 mediante a adição do RD A.
- O PE 2 inseriu no campo NLRI um valor de VPN *label* (ou BGP *label*), que admitiremos ser igual a 12.
- O PE 2 montou então uma mensagem IBGP *update* estendida contendo as rotas VPN--IPv4 e o endereço VPN IPv4 do *next-hop*, e inseriu o(s) valor(es) de RT nessa mensagem.
- O PE 2 distribuiu essa mensagem update para os seus pares BGP *speakers* (isto é, para os demais PEs do AS BGP), por via de túneis LSP previamente estabelecidos com base no protocolo IGP e que utilizam a facilidade *hierarchy of routing knowledge*. Vamos supor o valor de label 4 para o trecho PE1-P e a ocorrência de PHP no equipamento P.
- Supondo-se que a VRF A1 esteja associada ao valor RD A e a valor(es) de *import target* que corresponda(m) ao(s) valor(es) de RT contido(s) na mensagem *update* recebida, a VRF A1 registrou as rotas contidas nessa mensagem, agora já reformatadas como endereços IPV4.
- Supondo-se que o *attachment circuit* AC A1 esteja associado à VPN A (e à VRF A1), o PE 1 enviou por esse *attachement circuit* as rotas IPv4 correspondentes ao *site* 2 para o *site* 1, via CE A1.

9.9.2 EFETIVAÇÃO DA TRANSMISSÃO DE PACOTES

Vamos admitir, então, que o CE A1 enviou um datagrama IP originário do *site* 1 da VPN A para o PE 1, sendo esse datagrama destinado a um sistema pertinente ao *site* 2 da VPN A. O PE 1, com base no *attachment circuit* de entrada do datagrama IP, consulta a VRF A1, obtendo os valores 12 para o VPN *label* (*bottom label*) e 4 para o IGP *label* (*top label*), e monta um pacote MPLS.

A associação entre esses dois valores de labels decorre da identificação do BGP *next-hop*, que é, no caso, o PE 2. Essa identificação é o ponto de confluência entre a conexão BGP e o túnel LSP que conduzem ao mesmo *next-hop*.

O PE 1 transmite, então, o pacote MPLS montado para o PE 2, conforme a figura 9.15.

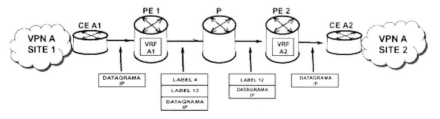

Figura 9.15   Transmissão de pacotes na MPLS VPN A.

Como se verifica nessa figura, o equipamento P realizou PHP, retirando o IGP *label*. Ao receber o pacote MPLS, o PE 2 o associa à VRF A2, com base no valor 12 do VPN *label*. Em conseqüência, após a retirada do VPN *label*, o PE 2 encaminha o datagrama IP pelo *attach-*

222 TCP/IP sobre MPLS

ment circuit associado à VRF A2 para o CE que lhe corresponde (CE A2, no caso), e por meio deste o datagrama IP é encaminhado ao sistema de destino no *site* 2 da VPN A.

Como vimos anteriormente neste capítulo, caso exista uma associação direta entre as rotas de destino no *site* 2 da VPN A e os respectivos *attachment circuits*, o encaminhamento do datagrama IP pelo PE 2 para o CE A2 prescinde da consulta à VRF A2, o que simplifica o processo operacional.

Registramos que os túneis LSP que conduzem os pacotes MPLS através os equipamentos PE e P podem ser comuns às diferentes MPLS VPNs que possuem tráfego entre um par de PEs, utilizando-se então, para todas essas VPNs, os mesmos valores de IGP *label*. Essa possibilidade do uso comum estende-se também a outras aplicações do MPLS que envolvam os mesmos pares de PEs. Registra-se também que esses túneis LSP podem ser constituídos no MPLS básico (com base em protocolos IGP convencionais e no protocolo LDP) ou podem utilizar a aplicação *Traffic Engineering* do MPLS (com base em protocolos IGP estendidos e no RSVP-TE).

9.10 SP COMO USUÁRIO DE VPNs (CARRIER'S CARRIER)

Um SP pode prover serviços de MPLS VPN a usuários convencionais (para a constituição de *intranets* ou *extranets*) ou a usuários especiais, como provedores de serviços *Internet* (ISPs) ou mesmo a outros provedores de serviços de rede (SPs).

O atendimento a ISPs segue os procedimentos gerais descritos para usuários convencionais, com a consideração de algumas particularidades próprias. Como os ISPs apresentam uma gama variada de configurações, e as soluções de MPLS VPNs para o seu atendimento apresentam variáveis graus de complexidade, o atendimento a ISPs se assemelha ao dos SPs como usuários de VPNs, o que se constitui no objetivo deste item.

Um SP pode prover serviços de MPLS VPNs a outros SPs, que por sua vez multiplicam a possibilidade de oferta de MPLS VPNs, criadas sobre as MPLS VPNs contratadas. O SP que provê esses serviços para outros SPs é um *carrier's carrier.*

9.10.1 CONDIÇÕES PARA PROVIMENTO DE SERVIÇOS MPLS VPN ENTRE SPs

Para que essa possibilidade de serviço ocorra é necessário que os CEs, de propriedade do SP usuário, suportem MPLS. Ocorre uma hierarquização de MPLS VPNs, com MPLS VPNs do SP usuário sobrepostas a uma MPLS VPN provida pelo *carrier's carrier.*

Dentre os requisitos para que esse tipo de configuração ocorra, podemos citar os seguintes:

- Os CEs devem distribuir rotas para os PEs do *carrier's carrier* envolvidos na MPLS VPN contratada.
- Os CEs devem suportar MPLS, intercambiando labels com os seus pares IGP e BGP.
- Devem existir túneis LSP na rede MPLS do *carrier's carrier* e em cada seção da rede MPLS do SP usuário.
- Deve existir uma conexão BGP fim-a-fim para permitir aos pacotes MPLS atravessar corretamente toda a rede MPLS.

BGP/MPLS IP Virtual Private Networks   223

- Os PEs do *carrier's carrier* devem distribuir rotas VPN-IPv4 (com VPN *labels*) entre si, para possibilitar a identificação da MPLS VPN por ele provida.
- Os PEs extremos do SP usuário devem distribuir rotas VPN-IPv4 (com VPN *labels*) entre si, para possibilitar a identificação das MPLS VPNs por ele constituídas sobre a MPLS VPN do *carrier's carrier*.

9.10.2 OPERAÇÃO DE VPNs COM CARRIER'S CARRIER

9.10.2.1 CONFIGURAÇÃO DE REFERÊNCIA

Vamos utilizar a figura 9.16 como referência para a descrição da operação de MPLS VPNs com *carrier's carrier*.

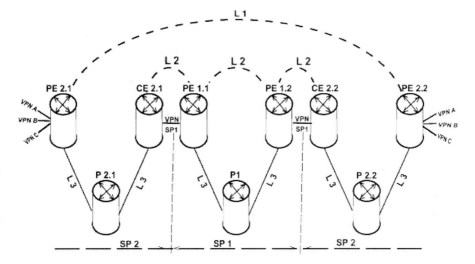

Figura 9.16 MPLS VPNs com *carrier's carrier*.

Nessa figura, estamos considerando as seguintes hipóteses:

- O SP1 é o *carrier's carrier* e o SP 2 é um usuário contratante de uma MPLS VPN do SP 1 (VPN SP 1 na figura).
- O SP 2 constituiu três MPLS VPNs sobre a VPN SP 1 contratada (VPN A, VPN B e VPN C).
- Vai ocorrer, na VPN A, a transmissão de um datagrama IP no sentido do PE 2.1 para o PE 2.2.
- Para a VPN A, o PE 2.2 distribuiu o VPN *label* L 1 para o PE 2.1, via *multi-hop* EBGP, tendo como rota de destino o prefixo do endereço VPN-IPv4 do sistema de destino e tendo o PE 2.2 como EBGP *next-hop*.
- Os CE 2.2, PE 1.2 e PE 1.1 distribuíram os labels L 2, via BGP, constituindo um MPLS LSP entre os CE 2.1 e CE 2.2, tendo como rota de destino o endereço VPN-IPv4 do PE 2.2.

224 TCP/IP sobre MPLS

- Foram constituídos túneis MPLS LSP em todos ASes da rede, mediante a distribuição dos *tunnel labels* L 3, que podem inclusive utilizar *Traffic Engineering*.

Observa-se que um protocolo EBGP *multi-hop* é aquele que se processa entre EBGP *speakers* que não são diretamente conectados.

As rotas VPN-IPv4 distribuídas pelo roteamento BGP, quando são distribuídos os labels L 1 e L 2, podem transitar, para maior escalabilidade, por um ou mais RRs localizados em qualquer dos ASes da inter-rede. Essa possibilidade existe também para os cenários de MPLS VPNs inter-SPs abordados a seguir (existe, na realidade, para qualquer configuração de rede que utiliza o protocolo BGP).

9.10.2.2 DESCRIÇÃO OPERACIONAL

O CE da VPN A envia para o PE 2.1 um datagrama IP destinado a um sistema em um *site* da VPN A conectado ao PE 2.2, utilizando o devido *ingress attachment circuit*. Estamos nos abstraindo da forma pela qual o CE de origem identifica o devido *attachment circuit*, operação que envolve roteamento EBGP e resolução de endereços.

O PE 2.1 recebe o datagrama IP e, com base no *ingress attachment circuit*, identifica a VRF a ser utilizada. Na VRF, tendo como indexador o endereço IP de destino do datagrama IP, são obtidos sucessivamente os valores do L 1 e do L 3 (primeiro *tunnel label*) acompanhado pela indicação da devida interface de saída (para o P 2.1).

O PE 2.1 monta e envia um pacote MPLS para o P 2.1 por essa interface de saída, tendo como *botton label* o valor de L 1 e como *top label* o valor do primeiro L 3.

A partir do P 2.1, o pacote MPLS é conduzido para o PE 2.2 com base apenas em *label swapping*. No trecho entre o PE 1.1 e o PE 1.2 (VPN SP 1) os pacotes MPLS conduzem três labels nos respectivos *label stacks*.

O PE 2.2 recebe o pacote MPLS, utiliza e descarta os labels, identificando o *egress attachment circuit* pelo valor do L 1. O datagrama IP é então encaminhado para a rede IP de egresso pelo *attachment circuit* identificado.

9.11 REDES BACKBONE INTER-SPs

Consideraremos neste item cenários onde MPLS VPNs possuem *sites* conectados a diferentes redes MPLS *backbone* pertencentes a diferentes provedores de serviços de rede (SPs). Nesse caso, tais *backbones* são constituídos, em conseqüência, por diferentes BGP ASes, possuindo cada SP pelo menos um AS nessa rede *backbone*. Os PEs que compõem essas MPLS VPNs, não sendo capazes de manter conexões IBGP entre eles, diretamente ou via RRs, necessitam da utilização do EBGP para a distribuição de rotas VPN-IPv4.

A RFC 4364 apresenta três alternativas para a interconexão de redes MPLS de diferentes SPs, que possibilitam a prestação integrada de serviços de MPLS VPNs.

A primeira consiste na associação direta entre os PEs das duas redes, sendo que um desses PEs considera o outro PE como um CE, ou seja, sem utilização de labels, o que significa sem uso de MPLS. Para isso, as VRFs contidas nesses PEs são associadas a subinterfaces, através das quais podem transitar roteamento EBGP com rotas IPv4. Essa opção é pouco considerada por razões de escalabilidade.

As outras duas alternativas, que consideraremos com maiores detalhes, são as seguintes:

- Redistribuição de rotas EBGP VPN-IPv4 entre SPs (ou ASes) vizinhos.
- Redistribuição de rotas EBGP VPN-IPv4 com SPs (ou ASes) de trânsito.

O IP/MPLS *Forum* emitiu recentemente a *Technical Specification* IP/MPLS *Forum* 19.0.0, denominada MPLS *Inter-Carrier Interconnect* (MPLS ICI), já citada anteriormente neste livro. Os leitores interessados em maior aprofundamento nesse tema devem consultar essa especificação técnica e a RFC 4364.

9.11.1 VPNs ENVOLVENDO SPs VIZINHOS

Essa alternativa, assim como a alternativa que considera a existência de SP ou SPs de trânsito, tem como princípio a transparência dos *backbones* das redes MPLS relativamente às rotas VPN-IPv4, deixando para o PE de ingresso e o PE de egresso (em diferentes SPs) a função de tratamento dessas rotas. Com isso, a exemplo do que ocorre com o uso da facilidade *hierarchy of routing knowledge* em âmbito *intra*-AS, a sobrecarga de tráfego de roteamento na rede é reduzida, redundando em aumento de escalabilidade.

Para viabilizar esse princípio, devem ser constituídos túneis MPLS LSPs entre os PEs de ingresso e egresso, por onde transitarão pacotes MPLS de diferentes MPLS VPNs.

Para melhor entendimento da alternativa que considera o uso do *multi-hop* EBGP entre SPs vizinhos, vamos considerar a figura 9.17, que ilustra o funcionamento de uma MPLS VPN *inter*-SPs.

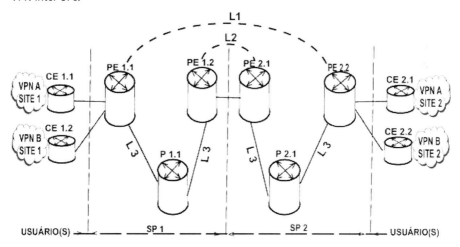

Figura 9.17 MPLS VPNs *inter*-SPs.

Estamos admitindo as seguintes hipóteses relativamente a essa figura:

- Os SP 1 e SP 2 estão prestando serviços MPLS VPN de forma integrada.
- Vai ocorrer, na VPN A, a transmissão de um datagrama IP no sentido do PE 1.1 para o PE 2.2.

226   TCP/IP sobre MPLS

- Para a VPN A, o PE 2.2 distribuiu o VPN *label* L1 para o PE 1.1, via *multi-hop* EBGP, tendo como rota de destino o prefixo do endereço VPN-IPv4 do sistema de destino e tendo o PE 2.2 como EBGP *next-hop*.
- O PE 2.1 distribuiu o *label* L 2, via BGP, constituindo um LSP entre o PE 1.2 e o PE 2.1, tendo como rota de destino o endereço VPN-IPv4 do PE 2.2.
- Foram constituídos túneis MPLS LSP em todos os ASes da rede, mediante a distribuição dos *tunnel labels* L 3, que podem inclusive utilizar *Traffic Engineering*.

O modo operacional desse tipo de configuração assemelha-se ao do caso de MPLS VPNs com *carrier's carrier*, com as devidas adaptações. Por exemplo, ao longo de toda a rede inter-SPs os *labels stacks* possuem apenas dois labels, não requerendo o uso de três labels em qualquer um de seus trechos.

9.11.2   MPLS VPNs INTER-SPs COM SPs DE TRÂNSITO

Esse cenário assemelha-se àquele relativo ao caso de SP como usuário de SP (*carrier's carrier*) apresentado no item 9.10 anterior, com a diferença de que, no presente caso, cada AS (ou conjunto de ASes) situado nos extremos da inter-rede pertencem a um diferente SP, enquanto no caso anterior os ASes nos extremos da inter-rede pertencem a um mesmo SP.

A lógica de roteamento, distribuição de labels e transmissão de pacotes, assemelha-se à do caso de MPLS VPNs envolvendo LSPs vizinhos, com as devidas adaptações.

9.12 – TRÁFEGO ENTRE MPLS VPNs E A INTERNET

Em uma rede MPLS, por *default*, os *sites* de uma MPLS VPN têm a sua comunicação limitada ao domínio de VRFs associadas a essa VPN, não intercambiando tráfego com o domínio público, representado pelo conjunto de *default forwarding tables* da rede MPLS, nem com *sites* de outras VPNs.

Pode ocorrer que *sites* de uma VPN demandem a necessidade de acesso à *Internet* pública ou a outras VPNs, o que requer alternativas especiais de configuração para a sua viabilização. Neste item, vamos abordar possíveis formas de intercambiar tráfego entre uma MPLS VPN e a *Internet*.

Registra-se que as sub-redes contidas em um *site* de uma MPLS VPN que acessam a *Internet* não podem utilizar endereços privados definidos conforme a RFC 1918, e sim endereços IP públicos globalmente únicos. O acesso de uma MPLS VPN à *Internet* pode ocorrer de duas formas:

- Non-VRF *Internet access*.
- VRF *Internet access*.

9.12.1   NON-VRF INTERNET ACCESS

Um ou mais *sites* de uma MPLS VPN podem obter acesso à *Internet* por meio de um *Internet gateway* (possivelmente um *firewall*) conectado a uma *non*-VRF interface de um PE. Isso se denomina *non*-VRF *Internet access*, uma vez que, como vimos, uma *non*-VRF

BGP/MPLS IP Virtual Private Networks **227**

interface localiza-se na *default forwarding table* do PE. Nessa hipótese, o processo de roteamento no PE de acesso ocorre na *default forwarding table*, sem participação direta da VRF da MPLS VPN nesse processo.

Para que ocorra o tráfego de dados relativo à *Internet* diretamente entre um CE e a *default forwarding table* do respectivo PE, pode não ocorrer ou pode ocorrer a intermediação da VRF.

Sem a intermediação da VRF, a solução mais evidente consiste na implementação de uma segunda interface no PE, associada diretamente à *default forwarding table*. Essa solução é contra-indicada pela necessidade adicional de *links*. Outra solução consiste na separação do tráfego em um mesmo *link* por subinterfaces lógicas, válida apenas para redes de acesso que operem com subinterfaces lógicas, a exemplo de redes *Frame Relay* e *Ethernet* VLANs.

É possível, como terceira alternativa, a implementação de um túnel GRE entre o CE e a *default forwarding table*, que atravessa transparentemente a VRF do respectivo PE.

A intermediação de uma VRF pode ocorrer mediante a instalação de uma rota *default* dessa VRF para a *default forwarding table*. Um pacote enviado pelo CE cuja rota seja desconhecida da VRF, é por esta encaminhada à *default forwarding table* pela rota *default*, para o eventual roteamento com destino à *Internet*. No sentido contrário, o tráfego é enviado da *default forwarding table* para a VRF também por meio da rota *default*.

9.12.2 VRF INTERNET ACCESS

Uma possível solução para a comunicação entre uma MPLS VPN e a *Internet* consiste na colocação da tabela de roteamento da *Internet* em VRFs. Uma alternativa é distribuir esse mapeamento de rotas pelas diversas VRFs da MPLS VPN, o que deve ser evitado pela evidente complexidade e custo dessa solução.

A outra alternativa, mais viável, é a de se encaminhar o tráfego *Internet* dos *sites* associados às VRFs da MPLS VPN para um *site* central associado a uma VRF onde se encontra a tabela de roteamento da *Internet*. Nessa hipótese, o tráfego *Internet* cursa entre a VRF central e as demais VRFs da VPN dentro dos procedimentos normais das MPLS VPNs, onde então se processa a comunicação com a *Internet*, sem a participação de *default forwarding tables*.

9.13 MPLS VPNs PARA GERÊNCIA DE CEs

Se a gerência de CEs é de competência do SP, deve ser constituída uma MPLS VPN específica com esse propósito, englobando os CEs gerenciados pelo SP e um sistema de gerência de rede. Para isso, são definidas VRFs para essa VPN, localizadas nos PEs conectados aos CEs gerenciados e ao sistema de gerência de rede.

Quando da distribuição de rotas VPN-IPv4 e dos respectivos labels em MPLS VPNs para gerência de CEs, essas rotas dizem respeito aos endereços IPv4 dos CEs e do sistema de gerência de rede. É necessário evitar a comunicação indevida entre esses CEs, restringindo-se essa comunicação aos LSPs entre os CEs e o sistema de gerência de rede.

Para isso devem ser utilizados dois valores de RT, conforme descrição anterior neste capítulo para a configuração *hub-and-spoke* de MPLS VPNs. Nesse caso, a VRF associada ao sistema de gerência de rede consiste no terminal *hub*, e as VRFs associadas aos CEs gerenciados consistem nos terminais *spoke*.

A figura 9.18 ilustra a configuração de uma MPLS VPN para gerência de CEs.

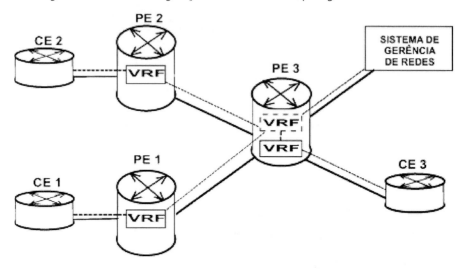

Figura 9.18   MPLS VPN para gerência de CEs.

9.14   CONSIDERAÇÕES SOBRE SEGURANÇA

A RFC 4364 considera a questão de segurança em MPLS VPNs separadamente para o plano de dados e para o plano de controle.

Segurança no plano de dados consiste, basicamente, em medidas de proteção para se evitar a possibilidade de que pacotes indesejados entrem ou saiam de uma MPLS VPN.

Para isso, é necessário que se adote as seguintes medidas:

- Os LSRs da rede MPLS só devem aceitar pacotes MPLS por *links* conectados a sistemas confiáveis.
- As rotas VPN-IPv4 só devem ser aceitas se provirem de pares BGP confiáveis.
- Deve ser verificado se foram tomadas as devidas medidas de segurança na fase de controle.

A segurança garantida por essas medidas equivale à segurança dada às VPNs constituídas sobre ATM ou *Frame Relay*. A primeira dessas medidas de segurança consiste, em essência, na verificação da autenticidade dos *top labels* dos pacotes recebidos, que devem corresponder a valores de labels efetivamente distribuídos para o LSR gerador dos pacotes.

Segurança no plano de controle, por sua vez, consiste basicamente em evitar-se que conexões IGP, BGP ou LDP sejam estabelecidas com pares não confiáveis. Como já visto no capítulo 6 anterior para o caso do LDP, a opção de autentificação TCP/IP MD5 deve ser utilizada na implementação desses protocolos de controle.

9.15 ASPECTOS RELATIVOS A ESCALABILIDADE

O objetivo deste item é apresentar um sumário dos principais aspectos das MPLS VPNs que representam ganhos significativos no que concerne à escalabilidade nessas VPNs. Esses aspectos são os seguintes:

- Uso da facilidade *hierarchy of routing knowledge*.
- Uso de RRs na distribuição de rotas VPN-IPv4.
- Seletividade na inserção e na manutenção de rotas VPN-IPv4 nos PEs de MPLS VPNs.

A facilidade *hierarchy of routing knowledge*, já vista anteriormente com maiores detalhes, possibilita a blindagem dos equipamentos P da rede MPLS relativamente às rotas dos diferentes *sites* que compõem a VPN. Apenas os PEs processam essas rotas, como vimos. Foram vistas também as formas de extensão dessa facilidade para o caso de VPNs *inter*-SPs.

A questão de uso de RRs, já abordada no subitem 9.7.5.4 anterior deste capítulo, reduz significativamente o tráfego de distribuição das rotas VPN-IPv4, evitando a onerosa configuração *full mesh* nessa distribuição.

A seletividade na inserção e manutenção de rotas VPN-IPv4 nos PEs de MPLS VPNs decorre do uso de valores distintos de RD para essas VPNs e de valores seletivos de RT nas VRFs dessas VPNs. Em conseqüência, uma VRF de uma VPN só acolhe rotas concernentes a essa VPN e que se destinem especificamente a essa VRF. Essa seletividade se projeta na constituição dos LSPs entre os PEs pares, restringindo assim o uso de valores de labels utilizados.

Capítulo 10

Virtual Private
Wire Service (VPWS)

10.1 Preâmbulo
10.2 Emulação de Serviços Ponto-a-Ponto por PWs
10.3 A Arquitetura PWE 3
10.4 Constituição de PWs
10.5 Ethernet sobre VPWS
10.6 ATM sobre VPWS
10.7 Frame Relay sobre VPWS
10.8 PPP/HDLC sobre VPWS

232   TCP/IP sobre MPLS

10.1   PREÂMBULO

A despeito do sucesso do MPLS como solução para o transporte do IP a maiores distâncias, e da possibilidade da implementação alternativa de WANs totalmente IP, persiste a oferta de redes legadas de camada 2, a exemplo de redes ATM e *Frame Relay*. Por outro lado, a proliferação de soluções *Metro/Carrier Ethernet* gerou a necessidade da extensão das respectivas redes *switched Ethernet* para o transporte de *Ethernet* PDUs a longa distância.

A solução inicialmente adotada, que consistia na constituição de WANs *backbone* específicas para cada uma das tecnologias de camada 2, mostrou-se onerosa para os provedores de serviço de rede, tanto em termos de investimento quando de *custos operacionais*.

Foram depois desenvolvidas formas de utilização de redes PSN (packet switching networks) como *backbones* universais, capacitadas para transportar, de diferentes formas, as diferentes tecnologias de redes de camada 2, tais como ATM, *Frame Relay*, PPP, *Ethernet*, SDH/SONET e HDLC. As PSN utilizadas como *backbone* foram as redes IP e as redes MPLS.

Duas concepções de solução foram encontradas. Uma consiste no uso de caminhos virtuais ponto-a-ponto através das PSNs para o transporte encapsulado dos protocolos de camada 2, que evoluiu para o transporte de *bit streams* estruturados ou não estruturados. Esses caminhos ponto-a-ponto são denominados *pseudowires* (PWs), e serão o objeto de atenção neste capítulo.

Dentro dessa concepção, a utilização de redes IP como PSN tem como suporte básico o L2TPv3 (*Level 2 Tunneling Protocol* versão 3), definido pela RFC 3931, como uma evolução do L2TPv2, definido pela RFC 2661 e que se restringe ao encapsulamento do PPP. O L2TPv3 suporta outros protocolos de camada 2. Existem, contudo, outras alternativas de utilização de redes IP como PSN *backbone*, como no exemplo do uso do GRE (*Generic Routing Encapsulation*). Com relação ao tema, recomendamos voltar ao item 3.4 do capítulo 3 deste livro.

Foi com a adoção do MPLS como suporte, no entanto, que essa concepção de rede PSN *backbone* universal ponto-a-ponto tomou vulto, tendo ocorrido a sua disseminação em âmbito mundial. Essa aplicação do MPLS, denominada VPWS (*Virtual Private Wire Service*) ou MPLS PW 3, foi também intitulada AToM (*Any Transport over* MPLS) pela CISCO *Systems*, título esse amplamente utilizado. O VPWS é o tema central deste capítulo, onde nos limitaremos ao transporte de protocolos de camada 2, não considerando assim o transporte de *bits stream* relativos a redes modo circuito.

A segunda concepção, denominada VPLS (*Virtual Private* LAN *Service*), tem como fundamento a emulação da operação de uma *switched Ethernet* LAN sobre uma rede PSN, possibilitando a comunicação multiponto-a-multiponto entre equipamentos conectados à rede VPLS. O VPLS com suporte no MPLS é o tema central do capítulo 11 deste livro.

10.2   EMULAÇÃO DE SERVIÇOS PONTO-A-PONTO POR PWs

Nessa concepção, como vimos no item anterior, a PSN *backbone* presta um serviço ponto-a-ponto a protocolos de camada 2 e a *bit streams* por meio de PWs, estabelecidos de modo especifico para cada um dos serviços emulados.

Virtual Private Wire Service (VPWS)   **233**

A emulação ponto-a-ponto desses serviços tem como base a arquitetura PWE 3 (*Pseudowire Emulation Edge-to-Edge Archicteture*) definida pela RFC 3985, que por sua vez tem como suporte a RFC 3916. A RFC 3985 descreve, com base no conceito de PW, a emulação de serviços tais como ATM, *Frame Relay*, *Ethernet*, TDM e SONET/SDH sobre *packet switched networks* (PSNs), utilizando como PSN redes IP ou redes MPLS.

Para o caso particular em que a PSN utilizada represente uma rede MPLS, foram emitidos inicialmente pelo IETF dois *drafts*, denominados *draft Martini* em decorrência do seu autor, L. Martini. Esses *drafts* diziam respeito ao transporte de PDUs de camada 2 sobre MPLS e aos métodos de encapsulamento para o transporte dessas PDUs sobre o MPLS. Esses *drafts* foram posteriormente oficializados pelo IETF mediante a emissão, respectivamente, das FRC 4906 e RFC 4905.

O IETF emitiu posteriormente a RFC 4477 aplicando a arquitetura PWE 3 ao MPLS, que tornou obsoleta a RFC 4906. Emitiu também uma série de outras RFCs (RFC 4448, RFC 4618, RFC 4619 e RFC 4717) obsoletando a RFC 4905, sendo cada uma delas específica para cada tecnologia de rede de camada 2 suportada pelo VPWS.

As RFC 4905 e RFC 4906 continuam aplicáveis como documentação normativa para as implementações existentes, enquanto as RFCs que as substituíram devem servir de base para novas implementações, sendo esses dois conjuntos de RFCs *backward compatible*.

10.3   A ARQUITETURA PWE 3

10.3.1   ASPECTOS INICIAIS

A arquitetura PWE 3, que fundamenta a constituição de PWs emulando diferentes tecnologias sobre diferentes tipos de PSN, foi especificada pela RFC 3985 como já mencionado.

A PWE 3 é um mecanismo que emula os atributos essenciais de um serviço de Telecomunicações ponto-a-ponto sobre uma PSN, de modo a prover a funcionalidade mínima desse serviço e a que o serviço emulado corresponda a um fio (*wire*) interligando dois pontos extremos da PSN, com o grau de serviço desejado. Esses pontos extremos encontram-se nos equipamentos PE da PSN, que se conectam aos equipamentos CE externos por meio de configurações de rede de acesso que de alguma forma transportam o protocolo sendo emulado.

A comutação no interior da PSN é transparente para os terminais da rede que utiliza o serviço, para os quais são visíveis apenas as conexões virtuais ponto-a-ponto entre os pontos extremos da PSN, conexões essas denominadas *pseudowires* (PWs). Os *pseudowires* podem ser estabelecidos manualmente ou através de uso de protocolos de sinalização, tais como o BGP e o LDP estendidos.

Qualquer translação ou operação envolvendo a semântica do *payload* transportado é realizada por uma função incorporada aos PEs, denominada *native service processing* (NSP). A NSP se situa externamente às terminações dos PWs, funcionando possivelmente no ingresso e no egresso de quadros, células ou *bit streams* (estruturados ou não-estruturados). A RFC 3985 não define a funcionalidade de NSPs.

10.3.2 MODELO DE REFERÊNCIA DA ARQUITETURA PWE 3

A figura 10.1 ilustra o modelo de referência para a implementação da arquitetura PWE 3.

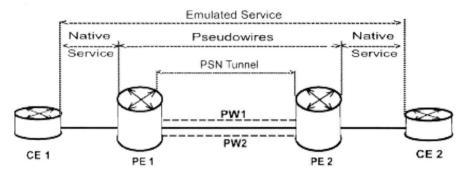

Figura 10.1 Modelo de referência da arquitetura PWE 3.

Os dois PEs (PE 1 e PE 2) provêm um ou mais PWs para possibilitar a comunicação entre os dois CEs (CE 1 e CE 2) através a PSN, de forma tal que o tráfego nos PWs, que emulam um tipo de serviço de Telecomunicações, seja invisível para o interior da PSN. Unidades de dados nativas que atingem um PW são encapsuladas em uma PW-PDU, sendo essa PW-PDU transportada por via de um túnel na PSN.

Os PEs realizam o necessário encapsulamento e desencapsulamento de PW-PDUs, além de desempenhar outras funções requeridas pelo serviço PW, como seqüenciamento e *timing*. Os PEs são também os roteadores *edge* da PSN de suporte (IP ou MPLS) aos PWs.

Algumas aplicações requerem a efetivação de algumas operações prévias nas unidades de dados nativas entrantes ou saintes de PEs. São exemplos dessas operações a translação de endereços ou identificadores, em *Ethernet bridging* e em SONET/SDH *cross-connect*. Essas operações podem ser realizadas no interior dos PEs, entre as terminações dos PW e os respectivos CEs. Algumas dessas operações constituem o denominado *native service processing* (NSP).

10.3.3 CAMADAS CONSTITUINTES DA ARQUITETURA PWE 3

A figura 10.2 apresenta as camadas constituintes da arquitetura PWE 3.

Payload
Encapsulation (*Optional*)
PW *Demultiplexer*
PSN *Convergence* (*Optional*)
PSN
Data Link
Physical

Figura 10.2 Camadas da arquitetura PWE 3.

Virtual Private Wire Service (VPWS)   235

A camada *payload* contém quadros (PDUs) de camada 2, células ou *bit streams*.

A camada *encapsulation* contém informações adicionais ao *payload*, se necessárias ao seu encapsulamento para fins de atendimento à funcionalidade do PW. Essa camada pode prover também suporte para processamento em tempo real e para seqüenciamento de informações.

Os PWs são contidos em túneis LSP ou túneis IP, sendo que diferentes PWs podem ser multiplexados em um mesmo túnel. A camada PW *demultiplexer* tem como função identificar os diferentes PWs dentro de um túnel que os contém. Se for necessária a identificação dos túneis, cabe à camada PSN *convergence* essa responsabilidade.

A camada PSN *convergence* tem como função acrescentar valores à PSN se necessários para o devido ajustamento dessa rede ao PW, tornando-os entidades independentes entre si. Se a PSN satisfaz naturalmente essa necessidade, a camada PSN *convergence* é desnecessária e se torna vazia.

A camada PSN, como dito anteriormente, pode consistir de redes totalmente IP (IPv4 ou IPv6) ou de redes MPLS.

No caso de redes IP o mecanismo normalmente utilizado para a constituição de túneis é o *layer* 2 *tunneling protocol version* 3 (L2TPv3). Após a constituição de um túnel L2TPv3 são estabelecidos os diferentes PWs nele contidos. Para maiores detalhes quanto à constituição de túneis L2TPv3 recomendamos referir-se à RFC 3931 e ao item 3.4 do capítulo 3 anterior.

Os túneis L2TPv3 podem inclusive suportar o envelopamento de pacotes MPLS, conforme definições contidas na RFC 4817, o que foi visto no item 7.5 do capítulo 7 anterior.

A utilização de uma rede MPLS como PSN para suporte de transmissão por envelopamento de *payloads* constituídos por PDUs de camada 2 será objeto de itens subseqüentes deste capítulo. O item 10.4 seguinte contempla a constituição de PWs para o transporte de PDUs de camada 2, enquanto os demais capítulos apresentam a emulação dos protocolos de camada 2 sobre os PWs constituídos.

10.4   CONSTITUIÇÃO DE PWs

10.4.1   ASPECTOS INICIAIS

Abordaremos, neste item, os aspectos concernentes ao transporte ponto-a-ponto de serviços de rede de camada 2 sobre MPLS com base na arquitetura PWE 3. Essa forma de transporte de serviços, formatados em quadros, células ou *bit streams* estruturados ou não-estruturados, é definida pela RFC 4447, onde fundamentaremos os termos deste item, de forma restrita aos serviços de camada 2.

Registra-se que a CISCO *Systems* utiliza a denominação AToM (*Any Transport over* MPLS) para designar o conjunto de mecanismos utilizados para o transporte e envelopamento de serviços de camada 2 sobre o MPLS com base na arquitetura PWE 3. Neste livro, utilizamos a denominação MPLS VPWS ou MPLS PWE 3 com esse propósito. Fica convencionado porém que a simples denominação VPWS será suficiente para referirmo-nos ao MPLS VPWS.

A RFC 4447, em seu próprio título, especifica o uso do protocolo LDP para sinalizar a constituição de VPNs com suporte no VPWS, sendo definida uma extensão do LDP com esse propósito.

RFCs complementares, citadas no item 10.2 anterior, definem as formas de encapsulamento de PDUs de diferentes protocolos de camada 2 para transmissão ponto-a-ponto por *pseudowires* estabelecidos em conformidade com a RFC 4447. Tais RFCs estipulam que um *pseudowire header*, consistindo de um campo PW *demultiplexer*, seja acrescentado na origem e retirado no destino de uma PDU de camada 2 após cumprir o seu papel na identificação do *pseudowire* no PE de egresso.

No caso particular em que a PSN é uma rede MPLS o PW *demultiplexer* é um label, assignado e distribuído no modo UD (*unsolicited downstream*) pelo PW *endpoint* do PE que se encontra a jusante no tráfego (*downstream* PW *endpoint*).

O túnel no interior da rede *backbone* pode ser constituído com base em L2TPv3 ou GRE, quando os equipamentos PE seriam simples roteadores IP, ficando a funcionalidade MPLS restrita aos PEs.

A RFC 4447 considera, no entanto, a utilização de túneis MPLS para a condução e a agregação de PWs, constituídos nos moldes da facilidade *hierarchy of routing knowledge*, de forma a isolar logicamente a rede MPLS *backbone* do processo de controle que ocorre no exterior dessa rede.

Os túneis MPLS podem ser constituídos pelos processos do MPLS básico, utilizando protocolos IGP convencionais e o LDP, ou podem consistir de túneis MPLS-TE, incorporando assim as facilidades atinentes a *Traffic Engineering*. É admitida a possibilidade de *penultimate hop popping* nos túneis MPLS utilizados na condução e agregação de PWs.

10.4.2 CONFIGURAÇÃO ILUSTRATIVA DE USO DO VPWS

Vamos admitir, como exemplo ilustrativo do transporte de PDUs de camada 2 no VPWS, uma configuração de rede MPLS para transportar, por envelopamento e emulação, PDUs de uma rede *Ethernet* que suporta um serviço *port Ethernet* e duas VLANs 802.1Q.

A figura 10.3 representa a configuração da rede antes do uso da rede MPLS.

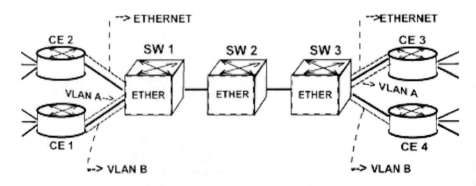

Figura 10.3 Configuração de rede *switched Ethernet*.

Virtual Private Wire Service (VPWS)

Vamos admitir que os dois lados dessa figura encontram-se em locais distantes e que exista uma rede MPLS atendendo a esses locais, sobre a qual se emula pelo VPWS uma conexão ponto-a-ponto entre os dois extremos da rede Ethernet.

Resulta então uma nova configuração dessa rede, ilustrada na figura 10.4.

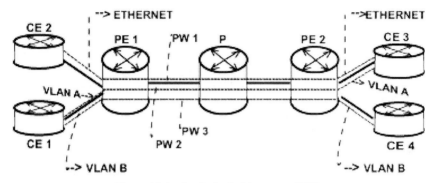

Figura 10.4 Emulação de *Ethernet* por VPWS.

Conforme mostra essa figura, foram constituídos três PWs entre os PE 1 e PE 2, no sentido do PE 1 para o PE 2. O PW 1 conecta-se ao CE 2 pela porta 1 do PE 1 e ao CE 3 pela porta 1 do PE 2, enquanto o PW 2 conecta-se ao CE 1 pela porta 2 do PE 1 e ao CE 3 pela porta 2 do PE 2. O PW 3, por sua vez, conecta-se ao CE 1 pela porta 3 do PE 1 e ao CE 4 pela porta 3 do PE 2. Os PWs são identificados pelos respectivos valores de PW *label*.

Nesse caso, as portas do PE 1 e as portas do PE 2 suportam três diferentes *attachment circuits* (ACs), definidos com base na identificação dessas portas nos respectivos PEs e possivelmente nos valores de identificação de VLAN contidos nos quadros MAC recebidos.

Como veremos no subitem 10.5.2 deste capítulo, existem dois modos de operação de VPWS PWs no caso de *Ethernet* sobre VPWS, que são independentes da existência ou não de VLANs de usuários externamente aos PWs. O que define o modo de operação são as configurações das interfaces correspondentes aos *attachment circuits*, que podem ser de um modo operacional ou de outro.

Registra-se que todos os PWs existentes entre o PE 1 e o PE 2, assim como entre qualquer outro par de PEs, encontram-se agregados em um túnel MPLS entre esses PEs. Os labels correspondentes a esses túneis são os *top labels* dos *label stacks* que envelopam os quadros PW transmitidos, no interior dos quais se encontram as informações do serviço de Telecomunicações emulado, inclusive PDUs de camada 2. Ressalva-se o caso de uso de ATM-LSRs ou FR-LSRs no *backbone* da rede MPLS, quando os labels do túnel LSP são codificados em valores de VPI/VCI e de DLCI, respectivamente.

Os procedimentos para a transmissão de MAC PDUS nesse tipo de rede encontram-se descritos no subitem 10.4.6 deste item.

10.4.3 PSEUDOWIRE LABELS

Para a constituição de PWs no VPWS estamos admitindo a existência de um túnel MPLS entre o par de PEs considerados, sendo os PE 1 e PE 2 da figura 10.4, por hipótese,

238 TCP/IP sobre MPLS

os PEs de ingresso e de egresso desse túnel, respectivamente. Para isso foram distribuídos previamente valores de *tunnel labels* pelo LDP (MPLS básico) ou pelo RSVP-TE (MPLS-TE), sendo esse túnel LSP comum a todos os PWs constituídos (e mesmo a outras aplicações do MPLS) sobre esse par de PEs.

O túnel LSP entre os PE 1 e PE 2 é composto pelos PE 1 e PE 2 e por uma sucessão de equipamentos P no interior da rede MPLS. Esses equipamentos P são transparentes com relação aos PWs constituídos no túnel LSP. Somente os PE 1 e PE 2 participam da constituição dos PWs.

Registra-se que, embora os PWs sejam conexões virtuais ponto-a-ponto, os túneis LSP que os suportam podem ser multiponto-a-ponto. Na realidade o PE 2, ao receber um pacote MPLS no túnel LSP, não é capaz de identificar o túnel utilizado, até mesmo por que pode ter ocorrido *penultimate hop popping*, o que inviabiliza essa identificação. O que importa ao PE 2 é a identificação do PW através do qual o PE 1 enviou o pacote MPLS.

A indispensável identificação do PW utilizado ocorre pela consulta ao PW *label* (também denominado VC *label*), cujo valor se encontra no *bottom shim label header* do pacote MPLS recebido. Esse valor de label é associado ao PW correspondente na fase prévia de sinalização, que consiste na utilização de mensagens LDP estendido entre os PEs pares (PE 1 e PE 2, em nossa hipótese). A utilização a ser dada ao pacote MPLS recebido pelo PE 2 é baseada no PW *label*.

Os PW *labels* encontram-se obrigatoriamente na formatação genérica, o que significa que são assignados por *per-platform label spaces* nos PE 1 e PE 2 e transportados no interior de *shim label headers* (como *bottom shim label headers*, no caso). Os labels de túneis LSP, ao contrário, podem ser formatados em conformidade com os LSRs que compõem a rede MPLS, tais como ATM-LSRs, FR-LSRs ou *frame-based* LSRs.

Se o *payload* for uma AAL5 PDU, por exemplo, isto significa que o PE 1 remontou essa PDU antes de enviá-la pelo PW selecionado. Assim o PE 2 tem que ser capaz de inferir do valor do PW *label* recebido a interface e os valores de VPI/VCI de saída para o CE de destino.

Se o *payload* for um quadro *Frame Relay*, a inferição do PE 2 deve conduzir à interface e ao valor de DLCI de saída para o CE de destino. Se o *payload* for um quadro *Ethernet*, essa inferição deve indicar a interface de saída para o CE2 e, se for o caso, indicar também um valor de identificador de VLAN (VLAN *tag*).

Esses processos são unidirecionais e devem ser repetidos independentemente de modo a permitir a comunicação nos dois sentidos.

A assignação e a distribuição de PW *labels* podem se realizar, como já mencionado, de modo estático ou mediante a utilização de extensões ao LDP, o que será visto adiante neste item. Observa-se que alguns tipos de PW requerem o uso de *control word*, o que será também abordado subseqüentemente.

Registramos finalmente que, como as PDUs de camada 2 que atravessam a rede MPLS blindam os datagramas IP nelas contidos relativamente à rede MPLS, os equipamentos PE, assim como os equipamentos P, não participam do processo de roteamento BGP relativo à rede global utilizada. Os endereços IP contidos nos datagramas IP entrantes na rede MPLS não são visíveis para os PEs e os Ps, ficando o roteamento BGP global a cargo dos CEs. Não existem, portanto, adjacências de roteamento BGP global entre PEs e CEs como ocorre no

Virtual Private Wire Service (VPWS) **239**

MPLS básico e em outras aplicações MPLS à exceção do VPLS, que será visto no próximo capítulo deste livro.

10.4.4 EXTENSÕES DO LDP PARA O VPWS

No VPWS a distribuição de labels de processa no modo UD (*unsolicited downstream*), o que significa a utilização exclusiva de mensagens *label mapping* na distribuição de PW *labels*. No LDP convencional esse tipo de mensagens contém como parâmetros mandatários o FEC TLV convencional e o *label* TLV, podendo conter também parâmetros opcionais, como vimos no capítulo 6 anterior.

O FEC TLV convencional consiste nos prefixos de endereços IP de destino, que são associados a valores de labels pelos LSRs para distribuição no sentido *upstream*. Como no VPWS os prefixos IP não são visíveis para a totalidade dos LSRs, inclusive os PES, o elemento de FEC que os conduz não é utilizado, tendo sido definidos pela RFC 4447, para compor o novo FEC TLV, dois novos elementos de FEC, que são os seguintes:

- *PWid* FEC *element*.
- *Generalized PWid* FEC *element*.

Esses dois elementos de FEC do FEC TLV não podem ser contidos simultaneamente em uma mesma mensagem *label mapping*, por representarem condições operacionais incompatíveis entre si. Como veremos adiante, o elemento de FEC normalmente utilizado é o *PWid* FEC *element*, utilizando-se também o *label* TLV como conteúdo das mensagens *label mapping*, sem a necessidade de outros TLVs convencionais complementares.

A RFC 4447 definiu também dois novos FEC TLVs complementares ao novo FEC TLV, utilizados exclusivamente quando do uso de elemento de FEC *generalized PWid* no FEC TLV original. Tais novos FEC TLVs são os seguintes:

- PW *interface parameters* TLV.
- PW *grouping* TLV.

Uma outra particularidade que diz respeito ao LDP estendido para o VPWS é o fato de que podem ser utilizadas sessões *targeted* LDP, uma vez que os PEs não são necessariamente vizinhos adjacentes.

O *label* TLV, que no LDP convencional é representado em diversas formas, dentre as quais a formatação em VPIs/VCIs e DLCIs além da formatação genérica, quando aplicado ao VPWS deve se restringir ao formato *generic label* TLV.

No que concerne à sinalização de PW *status*, a RFC 4447 definiu um novo TLV, denominado PW *status* TLV e categorizado como TLV de notificação, cujo código de identificação é 0x096A e que contém oito novos códigos de erro LDP.

10.4.4.1 O ELEMENTO DE FEC PWid

O novo elemento de FEC *PWid* pode ser utilizado quando as duas terminações de PW são provisionadas com os mesmos identificadores de PW, que é o modo usual de operação. O código associado a esse elemento de FEC é 0x80 (128 em decimais).

Esse elemento de FEC é formatado e codificado conforme a figura 10.5.

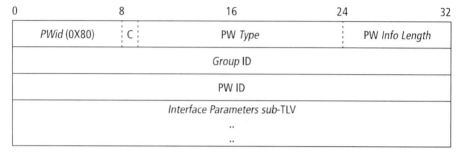

Figura 10.5 Formato e codificação do elemento de FEC *PWid*.

■ **Campo elemento de FEC PW*id* e C Bit**

O código que identifica o elemento de FEC *PWid* é 0x80 (128 em decimais). A respectiva codificação foi definida pelo IANA sob o título *IANA Allocations for Pseudowire Edge to Edge Emulation* (PWE 3). O *C bit* (*control word*) setado para 1 indica a utilização da *control word* nos quadros transmitidos, como será visto adiante neste item. Se for igual a zero não se utiliza *control word*.

■ **Campo PW Type**

O campo PW *type*, com 15 *bits*, representa o tipo de *pseudowire* conforme a relação parcial contida na figura 10.6.

Nessa figura as siglas não usuais têm os seguintes significados:

- CEM: *Circuit Emulation Service over* MPLS.
- CEP: *Circuit Emulation over Packet*.
- SAToP: *Structure-Agnostic* E1/T1 *over Packet*.
- CESoPSN: *Circuit Emulation Service over Packet Switching Network*.

Embora sejam relacionados muitos tipos de PW, os mais utilizados são aqueles referentes aos protocolos HDLC, PPP, *Ethernet*, ATM e *Frame Relay*. Alguns dizem respeito à transmissão de *bit streams* estruturados ou não-estruturados, e não serão discutidos neste livro.

■ **Campo PW Information Length**

Esse campo indica o comprimento dos campos PW ID e *interface parameter sub*-TLV, excluindo, portanto, o tamanho do campo *group* ID. Se o valor desse campo for igual a zero faz-se menção a todos os PWs referenciados no grupo ID, não existindo nenhum *interface parameter* TLV no elemento de FEC transmitido.

PW Type Description	PW Type
Frame Relay DLCI	0x0001
ATM AAL 5 SDU VCC *Transport*	0x0002
ATM *Transparent Cell Transport*	0x0003
Ethernet Tagged Mode	0x0004
Ethernet	0x0005
HDLC	0x0006
PPP	0x0007
SONET/SDH CEM	0x0008
ATM *n-to-one* VCC *Cell Transport*	0x0009
ATM *n-to-one* VPC *Cell Transport*	0x000A
IP *Layer 2 Transport*	0x000B
ATM *one-to-one* VCC *Cell Mode*	0x000C
ATM *one-to-one* VPC *Cell Mode*	0x000D
ATM AAL 5 PDU VCC *Transport*	0x000E
SONET/SDH CEP	0x0010
E1 SAToP	0x0011
T1 SAToP	0x0012
CESoPSN *Basic Mode*	0x0015
Frame Relay DLCI	0x0019

Figura 10.6   Relação parcial de tipos de VPWS PWs.

Campo Group ID

Esse campo representa um valor arbitrário de 32 *bits* referente a um grupo de PWs dentro do PW *space*. A utilidade desse mecanismo consiste na possibilidade de envio de mensagens *label withdraw* ou mensagens *status notification* no modo *wildcard* para PEs remotos. No modo *wildcard* a informação enviada nessas mensagens dizem respeito à totalidade dos PWs contidos no grupo, o que simplifica o processo de notificação.

Campo PW ID

Esse campo representa um outro valor arbitrário de 32 *bits* que, juntamente com o *group* ID, identifica totalmente um determinado PW. Os valores de *group* ID e PW ID no elemento de FEC *PWid* devem ser os mesmos em ambas as terminações do PW.

Campo Interface Parameters Sub-TLV

Esse campo, de tamanho variável, é utilizado para a comunicação de parâmetros relativos à interface, particularmente no que diz respeito às MTUs assignadas aos *attachment circuits*. Ele transporta, para isso, o i*nterface* MTU *sub*-TLV.

242   TCP/IP sobre MPLS

No VPWS, ao tamanho de datagramas IP conduzidos na rede MPLS, devem ser adicionados, além dos tamanhos referentes aos labels acrescentados, também o tamanho dos *headers* e *traillers* de camada 2 conduzidos e, possivelmente, o tamanho da *control word*. Isso pode significar um aumento de até 30 *bytes* no tamanho do pacote. Assim, são necessários cuidados especiais para se evitar a fragmentação ou descarte de quadros, sendo o *interface* MTU *sub*-TLV utilizado como mecanismo nesse processo preventivo.

O campo *interface parameters sub*-TLV pode conduzir também parâmetros opcionais, tais como o *opcional interface description string sub-TLV*. Esse parâmetro é utilizado para o envio de uma descrição administrativa de uma interface para o PE remoto, e tem o tamanho máximo de 80 octetos.

10.4.4.2   O ELEMENTO DE FEC GENERALIZED PW*id*

O novo elemento de FEC *generalized PWid* requer que as duas terminações de um PW tenham identificações próprias, sendo então os PWs identificados como um par de identificadores de suas terminações.

Esse novo elemento de FEC utiliza o código 0x81 e não contém qualquer campo correspondente ao *group* ID do elemento de FEC *PWid*. Essa funcionalidade é provida pelo novo PW *grouping* TLV, de caráter opcional. Do mesmo modo o campo *interface parameter sub*-TLV não é contido no elemento de FEC *generalized PWid*, sendo a sua funcionalidade suprida pelo novo e opcional *interface parameters* TLV.

▪ Attachment Identifiers

Conforme menção no subitem 10.2.2 anterior, algumas funcionalidades complementares dos PWs que se tornem necessárias podem ser implementadas nos PEs, externamente às terminações dos PWs. Esse conjunto de funções recebe a denominação de *forwarders*, sendo os *forwarders* associados às respectivas terminações de PW através de *attachment identifiers* (AIs). Assim, um PW pode ser identificado por um par de AIs, sendo essa a forma de identificação utilizada pelo elemento de FEC *generalized PWid*.

É freqüentemente conveniente considerar diferentes *forwarders* como membros de um grupo, agrupando também, em conseqüência, um conjunto de PWs. Utiliza-se nesse caso um identificador para cada grupo de *forwarders*, denominado *attachment group identifier* (AGI). O identificador de cada *forwarder* passa a denominar-se *attachment individual identifier* (AII). Um *forwarder*, em conseqüência, é identificado por uma *tuple* <AGI,AII>, e um PW por um par associado dessas *tuples*.

Os valores de AGI são os mesmos nos dois extremos do PW, mas os valores de AII podem ser diferentes. Foram então separados os valores de *source attachment individual identifier* (SAII) e de *target attachment individual identifier* (TAII).

Com o objetivo de definir bidirecionalmente um PW, utiliza-se o elemento de FEC *generalized PWid* nos dois sentidos de transmissão como instrumento para associar os respectivos valores de SAII e TAII nesses extremos.

Virtual Private Wire Service (VPWS) 243

- **Codificação do Elemento de FEC Generalized PWid.**

A figura 10.7 apresenta a formatação e a codificação do quadro do elemento de FEC *generalized PWid*.

0	8	16	24	32
Gen PWid (0x81)	C	PW *Type*	PW *Info Length*	
AGI *Type*		Length	AGI *Value*	
AGI *Value* (*Continuation*)			
AII *Type*		Length	SAII *Value*	
SAII *Value* (*Continuation*)			
AII *Type*		Length	TAII *Value*	
TAII *Value* (*Continuation*)			

Figura 10.7 Formato do quadro do elemento de FEC *generalized PWid*.

Os significados dos diversos campos desse quadro são facilmente obtidos pela simples observação dessa figura. Os códigos utilizados para os tipos de AGI e AII encontram-se definidos, conforme o IANA, em documentos normativos específicos para as aplicações que utilizam esses códigos.

O uso do elemento de FEC *generalized PWid* pode requerer, opcionalmente, a adição dos dois novos FEC TLVs, o que será abordado nos subitens subseqüentes.

10.4.4.3 INTERFACE PARAMETERS FEC TLV

Como dissemos anteriormente, esse FEC TLV só pode ser utilizado em associação com o elemento de FEC *generalized PWid*. Ele consiste de um TLV *header* seguido de parâmetros definidos como *interface parameters sub*-TLVs no elemento de FEC *PWid*.

O formato e a codificação do *interface parameters* FEC TLV podem ser visualizados na figura 10.8.

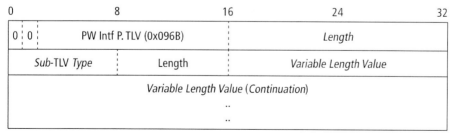

Figura 10.8 Codificação do *interface parameters* FEC TLV.

Como se observa nesta figura, o código correspondente a esse FEC TLV é o 0x096B.

10.4.4.4 PW *GROUPING* ID FEC TLV

Esse novo FEC TLV é também de uso exclusivamente associado ao elemento de FEC *generalized PWid*.

O formato e a codificação do PW *grouping* ID FEC TLV encontram-se na figura 10.9.

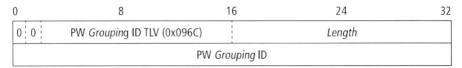

Figura 10.9 Formato do PW *grouping* ID FEC TLV.

Como se observa nessa figura, o código correspondente a esse FEC TLV é 0x096C.

O campo PW *grouping* ID é um número arbitrário com 32 *bits*, que representa um grupo de PWs. Da mesma forma do que ocorre no elemento de FEC *PWid*, a finalidade desse campo é possibilitar a distribuição, entre PEs, de mensagens *label withdrawal* e de mensagens *notification* no modo *wildcard*, na hipótese de ocorrência de falhas em portas físicas desses equipamentos. Na distribuição *wildcard* dessas mensagens o campo PW *info length* do elemento de FEC *generalized PWid* deve ser zerado, o que significa que apenas o *grouping* ID FEC TLV é enviado, em conjunto apenas com o *header* daquele elemento de FEC.

10.4.5 PROCEDIMENTOS DE SINALIZAÇÃO

Para uma breve descrição dos procedimentos de sinalização pelo LDP estendido para o VPWS vamos considerar como referência a figura 10.10.

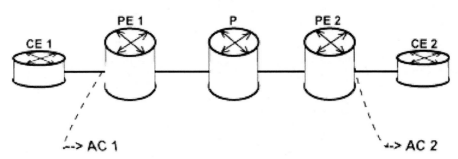

Figura 10.10 Configuração VPWS de referência.

Vamos descrever inicialmente os procedimentos para o estabelecimento de um PW de um determinado tipo entre os PE 1 e PE 2, para o caso de utilização do elemento de FEC *PWid*. No final acrescentaremos alguns aspectos concernentes à hipótese de uso do elemento de FEC *generalized PWid*.

Virtual Private Wire Service (VPWS) **245**

10.4.5.1 PROCEDIMENTOS PARA O ELEMENTO DE FEC PW*id*

Consideraremos, primeiramente, o PE 1 como LSR de ingresso e o PE 2 como LSR de egresso.Vamos admitir a existência de um túnel LSP no sentido do PE 2 para o PE 1, por onde trafegarão as mensagens LDP estendidas. Isso significa que o PE 2 possui o endereço IP do PE 1. Existe, na realidade, uma configuração *mesh* de túneis LSP entre os diversos pares de PEs.

A supervisão da rede atribui valores de PW ID e de *group* ID a duas terminações de PW do tipo desejado nos PE 1 e PE 2. Essas terminações são associadas a *attachment circuits* nos PE 1 e PE 2 correspondentes aos CEs desejados (CE 1 e CE 2, respectivamente, por hipótese). Lembramos que um *attachment circuit* pode corresponder a uma interface física e a um identificador virtual (por exemplo, um valor de DLCI no caso de *Frame Relay*).

O PE de egresso (PE 2), conhecendo o endereço IP do PE 1 (PE de ingresso), inicia o estabelecimento do PW desejado, identificado pelos valores de PW ID e *group* ID atribuídos e configurados nas duas terminações de PW escolhidas. Isso se processa pelo envio, pelo PE 2, de uma mensagem *label mapping* estendida contendo o PW TLV, e o FEC TLV contendo por sua vez o elemento de FEC *PWid*.

No elemento de FEC *PWid* estão contidos os valores de PW ID e *group* ID configurados, além da indicação do tipo de PW, da utilização da *control word* e da utilização dos *interface parameters sub*-TVLs aplicáveis. Lembramos que a utilização da *control word* e dos *interface parameters sub*-TLVs é opcional, devendo ser então indicada a sua ocorrência.

A mensagem *label mapping* foi enviada devidamente envelopada em um pacote MPLS, contendo o label de túnel LSP previamente estabelecido, que conecta o PE 2 ao PE 1 ao longo da rede MPLS *backbone*. Com base nas informações contidas nessa mensagem, o PE 1 registra em sua LFIB o valor de PW *label* recebido do PE 2, que está associado a um *attachment circuit* que conduz ao CE 1, registrando também o endereço IP do PE 2.

Os procedimentos citados acima se repetem no sentido do PE 1 para o PE 2, ficando estabelecido assim um PW bidirecional entre os PE 1 e PE 2, que se estende, via *attachment circuits*, aos CE 1 e CE 2 respectivamente. O elemento de FEC *PWid* é repetido na mensagem *label mapping* enviada pelo PE 1 para o PE 2. O valor de PW *label* enviado, todavia, é independente do valor de PW *label* no sentido oposto.

Para complementar o processo de controle no sentido de possibilitar o envio de PDUs de camada 2 do CE 1 para o CE 2, por exemplo, o processo de roteamento entre os CEs (transparente para a rede MPLS) indica ao CE 1 que para atingir o prefixo correspondente ao endereço IP do sistema de destino (supostamente pertinente ao *site* que engloba o CE 2), o *next-hop* é o CE 2, identificando também a sua interface de saída a ser utilizada (que leva ao PE 1).

Um processo de camada 2 complementar de resolução de endereços, estático ou dinâmico, indica ao CE 1 o endereço de subinterface lógica que conduz ao CE 2 (um valor de DLCI, por exemplo), que por sua vez aponta o *attachment circuit* no PE 1 associado ao PW PE 1-PE 2 correspondente.

246   TCP/IP sobre MPLS

10.4.5.2   PROCEDIMENTOS PARA O ELEMENTO DE FEC GENERALIZED PW*id*

Existem alguns aspectos específicos relativos aos procedimentos de sinalização para o caso de utilização do elemento de FEC *generalized PWid*. Como vimos, esse elemento de FEC contém os valores de AGI, SAII e TAII.

Como o valor de AII no PE de egresso (SAII) é diferente do valor do AII no PE de ingresso (TAII), é necessário que o PE 2 (PE de egresso) tenha conhecimento do endereço IP do PE 1, assim como do valor do TAII. O valor do TAII contido na mensagem *label mapping* enviada pelo PE 2 para o PE 1 identifica uma instância do processo *forwarder* no PE 1, que por sua vez se encontra associado a um *attachment circuit* conectado ao CE 1.

Como resultado, fica estabelecida, ao final do processo, uma associação entre os CE 1 e CE 2 através do PW estabelecido e dos *attachment circuits* associados a esse PW, como ocorre no caso de utilização do elemento de FEC *PWid*.

Se um PE de ingresso não é capaz de mapear um valor de TAII recebido a uma instância do *forwarder* nele contido, esse PE deve enviar uma mensagem *label release* como resposta, com o *status code* indicando *unassigned/unrecognized* TAII, encerrando o processamento da mensagem *label mapping* recebida. Essa mensagem *label release* deve conter o mesmo elemento de FEC *generalized PWid* recebido na mensagem *label mapping*, com a inversão, no entanto, dos valores de SAII e TAII. O *interface parameters* FEC TLV não deve ser enviado nessa mensagem.

10.4.6   TRANSMISSÃO DE PDUs DE CAMADA 2

Suponhamos que o CE 1 tenha recebido um datagrama IP, cujo endereço IP de destino indica, na tabela de roteamento, o CE 2 como *next-hop*. Um registro complementar indica o endereço de camada 2 que o CE 1 deve utilizar para atingir o devido *attachment circuit* no PE 1 (como resultado do processo de resolução de endereços previamente efetivado).

O CE 1 envelopa então o datagrama IP em uma PDU de camada 2, e a envia para o devido *attachment circuit* no PE 1. Ao receber essa PDU, o PE 1 identifica, a partir do *attachment circuit* de entrada, o PW a ser utilizado. À PDU de camada 2 são acrescentados então, sucessivamente, o PW *label* e o *tunnel label* . O PE 1 envia então o pacote MPLS assim montado pelo túnel LSP que conduz ao PE2.

Ao receber o pacote MPLS, o PE 2 identifica o PW com base no PW *label*, e em conseqüência o *attachment circuit* de saída. A função NSP realiza, se necessária, a translação de endereços de camada 2. A *control word*, se existir, é também processada.

Estando tudo correto, a PDU de camada 2 é então transmitida pelo PE 2 para o CE 2 pelo *attachment circuit* indicado. O CE 2 processa o *overhead* da PDU de camada 2 e obtém o datagrama IP de origem. A partir desse momento, o datagrama IP é enviado ao seu destino conforme os procedimentos convencionais do TCP/IP.

10.4.7   SINALIZAÇÃO DE PSEUDOWIRE STATUS

A sinalização de PW *status* no VPWS pode ocorrer por dois métodos:

Virtual Private Wire Service (VPWS) 247

- Por mensagens l*abel withdraw* (método LDP convencional).
- Por mensagens *notification* contendo o PW *status* TLV.

Em qualquer um desses métodos um PW *label* não deve ser retirado a não ser por um comando administrativo da supervisão da rede ou quando a configuração do PW é inteiramente deletada. Se o *binding label-to*-PW não está disponível, o PW deve ser considerado em estado de desativação.

A aplicação dos métodos de sinalização de PW *status* deve ser precedida por uma negociação de PW *status* entre os PEs pares LDP. Essa negociação deve ser tentada quando do estabelecimento inicial de um PW, por meio de inclusão de um PW *status* TLV na primeira mensagem *label mapping* enviada.

10.4.7.1 USO DE MENSAGENS LABEL WITHDRAW

Esse método, legado do LDP convencional, consiste no uso de mensagens *label withdraw* para sinalização do estado dos VPWS PWs e do estado dos respectivos *attachment circuits*.

Se no processo de negociação de PW *status*, pelo método, legado um dos PEs não estiver capacitado para suportá-lo, esse PE deve enviar uma mensagem *label release* para o seu par com a seguinte indicação de erro:

- Label withdraw PW *status method not suported*.

10.4.7.2 SINALIZAÇÃO POR PW STATUS TLV

A RFC 4447 definiu um novo TLV para sinalização de *status*, denominado PW *status* TLV, cujo código de identificação é 0x096A. Ficou assim definida uma nova alternativa para o processo de retirada dos *bindings* que perderam a sua validade.

O uso do novo PW *status* TLV possibilita a sinalização de uma maior variedade de estados que o método convencional. Para que ele seja utilizado os PEs devem notificar a sua intenção quando do envio da mensagem *label mapping* inicial. Se o PE par não suportar esse novo método, os dois PEs revertem para o método convencional.

O PW *status* TLV é transportado em mensagens *notification*, e o seu campo *value* (PW *status code*), com 32 *bits*, indica os códigos de *status* para PWs. A figura 10.11 apresenta o formato do PW *status* TLV.

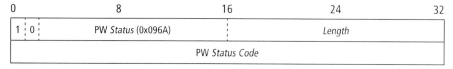

Figura 10.11   Formato do PW *status* TLV.

O campo *status code* pode ter significado próprio, o que possibilita a indicação de mais de uma falha em cada notificação.

O formato de uma mensagem *notification* contendo um PW *status* TLV encontra-se representado na figura 10.12.

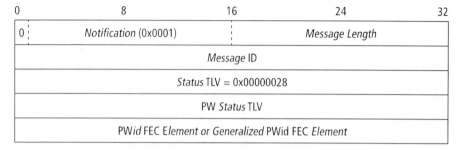

Figura 10.12 Formato de mensagem *notification* com um PW *status* TLV.

O valor do *status* TLV igual a 0x00000028 indica que o PW *status* TLV é o campo consecutivo. Como esse tipo de notificação não diz respeito a qualquer mensagem particular, o campo *message* ID é setado para zero.

A presença do *PWid* FEC *element* ou do *generalized PWid* FEC *element* na mensagem *notification* objetiva prover a identificação do PW cujo *status* está sendo sinalizado. O campo correspondente a esses FEC *elements* não deve incluir os *interface parameters sub-TLVs*, por não terem significado. Quando um PE encontra um erro esse campo possibilita a notificação *wildcard* desse erro, por meio do campo *group* ID do *PWid* FEC *element* ou por meio do PW *grouping* ID TLV que segue em complemento ao *generalized PWid* FEC *element*.

O campo *status* TLV das mensagens *notification* do LDP convencional passa a apresentar, para o LDP estendido para o VPWS, novos valores de *status code*, como mostra a figura 10.13.

Value	Description
0x00000024	Illegal C-Bit
0x00000025	Wrong C-Bit
0x00000026	Incompatible Bit-Rate
0x00000027	CEP-TDM *Mis-Configuration*
0x00000028	PW *Status* TLV
0x00000029	*Unassigned / Unrecognized* TAI
0x0000002A	*Generic Misconfiguration Error*
0x0000002B	Label Withdraw PW Status Method

Figura 10.13 Novos valores de *status code*.

O valor 0x00000028 nessa figura, por exemplo, indica a presença do PW *status* TLV na mensagem *notification*.

10.4.8 A SUBCAMADA CONTROL WORD

Na pilha de camadas da arquitetura PWE 3 apresentada na figura 10.2, anteriormente, neste capítulo verifica-se a existência de uma subcamada opcional denominada *encapsulation*, situada entre o PW *demultiplexer* (PW *label*, no caso do VPWS) e o *payload* do pacote VPWS. A *control word* é um exemplo dessa subcamada, utilizada obrigatória ou opcionalmente, conforme o caso, no envelopamento de PDUs de camada 2 (*payload* do pacote VPWS na figura 10.2) durante o seu transporte através de um PW. O objetivo da *control word* é possibilitar a realização de algumas funções externamente às PDUs de camada 2 transportadas no PW.

Como vimos anteriormente neste capítulo, as aplicações de camada 2 que utilizam a *control word* devem indicar essa utilização por meio do setamento para 1 do *bit* C contido no *PWid* FEC *element* ou no *generalized PWid* FEC *element*. Em uma aplicação em que é mandatório o uso da *control word*, se o *bit* C for recebido com o valor zero, o PE receptor deve enviar uma mensagem *label realese* com um *illegal C-bit status code*.

10.4.8.1 USO DA CONTROL WORD

Se um PE é capaz de processar de forma não mandatória a *control word*, ele deve ser configurado com um parâmetro que especifique se o uso da *control word* é *preferred* ou *not preferred*. Para cada PW deve existir um valor *default* para esse parâmetro. Se um PE não é capaz de processar a *control word* ele deve ser configurado com o uso *not preferred* da *control word*.

Se ambos os PEs preferirem utilizar a *control word*, ela será utilizada mediante a troca de mensagens *label mapping* com o *bit* C igual a 1. Basta um dos terminais não preferir para que a *control word* não seja utilizada, ocorrendo então a troca de mensagens com o *bit* C igual a zero.

Caso um PE indique inicialmente a não preferência pelo uso da *control word*, mas o receptor responda com uma indicação de preferência pela sua utilização, deve ser enviada pelo primeiro PE uma mensagem *label withdraw* com um *wrong C-bit status code*, seguida por uma outra mensagem *label mapping* com o *bit* C igual a zero. A *control word* não será utilizada, conseqüentemente.

10.4.8.2 TIPOS E FORMATOS DA CONTROL WORD

Conforme a RFC 4385 existem dois formatos gerais de *headers* aplicáveis em *control words* no VPWS, cuja utilização depende da função a ser por elas desempenhadas. Tais formatos são os seguintes:

- PW MPLS *control word* (PWMCW).
- PW *associated channel header* (PWACH).

As *control words* no formato PWMCW destinam-se ao envelopamento de quadros de tráfego de usuários, enquanto aquelas no formato PWACH destinam-se a funções tais como OAM. A denominação *control word* é normalmente utilizada para as PWMCWs, o que fica subentendido subseqüentemente neste capítulo.

10.4.8.3 PW MPLS CONTROL WORDS (PWMCWs)

As *control words* (PWMCWs, na realidade) podem se apresentar em duas opções:

- *Generic control words*.
- *Preferred control words*.

A opção pelo tipo de *control word* depende do protocolo de camada 2 encapsulado e do modo de encapsulamento utilizado. No item 10.6 adiante neste capítulo, referente ao encapsulamento do ATM no VPWS, o uso dessas opções de tipo de *control word* será evidenciado.

■ **Generic Control Words**

O formato genérico, aplicável às *generic control words*, encontra-se na figura 10.14.

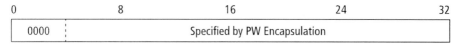

Figura 10.14 Formato das *generic control words*.

A utilização do formato genérico de *control words* será visto subseqüentemente neste capítulo.

■ **Preferred Control Words**

O formato *preferred*, relativo às *preferred control words*, pode ser visualizado na figura 10.15.

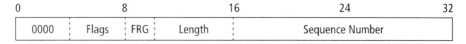

Figura 10.15 Formato das *preferred control words*.

Os *flags bits* são utilizados para sinalização e transporte de valores de parâmetros concernentes ao protocolo de camada 2 envelopado. Por exemplo, no caso do *Frame Relay* esses *flags* podem reproduzir o FECN *bit*, o BECN *bit* o DE *bit* e o C/R *bit*. No ATM, como outro exemplo, podem ser codificados o *bit* EFCI e o *bit* CLP. A sua utilização será ilustrada em subitens adiante neste capítulo.

Os FRG *bits* (*fragmentation bits*), em número de dois, são utilizados quando ocorre fragmentação de PW *payloads*, conforme definição em andamento no IETF. Quando se utiliza um tipo de PW que nunca admite fragmentação, esses *bits* podem ser utilizados como *flags* com propósito geral.

O campo *length* é utilizado para indicar a presença e permitir a retirada de *padding* no MPLS *payload*. Se esse *payload* (que representa a soma da *control word* com o PW *payload*) for menor que 64 octetos o seu valor será transposto para o campo *length*, o que indica a existência e o tamanho do *padding*. Se for menor que 64 octetos, o campo *lenght* recebe o valor zero, o que indica inexistência de *padding*.

O campo *sequence number* (16 *bits*) implementa a função de seqüenciamento, que é específica para cada tipo de PW. A especificação do encapsulamento pelo PW pode definir um mecanismo próprio a ser utilizado, ou pode apontar para o uso do mecanismo descrito abaixo.

Esse mecanismo estabelece que quando o par de PEs suporta seqüenciamento e essa funcionalidade está implementada no PW, então o número de seqüência, codificado como um número inteiro e de forma circular, deve iniciar com o valor 1. Os incrementos devem ser unitários, sendo que o valor de seqüência retorna a 1 após atingir 65.535. Se não ocorrer as condições necessárias acima citadas, o número de seqüência deve ser setado para zero em todos os pacotes transmitidos no PW.

Quando um pacote é recebido, o PE de egresso compara o número de seqüência no pacote com o *expected sequence number*, para constatar a eventual perda de seqüência. Se o pacote estiver fora de seqüência, ele poderá ser descartado ou reordenado, a critério do PE de egresso. Se o PE de egresso tiver negociado a não utilização do seqüenciamento e receber um pacote com o número de seqüência diferente de zero, ele deve enviar uma mensagem PW *status* indicando falha na recepção e desabilitar o PW.

10.4.8.4 FORMATO PW ASSOCIATED CHANNEL HEADER (PWACH)

Um canal associado se torna necessário para algumas funcionalidades dos PWs. Esse canal é multiplexado nos PWs juntamente com os canais destinados a pacotes de tráfego de usuários, utilizando o mesmo caminho percorrido por esses pacotes. Um canal associado não constitui, porém, um PW *channel type* definido pela RFC 3985.

No VPWS o PW *associated channel* (PWAC) apresenta o *header* formatado conforme a figura 10.16.

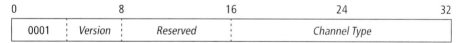

Figura 10.16 Formato do PW *associated channel header*.

Os *bits* iniciais 0001 serão abordados no subitem 10.4.8.5 a seguir. O campo *version* recebe o valor zero, representando a versão atual do PWACH. O campo *reserved* deve ser zerado na origem e ignorado no destino

O campo *channel typ*e é definido no IANA PW *associated channel types*. O valor 0x21 indica que o canal associado transporta um pacote IPv4, enquanto o valor 0x57 indica o transporte de um pacote IPv6.

10.4.8.5 AS FUNÇÕES DA CONTROL WORD

A *control word* desempenha as seguintes funções:

252 TCP/IP sobre MPLS

- Controle de seqüenciamento de pacotes.
- Indicação e remoção de *padding*.
- Funções de OAM.
- Codificação de parâmetros dos protocolos de camada 2.
- Auxílio na fragmentação de *payloads*.
- Impossibilitação de ECMP (*equal-cost multi-path load-balancing*).
- Outras funções de caráter geral.

As funções relativas a controle de seqüenciamento, indicação e remoção de *padding* foram já abordadas anteriormente neste item. As funções de OAM realizam-se pela utilização do PWAC.

A codificação de parâmetros dos protocolos de camada 2 será vista nos itens finais deste capítulo, que dizem respeito ao encapsulamento das diferentes opções de protocolo de camada 2.

*O auxilio na fragmentação de PW payload*s se efetiva através dos dois FRG *bits*, citados anteriormente. Por outro lado, pela utilização dos *flags bits* e dos FRG *bits* na hipótese de não ocorrência de fragmentação, fica aberta a possibilidade de outras funções de caráter geral para a *control word*.

Vamos aqui abordar o uso da *control word* como mecanismo que impossibilita a ocorrência de ECMP em PW PDUs. O mecanismo ECMP, que não deve ser utilizado em PW PDUs, tem como procedimento inicial a inspeção do *header* da PDU MPLS para verificar o protocolo de camada de rede utilizado. Se for o IPv4, o primeiro *nibble* (4 primeiros *bits* de um octeto) tem o valor 4 (0x0100), e se for o IPv6 o valor desse *nibble* tem o valor 6 (0x0110).

É preciso evitar a possibilidade de se confundir o primeiro *nibble* das *control words* com esses valores. Para que isso aconteça, utiliza-se o valor zero (0x0000) para o primeiro *nibble* das *control words* com o formato PWMCW e o valor 1 (0x0001) para esse *nibble* das control words com o formato PWACH. Caso não fosse dessa forma, poderia acidentalmente ocorrer a interpretação errônea da um PW PDU *header* como um pacote IP, o que agravaria a questão de seqüenciamento de pacotes no VPWS.

10.4.9 CONSIDERAÇÕES SOBRE SEGURANÇA

A RFC 4447 apresenta algumas considerações sobre segurança em aplicações do VPWS separadamente para o plano de dados e para o plano de controle.

10.4.9.1 SEGURANÇA NO PLANO DE DADOS

Com relação à segurança durante a transmissão de uma PDU de camada 2 encapsulada por um VPWS PW, as seguintes áreas devem ser consideradas com maior atenção:

- Fraude (*spoofing*) em VPWS PDUs.
- Alteração de VPWS PDUs.
- Privacidade de VPWS PDUs.

A concepção expressa na RFC 4447 é a de que a segurança no VPWS deve ser, no mínimo, igual àquela das redes de camada 2 emuladas quando utilizadas de modo nativo. Isso

Virtual Private Wire Service (VPWS) 253

significa que a rede MPLS deve ser isolada, no sentido de impedir a inserção de pacotes VPWS espúrios. A rede VPWS não deve aceitar pacotes de suas interfaces externas (de outros SPs, por exemplo), a não ser que os valores de *top labels* tenham sido corretamente distribuídos.

Fraude (*spoofing*) em VPWS PDUs significa a recepção, por um PE, de PDUs fraudulentamente inseridas no PW. A segunda área de consideração diz respeito à possibilidade de que uma PDU possa ser alterada ao longo de seu percurso pelo PW. Existe também o risco de que uma VPWS PDU possa ser fraudulentamente inspecionada no interior do PW, em detrimento da privacidade da informação.

10.4.9.2 SEGURANÇA NO PLANO DE CONTROLE

As considerações gerais relativas à segurança no plano de controle do VPWS são basicamente aquelas aplicáveis ao LDP convencional, abordadas no subitem 6.10.2 do capítulo 6 anterior.

O cuidado básico consiste em se evitar que conexões de PW sejam arbitrariamente aceitas, para que dois *attachment circuits* não sejam erroneamente associados. É preciso que se garanta que uma sessão LDP seja iniciada por um par LDP legítimo. Para isso, o conjunto de pares LDP legítimos deve ser pré-configurado ou deve ser descoberto dinamicamente.

São necessárias também medidas cautelares com relação aos endereços de origem, por meio de filtragens de endereços nos *border* LSRs, para se evitar fraudes nesses endereços. Deve ser utilizado também, a exemplo do que ocorre no LDP convencional, o algorítmo TCP MD5 *option*. Ressalva-se as limitações desse algorítmo, mencionadas no capítulo 6 anterior deste livro.

Quando o *generalized PWid* FEC *element* é utilizado, é preciso atenção na associação entre os *attachment circuits* e os *attachment interfaces* contidos nos *forwarders*. Problemas nessa associação, na realidade, decorrem normalmente de erro de configuração e não por ações fraudulentas.

10.5 ETHERNET SOBRE VPWS

10.5.1 ASPECTOS INICIAIS

Como foi visto anteriormente neste capítulo, a RFC 4448 representa a última posição do IETF no que concerne ao encapsulamento de *Ethernet* PDUs para transporte sobre o VPWS. Essa RFC define os procedimentos para a utilização de PWs para a emulação de serviços *Ethernet* ponto-a-ponto sobre o MPLS.

Essa solução é equivalente à utilização de redes, tais como ATM e *Frame Relay*, para a interconexão de redes *Ethernet* por meio de conexões ponto-a-ponto entre *bridges* ou *Ethernet switches* que constituem essas redes *Ethernet*. Ela se assemelha, por outro lado, ao serviço *Ethernet Line Service* (ELS ou E-*Line*), definido pelo *Metro Ethernet Forum* (MEF) para serviços *Ethernet* ponto-a-ponto (P2P).

254   TCP/IP sobre MPLS

Para a revisão de uma abordagem básica das redes *Ethernet* recomendamos a leitura do subitem 7.4.3 do capítulo 7 anterior. O serviço consistindo no envelopamento de *Ethernet* PDUs para transporte no VPWS recebe a denominação EoMPLS (*Ethernet over* MPLS).

Em uma configuração de EoMPLS, a função NSP é utilizada para o processamento de funções requeridas para as *Ethernet* PDUs, antes e após as terminações dos PWs. Por exemplo, no NSP de ingresso os campos *preâmbulo* e FCS são retirados, enquanto no NSP de egresso esses campos, particularmente o FCS, são reinseridos. Outro exemplo são as possíveis funções de adição, retirada e alteração de valores de VLAN *tag* contidos nas *Ethernet* VLAN PDUs.

A retirada do campo FCS pode resultar na perda da transparência da integridade do *payload* da *Ethernet* PDU. Um método opcional para garantir essa integridade encontra-se em fase de definição pelo IETF. Esse novo método denomina-se PWE 3 *Frame Check Sequence Retention.*

Cabe às terminações dos PWs as operações necessárias ao estabelecimento e à manutenção dos PWs e para o encapsulamento e desencapsulamento das Ethernet PDUs para a sua transmissão pelo VPWS.

A RFC 4448 especificou ainda os seguintes aspectos para o serviço *Ethernet* sobre o VPWS:

- As *Ethernet* PDUs devem ser homogêneas em ambos os lados da rede MPLS, isto é, devem ser ambas *Ethernet* PDUs ou *Ethernet* VLAN PDUs. É possível, embora não especificada, a transmissão de PDUs heterogêneas por meio de funcionalidades contidas nos NSPs.
- Na definição de MTUs devem ser considerado o *overhead* introduzido pelo MPLS, pelo VPWS e pela eventual *control word.*
- Devem ser considerados procedimentos de *QoS* para o correto funcionamento do serviço.

10.5.2   MODOS DE OPERAÇÃO DE PWs

As *Ethernet* PDUs encapsuladas podem conter ou não VLAN *tags* definidos pelo padrão IEEE 802.1Q para a constituição de VLANs. Para a transmissão dessas PDUs, os PWs podem operar de duas formas:

- *Raw mode.*
- *Tagged mode.*

10.5.2.1   RAW MODE

No *raw mode*, também denominado *Ethernet port mode*, a premissa básica é a de que o PW representa uma conexão virtual entre duas portas *Ethernet*. As *Ethernet* PDUs que entram na PW, contendo ou não *tags* IEEE 802.1Q, são transmitidas transparentemente até a terminação PW de egresso. Nesse modo não pode ocorrer multiplexação estatística de um PW.

O PW *type* 0x0005 identifica o encapsulamento de *Ethernet* PDUs no *raw mode.*

10.5.2.2 TAGGED MODE

No *tagged mode*, também denominado *Ethernet* VLAN *mode*, o PW, identificado pelo *attachment circuit* e pelo valor de VLAN *tag*, representa uma conexão virtual entre duas terminações de uma VLAN. Opcionalmente a operação *no tagged mode* possibilita a alteração do valor de VLAN *tag* pelo PE de egresso (por meio da função NSP), permitindo assim a comunicação entre duas VLANs.

O PW *type* 0x0004 identifica o encapsulamento de *Ethernet* PDUs no *tagged mode*, que se encontra ilustrado, em suas duas possibilidades operacionais, na figura 10.17.

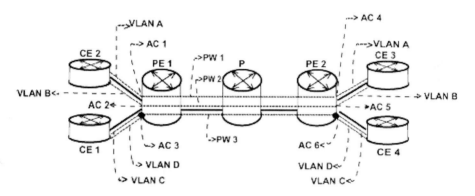

Figura 10.17 Operação de VPWS PWs no *tagged mode*.

Na parte superior dessa figura cada VLAN (VLAN A e VLAN B) utiliza um PW próprio (PW 1 e PW 2, respectivamente). Na parte inferior da figura duas VLANs (VLAN C e VLAN D) utilizam, por multiplexação estatística, um único PW (PW 3). A multiplexação estatística ocorre com base nos valores de *service-delimiting tags* contidos nas PDUs de cada VLAN que compartilha um PW.

10.5.3 REQUESTED VLAN ID SUB-TLV

Quando da transmissão de uma mensagem *label mapping* para o estabelecimento de um PW destinado especificamente à transmissão de *Ethernet* PDUs no *tagged mode*, a RFC 4448 definiu um novo *interface parameter sub*-TLV, denominado *requested* VLAN ID *sub*-TLV. Esse *sub*-TLV corresponde ao código 0x06.

Esse parâmetro deve ser utilizado pelo PE de egresso para sinalizar ao PE de ingresso a sua capacitação para alterar (*rewriting*) o *tag* da VLAN *Ethernet* na saída do PW. Se o PE de ingresso receber esse *sub*-TLV indicando incapacitação, ele próprio deve reescrever o VLAN ID contido no VLAN *tag* para corresponder ao VLAN ID enviado pelo PE de egresso.

Se isto não for possível, e se não existir coincidência entre o valor de VLAN ID recebido na PDU e o valor de VLAN ID notificado para transmissão, o PW não deve ser constituído.

256 TCP/IP sobre MPLS

10.5.4 TIPOS DE VLAN TAGS

Os VLAN *tags* podem ser de dois tipos:

- *Service-delimiting tags.*
- *Non-service delimiting tags.*

A distinção entre os tipos de *tag* recebidos é determinada por configuração local no PE. Um quadro *Ethernet* pode conter mais de um *tag*, quando no máximo um deles é um *service-delimiting tag*, o qual, se existir, é o *tag* que se encontra mais externamente no quadro.

10.5.4.1 SERVICE-DELIMITING TAGS

Service-delimiting tag é um *tag* inserido na *Ethernet* PDU por um equipamento do SP e que é utilizado pelo SP para distinguir diferentes opções de tráfego. Por exemplo, tráfegos oriundos de diferentes usuários entrantes em um PE podem receber diferentes *service-delimiting* VLAN *tags* antes de seu envio para o PE. No *tagged mode*, como outro exemplo, *service-delimiting tags* são utilizados para mapear *Ethernet* PDUs nos respectivos PWs.

Se um PW opera no *tagged mode*, cada quadro enviado para o PW deve conter um *service-delimiting* VLAN *tag*. Se o quadro não possuir um *tag* dessa natureza, o PE deve inserir, por meio do NSP, um VLAN *tag* inócuo antes de enviá-lo para o PW. Essa é a única forma requerida. No lado da recepção o PE pode alterar, retirar ou manter intacto um *service-delimiting tag* antes de enviá-lo para o CE.

No *raw mode*, *service-delimiting tags* não são enviados para o PW. Se um desses *tags* for recebido, cabe ao NSP retirá-lo antes do seu envio para o PW. Nesse modo o PE pode ou não necessitar acrescentar um *service-delimiting tag* antes de enviar a *Ethernet* PDU para o CE. Todavia, esse PE não pode alterar ou remover qualquer tipo de *tag* presente no quadro.

Em qualquer hipótese, valores de *service-delimiting tags* têm significado exclusivamente local para uma determinada interface PE-CE.

10.5.4.2 NON-SERVICE DELIMITING TAGS

Non-service-delimiting tags são *tags* inseridos no quadro *Ethernet* por algum equipamento do usuário, e não tem qualquer significado para os PEs. Em ambos os modos de encapsulamento esses *tags* transitam transparentemente pelos PEs como parte integrante do *payload* dos quadros *Ethernet*.

10.5.5 PROCEDIMENTOS GENÉRICOS

Quando da transmissão de uma *Ethernet* PDU, o PE de ingresso realiza os seguintes procedimentos genéricos:

- Aceita a PDU com base em seu endereço MAC de destino.
- O NSP retira o FCS e o preâmbulo (se existir).
- Com base no *attachment circuit* de entrada o PE identifica o PW a ser utilizado.
- A *control word*, se necessária, é inserida para o envelopamento da PDU.
- O PW *label* é inserido, envelopando a *control word* PDU.

Virtual Private Wire Service (VPWS) **257**

- O label de túnel LSP é inserido, envelopando a PW PDU.
- O pacote MPLS é montado sobre a rede de camada 2 que suporta o MPLS.
- O pacote MPLS é transmitido.

Quando o pacote atinge o PE de egresso, todo o *overhead* do quadro é processado e então retirado. O NSP regenera o FCS, realiza o necessário processamento de VLAN *tags*, e transmite a *Ethernet* PDU resultante para o respectivo CE pelo devido *attachment circuit*.

10.5.6 ALGUNS ASPECTOS OPERACIONAIS

10.5.6.1 GERÊNCIA DE MTU EM LINKS PE-CE

Um PW só pode ser estabelecido se os valores de MTU em ambos os *links* PE-CE a ele associados são iguais. Se, apesar de medidas preventivas, um PE de egresso receber uma *Ethernet* PDU cujo tamanho exceda a MTU do link PE-CE de egresso, essa PDU deve ser descartada.

10.5.6.2 SEQÜENCIAMENTO DE QUADROS

Se houver necessidade de controle do ordenamento seqüencial de quadros, como o MPLS por si próprio não realiza essa função, é necessária a utilização da *control word* com esse propósito. Nesse caso, quadros recebidos fora de ordem devem ser descartados ou reordenados pela terminação PW de egresso.

No caso de *Ethernet* sobre VPWS a funcionalidade provida pela *control word* pode ser desnecessária, sendo que em algumas implementações iniciais a *control word* não foi utilizada. De qualquer forma, o PE de ingresso deve ser notificado da utilização ou não da *control word*.

10.5.6.3 PROCESSAMENTO DE ERROS EM QUADROS

Um pacote MPLS contendo uma PDU pode ser perdido, corrompido ou ter a sua ordem alterada no interior do PW utilizado. Os mecanismos de processamento nativos de erros em redes *Ethernet* devem ser ativados, competindo aos NSPs as medidas corretivas adequadas.

10.5.6.4 CONTROLE DE FLUXO

Para o controle de fluxo em uma rede *Ethernet* convencional foi definido o padrão IEEE 802.3x, cujo uso é opcional. Quando se utiliza esse padrão, essa utilização ocorre em um *link* entre dois nós *Ethernet*. No caso de *Ethernet* sobre VPWS essa função de controle pode existir apenas nos *links* PE-CE, não sendo aplicável nos PWs.

Essa função de controle de fluxo é exercida, basicamente, pelo envio de um quadro *Ethernet* especial, denominado *pause frame*, pelo nó que detecta uma condição de congestionamento. Se um PE detectar essa condição ele pode enviar um *pause frame* para o CE, podendo encerrar essa função assim que o desejar.

258   TCP/IP sobre MPLS

10.5.6.5   QUALITY OF SERVICE (QoS)

Os PRI *bits* (*priority bits*) contidos no campo TCI (t*ag control information*) dos *headers* de VLANs, definidos pelo padrão IEEE 802.1Q, podem ser transpostos para os EXP *bits* dos *shim label headers* correspondentes ao PW *label* e ao label de túnel LSP (lembramos que mesmo em caso de MPLS sobre ATM ou *Frame Relay*, o *top shim label header* é transmitido, com o valor de label igual a zero).

No PE de egresso os valores contidos nos EXP *bits* podem ser reinseridos nos PRI *bits* do campo TCI dos quadros de VLANs transmitidos para o respectivo CE.

Outros modos para o suporte de PW *QoS* sobre o MPLS são delineados na RFC 4448. Para maiores informações, além dessa RFC, podem ser consultados os padrões IEEE 801.1Q e IEEE 802.1P.

10.6   ATM SOBRE VPWS

10.6.1   ASPECTOS INICIAIS

A posição atual do IETF no que concerne o encapsulamento de *payloads* ATM para transporte sobre o VPWS encontra-se na RFC 4717. Essa RFC descreve os métodos que permitem aos provedores de serviços de rede oferecer serviços ATM emulados sobre redes MPLS, especificando os procedimentos para o encapsulamento de células ATM, de AAL 5 SDUs e de AAL 5 PDUs no interior de PWs próprios para esses propósitos.

Para uma revisão básica do ATM recomendamos a leitura do subitem 7.2.2 do capítulo 7 anterior. O serviço consistindo no envelopamento de ATM para transporte sobre o VPWS recebe a denominação ATMoMPLS (ATM over MPLS).

Esse serviço não oferece uma forma perfeita e completa de emulação dos serviços ATM. Algumas diferenças básicas para os serviços ATM tradicionais são as seguintes:

- A preservação da ordem de recepção de células ATM no VPWS só é possível com o uso da *control word*, o que é opcional em alguns casos.
- Alguns atributos dos *headers* das células são transparentes à rede MPLS, a exemplo da indicação de erros nesses *headers* provida pelo campo HEC (*header error control*).
- O plano de controle no que concerne à sinalização ATM é alterado no VPWS.

10.6.2   MÉTODOS DE ENCAPSULAMENTO

Os métodos de encapsulamento de ATM no VPWS são de dois tipos básicos:

- Encapsulamento de células ATM.
- Encapsulamento de quadros AAL 5 inteiros.

10.6.2.1   ENCAPSULAMENTO DE CÉLULAS ATM

O encapsulamento de células ATM pode ocorrer de dois modos:

- *N-to-one cell mode.*

Virtual Private Wire Service (VPWS)

- *One-to-one cell mode.*

O *N-to-one cell mode*, que é o único modo mandatário de envelopamento do ATM no VPWS, consiste no mapeamento, em um único PW, de células ATM recebidas por um PE de diferentes ATM VCCs ou ATM VPCs. No *one-to-one cell mode* apenas um ATM VCC ou ATM VPC é mapeado em um PW.

Em ambos os modos é possível a concatenação de células, isto é, em uma PDU transmitida em um PW podem estar contidas múltiplas células ATM. O objetivo dessa concatenação é aumentar a eficiência na transmissão de células ATM, pela redução do *overhead* de transmissão relativamente ao *payload* efetivo transmitido. O número de células concatenadas (um valor típico é de 28 células por PW PDU) e o tempo de espera para concatenação são decisões de implementação, que dependem de parâmetros tais como o valor de PMTU da rede e a natureza da classe de tráfego.

A concatenação de células ATM é uma facilidade opcional, sendo requerido apenas o envio de uma única célula por PW PDU. Alguns aspectos da concatenação de células diferem entre os modos *N-to-one* e *one-to-one*, o que será visto adiante neste item.

Esses modos de transmissão de células apresentam algumas características comuns:

- Todos os tipos de AAL são suportados.
- Células OAM são transportadas em conjunto com células de usuários, na mesma ordem em que são recebidas.
- O *campo* HEC dos *headers* das células ATM é retirado pelo PE de ingresso e reposto pelo PE de egresso.
- Os valores do EFCI *bit* e do CLP *bit* das células entrantes devem ser transportados na PW PDU, e os PEs podem trocar apenas valores desses *bits* iguais a zero para valores iguais a 1.
- Não existe um método definido para traduzir o campo EFCI das células ATM entrantes no PE de ingresso em uma função correspondente na rede MPLS, nem de indicar congestionamento na rede MPLS nas células saintes do PE de egresso.

10.6.2.2 ENCAPSULAMENTO DE QUADROS AAL 5

Essa forma de encapsulamento admite dois modos de ocorrência:

- AAL 5 SDU *frame mode.*
- AAL 5 PDU *frame mode.*

Em ambos os modos as células ATM que entram no PE de ingresso são remontadas de forma a constituírem as respectivas AAL 5 PDUs.

No AAL 5 SDU *frame mode* o PE de ingresso retira o *trailler* e o eventual *padding* da PDU AAL 5 remontada antes de seu envelopamento pelo PW. Após a recepção o PE de egresso recompõe a AAL 5 PDU com base nos parâmetros contidos na *control word* do respectivo pacote MPLS. Registra-se que o uso da *control word* é mandatário nesse modo.

No AAL 5 PDU *frame mode* as PDUs AAL 5 remontadas completas são envelopadas para a transmissão pelo PW. Isso traz algumas vantagens operacionais, embora signifique um aumento no *overhead* de transmissão.

260 TCP/IP sobre MPLS

De forma aplicável para ambos os modos, o PE de egresso refragmenta a PDU AAL 5 recebida ou remontada para a transmissão das células ATM resultantes para a rede ATM de egresso.

10.6.3 FORMATO GERAL DE ENCAPSULAMENTO

A figura 10.18 apresenta o formato geral do encapsulamento de ATM *service payloads* de serviço ATM em VPWS PWs.

MPLS *Transport Header*
PW *Header*
ATM *Control Word*
ATM *Service Payload*
MPLS *Transport Trailler*

Figura 10.18   Formato do envelopamento de ATM em VPWS PWs.

O MPLS *transport header* engloba o *header* de camada 2 que suporta o MPLS, acrescido do *top shim label header* do pacote MPLS (estamos supondo o uso de rede *backbone* MPLS) que identifica o túnel LSP que conduz a PW PDU ao PE de destino. O PW *header* é o *bottom shim label header*, que conduz o PW *label*.

A *control word*, já abordada no subitem 10.3.4.7 anterior deste capítulo, tem a forma de sua utilização para o caso do ATM sobre o VPWS função do modo de encapsulamento adotado, como veremos adiante neste item. Antecipamos, todavia, os seguintes pontos:

- A *preferred control word* é utilizada nos ATM *N-to-one cell mode* e ATM AAL 5 SDU *frame mode*.
- A *generic control word* é utilizada nos ATM *one-to-one cell mode* e ATM AAL 5 PDU *frame mode*.

O ATM *service payload* é também codificado em conformidade com o modo de encapsulamento adotado. O MPLS *transport trailler* se refere à eventual utilização de *trailler* no quadro do protocolo da rede de camada 2 que suporta o MPLS.

10.6.4 ATM N-TO-ONE CELL MODE

Esse modo de encapsulamento se baseia no modelo de mapeamento *multiple ATM connections*, que consiste no atendimento a múltiplos VCCs ou VPCs em um único PW.

Alternativamente, porém, o ATM *N-to-one cell mode* pode utilizar o modelo *single ATM connection*, quando um PW atende um único ATM VC. A utilização do modelo *single ATM connection* pode se justificar por razões de *QoS* ou de restauração de falhas na rede, sendo esse modelo o único indicado como requerido pela RFC 4717.

No caso mais simples o encapsulamento pode ser utilizado para transmitir uma única célula ATM por PW PDU. No entanto, com o propósito de prover maior eficiência no uso da

Virtual Private Wire Service (VPWS)

largura de banda disponível, diversas células ATM, originárias possivelmente de diferentes ATM VCs, podem ser encapsuladas em uma PW PDU. Essa facilidade, de caráter opcional, se denomina *cell concatenation*.

Devem ser considerados os seguintes aspectos para o ATM *N-to-one cell mode*:

- O uso da *control word* (*preferred control word*, no caso) é opcional, sendo que em caso de sua utilização os *bits* referentes a *length* e a *flags* não têm significado.
- Em decorrência da possibilidade de múltiplos ATM VCs em um PW, os *headers* das células ATM transmitidas devem conter os campos VPI/VCI.
- São transmitidos 52 *bits* para o encapsulamento de uma célula ATM com 53 *bits* (o campo HEC das células é retirado).

A figura 10.19 ilustra o encapsulamento de duas células ATM em uma PW PDU no caso de ATM *N-to-one cell mode*.

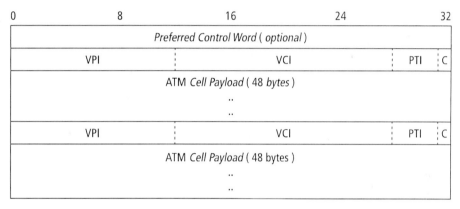

Figura 10.19 Encapsulamento de células ATM no *N-to-one cell mode*.

Os campos VPI/VCI são copiados das respectivas células ATM entrantes no PE de ingresso. Em casos particulares, o PE de egresso pode gerar novos valores de VPI/VCI quando da transmissão das células para a rede ATM de egresso. Como se observa, o campo HEC das células ATM foi retirado.

10.6.5 ATM ONE-TO-ONE CELL MODE

Esse modo de encapsulamento, de caráter opcional, suporta apenas o modelo *single* ATM *connection*.

Da mesma forma que o ATM *N-to-one cell mode*, o modo *one-to-one* admite a concatenação de células ATM. Como suporta um único ATM VC por PW, os campos VPI/VCI podem ser inferidos do próprio contexto de uso do PW, não sendo, portanto, necessário o seu envio no caso de emulação de um ATM VCC. Em sendo emulação de um ATM VPC, é necessária apenas a transmissão do campo VCI. Em decorrência resulta um ganho de eficiência de transmissão.

262 TCP/IP sobre MPLS

A utilização da *generic control word* é requerida nesse modo. Como esse tipo de *control word* contém um ATM *specific header* (1 octeto), não há necessidade de transmissão dos *headers* das células. Esse *header* específico para o ATM deve ser transmitido separadamente da *control word*, no entanto, para cada uma das células ATM concatenadas. Assim, considerando-se a transmissão do campo VCI, ocorre a utilização de 51 *bytes* para encapsulamento de uma célula de 53 *bytes*.

Uma vantagem adicional desse modo de encapsulamento de células sobre o modo *N-to-one* é que os parâmetros de *QoS* do VC atendido podem ser repassados para o *shim label header* do PW.

A figura 10.20 apresenta o encapsulamento de duas células ATM em uma PW PDU para o ATM *one-to-one cell mode*, na hipótese de emulação de um ATM VPC, quando apenas o campo VPI é retirado.

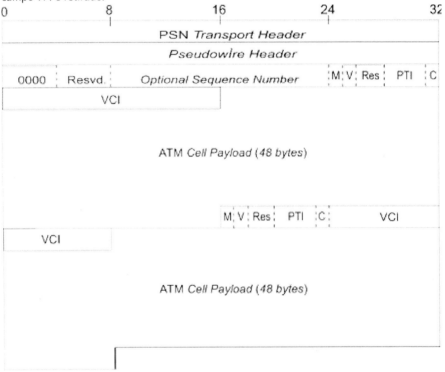

Figura 10.20   Encapsulamento de células no ATM *one-to-one cell mode*.

O ATM *specific header* possui a seguinte codificação:

- M *bit* (*transport mode*): indica se o pacote contém uma célula (M *bit* igual a zero) ou uma AAL 5 PDU (M *bit* igual a 1).
- V *bit* (VCI *present*): indica a presença do campo VCI (V *bit* igual a 1) ou a ausência do campo VCI (V *bit* igual a zero).

Virtual Private Wire Service (VPWS) **263**

- *Reserved bits*: devem ser zerados no ingresso e ignorados no egresso.
- PTI *bits* (*payload type identifier*): são três *bits* cujos valores são transpostos de cada *header* de células ATM. Esses *bits* transportam, na ordem, a indicação do tipo de célula, a função EFCI (*explicit forward congestion notification*) e funções U-U (*user-to-user*).
- C *bit* (*cell loss priority* – CLP): indica maior prioridade para a manutenção de uma célula no caso de congestionamento (C *bit* igual a 1) ou maior prioridade para descarte (C *bit* igual a zero).

10.6.6 ATM AAL5 SDU FRAME MODE

Esse modo opcional de encapsulamento possibilita o transporte de ATM AAL 5 CPCS-SDUs (*common part convergence sub-layer*) referentes a um ATM VC entrante na rede MPLS, mapeadas no correspondente PW. O PW utilizado é do tipo 0x0002 (ATM AAL 5 SDU VCC *transport*), conforme alocação da RFC 4446.

O modo de encapsulamento AAL 5 SDU é mais eficiente que o encapsulamento de células ATM em determinadas circunstâncias, e exige a função SAR (*segmentation and reassembly*) em ambas as interfaces CE-PE. Ocorre remontagem no ingresso e resegmentação no egresso.

Esse modo de encapsulamento apresenta algumas limitações:

- Células OAM podem ser enviadas em antecipação à AAL5 SDU a que correspondem, causando a necessidade de reordenamento dessas células, o que pode causar incorreções nas funções OAM.
- Se ocorrer *scrambling* da AAL5 PDU para fins de segurança, o PE não será capaz de extrair a AAL SDU.
- O CRC do *trailler* da AAL5 PDU não é transmitido, impossibilitando assim o controle de erros acurado no ATM VCC fim-a-fim.

O PE de egresso deve regenerar o PAD e o *trailler* da AAL5 PDU antes da operação de re-segmentação para a montagem das células ATM saintes.

O encapsulamento da AAL5 PDU ou de células administrativas (células OAM, por exemplo) requer o uso da *preferred control word*, cujos *flags bits* apresentam a seguinte codificação:

- T *bit* (*transport type*): indica se o pacote contém uma célula ATM administrativa (T *bit* igual a 1) ou uma AAL5 SDU (T *bit* igual a zero).
- E *bit* (EFCI): o PE de ingresso deve setar esse *bit* para 1 se o EFCI *bit* da última célula transportada for igual a 1, sendo que de forma contrária o E *bit* deve ser zerado.
- C *bit* (CLP): o PE de ingresso deve setar esse *bit* para 1 se o CLP *bit* de qualquer uma das células ATM transportadas for igual a 1, sendo que de forma contrária o C *bit* deve ser zerado.
- U *bit* (*command/response*): se existir interconexão entre *Frame Relay* e ATM nos termos do padrão FRF 8.1 do *Frame Relay Forum*, o *bit* menos significativo do campo CPCS-UU (CPCS *user-to-user*) do AAL 5 *trailler* deve conter o C/R *bit* do *Frame Relay*, que deverá ser transposto para o U *bit* da *control word* pelo PE de ingresso.

264 TCP/IP sobre MPLS

10.6.7 ATM AAL 5 PDU FRAME MODE

Esse modo opcional de encapsulamento possibilita a transmissão transparente de AAL 5 CPCS-PDUs referentes a um ATM VC entrante na rede MPLS, mapeadas no correspondente PW. Ele não apresenta as limitações citadas para o encapsulamento modo ATM AAL SDU, pelo fato de transmitir também o PAD e o *trailler* da AAL 5 PDU, com todos os seus parâmetros. Por exemplo, esse modo é transparente para a transmissão de células OAM e para a utilização de *scrambling* de PDUs para fins de segurança.

A fragmentação das AAL 5 PDUs pode ocorrer no PE de ingresso com dois propósitos:

- Atender o valor de PMTU da rede.
- Obter melhor controle sobre os valores de *delay* e de *jitter* na transmissão.

O uso da *generic control word* é mandatário, a exemplo do que ocorre no encapsulamento de células no modo ATM *one-to-one*. Nesse caso, entretanto, os *reserved bits* do campo ATM *specific* passam a ser três, e o campo PTI dá lugar ao U *bit* e ao E *bit*.

10.6.7.1 CODIFICAÇÃO DE BITS NA CONTROL WORD

Os M, V, *reserved* e C *bits* do campo ATM *specific* da *control word* foram já definidos para o encapsulamento de células no modo ATM *one-to-one*. Os U e E *bits* têm os seguintes significados:

- U *bit* (*user*): esse *bit* indica se o quadro contém a última célula da AAL 5 PDU e representa o valor do ATM UU *bit* da última célula contida no quadro.
- E *bit* (EFCI): esse *bit* transporta o valor do EFCI *bit* (*bit* intermediário do campo PTI) da última célula ATM do quadro.

O C *bit* passa a ser setado para 1 no ingresso se o CLP *bit* de qualquer uma das células ATM do quadro contiver o valor 1. No egresso, o valor do C *bit* é transposto para o CLP *bit* de todas as células ATM saintes.

10.6.7.2 FRAGMENTAÇÃO

O PE de ingresso pode não ser capaz de remontar uma AAL 5 PDU inteira, seja devido ao fato de exceder a PMTU da rede ou por que uma célula OAM entrou no PE de ingresso durante a remontagem dessa PDU. Por outro lado, a fragmentação pode ser motivada por se almejar uma determinada condição de *delay* e de *jitter*. Vale ressaltar que os valores de PMTU devem levar em consideração os tamanhos dos labels e da *control word*.

Devem ser seguidos os seguintes procedimentos no PE de ingresso:

- A fragmentação deve ocorrer nos limites das células no interior da AAL 5 PDU.
- O U *bit* deve receber o valor do ATM UU *bit* (*bit* menos significativo do campo PTI) da célula ATM recebida mais recentemente.
- Os E e C *bits* de cada fragmento devem ser setados conforme definições relativas ao encapsulamento de células no modo ATM *one-to-one*.

Virtual Private Wire Service (VPWS) 265

- Se uma célula OAM ou uma célula RM entrar no PE de ingresso a montagem deve ser interrompida, ocorrendo então o envio do fragmento que resultar seguido pelo envio da célula OAM ou RM usando encapsulamento de células no modo ATM *one-to-one*.

No PE de egresso a resegmentação objetiva reconstruir as células ATM contidas nos quadros transmitidos, fragmentados ou não fragmentados. Lembramos que em ambos os ATM *cell modes* as PDUs são remontadas pelo PE de egresso e depois resegmentadas para transmissão na rede ATM de egresso.

10.6.7.3 PROCEDIMENTOS NO PE DE EGRESSO

No ATM AAL 5 PDU *frame mode* o PE de egresso deve realizar os seguintes procedimentos relativamente às células obtidas após a resegmentação da AAL 5 PDU:

- O *bit* mais significativo do campo PTI deve ser setado para zero, indicando tratar-se de célula de usuário.
- O *bit* intermediário do campo PTI é setado para o valor do E *bit* do quadro.
- O *bit* menos significativo do campo PTI da última célula contida no quadro deve ser setado para o valor do U *bit* do campo ATM *specific* da *generic control word*.
- O *bit* do item anterior deve ser setado para zero nas demais células contidas no quadro.
- O CLP *bit* de cada célula ATM é setado para o valor do C *bit* do campo ATM *specific* da *generic control word*.
- As células devem ser transmitidas na ordem correta.

10.6.8 INTERFACE PARAMETERS SUB-TLVs ESPECÍFICOS PARA O ATM

As mensagens *label mapping* do LDP estendido para o VPWS utilizam, além dos *interface parameter sub*-TLVs de uso geral definidos na RFC 4447, um *interface parameter sub*-TLV específico para o caso de encapsulamento do ATM, denominado *maximun number of concatenated* ATM *cells sub*-TLV.

Esse *sub*-TLV, cujo código é 0x02, ocupa dois octetos e indica o número máximo de células ATM que podem ser concatenadas em uma PW PDU e que podem ser processadas pelo PE que o envia (PE de egresso). Ele é de uso obrigatório para os casos de PW tipos 3, 9, 0x0a, 0x0c e 0x0d, e não necessita utilizar os mesmos valores nos dois sentidos de transmissão do PW.

10.7 FRAME RELAY SOBRE VPWS

O método de encapsulamento de quadros *Frame Relay* para transporte sobre VPWS é definido pela RFC 4619. Como no caso de envelopamento de quadros ATM, o serviço *Frame Relay* emulado sobre o VPWS apresenta algumas diferenças relativamente ao serviço *Frame Relay* tradicional. Podem ser citadas as seguintes diferenças:

- Para a manutenção do ordenamento na transmissão de quadros passa a ser necessária a utilização da *control word*, que é contudo de caráter opcional.

266   TCP/IP sobre MPLS

- O serviço *Frame Relay* emulado através um PW não processa qualquer mensagem relativa a *status* ou alarmes do *Frame Relay* tradicional.
- Os parâmetros FECN e BECN são transparentes à rede VPWS.
- O mecanismo LMI (*local management interface*) do *Frame Relay* tradicional limita-se às interfaces locais do VPWS.

10.7.1 FORMATO GERAL DO ENCAPSULAMENTO

A figura 10.21 apresenta o formato geral do encapsulamento de quadros *Frame Relay* em PW PDUs.

MPLS *Transport Header*
PW *Header*
FR *Control Word*
FR *Service Payload*
MPLS *Transport Trailler*

Figura 10.21 Encapsulamento de *Frame Relay* em VPWS PW PDUs.

Os significados dos campos são os mesmos daqueles concernentes ao envelopamento de ATM em VPWS PWs, sendo as particularidades, para o caso do *Frame Relay*, vistas adiante neste item.

Observa-se que o conteúdo do campo FR *service payloa*d depende do modo de mapeamento. De um modo geral esse campo contém uma *Frame Relay* PDU.

10.7.2 MODOS DE ENCAPSULAMENTO

O encapsulamento de quadros *Frame Relay* em VPWS PWs admite dois modos de realização:

- *Frame Relay one-to-one mode.*
- *Frame Relay port mode.*

O *Frame Relay port mode* compartilha a mesma forma de encapsulamento que o caso do HDLC PW, e será descrito no item 10.3.8 adiante neste capítulo.

10.7.3 *FRAME RELAY ONE-TO-ONE MODE*

Esse modo de encapsulamento será descrito dentro da seguinte seqüência:

- *Control word.*
- Encapsulamento de quadros *Frame Relay*.
- Desencapsulamento de pacotes VPWS PW.
- Aspectos do plano de controle.
- *Interface parameters sub*-TLV específico para o *Frame Relay*.

10.7.3.1 CONTROL WORD

O uso da *control word* é requerido para o caso do envelopamento *Frame Relay one-to-one mode* em VPWS PWs, sendo adotada a *preferred control word*. Essa *control word*, além de suas funções básicas, destina-se ao transporte de informações específicas necessárias para a regeneração do quadro *Frame Relay* no PE de egresso.

A formatação da *control word* para o envelopamento *Frame Relay one-to-one mode* encontra-se na figura 10.22

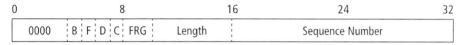

Figura 10.22 Formato da *control word* para encapsulamento *Frame Relay one-to-one mode*.

Os significados dos campos dessa *control word* são os seguintes:

- F *bit* (FR FECN): *forward explicity congestion notification*.
- B *bit* (FR BECN): *backward explicity congestion notification*.
- D *bit* (FR DE): *discard elegibility*.
- C *bit* (FR C/R): *command / response*.
- FRG *bits* (*fragmentation*): esses dois *bits* são utilizados quando da fragmentação de VPWS PW *payloads*. Se não ocorrer fragmentação eles podem ser utilizados como *flags* de propósito geral.
- Campo *length*: se a soma do tamanho do *Frame Relay payload* com o tamanho da *control word* for inferior a 64 octetos, esse campo corresponde ao valor dessa soma. Se for superior a 64 octetos, o campo *length* deve ser igual a zero, o que indica a não utilização de *padding*;
- Campo *sequence number*: esse campo representa um mecanismo que assegura a entrega ordenada de pacotes PW. O seu processamento é opcional. O espaço de números seqüenciais compõe-se de valores circulares, sendo que o valor zero é usado para indicar que o algoritmo de controle de seqüenciamento não está sendo utilizado.

Para fins de *backward compatiblity* com as implementações existentes que utilizam o modo *Martini* para o encapsulamento do *Frame Relay*, a RFC 4619 define também a *control word* na formatação denominada *Martini mode* CW. Essa formatação é utilizada para o tipo de PW *Frame Relay* DLCI *Martini mode*. Esse modo consiste na simples troca de posição entre os F e B *bits*.

10.7.3.2 ENCAPSULAMENTO DE QUADROS FRAME RELAY

O processo de encapsulamento de quadros *Frame Relay* é iniciado quando o PE de ingresso recebe um quadro entrante por uma interface UNI (definida na FRF 1) ou interface NNI (definida na FRF 2) do *Frame Relay Forum*. Esse PE realiza os seguintes procedimentos nos campos da *control word* a partir dos campos correspondentes nas *Frame Relay* PDUs recebidas:

268 TCP/IP sobre MPLS

- C/R *bit*: esse *bit* é copiado integralmente na PW *control word*.
- DE, FECN e BECN *bits*: se esses *bits* forem iguais a 1 devem ser copiadas na *control word*. Se forem iguais a zero, o PE pode opcionalmente mudá-los para 1.
- Se a soma dos tamanhos do *payload* com o tamanho da *control word* for inferior a 64 octetos, o *campo length* da *control word* deve ser igual a essa soma. Caso contrário, deve ser igual a zero.
- O campo *sequence number* é significativo se o PW utilizar essa facilidade.
- *Bits* ou *bytes stuffing* do quadro *Frame Relay* devem ser retirados.

10.7.3.3 DESENCAPSULAMENTO DE PACOTES PW

O PE de egresso desencapsula os pacotes PW recebidos com base na *control word*, realizando as seguintes funções:

- C/R e D *bits*: são copiados integralmente no quadro *Frame Relay* sainte.
- F e B *bits*: se forem iguais a 1, devem ser copiados no quadro *Frame Relay* sainte. Se forem iguais a zero, o PE de egresso pode opcionalmente mudá-los para 1.
- Os campos *length* e *sequence number* são devidamente processados.
- O *padding* é retirado e o *payload* do pacote PW é copiado na SDU do quadro *Frame Relay* sainte.

10.7.3.4 ASPECTOS DO PLANO DE CONTROLE

O PE deve prover uma sinalização de PVC *status* para a rede *Frame Relay* de ingresso. Se o PE detectar uma condição que afete o serviço para um DCLI particular, esse PE deve comunicar ao PE remoto o *status* do PW correspondente. O PE de egresso deve gerar as necessárias informações de erro e alarme no *Frame Relay* PVC de egresso.

10.7.3.5 INTERFACE PARAMETERS SUB-TLV ESPECÍFICO PARA FRAME RELAY

Como no caso do ATM, o *Frame Relay* sobre o VPWS utiliza adicionalmente um *interface parameters sub*-TLV específico, denominado *Frame Relay header length sub*-TLV. Esse sub-TLV, de caráter opcional, tem o código 0x08 e possui 16 *bits*, indicando o tamanho do *header* do quadro *Frame Relay*.

Os valores desse sub-TLV podem ser 2, 3 ou 4 octetos, sendo o valor *default* igual a 2 octetos. Se esse sub-TLV não for utilizado é assumido o valor *default*.

10.8 PPP/HDLC SOBRE VPWS

A posição atual do IETF no que concerne o encapsulamento de quadros PPP e HDLC para transporte sobre o VPWS encontra-se na RFC 4618. Essa RFC descreve os métodos que permitem aos provedores de serviços de rede oferecer serviços PPP e HDLC emulados sobre redes MPLS, especificando os procedimentos para o encapsulamento de quadros desses serviços no interior de VPWS PWs próprios para esse propósito.

Virtual Private Wire Service (VPWS) **269**

O modo HDLC é apropriado para transportar quadros de outros protocolos cujos formatos são assemelhados ao HDLC, a exemplo do *Frame Relay*, do X25 e do PPP. No caso do *Frame Relay* particularmente, o HDLC PW é utilizado para transportar tráfego de múltiplos VCs de interfaces UNI e NNI, constituindo-se assim o denominado *Frame Relay port mode*. Ressalva-se que existem casos em que essa funcionalidade não é possível, particularmente quando o acesso direto à interface HDLC é necessária.

Algumas opções de facilidades possíveis no HDLC não o são no caso do PPP. Por outro lado, a facilidade que permite a notificação da MRU (*maximum receive unit*) no caso do PPP sobre MPLS não é visível para os pares PPP no PPP VPWS, o que possibilita a ocorrência de descarte indevido de quadros pelo PE de egresso.

10.8.1 FORMATO GERAL DE ENCAPSULAMENTO

Na figura 10.23 está representado o formato geral de um quadro onde se encontram encapsulados quadros dos protocolos PPP ou HDLC em VPWS PW PDUs.

MPLS *Transport Header*
PW *Header*
Control Word
PPP/HDLC *Service Payload*
MPLS *Transport Trailler*

Figura 10.23   Encapsulamento de PPP/HDLC em VPWS PW PDUs.

Os campos do quadro acima têm os significados como nos casos abordados anteriormente para encapsulamento de outros protocolos de camada 2. Registra-se apenas algumas observações relativas à *control word*.

A *control word* para o encapsulamento do PPP / HDLC em VPWS PW PDUs é opcional e, se utilizada, possui a mesma formatação que corresponde ao encapsulamento de quadros *Frame Relay*. Como as implementações iniciais não adotaram o uso da *control word*, é recomendável essa possibilidade nas novas implementações para fins de *backward compatibility*. De qualquer forma, o PE de egresso deve estar ciente do uso da *control word* por parte do PE de ingresso, o que pode ser obtido por configuração ou por sinalização.

Uma diferença para o caso do *Frame Relay* reside nos quatro *flags bits*, que devem ser zerados quando do encapsulamento de quadros HLDC ou PPP, e ignorados na recepção.

Se for desejável o transporte de informações de *QoS*, devem ser utilizados os *bits* do campo *EXP* do *shim label header* contendo o PW *label*. Se houver outros labels acima do PW *label*, os respectivos *shim label headers* devem transportar também esses valores de *QoS*.

10.8.2 ENCAPSULAMENTO DO HDLC

O valor de PW *type* 0x0006 identifica o HDLC PW. O modo HDLC no HDLC VPWS provê o transporte porta-a-porta do tráfego HDLC encapsulado ou, como vimos, de tráfego en-

270 TCP/IP sobre MPLS

capsulado de outros protocolos assemelhados ao HDLC. O quadro HDLC transportado não contém os *flags* do HDLC e o campo FCS, e não se realiza a função de *bit/byte stuffing*.

Quando um PE detecta uma mudança de *status* no *attachment circuit status*, como por exemplo uma falha no circuito físico, ou se o AC for administrativamente desativado, esse PE deve enviar uma mensagem PW *status notification* apropriada, que corresponda ao HDLC AC *status*. Da mesma forma o PW *status* local deve se refletir em uma mensagem PW *status notification*, nos termos da RFC 4447.

Uma *interface* UNI ou NNI do *Frame Relay* transporta múltiplos VCs, por compartilhamento no tempo. No encapsulamento do HDLC no VPWS é possível transportar todo o tráfego de uma dessas interfaces *Frame Relay* por único PW, o que, como vimos, é denominado *Frame Relay Port Mode*. Embora compartilhe o mesmo encapsulamento que o modo HDLC, foi alocado o PW *type* 0x000F para o modo *Frame Relay Port Mode*.

No *Frame Relay port mode* o protocolo LMI do *Frame Relay* é processado entre os CEs de forma transparente para os PEs. O que se tem, portanto, é o mapeamento *N-to-one* entre *Frame Relay* VCs e um único PW. Os PEs processam o agregado de VCs associados à porta (ao AC, na realidade) que lhes corresponde, como se fosse um quadro HDLC.

Nos demais aspectos o *Frame Relay port mode* comporta-se de forma idêntica ao HDLC PW.

10.8.3 ENCAPSULAMENTO DO PPP

O modo de encapsulamento do PPP sobre o VPWS transporta, de modo ponto-a-ponto, o *header* completo da PPP PDU, incluindo o campo *protocol* (usando compressão ou não) mas excluindo informações referentes ao *payload* transportado tais como o campo de controle e o FCS.

Da mesma forma que no caso do HDLC, qualquer alteração nos AC *status* deve ocasionar a transmissão de uma mensagem PW *status notification* apropriada, que corresponda ao PPP AC *status*. Observa-se que o PPP *negotiation status* não tem significado para o PW, não sendo assim transmitido para o PE remoto.

O PE *type* 0x0007 é utilizado para esse modo de encapsulamento.

Capítulo 11

Virtual Private
Lan Service (VPLS)

11.1 Preâmbulo

11.2 Configuração de VPLS VPNs

11.3 Aspectos Gerais do VPLS

11.4 Procedimentos no VPLS

11.5 VPLS Hierarquizado (HVPLS)

11.6 Auto-Discovery e Sinalização no VPLS

11.7 Auto-Discovery e Sinalização no VPLS pelo BGP

11.8 Sinalização no VPLS pelo LDP Estendido

11.9 – Aspectos de Segurança

11.10 IP-Only Lan Service (IPLS)

11.1 PREÂMBULO

Como vimos nos capítulos 9 e 10 anteriores, as VPNs constituem-se em uma forma de prestação de serviços de Comunicação de Dados da maior importância, por permitirem aos usuários uma forma isolada e segura de rede.

Por outro lado, a *Ethernet* tornou-se a tecnologia predominante para LANs e vem ganhando grande aceitação como tecnologia de acesso, através a concepção de rede *Metro/Carrier Ethernet*. Transportar essas redes para longas distâncias tornou-se um desafio para os provedores de serviços de rede, que vem progressiva e intensamente utilizando as redes MPLS com esse propósito.

No capítulo 9 foram vistas as BGP/MPLS IP VPNs, uma opção de L3VPNs que, embora desempenhem um relevante papel, apresentam características que de certa forma limitam a sua aplicação. Por exemplo, essas VPNs se restringem ao transporte do protocolo IP, o que as impede, conseqüentemente, de servir de extensão das redes *Metro/Carrier Ethernet* para o ambiente WAN.

O capítulo 10, por sua vez, aborda as L2VPNs na modalidade VPWS que, embora não se limitem ao transporte do protocolo IP e se prestem à extensão das redes *Metro/Access Ethernet* bem como das demais redes de camada 2, apresentam contudo a característica de só operarem de forma ponto-a-ponto, o que as afasta do perfil operacional dos serviços *Ethernet*. As redes *Ethernet*, assim como as demais tecnologias de redes locais baseadas na arquitetura IEEE 802, operam sem conexão e no modo multiponto-a-multiponto, o que as modelam de forma adequada para o tráfego *multicast* e *broadcast*.

As VPLS VPNs são um tipo de L2VPN que possuem o perfil ideal para o transporte de quadros *Ethernet* pertinentes às aplicações de acesso baseadas em redes *Metro/Carrier Ethernet*. Elas prestam-se ao transporte da *Ethernet*, mas diferentemente das redes VPWS, operam no modo multiponto-a-multiponto, emulando assim as características operacionais de uma *switched* LAN *Ethernet*. Registra-se que o VPLS restringe-se ao transporte da *Ethernet*.

A fundamentação conceitual das *provider provisioned* L2VPNs, ou seja, aquelas L2VPNs cujos serviços são prestados por SPs, encontra-se nas FRC 4664 e RFC 4665. Conforme tais RFCs, existem os seguintes tipos de p*rovider provisioned* L2VPNs:

- VPWS L2VPNs.
- VPLS L2VPNs.
- IPLS L2VPNs.

O objetivo do presente capítulo é apresentar os diversos aspectos relativos ao VPLS. Registramos que o VPLS é um tipo de serviço L2VPN que pode ser provido sobre o MPLS ou sobre outras tecnologias de rede (IP particularmente), sendo também conhecido pelas denominações TLS (*Transparent* LAN *Service*) e VPSN (*Virtual Private Switched Network*). Nos restringiremos, neste capítulo, à abordagem do VPLS prestado sobre MPLS.

As IPLS VPNs (IP-Only LAN-*Like Service*) são uma opção de *provider provisioned* L2VPN que se assemelha ao VPLS, mas que se fundamenta no transporte exclusivo de datagramas IP de dados e de controle em *Ethernet* PDUs encapsuladas em MPLS, englobando-se nesses últimos os datagramas relativos ao ICMP e ao ARP (no IPv4) ou ao *Neighbor Discovery* (no IPv6). Quadros *Ethernet* que não contenham IP não são suportados.

No IPLS os CEs são roteadores ou *hosts*, mas não *Ethernet switches*. Embora esse serviço seja uma variação do VPLS, ele é considerado separadamente porque o seu provisionamento ocorre por meio de diferentes mecanismos, o que possibilita a utilização de certas plataformas de *hardware* incapazes de suportar a funcionalidade VPLS.

No que concerne o plano de controle no VPLS, mais precisamente os mecanismos de sinalização para o estabelecimento e encerramento de PWs, foram definidas pelos IETF duas alternativas de solução. A RFC 4761 especifica uma alternativa utilizando o BGP como suporte para essa sinalização, enquanto a RFC 4762 definiu o LDP com esse propósito. Os fabricantes de sistemas de rede dividiram-se entre essas duas opções.

11.2 CONFIGURAÇÃO DE VPLS VPNs

11.2.1 CONFIGURAÇÃO BÁSICA

A configuração básica de uma rede MPLS dando suporte a uma única VPLS VPN encontra-se na figura 11.1.

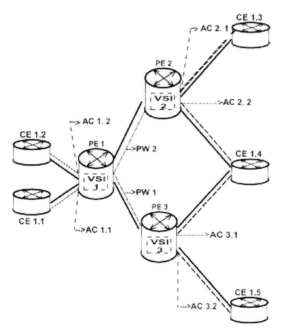

Figura 11.1 Configuração básica de uma VPLS VPN.

Observa-se que nessa figura simplificada foram omitidos os equipamentos P da rede MPLS, que são totalmente transparentes ao VPLS. Registra-se também que os CEs podem ser roteadores ou *hosts* que se conectam diretamente a uma terminação de AC, ou podem ser *Ethernet switches* aos quais se conectam, de alguma forma, roteadores ou *hosts*.

Nessa figura, uma VSI (*virtual switching instance*) é uma instância de entidade que emula a operação de um *Ethernet switch*, ou seja, opera como uma *bridge*. Um PE possui uma VSI por VPLS VPN. De um lado de uma VSI terminam os *attachment circuits* e do outro lado os *pseudowires*.

As VSIs são habilitadas a mapear ACs e PWs de forma unitária ou de forma múltipla, o que possibilita a transmissão de quadros *unicast, multicast* ou *broadcast*. A exemplo dos *Ethernet switches*, as VSIs inundam a rede no caso de recebimento de quadros *Ethernet* com endereço MAC de destino desconhecido, o que se constitui na forma de início do processo de aprendizagem de endereços MAC (MAC_*address learning*).

Como se observa, o VPLS, ao contrário do VPWS, utiliza os endereços MAC para fins de roteamento. O VPWS, por ser um serviço ponto-a-ponto entre CEs, não utiliza o processo de aprendizagem de endereços MAC.

Os PWs podem ser ponto-a-ponto ou ponto-a-multiponto. Os PWs ponto-a-ponto são sempre bidirecionais, enquanto os PWs ponto-a-multiponto são unidirecionais. Os PWs ponto-a-multiponto são adequados para o tráfego *multicast* ou *broadcast*, embora seja possível a transmissão *multicast* ou *broadcast* pela replicação de quadros em PWs ponto-a-ponto.

Uma VSI inclui uma *forwarding information base*, que registra o conjunto de informações necessárias para o envio de quadros *Ethernet* entre ACs e PWs, nos dois sentidos. Uma *forwarding information base* pode ser preenchida dinamicamente (por exemplo, por aprendizagem com base em endereços MAC de origem) ou por configuração estática.

11.2.2 SUPORTE A VLANs PELO VPLS

É importante observar que, a exemplo das redes *switched Ethernet* tradicionais e do próprio VPWS, o VPLS suporta, além da opção *port-Ethernet*, o atendimento a VLANs IEEE 802.1Q VLANs nas VPLS VPNs. Ocorre, nesse caso, uma sobreposição de redes privativas virtuais de camada 2, como mostra a figura 11.2.

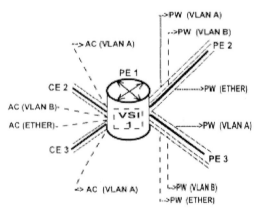

Figura 11.2 *Port-Ethernet* e VLANs sobre VPLS.

As diferentes VLANs dentro de uma VPLS VPN são isoladas pelas VSIs com base nos valores de *tag* IEEE 802.1Q constantes dos quadros MAC. Ocorre, por exemplo, a separação de transmissões *broadcast* por VLAN, o que significa melhor uso da rede.

As portas no PE que se destinam aos CEs são configuradas como *Ethernet access port* ou como 802.1Q *trunks*, conforme a sua natureza.

11.3 ASPECTOS GERAIS DO VPLS

Neste ítem serão abordados os seguintes aspectos do VPLS:

- Aprendizagem dinâmica de endereços MAC.
- Prevenção de *loops*.
- Topologias em *overlay*;

11.3.1 APRENDIZAGEM DINÂMICA DE ENDEREÇOS MAC

Como existe roteamento MAC nas VSIs, tornam-se necessários mecanismos de aprendizagem de endereços MAC. Vamos aqui tratar dessa aprendizagem em sua forma dinâmica. Caso existam *loops* físicos na rede *Ethernet*, o processo de aprendizagem deve ser precedido por um processo de prevenção de *loops*, a exemplo do STP, como veremos no próximo subitem.

11.3.1.1 O PROCESSO DE APRENDIZAGEM

A figura 11.3 representa uma configuração parcial de uma VPLS VPN, que utilizaremos para ilustrar a aprendizagem dinâmica de endereços MAC e para evidenciar a sua necessidade.

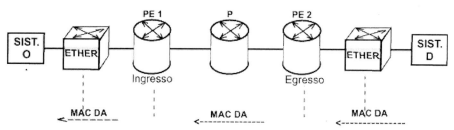

Figura 11.3 Aprendizagem dinâmica de endereços MAC.

Estamos admitindo nessa figura as seguintes hipóteses:

- O sist. O (sistema de origem) é o terminal *Ethernet* gerador do quadro *Ethernet*.
- O sist. D (sistema de destino) é o terminal *Ethernet* receptor do quadro *Ethernet*.
- Os quadros MAC transportam datagramas IP.
- O endereço MAC DA é o endereço MAC do sist. D.
- O endereço IP de destino é o endereço do terminal IP na rede de acesso de egresso (que pode estar além do sist. D).
- Os CE 1 e CE 2 são *Ethernet switches*.

276   TCP/IP sobre MPLS

Como vemos na figura, o sist.D, por meio de quadros de tráfego ou inicialmente utilizando quadros *broadcast* com esse propósito, possibilita a equipamentos a montante no tráfego a aprendizagem do endereço MAC DA. Esse endereço é aprendido com as seguintes finalidades:

- CE 1 utiliza o MAC DA para definir a porta que conduz ao devido *attachment circuit* de ingresso.
- O PE 1 utiliza o MAC DA para definir o devido PW para alcançar o PE2.
- O PE 2 utiliza o MAC DA para definir o devido *attachment_circuit* de egresso.

Quando o PE 1 recebe um quadro do PE 2, ele verifica se o valor do label de VPLS PW recebido confere com o valor de label VPLS PW por ele sinalizado para o PE 2. Dessa forma ele assegura a identificação do PE 2 e confere o label VPLS PW (label anteriormente sinalizado pelo PE 2) a ser utilizado no encapsulamento de quadros MAC que virão a ser destinados ao endereço MAC DA (do sist.D). O PE 1 aprende também nesse ato o endereço MAC terminal que gerou o quadro MAC (endereço de origem), que será o endereço MAC DA desse terminal.

Os endereços MAC aprendidos pelos PEs de uma VPLS VPN são registrados e mantidos temporariamente em tabelas de roteamento MAC. Esses registros são refrescados e retemporizados pelos quadros MAC de tráfego eventualmente recebidos. Se não houver tráfego de dados durante a temporização, o processo de aprendizagem se repete.

Vale registrar que para a operacionalização dessa forma de aprendizagem os endereços MAC têm de ser globalmente únicos em cada VPLS VPN. Entre diferentes VPLSs, porém, pode haver a superposição de endereços MAC.

Os procedimentos de aprendizagem MAC podem ocorrer no âmbito de uma VLAN existente na VPLS VPN. Os valores de *tag* 802.1Q de VLANs são, de um modo geral, globalmente únicos dentro de cada VPLS VPN. Existem situações, no entanto, em que esses valores de *tag* assumem funções de identificação de serviços (como no caso de HVPLS que será visto adiante neste capítulo), o que requer que sejam globalmente únicos em todo o conjunto de VPLS VPNs constituídas sobre a rede MPLS.

O sist.O da figura 11.3 requer a utilização de alguma forma de resolução do endereço MAC DA a partir do endereço IP de destino para a montagem dos quadros MAC destinados ao sist.D. Como dissemos anteriormente o sistema de destino pode encontrar-se além do sist.D. A resolução de endereços MAC deve suceder o processo de roteamento IP na rede IP global, processo esse que se desenvolve entre CEs, transparentemente ao *backbone* MPLS (ou seja, a equipamentos PE e P).

11.3.1.2   RETIRADA DE ENDEREÇOS MAC

A exemplo das redes *switched Ethernet*, as VPLS VPNs incluem um mecanismo denominado MAC *address aging*. Se não ocorrer tráfego de dados com determinado endereço MAC de origem por um determinado período, pode acontecer a expiração de temporizadores contidos nas tabelas de roteamento MAC, ou seja, nas *forwarding information_bases* (FIBs contidas nas VSIs). Nesse caso os registros relativos a esse endereço MAC são apagados, sendo reinseridos quando do reinício do processo de aprendizagem.

11.3.1.3 APRENDIZAGEM NÃO-QUALIFICADA E QUALIFICADA

Quando da existência de VLANs em uma VPLS VPN, existem duas formas de tratar a aprendizagem de endereços MAC, que são a aprendizagem não-qualificada e a aprendizagem qualificada.

Na aprendizagem não-qualificada, a existência das VLANs não é considerada pelo VPLS. Assim, uma distribuição de quadros em *broadcast* engloba todos os participantes da VPN, em todas as VLANs.

Na aprendizagem qualificada, cada VLAN é tratada como uma VPN, tendo um domínio de *broadcast* separado. A vantagem dessa forma é a maior eficiência no uso da rede MPLS.

11.3.2 PREVENÇÃO DE LOOPS

Caso existam *loops* físicos na topologia de uma VPLS VPN, torna-se necessária a utilização de algum mecanismo de prevenção de *loops*, dada a freqüente inundação nesse tipo de rede.

O mecanismo utilizado normalmente em redes com *transparent bridging*, como é o caso de redes *switched Ethernet*, é o *Spanning_Tree_Protocol* (STP). O *STP*, com base na troca de quadros denominados BPDUs (*bridge PDUs*), cria uma rede lógica otimizada em árvore, eliminando assim os *loops* físicos. Isso ocorre pelo isolamento lógico de *links* físicos em paralelo, resultando uma árvore centrada em uma determinada *bridge*, que passa a se denominar *root bridge*.

O STP pode ser utilizado no VPLS em determinadas circunstâncias. Para a topologia *full mesh* entre VSIs, que é amplamente utilizada, foi definido um mecanismo *split horizon*, de maior simplicidade que o STP.

O *split horizon*, nesse caso, consiste simplesmente na impossibilidade imposta às VSIs de retornar para qualquer outro PW quadros MAC recebidos em um PW.

No caso de adoção de outras topologias de rede, como no exemplo de *hub-and-spoke*, torna-se inviável o uso do *split_horizon*, sendo então necessário o STP. A operação da rede na topologia *hub-and-spoke* requer o trânsito de quadros entre PWs em VSIs, o que torna inviável a aplicação do *split horizon*. Um outro exemplo são as topologias que utilizam *multi-homing*, o que representa uma forma de *looping* físico.

A adoção da topologia *full mesh*, se por um lado é desejável, por outro torna-se problemática quando os PEs da VPLS VPN se afastam entre si e se tornam numerosos. Para atender a esse problema foi definida uma forma hierarquizada de atendimento, denominada HVPLS (*hierarchical VPLS*) que será o objeto de atenção do item 11.5 subseqüente neste capítulo.

11.3.3 TOPOLOGIAS EM OVERLAY

O conjunto de PWs pertinentes a uma VPLS VPN formam topologias em *overlay*. Como os PWs são ponto-a-ponto ou ponto-a-multiponto, existe sempre uma única VSI em cada um dos *endpoint remotos* de um PW. Como os PWs ponto-a-multiponto são unidirecionais no sentido da raiz para os multipontos, o tráfego para a raiz desses PWs deve ocorrer por outros PWs ponto-a-ponto que terminam nessa raiz.

278 TCP/IP sobre MPLS

Observa-se que dentro de cada topologia em *overlay* devem ser obedecidos mecanismos de prevenção de *loops*. Podem ser citadas as seguintes topologias em *overlay*:

- Full mesh.
- Tree structered.
- Tree with meshed highest level.

São possíveis outras formas de topologia em *overlay*, algumas das quais requerem o uso do protocolo STP, que não serão abordadas. A prevenção de *loops* das VPLS VPNs não se aplica à LAN global que contém a VPLS, onde são requeridas outras medidas preventivas com esse propósito.

11.3.3.1 TOPOLOGIA FULL MESH

Nessa topologia cada VSI em uma dada VPLS VPN tem um único PW para cada outra VSI dessa VPN, sendo esses PWs ponto-a-ponto ou ponto-a-multiponto.

A prevenção de *loops* se realiza por *split horizon*, conforme subitem 11.3.2 anterior deste capítulo. Se uma VSI receber um quadro *unicast* em um *attachment circuit*, esse quadro será enviado apenas pelo PW correspondente. Se o quadro for *multicast*, *broadcast* ou *unicast* com endereço de destino desconhecido, esse quadro será enviado para cada uma das VSIs pertinentes à VPLS VPN. Caso esses quadros sejam pertinentes a uma VLAN nessa VPN que opere com aprendizagem qualificada, a inundação se limitará ao contorno dessa VLAN.

11.3.3.2 TOPOLOGIA TREE STRUCTURED

Nesse tipo de topologia, cada VSI ocupa uma posição em uma árvore estruturada que corresponde a um determinado nível hierárquico. Uma VSI tem apenas um PW no sentido superior dessa árvore. A raiz da árvore topológica possui o nível hierárquico máximo.

Para garantir a inexistência de *loops*, se um quadro for recebido por uma VSI advindo de um nível hierárquico, esse quadro não poderá ser enviado para outra VSI com hierarquia superior.

11.3.3.3 TOPOLOGIA TREE WITH MESHED HIGHEST LEVEL

Essa topologia é uma variação do tipo de topologia *tree strutured* que permite a existência de múltiplas VSIs no nível hierárquico máximo. Essas VSIs devem apresentar uma topologia *full mesh* entre si. A figura 11.4 ilustra esse tipo de topologia.

Para garantir a operação livre de *looping* nessa topologia, devem ser impostas as seguintes regras:

- Um quadro só pode ser enviado para um nível hierárquico igual ou superior se tiver sido recebido de um nível inferior.
- Um quadro pode transitar no máximo uma vez no interior da topologia full mesh existente no nível hierárquico máximo.

Virtual Private Lan Service (VPLS) 279

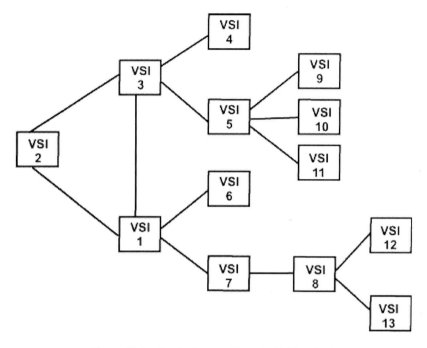

Figura 11.4 Topologia *tree with meshed highest level*.

11.4 PROCEDIMENTOS NO VPLS

A exemplo dos VPWS PWs, os VPLS PWs podem corresponder à operação do tipo *Ethernet raw mode* ou do tipo *Ethernet tagged mode*. Lembramos, contudo, que enquanto cada VPWS PW representa uma VPN ponto-a-ponto, os VPLS PWs participam de configurações de VPNs multiponto-a-multiponto.

Os VPLS PWs do tipo *Ethernet raw mode*, denominados também *Ethernet* PWs, caracterizam-se pela sua transparência às VLANs eventualmente constituídas por um usuário. Assim, todo o tráfego *Ethernet raw mode* desse usuário entrante por um *attachment circuit* em um PE será tratado independentemente da existência de VLAN *tags* nos respectivos quadros. A parte desse tráfego que se destina a um outro PE de egresso será conduzida por um único PW entre o PE de ingresso e esse PE de egresso.

Nos VPLS PWs do tipo *Ethernet tagged mode*, denominados também *Ethernet* VLAN PWs, os tráfegos de determinadas VLANs (aquelas que participam do *tagged mode*) são tratados individualmente, utilizando PWs próprios. O tráfego não-VLAN e o tráfego de VLANs que não participam do *Ethernet tagged mode* são processados no *Ethernet raw mode*, o que pode ocorrer em um mesmo PE.

Lembramos que os endereços MAC devem ser únicos em cada uma das VPLS VPNs atinentes às diferentes VLANs que operam no tagged mode e à VPLS VPN *Ethernet raw mode* que coexiste como essas VPLS VPNs *Ethernet taggeg mode*.

280   TCP/IP sobre MPLS

Quando do encapsulamento de quadros MAC para o acesso a uma VPLS VPN operando em qualquer dos modos acima citados, seja por meio de um CE (possivelmente um *Ethernet switch*) ou de um u-PE, esse encapsulamento pode ocorrer de três formas:

- O encapsulamento é parte do quadro do usuário (a exemplo de um VLAN ID da rede do usuário).
- O encapsulamento é unicamente um delimitador de serviço.
- O encapsulamento atende as duas condições anteriores.

Como veremos na abordagem do HVPLS no item 11.5 seguinte, que inclusive define u-PEs, um delimitador de serviço é uma subcamada, ou simplesmente um campo, utilizado para identificar um usuário ou um serviço (uma VPLS VPN, no caso do VPLS). Um delimitador de serviço pode ser introduzido com esse objetivo específico, quando tem significado local, ou pode consistir de parte do encapsulamento inerente à própria PDU gerada pelo usuário em seu serviço local.

Os valores de VLAN IDs que não são delimitadores de serviço devem ser únicos em cada uma das VPLS VPN que lhe correspondem. Entretanto, os valores dos delimitadores de serviço, de qualquer espécie, devem ser únicos em todo o conjunto de VPLS VPNs que os utilizam.

11.4.1 TRÁFEGO EM VPLS PWs NO ETHERNET RAW MODE

Nesse modo quando um quadro *Ethernet* (sem o preâmbulo) encapsulado chega a um PE de ingresso, de uma MPLS VPN, podem ocorrer as seguintes condições:

- Se o encapsulamento constituir-se de um delimitador de serviço, ele deve ser processado e em seguida retirado.
- Se o encapsulamento não se constituir de um delimitador de serviço, ele deve ser conduzido transparentemente pelo *backbone* VPLS.

Os identificadores de VLAN englobados no *Ethernet raw mode* e que não são identificadores de serviço, em conseqüência, passam transparentemente pela VPLS VPN. Se contudo houver no CE ou u-PE de origem a inserção de um identificador de serviço (que pode ser inclusive um VLAN ID), esse identificador deve ser retirado pelo PE de ingresso. Isso pode ser resumido na asserção de que no *Ethernet raw mode* um quadro *Ethernet* que atravessa transparentemente a VPLS VPN é sempre o quadro *Ethernet* enviado pela fonte do tráfego.

A aprendizagem não-qualificada caracteriza a operação *Ethernet raw mode*.

No acesso de egresso da VPLS VPN pode ocorrer ou não a inserção de um delimitador de serviço, independentemente do que ocorreu no acesso de ingresso.

11.4.2 TRÁFEGO EM VPLS PWs NO ETHERNET TAGGED MODE

Nesse modo, se um quadro *Ethernet* (sem o preâmbulo) encapsulado chega a um PE de ingresso, considerando-se que esse encapsulamento tem necessariamente função de delimitação de serviço, podem ocorrer as seguintes condições:

- Se um campo tiver exclusivamente a função de delimitação de serviço, ele deve ser processado e em seguida retirado.

- Se um campo tiver função dupla, ele deve ser processado e, a seguir, transportado preservadamente pela VPN no devido VPLS PW. Em situações especiais, no entanto, sendo esse encapsulamento um VLAN ID, esse VLAN ID pode ser alterado antes de seu envio pelo VPLS PW.
- Se o envelopamento, consistindo de um VLAN ID, não for aceito pelo PE, o quadro MAC deve ser tratado no *Ethernet raw mode*, exceto em situações especiais quando um valor especificado de VLAN ID pode ser atribuído ao quadro MAC pelo próprio PE.

Observa-se que os termos deste subitem são endereçados particularmente à utilização dos VLAN IDs da rede de usuário como delimitadores de serviço no acesso ao VPLS, sendo cada VLAN ID utilizado como identificador da respectiva VPLS VPN. Excepcionalmente, todavia, outros tipos de campo podem ser utilizados como delimitadores de serviço.

Observa-se também que a aprendizagem qualificada está associada ao *Ethernet tagged mode*.

11.5 VPLS HIERARQUIZADO (HVPLS)

A forma básica de operação do VPLS requer uma configuração *full mesh* de túneis LSP e de PWs entre os PEs participantes do serviço. Isso resulta obviamente em uma carga de *overhead* de sinalização e de replicação de quadros *multicast/broadcast* na rede. Tal condição se torna mais crítica quando da existência de uma maior quantidade de PEs, particularmente se um conjunto de PEs se concentram em um mesmo prédio.

Um prédio contendo diferentes empresas usuárias de serviços de Telecomunicações é denominado uma MTU (*multitenant unit*). Torna-se conveniente a implementação de alguma forma de concentração do tráfego relativo aos PEs existentes em uma MTU, mesmo que esses PEs pertençam a VPLS VPNs de diferentes empresas.

A topologia de rede VPLS contendo equipamentos de agregação de tráfego de múltiplos PEs configura o que se designa HVPLS. Nessa topologia a rede MPLS *backbone* é referida como *hub* (*hub* PWs, por exemplo), enquanto a rede que conecta o *hub* aos equipamentos de agregação de tráfego são referidos como *spoke*.

A figura 11.5 representa as vantagens da utilização do HVPLS.

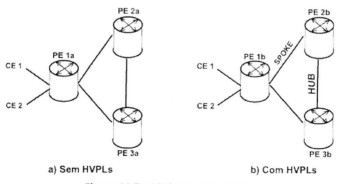

Figura 11.5 VPLS sem e com HVPLS.

282 TCP/IP sobre MPLS

Nessa figura, por razões de melhor visualização, foi representado um pequeno número de PEs. As vantagens do HVPLS se tornam evidentes nessa figura. Observa-se que o PE de agregação (PE 1b na figura) pode também se localizar em uma instalação fora de uma MTU, de forma a atender a um conjunto de MTUs nas proximidades da instalação do PE de agregação.

Observa-se que o mecanismo *split horizon* não pode ser utilizado no HVPLS, uma vez que existe a possibilidade de tráfego entre *spoke* PWs e *hub* PWs, o que contraria o princípio de funcionamento desse mecanismo. Deve ser utilizado então um outro mecanismo de prevenção de *loops*, a exemplo do STP. A necessidade do STP é realçada caso se utilize *dual-homing* no acesso *spoke*, o que será visto adiante neste item.

Existem duas terminologias referentes ao HVPLS, definidas respectivamente pelas RFC 4664 e RFC 4762.

11.5.1 TERMINOLOGIA DA RFC 4664

Conforme a RFC 4664, os *hub* PEs, que se situam no *high-end* do acesso, são designados por N-PEs (*network-facing* PEs) enquanto os *spoke* PEs, que se situam no *low-end* do acesso, são designados por U-PEs (*user-facing* PEs).

Os N-PEs, que se situam normalmente em prédios dos SPs, possuem a plena funcionalidade exigida pelos MPLS e pelo VPLS, ou seja, realizam roteamento para a constituição de túneis LSP e as funções de *bridging*, inclusive aprendizagem de endereços MAC.

Os U-PEs, por outro lado, podem ser basicamente de dois tipos:

- PEs que operam como *bridges* mas que não realizam roteamento.
- PEs que realizam roteamento mas não operam como *bridges*.

Os PEs do primeiro tipo podem ser *bridges* ou *Ethernet switches*, com a adição de alguma funcionalidade especial. Os PEs do segundo tipo podem ser roteadores IP, também acrescidos de alguma funcionalidade especial.

A RFC 4664 deixa em aberto algumas questões relativas à distribuição de funções entre os N-PEs e U-PEs. Essas questões dizem respeito, por exemplo, à sinalização para constituição de PWs, ao *auto-discovery* e às dificuldades advindas da separação da função de roteamento.

11.5.2 TERMINOLOGIA DA RFC 4762

Segundo a RFC 4762, os componentes do HVPLS adotam a seguinte terminologia:

- Os N-PEs se denominam PEs-rs (PEs-*routing/switching*).
- Os U-PEs que só fazem *bridging* se denominam MTUs-s (MTUs-*switching*).
- Os *non-bridging* U-PEs se denominam PEs-r (PEs-*routing*).

Os MTUs-s e os PEs-r podem se conectar aos PEs-rs conforme as seguintes hipóteses de interface:

- Por meio de PWs do tipo VPWS (que são *spoke* PWs).
- Por meio de *carrier* VLAN IDs.
- Por meio de subinterfaces de rede de camada 2.

Adotaremos neste livro a terminologia da RFC 4762.

Em princípio, qualquer tipo de rede de camada 2 que utilize subinterfaces pode possibilitar a delimitação de serviço utilizando essas subinterfaces. Em uma rede *Frame Relay* de acesso ao VPLS, por exemplo, os DLCIs podem ser utilizados como delimitadores de serviço. O mesmo ocorre no caso do ATM, sendo nesse caso utilizados valores de VPIs/VCIs como delimitadores de serviço. Como o VPLS transporta exclusivamente *Ethernet*, outras redes de camada 2 utilizadas no acesso ao VPLS tem que transportar quadros *Ethernet* encapsulados até os PEs, o que significa um *overhead* adicional significativo. Registra-se que VLAN IDs são também subinterfaces em redes *Ethernet*.

Abordaremos subseqüentemente apenas as hipóteses de uso de *spoke* PWs e de *carrier* VLAN IDs nas interfaces de acesso do HVPLS.

11.5.3 SPOKE CONNECTIVITY DE MTUs-s

11.5.3.1 UTILIZAÇÃO DE SPOKE PWs

Vamos considerar inicialmente a *spoke connectivity* de MTUs-s, ou seja, a conectividade entre MTUs-s e PEs-rs na hipótese de utilização de *spoke* PWs, conforme representação da figura 11.6.

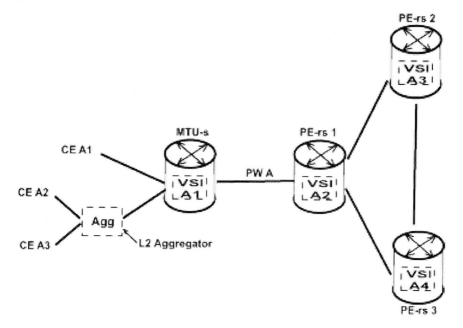

Figura 11.6 *Spoke connectivity* de MTUs-s por VPWS PWs.

Nessa figura, estamos considerando a existência de uma única VPLS VPN, cujo tráfego *spoke* cursa por um único *spoke* PW (PW A, na figura). Caso existam múltiplos VPLS VPNs,

284 TCP/IP sobre MPLS

a cada uma dessas VPNs corresponde um *spoke* PW. Como só existe um único caminho ponto-a-ponto no acesso *spoke* para cada VPLS VPN, os *spoke* PWs são do tipo VPWS, constituídos conforme a RFC 4447.

Um *spoke* PW, associado a uma VPLS VPN, termina nas VSIs dessa VPN situadas na respectiva MTU-s e no respectivo PE-rs. No exemplo da figura, designando-se a VPLS VPN por VPLS A, o PW A termina nas VSI A1 e VSI A2.

Todo o tráfego originado em CEs conectados à MTU-s da VPLS A (CE A1, CE A2 e CE A3 na figura), independentemente do seu destino e de sua natureza (*unicast, multicast ou broadcast*), é enviado para a VSI A1.Como a VSI A1 realiza as funções de aprendizagem de endereços MAC e de *bridging*, ela é capaz de encaminhar esse tráfego conforme o seu destino, seja ele tráfego via PE-rs 1 ou tráfego local entre CEs.

O PE-rs 1, ao receber o tráfego advindo da conexão *spoke* em sua VSI A2, distribui esse tráfego para os devidos destinos por meio dos endereços MAC DA contidos nos quadros, ou seja, conforme os procedimentos normais do VPLS.

O tráfego enviado pelo PE-rs 1 para a MTU-s é distribuído pela VSI A1, com base nos endereços MAC DA dos quadros *Ethernet* recebidos.

11.5.3.2 UTILIZAÇÃO DE CARRIER VLAN IDs

Na hipótese de utilização de *carrier* VLAN IDs para a identificação de cada uma das VPLS VPNs que trafegam no segmento *spoke* destinado à conexão entre uma MTU-s e um correspondente PE-rs, podemos considerar como válido o exemplo da figura 11.6, com o devido ajustamento.

Essa ajustamento consiste em substituir na figura 11.6 o label do PW A por uma *carrier* VLAN ID A. Da mesma forma que o label do PW A, a *carrier* VLAN ID A identifica a VPLS A. Do mesmo modo, por meio da VSI A1, os quadros MAC são conduzidos para a VSI A2, onde são roteados com base nos endereços MAC DA. No sentido contrário, esses procedimentos se repetem na ordem inversa.

No subitem 7.4.3.4 do capítulo 7 anterior, fizemos uma breve referência a uma metodologia de constituição de VLAN *stacks*, ou seja, de envelopamento de uma identificação de VLAN 802.1Q em outra identificação de VLAN 802.1Q. Essa concepção denominou-se 802.1Q-*in*-802-1Q, ou resumidamente Q-*in*-Q, e consiste na inclusão sucessiva de dois identificadores de VLAN (contendo valores respectivos de *tag* 802.1Q) nos quadros MAC.

No caso do acesso *spoke* em HVPLS essa metodologia é empregada. Um cabeçalho 802.1Q único de uso obrigatório é assignado e provisionado pelo SP, razão pela qual ele é referido como um *carrier* VLAN ID. Da mesma forma que um PW *label*, um *carrier* VLAN ID identifica uma VPLS VPN.

Caso existam VLANs na VPLS VPN, o *carrier* VLAN ID deve encapsular os VLAN IDs dessas VLANs, constituindo-se assim uma configuração Q-*in*-Q.

11.5.4 SPOKE CONNECTIVITY DE PEs-r

Da mesma forma que as MTUs-s, os PEs-r podem se conectar aos PEs-rs por meio de VPWS PWs (*spoke* PWs) ou *carrier* VLAN IDs.

Virtual Private Lan Service (VPLS) 285

Lembramos que um PE-r é basicamente um roteador IP, devidamente adaptado em sua interface *Ethernet* para sinalizar a constituição de VPWS PWs e para processar o mecanismo Q-*in*-Q.

Vamos abordar inicialmente a hipótese de conexão de PEs-r por meio de VPWS PWs, conforme representação na figura 11.7.

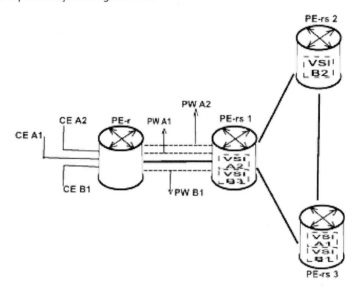

Figura 11.7 *Spoke connectivity* de PEs-r por VPWS PWs.

Observa-se que, diferentemente do caso de conexão de MTUs-s, são necessários para o acesso de PEs-r um número de PWs para cada VPLS VPN igual ao número de CEs pertinentes a essa VPLS VPN. A VPLS VPN A, na figura, engloba os CE A1 e CE A2, requerendo então dois PWs, que são os PW A1 e PW A2. A VPLS VPN B, por sua vez, requer apenas o PW B1.

Isso se deve ao fato de que o PE-r não possui VSI. Por essa razão, o tráfego MAC entre CEs locais de uma mesma VPLS VPN só pode ser roteado pelo PE-rs 1.

O uso de PEs-r acrescenta mais *overhead* relativamente à utilização de MTUs-s, em razão do parágrafo anterior, e também pela necessidade de um número maior de PWs. Em contrapartida, essa abordagem possibilita o uso conjugado de facilidades IP com o tráfego *Internet*, sem necessidade de novos MTU-s.

Na hipótese de utilização de *carrier* VLAN IDs, como demultiplexadores, em vez de PW *labels*, o tratamento dado pelos PEs-rs é basicamente o mesmo, como ocorre no caso de conexão de MTUs-s.

11.5.5 DUAL-HOMED-SPOKES

Um ponto fraco das configurações *hub-and-spoke* utilizados no HPVLS é a existência de uma única conexão entre os PEs-rs e os MTUs-s ou PEs-r. Para contornar essa fragilidade utiliza-se *dual-homed-spokes* no HPVLS, como ilustra a figura 11.8.

286 TCP/IP sobre MPLS

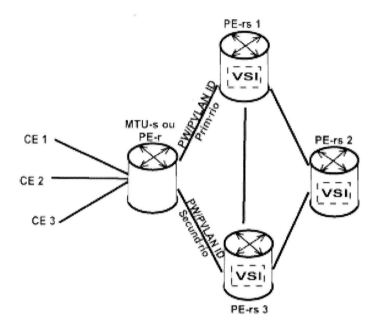

Figura 11.8 *Dual-homed-spokes* no HVPLS.

Como se observa na figura, que contempla uma única VPLS VPN, essa opção pode ocorrer com MTUs-s ou PEs-r, com a condição de que se restrinja ao domínio de uma VPLS VPN. O tráfego deve escoar exclusivamente pelo *spoke* primário. Em caso de falha nesse *spoke* ou no PE-rs 1, o PE-r 5 3, assim como todo o VPLS VPN, entra em processo de aprendizagem MAC para a nova configuração da rede. Durante um certo período, pode ocorrer a perda de quadros devido à reaprendizagem.

No caso de utilização de *spoke* PWs que são constituídos pelo protocolo LDP estendido, a detecção de falha no PW primário pode ocorrer por meio das mensagens *hello* utilizadas para controle das sessões LDP.

Para acelerar o processo de reaprendizagem de endereços MAC, podem ser utilizados mecanismos apropriados. No exemplo da figura acima, supondo-se a utilização do LDP no VPLS, o PE-rs 3 pode, ao ser acionado, distribuir uma mensagem *flush* (que será vista no item 11.7 deste capítulo) para os demais PEs-rs da VPLS VPN, contendo o MAC *list* TLV. Os PEs-rs receptores dessa mensagem deletam todos os endereços MAC notificador e passam a aprender os novos endereços MAC.

A definição de qual *spoke* é o primário pode ocorrer por configuração ou por um algoritmo dinâmico como o STP.

11.5.6 OUTRAS APLICAÇÕES DO HVPLS

O HVPLS pode ser utilizado em outras aplicações além da constituição de redes de acesso *hub-and-spoke*, a exemplo das seguintes alternativas:

Virtual Private Lan Service (VPLS) 287

- Multi-domain VPLS.
- HVPLS com redes *Ethernet* de acesso.

Na primeira alternativa, a hierarquização pode ser utilizada para criar uma VPLS VPN de grande escala dentro de um domínio ou abrangendo múltiplos domínios, sem a necessidade de conectividade *full mesh* entre todos os PEs envolvidos. Dois subconjuntos da VPLS VPN interiormente conectados em *full mesh* podem ser conectados entre si utilizando um único túnel LSP. Os PEs que se conectam a esse túnel LSP constituem-se em *border* PEs.

Por questões de resiliência, podem ser utilizados dois túneis LSP independentes entre os dois subconjuntos, um com função primária (em atividade) e o outro com função secundária, isto é, como *stand-by*.

Essa topologia admite a divisão da VPLS VPN em mais de dois subconjuntos, sendo criada uma rede *full mesh* entre os *border* PEs. Isso pode ocorrer, por exemplo, entre a rede *backbone* e diferentes subconjuntos localizados em diferentes instalações MTU geograficamente concentradas.

Na outra alternativa, é contemplada a possibilidade de se utilizar redes *Ethernet* como acesso em HPVLS em vez de simples acesso por conexões *spoke* ponto-a-ponto. O principal objetivo dessa aplicação de HPVLS é integrar redes *Metro Carrier Ethernet* já utilizando VPLS no *backbone* MPLS (ou mesmo IP) dos SPs, de modo a possibilitar o provimento do VPLS em larga escala e em longas distâncias.

Uma forma de viabilização dessa alternativa é mediante o acréscimo de um 802.1Q tag nos quadros MAC (que podem ser *tagged* ou *untagged frames*) que transitam entre VPLS de acesso e o VPLS *backbone*. Esse *tag* adicional é referido como PVLAN *tag* (*provider* VLAN *tag*). No interior da rede do SP um PVLAN *tag* identifica uma VPLS VPN de um usuário que se encontra estendida.

11.6 AUTO-DISCOVERY E SINALIZAÇÃO NO VPLS

Antes do início da fase de sinalização para a constituição de PWs em uma VPLS VPN, é necessário o descobrimento, por cada um dos PEs dessa VPN, dos demais PEs a ela pertinentes. Esse descobrimento pode se realizar por configuração ou por um mecanismo dinâmico de *auto-discovery*.

11.6.1 AUTO-DISCOVERY

Um PE que participa de uma dada VPN deve ser capaz de informar os outros PEs dessa VPN que ele é um membro da VPN. Para isso, a cada VPLS VPN deve ser assignado um identificador globalmente único na rede MPLS, que pode ser referido como um VPN-*id*. Um VPN-*id* identifica, na realidade, as VSIs contidas nos PEs que participam de uma VPLS VPN . O tipo e a forma de um VPN-*id* dependem do mecanismo, ou protocolo, utilizado no processo de *auto-discovery*.

A configuração normal de uma VPLS VPN se baseia na topologia *full mesh*. Em caso de utilização de topologias baseadas em árvores estruturadas, cada VSI da VPLS VPN deve

288　TCP/IP sobre MPLS

ser provisionada com informações adicionais, por meio de esquema de *auto-discovery*, que permitam especificar o posicionamento das VSIs na árvore topológica.

Se uma VPLS VPN contém múltiplas VLANs é desejável limitar a conectividade aos âmbitos de cada uma dessas VLANs, além de separar a da *non*-VLAN VPLS VPN. Isso significa separar a conectividade por subconjuntos de VSIs que contenham uma VLAN em comum. Nesse caso, à VPLS VPN devem ser assignados diferentes valores de VPN-*id*, provavelmente de forma hierarquizada.

Existem diferentes esquemas de *auto-discovery* no VPLS. No caso de sinalização para a constituição de PWs pelo BGP, a RFC 4761 define um esquema de *auto-discovery* associado à sinalização.

Caso se utilize sinalização para o VPLS pelo LDP, a RFC 4762 menciona a existência de diferentes procedimentos de *auto-discovery* compatíveis com essa sinalização, apontando como exemplo o esquema denominado *radius* e um esquema geral para o uso do BGP para *auto-discovery* em *network-based* VPNs. Como referência, os leitores podem consultar os trabalhos em andamento (*work in progress*) no IETF, designados respectivamente por RADIUS-DISC e BGP-DISC.

11.6.2 SINALIZAÇÃO

Conforme menção anterior neste capítulo, a sinalização para a constituição de VPLS PWs pode utilizar extensões do protocolo MP-BGP ou novas extensões do protocolo LDP (lembramos que o VPWS utiliza também uma primeira versão de extensões do LDP).

Esses processos de sinalização são os objetos, respectivamente, dos itens 11.7 e 11.8 subseqüentes neste capítulo.

11.7 AUTO-DISCOVERY E SINALIZAÇÃO NO VPLS PELO BGP

A adoção de uma nova extensão do BGP-4 (MP-BGP, na realidade) com o propósito de possibilitar *auto-discovery* e sinalização no VPLS foi definida pela RFC 4761, como mencionamos anteriormente neste capítulo. Os fabricantes que optaram por essa alternativa justificam suas posições com base na sua maior escalabilidade e na experiência obtida com a utilização do BGP na sinalização em MPLS VPNs. Além disso, o BGP proporciona integradamente *auto-discovery* e sinalização.

Lembramos também que o BGP utiliza *route_reflectors* (RRs) na distribuição de suas mensagens, o que reduz o *overhead* de tráfego de controle na rede. Nesse caso, se um novo PE é acrescentado à rede, esse PE necessita apenas do estabelecimento de uma adjacência BGP com o seu respectivo RR.

A RFC 4761 utiliza a sigla VE para designar o LSR que se encontra nos extremos (edge) de uma VPLS VPN. Cada VE possui um identificador VE ID. Um VE pode ser um PE ou um LSR simplificado, designado por u-PE (*user* PE). Os u-PEs são equivalentes aos MTUs-s já mencionados quando da abordagem do HPVLS no item 11.4 anterior neste capítulo. Assim, um VE ID pode identificar um PE ou um u-PE .

Virtual Private Lan Service (VPLS) 289

Os PEs e u-PEs são também denominados BGP *speakers* na aplicação do BGP para o VPLS.

11.7.1 AUTO-DISCOVERY PELO BGP

O processo de *auto-discovery* pelo BGP para o VPLS ocorre de forma assemelhada ao caso das MPLS VPNs. Na própria mensagem *update* de sinalização encontram-se contidas as informações necessárias para o *auto-discovery*, sem a necessidade de tráfego de controle adicional.

Registra-se que no caso de VPLS não coexiste a função de roteamento nas mensagens *update* para *auto-discovery* e sinalização, diferentemente do caso de MPLS VPNs, uma vez que os PEs de VPLS VPNs são transparentes ao IP, que trafega em MAC PDUs.

Lembramos que a RFC 4360 (ver item 9.6 do capítulo 9) define, dentre outros BGP *community attributes*, o atributo RT (*route target*). Esse atributo, de forma associada aos RDs (*route distinguishers*), permite a identificação das diferentes VPNs e dos PEs que delas participam, isto é, possibilita o *auto-discovery* dos PEs de uma VPN.

Os atributos de comunidade, como o RT, são conduzidos pelas mensagens *updade* do BGP, precedendo o campo NLRI. Recomendamos uma revisão do capítulo 9 deste livro. Lembramos apenas que o campo NLRI é contido no atributo MP_REACH_NLRI das mensagens *update* na fase de estabelecimento de PWs.

Esse é o mecanismo do BGP utilizado para *auto-discovery* no VPLS. Os elementos essenciais são o valor de RT e a identificação do PE de origem contidos nas mensagens *update*. Como por *default* as VPLS VPNs são *full meshed*, um único valor de RT é normalmente suficiente para a identificação de uma dessas VPNs.

Os PEs anunciam, tipicamente via IBGP, que pertencem a uma determinada VPLS VPN por meio de um valor de RT, sendo esse valor válido para todas as VSIs da VPLS VPN.

11.7.2 SINALIZAÇÃO PELO BGP

Para a sinalização no VPLS pelo BGP, a RFC 4761 definiu uma nova família de endereços, identificada pelo valor de AFI 25 (L2VPN AFI) e pelo valor de SAFI 65 (VPLS SAFI). O campo indicativo de *network address* do *next-hop* é codificado como um simples endereço IPv4 (com 4 octetos) ou IPv6 (com 16 octetos).

11.7.2.1 CAMPO VPLS BGP NLRI

A figura 11.9 apresenta o formato do campo NLRI de mensagens *update* para a extensão do BGP para o VPLS, codificado conforme a família de endereços L2VPN AF.

Length (2 *octetos*)
Route Distinguisher (8 octetos)
VE ID (2 octetos)
VE *Block Offset* (2 octetos)
VE *Block Size* (2 octetos)
Label Base (3 octetos)

Figura 11.9 Campo NLRI do BGP para o VPLS

Como se pode observar nessa figura, não existem rotas sendo transmitidas nas mensagens *update* para o VPLS.

A fundamentação funcional nesse caso reside nos seguintes fatos:

- Os valores de label assignados devem identificar a VPLS VPN e também o VE de ingresso.
- Esses valores de labels são função do VE ID do PE ou u-PE de ingresso, e devem estar contidos dentro de faixas de valores distribuídos pelos PEs de egresso.
- Os PEs de egresso podem deslocar as faixas de valores mantendo também a posição (*offset*) da faixa inicialmente distribuída.
- Deve ser distribuída uma única mensagem *update* de um PE para os demais PEs de uma VPLS VPN.

O valor de RD pode ser configurado em cada PE. Opcionalmente, pode ser distribuído um valor único de RD para toda a VPLS VPN.

Um PE participante de uma VPLS VPN deve possuir pelo menos um VE ID. Se o PE for um VE ele possui tipicamente um único VE ID. Se o PE estiver conectado a diferentes u-PEs, ele possui um VE ID distinto para cada um desses u-PEs, o que não o impossibilita de possuir também um VE ID próprio. Valores de VE ID são tipicamente assignados pela administração da rede e são únicos para uma VPLS VPN. Um VE ID deve pertencer a um único PE exceto no caso em que haja CEs *multi-homed*.

Os campos VE *block offset* (VBO), VE *block size* (VBS) e *Label Base* (LB) são utilizados para a definição e distribuição de faixas de labels.

11.7.2.2 ESTABELECIMENTO E DESATIVAÇÃO DE PWs

Como já dissemos, as VSIs dos PEs e u-PEs são identificadas, na fase de controle, pelos valores de RD, e principalmente, pelos valores de RT contidos nas mensagens *update*.

Vamos considerar como referência a figura 11.10, onde se visualiza o processo básico de sinalização no VPLS pelo BGP.

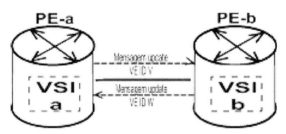

Figura 11.10   Sinalização no VPLS pelo BGP.

Nessa figura, vamos supor que o PE-a distribuiu uma mensagem *update*, a qual foi recebida inclusive pelo PE-b, que vamos adotar como representante dessa recepção. Essa mensagem *update* tem como um de seus objetivos indicar para o PE-b a faixa de valores de labels que ele pode utilizar e a atual posição (*offset*) dessa faixa de valores.

Virtual Private Lan Service (VPLS) **291**

A faixa de valores, denominada *label block*, no caso para o PE-a identificado pelo VE ID V, pode ser definida pelo conjunto de valores inteiros no intervalo (LB, LB+VBS-1). Considerando-se o envio de um valor VBO como *offset*, temos que esse intervalo foi deslocado para o conjunto (VBO, VBO+VBS-1).

O intervalo (LB, LB+VBS-1) é referido como *label block for* V e o intervalo (VBO, VBO+VSB-1) como *remote* VE *set for* V. Observa-se que há uma correspondência um-a-um entre os valores desses dois intervalos.

Vamos supor que o PE-b já havia distribuído o VE ID W para sua identificação, assim como um *remote VE set for W* definido pelos valores VBO',VBS' e LB'.

Temos os seguintes procedimentos no PE-b:

- O PE-b verifica se o valor W encontra-se no intervalo *remote VE set for V* (PE-a), ou seja, se o valor W é maior ou igual ao valor VBO e menor ou igual ao valor VBO+VBS-1.
- Se não se encontra, o PE-b ignora essa mensagem *update* e passa a aguardar.
- Se se encontra, o PE-b define o valor de PW *label* computado como PW *label* = LB+W-VBO, para ser utilizado no tráfego do PE-b para PE-a.
- O PE-b verifica se o valor V (VE ID do PE-a) se encontra no intervalo *remote* VE *set for W*, ou seja, se o valor V é maior ou igual ao valor VBO' é menor ou igual ao valor VBO'+VBS'-1.
- Se não se encontra, o PE-b deve fazer uma nova distribuição de valores para o *remote VE set for W*, de modo a obter o enquadramento.
- Se se encontra, o PE-b registra o valor de PW *label* que deve esperar no tráfego enviado pelo PE-a, computado como PW *label* = LB'+V-VBO'.

Como se verifica, esse processo conduz à definição de PW *labels* que satisfazem a todos os PEs de uma MPLS VPN, proporcionando os mecanismos de ajuste que se fazem necessários.

Durante os procedimentos anteriores, quando ao PE-b torna-se necessária a distribuição de um novo *remote* VE *set for* W é aconselhável que essa nova distribuição não seja acompanhada pelo cancelamento da distribuição anterior. Dessa forma pode-se evitar algumas eventuais interrupções de serviço

Observa-se que é possível, com esses procedimentos, inferir qual VE originou um quadro MAC de dados com base no valor do PW *label* recebido nesse quadro, além da possibilidade de identificação da VPLS VPN.

Para a desativação de VPLS PWs, os PEs devem enviar mensagens *update* contendo o atributo MP_UNREACH_NLRI, onde se encontram identificados os PWs a serem desativados. Se os links conectando um CE a um PE falharem, o PE pode comunicar a retirada dos NLRIs afetados ou pode aguardar que os demais PEs saibam, de alguma forma, do acontecimento desse fato.

11.7.2.3 LAYER2 INFO EXTENDED COMMUNITY ATTRIBUTE

A RFC 4761 define, além do RT, um outro atributo estendido de comunidade para a sinalização no VPLS, denominado *layer2 info extended community attribute*, cujo objetivo é sinalizar, por meio de mensagens *update*, informações de controle relativas aos PWs. O código utilizado para esse atributo, conforme alocação do IANA, é 0x800A.

A figura 11.11 representa o formato desse atributo.

Extended Community Type (2 octetos)
Encapsulation Type (1 octeto)
Control Flags (1 octeto)
Layer-2 MTU (2 octetos)
Reserved (2 octetos)

Figura 11.11   Atributo *layer2 info extended community*.

O valor atribuído ao tipo de encapsulamento é 19.

O campo *control flags* contém, em seu início, 6 *bits* MBZ (*must be zero*), que não possuem ainda função definida, devendo ser zerados na origem e ignorados na recepção. Os últimos dois *bits* têm os seguintes significados:

- C *Bit* (*control word*): pacotes VPLS para o PE originador das mensagens *update* podem conter ou não *control words*, o que é sinalizado respectivamente pelo C *bit* setado para 1 ou setado para zero.
- S *Bit* (*sequencied delivery*): pacotes VPLS para o PE originador da mensagem *update* têm que estar ou não seqüenciados, o que é sinalizado respectivamente pelo S *bit* setado para 1 ou setado para zero.

O campo *layer*-2 MTU indica o valor de MTU a ser adotado na transmissão de pacotes pelos VPLS PWs sendo estabelecidos.

11.7.3   MULTI-ASes VPLS VPNS

Uma VPLS VPN pode abranger *sites* conectados a PEs localizados em diferentes ASes. Isso ocorre, por exemplo, no caso de serviço *inter*-SPs VPLS. Como não pode haver uma conexão IBGP direta entre esses PEs, é necessária a definição de algum meio de sinalização entre os ASes envolvidos.

A RFC 4761 define três métodos de sinalização para essa condição, sendo abaixo abordados esses métodos em ordem crescente de escalabilidade. Como referência, vamos considerar a figura 11.12.

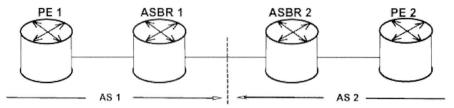

Figura 11.12   Figura de referência para multi-ASes VPLS VPNs.

Virtual Private Lan Service (VPLS)   **293**

Os métodos definidos são os seguintes:

- Conexões VPLS-to-VPLS nos ASBRs.
- Redistribuição EBGP entre ASBRs.
- Redistribuição EBGP entre ASes.

11.7.3.1 CONEXÕES VPLS-TO-VPLS NOS ASBRs

Nesse método, o ASBR atua como um PE para todas as VPLS VPNs que encompassam os AS 1 e AS 2 (e outros eventuais ASes que utilizam o ASBR 1). O ASBR 2 é visto pelo ASBR 1 como um CE para todas as VPLS VPNs acima citadas. O mesmo ocorre no outro sentido, invertendo-se os papeis dos equipamentos.

Não há funcionalidade MPLS entre os ASBRs, isto é, não existem labels nos quadros que transitam entre eles, sendo esses quadros puramente *Ethernet*. Para a devida separação entre as VPLS VPNs nesse trecho, são utilizadas diferentes subinterfaces VLAN, cada uma com o seu valor de *tag* 802.1Q.

Os ASBRs funcionando como PEs participam do intercâmbio de NLRIs separadamente, cada um dentro do AS a que pertence. O processo de aprendizagem de endereços MAC, no entanto, processa-se globalmente na rede MPLS. Isso significa uma elevada carga de *overhead*, que se reflete no plano de dados.

Como normalmente podem existir *links* paralelos entre os ASBRs por razões de resiliência, e o BGP não se encontra presente nesses trechos, faz-se necessário um mecanismo de prevenção de *loops*, particularmente o STP. Isso redunda em aumento de carga de *overhead* de controle nos ASBRs e PEs da VPLS VPN, o que torna ainda mais crítica a escalabilidade.

11.7.3.2 REDISTRIBUIÇÃO EBGP ENTRE ASBRs

Esse método requer paridade IBGP entre os componentes de um AS (como no método anterior), mas exige também paridade EBGP entre os ASBRs.

Ocorrem, como exemplo, os seguintes procedimentos:

- O PE 1 envia uma VPLS NLRI para o ASBR 1 com um *label block*, identificando-se como *next-hop*.
- O ASBR 1 envia a VPLS NLRI recebida para o ASBR 2 com novos PW *labels*, identificando-se como *next-hop*.
- O ASBR 2 envia a VPLS NLRI recebida para o PE 2 com novos PW *labels*, identificando-se como *next-hop*.

São constituídos três túneis LSP no exemplo, T 1 do PE 1 para o ASBR 1, T 2 do ASBR 1 para o ASBR 2 e T 3 do ASBR 2 para o PE 2. Ocorrerá então no plano de dados *swapping* de dois labels nos ASBRs, dos *top labels* (túneis LSP) e dos *bottom labels* (VPLS PW *labels*). Se os ASBRs forem diretamente conectados não ocorre a necessidade de existência do túnel LSP T 2.

A VPLS NLRI que o ASBR 1 envia para o ASBR 2 (e a VPLS NLRI que o ASBR 2 envia para o PE 2) é idêntica à VPLS NLRI que o PE 1 envia para o ASBR 1, com exceção do *label block*. O que pode diferir, mais precisamente, são os valores de LB enviados.

294   TCP/IP sobre MPLS

Como os ASBRs participam do processo VPLS, o plano de dados se torna mais simples, resumindo-se em uma operação de *label swapping*. Ademais, o protocolo BGP provê a prevenção de *loops* entre os ASBRs conectados por múltiplos *links*, não havendo assim necessidade de mecanismos tais como o STP. Dessa forma, esse método é consideravelmente mais escalável que o primeiro método, acima apresentado.

11.7.3.3   REDISTRIBUIÇÃO EBGP ENTRE ASes

Nesse método, existe uma paridade *multi-hop* EBGP (distante) entre os PEs em diferentes ASes. Para essa paridade, é necessária a constituição de um túnel LSP direto entre o PE 1 e o PE 2 da figura anterior, utilizando-se, por exemplo, o EBGP para intercambiar rotas IPv4 referentes aos endereços *loopback* dos PE 1 e PE 2. Registra-se que podem ser ou não utilizados RRs nos diferentes ASes na distribuição de VPLS NLRIs entre esses PEs.

Como se verifica, os ASBRs operam como P LSRs, sem participar do processo VPLS. O envolvimento dos ASBRs é simples, tanto no plano de controle quanto no plano de dados. Acrescenta-se que, como no segundo método acima apresentado, não há necessidade de mecanismos como o STP, sendo a prevenção de *loops* provida pelo próprio BGP. Verificamos então ser esse método provavelmente o mais escalável dentre os três métodos apresentados.

11.7.4   MULTI-HOMING E PATH SELECTION

É geralmente conveniente conectar o CE de um *site* a diferentes PEs, eventualmente situados em diferentes ASes ou mesmo diferentes SPs. Essa medida obviamente aumenta a confiabilidade no atendimento a esse *site*.

No caso doVPLS, os PEs conectados a um *site* podem ser configurados com um único VE ID ou diferentes VE IDs.

Quando da utilização de diferentesVE IDs, é necessária a utilização de um mecanismo de prevenção de *loops*, no caso o STP. Isso decorre da impossibilidade de seleção de caminho pelo próprio BGP, uma vez que os PEs utilizam diferentes VE IDs.

Na hipótese, contudo, de PEs configurados com um mesmo valor deVE ID, o próprio BGP pode proceder à seleção de um caminho, inibindo os demais possíveis caminhos. Se houver qualquer alteração de configuração, o BGP dinamicamente escolhe um novo caminho mais adequado, se existir.

Se houver equivalência nas NLRIs recebidas, o BGP *speaker* utiliza um mecanismo de seleção, tal como o *local preference* ou o AS *path lenght*. Duas NLRIs são consideradas equivalentes do ponto de vista de seleção de caminho quando apresentam os mesmo valores de VE ID, RD e VBO.

11.7.5   HIERARQUIZAÇÃO NO PLANO DE CONTROLE

Para maior escalabilidade no que concerne ao uso de BGP estendido para o VPLS, são adotadas algumas medidas que dizem respeito à hierarquização no plano de controle.

A primeira dessas medidas significa o uso de RRs. Dessa forma não há necessidade de conectividade *full mesh* entre os BGP *speakers* . Como vimos no capítulo 9 anterior, os RRs

Virtual Private Lan Service (VPLS)   **295**

podem ser multiplicados, podendo ser inclusive constituída uma rede *full mesh* entre RRs. É importante salientar que o uso de RRs limita-se ao *plano de controle*. A transmissão de pacotes MPLS de dados processa-se transparentemente aos RRs.

É possível a utilização de RRs distintos para diferentes aplicações de uma rede MPLS. Pode haver RRs para VPLS, independentemente de outros RRs destinados a MPLS VPNs. Uma outra forma de particionar o uso de RRs é dentro de uma aplicação, a exemplo do VPLS. Por meio do uso de RTF (*route target filtering*), é possível separar-se uma VPLS VPN em diferentes subconjuntos de PEs/u-PEs, sendo cada um desses subconjuntos atendidos por diferentes conjuntos de RRs.

Uma outra medida que torna mais eficiente e escalável o VPLS é a possibilidade de separar o tráfego BGP para o atendimento de subgrupos de BGP *speakers* interessados. Isso se consegue também pela utilização do mecanismo RTF. Para maiores informações quanto a esse mecanismo, mencionamos o *work in progress* do IETF denominado *Constrained VPN Route Distribution*.

Como a aprendizagem para o roteamento MAC ocorre no plano de dados, a interveniência de processos GBP no VPLS é relativamente rara, o que contribui em termos de escalabilidade no uso do BGP para o VPLS.

11.8   SINALIZAÇÃO NO VPLS PELO LDP ESTENDIDO

Conforme menção anterior neste capítulo, a RFC 4762 definiu extensões da RFC 4447 de forma a capacitar o LDP para uso em sinalização no VPLS. Lembramos que a RFC 4447, por sua vez, representa uma extensão da RFC 3036 (que define o LDP básico) para a constituição e manutenção de PWs no VPWS.

A RFC 4762 restringe-se à sinalização para a constituição de PWs no VPLS, não contemplando qualquer definição quanto ao processo de *auto-discovery*. Nela são mencionados mecanismos de *auto-discovery* definidos em outros padrões e que são compatíveis com os seus termos.

As extensões da RFC 4762 à RFC 4447 consistem em ajustamentos nas mensagens *label mapping* e na definição de uma nova mensagem, denominada LDP MAC *address withdraw message*. As mensagens *label mapping* conduzem o *label* TLV como em qualquer opção de uso do LDP, onde se encontram os valores de labels a serem utilizados como VPLS PW *labels*.

A RFC 4762 incorpora também alguns aspectos atinentes ao VPLS como um todo, razão pela qual foram eles já abordados neste capítulo quando da apresentação geral do VPLS. Podem ser citados a definição do HVPLS, os modos qualificado e não qualificado de aprendizagem de endereços MAC, e algumas considerações de segurança.

No que concerne à questão de segurança mencionamos apenas a conveniência da consulta à RFC 3036, particularmente no que diz respeito aos métodos de autenticação de mensagens no LDP.

11.8.1   ELEMENTOS DE FEC UTILIZADOS

Uma vez que uma sessão LDP foi formada entre dois PEs (conforme procedimentos usuais do LDP), todos os VPLS PWs entre esse par de PEs são sinalizados por essa sessão.

296 TCP/IP sobre MPLS

Ressaltamos tratar-se de *targeted sessions* no VPLS (assim como no VPWS), uma vez que os PEs não são diretamente conectados.

Como uma configuração *full mesh* de sessões, vale dizer, de VPLS PWs, pode resultar em elevada sobrecarga de *overhead* de controle na rede MPLS, pode ser utilizado o HVPLS anteriormente descrito para minimizar a envergadura da rede *full mesh*.

Como vimos no capítulo 10, a RFC 44477 definiu dois tipos de elementos de FEC para o VPWs, que são o *PWid* FEC *element* (FEC *type* 118) e o *generalized PWid* FEC *element* (FEC *type* 119). Originalmente utilizou-se para o VPLS um elemento de FEC compatível com o *PWid* FEC *element*. Posteriormente passou-se a utilizar o *generalized PWid* FEC *element* com esse propósito, o que se encontra descrito RFC 4762. Assim, a descrição do uso do *PWid* FEC *element* para o VPLS foi relegada para o apêndice *A* dessa RFC, e será abordada subseqüentemente apenas em termos gerais.

Recordamos também que quando da utilização do *generalized PWid* FEC *element*, algumas funcionalidades englobadas no *PWid* FEC *element* são excluídas. Para compensar essa exclusão, foram definidos pela RFC 4447 dois novos FEC TLVs de uso opcional. Essas novas FEC TLVs, de uso exclusivo para o *generalized PWid* FEC *element*, são o *interface parameters* TLV e o PW *grouping* TLV, o que já foi visto no capítulo 10 anterior.

11.8.1.1 USO DO GENERALIZED PWid FEC ELEMENT

Vamos utilizar como referência para o VPLS o subitem 10.4.4.2 e a figura 10.6 do capítulo 10 anterior, relativos ao uso de *generalized PWid* FEC *element* no VPWS.

▨ Campos da Figura 10.6 no VPLS

No contexto do VPLS, os campos da figura 10.6 assumem as seguintes condições:

- C *Bit* (*control*): esse bit é utilizado para indicar o uso da *control word* conforme a RFC 4447.
- PW *type*: os valores permitidos para esse campo são 0x0005 (*Ethernet raw mode*) e 0x0004 (*Ethernet tagged mode*).
- PW *info length*: conforme especificação da RFC 4447.
- *Attachment group identifier* (AGI), *length*, *value*: esse conjunto representa um identificador único para a VPLS VPN.
- *Target attachment individual identifier*(TAII), *source attachment individual identifier* (SAII): esses campos são nulos no VPLS.

O AGI representa um tipo de nome e o correspondente *length* denota o comprimento do campo *value*. O campo *value* contém um valor (nome) que identifica a VPLS VPN.

Os campos TAII e SAII são nulos no VPLS porque os PWs terminam em VSIs e não em *attachment circuits* individuais. A RFC 4762 reserva o uso de TAIIs e SAIIs não-nulos para aplicações futuras.

▨ Interface Parameters TLV

Esse TLV, de caráter opcional, deve ser utilizado no caso do VPLS. Os parâmetros relevantes nesse caso são os seguintes:

- MTU: o valor de MTU no VPLS deve ser o mesmo para todos os PWs constituídos em mesh.
- *Optional description*: especificada conforme a RFC 4447.
- *Requested*VLAN ID: se o tipo do PE é *Ethernet taggede mode*, esse parâmetro pode ser utilizado para sinalizar a inserção do VLAN ID apropriado, nos termos da RFC 4448.

Procedimentos Utilizados

Como vimos anteriormente, os VPLS PWs, assim como os VPWS PWs, podem ser do tipo *Ethernet raw mode* ou *Ethernet taggeg mode*.

Vamos considerar inicialmente a hipótese de VPLS PW do tipo *Ethernet raw mode*, quando uma única VPLS VPN atende a todo o tráfego de uma rede de usuário, seja ele ou não pertinente a VLANs eventualmente existentes na rede do usuário.

A supervisão da rede define um valor de AGI para identificar a VPLS VPN, e configura esse valor nas VSIs dos PEs que irão participar dessa VPLS VPN. A supervisão da rede associa, por configuração, cada uma dessas VSIs a um *attachment circuit* que liga o PE a um CE.

Estando estabelecida a configuração *full mesh* de sessões LDP entre os PEs, procede-se à sinalização LDP para a constituição dos VPLS PWs dessa VPN. Vamos adotar como referência a figura 11.13.

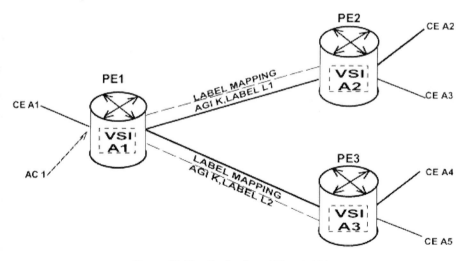

Figura 11.13   Sinalização no VPLs pelo LDP.

Estamos supondo nessa figura os seguintes pontos:
- A sinalização LDP está ocorrendo na MPLS VPN A.
- A supervisão de rede identificou a MPLS VPN A pelo AGI K.
- Foi configurada uma associação entre a VSI A1 (com registro AGI K) e o AC 1, que conduz ao um CE A1.

298 TCP/IP sobre MPLS

O PE 1, ao sinalizar para a constituição de PWs A com os PE 2 e PE 3, envia mensagens *label mapping* para esses dois PEs, contendo o valor AGI K que identifica a VPLS VPN A.

Para cada um dos PEs de destino, o PE 1 assigna diferentes valores de label, no caso o label L 1 para o PE 2 e o label L 2 para o PE 3. Os valores de label devem ser diferentes, em razão de sua utilização posterior no processo de aprendizagem de endereços MAC. Lembramos que nesse processo para o caso do VPLS, a inundação da rede ocorre por replicação de pacotes para os diferentes PEs de egresso, sendo contidos nesses pacotes os valores de label atinentes a cada um desses PEs de egresso.

Na hipótese de VPLS PWs do tipo *Ethernet tagged mode*, como vimos, mesmo no caso de VLANs de um mesmo usuário e englobando os mesmos CEs, a cada uma dessas VLANs corresponde uma diferente VPLS VPN.

Para a identificação dessas VPLS VPNs são assignados pela supervisão da rede valores próprios de AGI, sendo também definidos VSIs próprias para essas VPNs, associadas a *attachment circuits* próprios. Esses *attachments circuits* são diferenciados por delimitadores de serviço, que podem ser os próprios valores de *tag* 802.1Q referentes a cada uma dessas VLANs.

Os demais procedimentos utilizados pelo VPLS são basicamente independentes do protocolo de sinalização, seja ele o BGP ou o LDP, e foram já apresentados anteriormente neste capítulo. Ressalvamos apenas que, para o caso do LDP, o TLV *interface parameters* conduz parâmetros específicos, a exemplo do valor do MTU para a MPLS VPN e do *requested* VLAN ID que pode conduzir à alteração de valores de VLAN ID na VPLS VPN.

11.8.1.2 USO DO ELEMENTO DE FEC PW*id*

O apêndice A da RFC 4762 apresenta essa opção de uso devido às ainda restantes aplicações que a utilizam. Vamos considerar o subitem 10.4.4.2 e a figura10.5 do capítulo 10 anterior como referência para uma breve abordagem do uso do elemento de FEC PWid no VPLS.

O PW *type* passa a ser utilizado, no VPLS, para identificar PWs que transportam tráfego para conectividade ponto-a-multiponto. Como vimos, no VPWS os PWs são exclusivamente ponto-a-ponto.

Como o PWID é um delimitador de serviço no VPWS, embora identificando um serviço emulado ponto-a-ponto, ele passa a identificar de forma global, no VPLS, todo o conjunto de PWs que constituem uma VPLS VPN, ou seja, passa a identificar a VPLS VPN.

11.8.2 MENSAGEM LDP MAC ADDRESS WITHDRAW

Os endereços MAC aprendidos pelas VSIs dos PEs são apagados nas FIBs caso não sejam reutilizados dentro do período de temporização, sendo ou não objeto de uma nova rodada de aprendizagem, a critério dos terminais a que pertençam. A convergência desse processo é lenta, tornando-se problemática em algumas situações. Foi citado anteriormente um exemplo de falha de *link* em uma configuração *dual-homing* de um CE em dois PEs, em que essa solução se torna crítica.

No sentido de acelerar essa convergência, a RFC 4762 define uma nova mensagem LDP opcional denominada LDP MAC *address withdraw*, que contém uma lista de endereços MAC a serem removidos de todos os outros PEs nas correspondentes sessões LDP.

Virtual Private Lan Service (VPLS) **299**

Essa mensagem opcional pode ser utilizada por um PE para acelerar a remoção de endereços MAC em conseqüência de uma mudança topológica causada, por exemplo, por uma falha em um *link*. Quando o número de remoções é muito grande, pode ser utilizada uma lista vazia de endereços MAC, o que causa a remoção da totalidade dos endereços MAC.

As mensagens LDP MAC *address withdraw* contêm um novo TLV, referido como MAC *list* TLV. A codificação dos endereços MAC utiliza 6 octetos, em conformidade com padrões IEEE 802.

A figura 11.14 apresenta o formato do MAC *list* TLV.

0	8	16	24	32
U F	Type		Length	
MAC address 1				
MAC address 1			MAC address 2	
MAC address 2				
..				
MAC address n				
MAC address n				

Figura 11.14 Formato do MAC *list* TLV.

Os campos dessa figura têm os seguintes significados:

- U *Bit* (*unknown*): esse *bit* deve ser setado para 1.
- F *Bit* (*forwarding*): esse *bit* deve ser setado para zero.
- *Type*: esse campo deve ser igual a 0x0404, o que identifica o MAC *list* TLV.
- *Length*: esse campo especifica o comprimento dos endereços MAC, devendo ser múltiplo de 6.
- MAC *address* : esse campo apresenta a lista de endereços MAC a serem removidos.

As mensagens LDP MAC *address withdraw* devem conter um FEC TLV para identificar a VPLS VPN à qual a lista de endereços se refere. Contêm também *opcional parameters*, mas nenhum desses parâmetros opcionais ainda foi definido.

Se um PE não for capaz de entender uma dessas mensagens deve simplesmente ignorá-la, e continuar a utilizar os endereços MAC aprendidos até a sua remoção por *time-out*.

11.9 – ASPECTOS DE SEGURANÇA

O foco do VPLS é a privacidade das informações, isto é, as informações de uma VPLS VPN só devem ser distribuídas em seu interior sem alcance por outras VPLS VPNs ou por agentes externos. No entanto, o VPLS em si mesmo não oferece confidencialidade, integridade ou autenticação. Isso significa que existe a possibilidade de acesso às informações por agentes externos (*eavesdropping*), de inserção de pacotes espúrios no fluxo de dados (*spoofing*) ou de sobrecarregamento de recursos para impedir a prestação de serviço (*denial-of-service*).

300 TCP/IP sobre MPLS

O mecanismo básico de privacidade do VPLS consiste no isolamento entre os domínios de VPLS VPNs por meio da utilização de VSIs e de PWs específicos para essas VPNs, e a associação dessas entidades a *attachment circuits* que terminam em dependências dos usuários.

Para uma abordagem mais completa dos aspectos de segurança envolvendo L2VPNs recomendamos a consulta à RFC 4111. Podem ser consultadas também as RFC 2385, RFC 3036 e RFC 4364, e as RFCs que dizem respeito especificamente a L2VPNs em MPLS, além de padrões emitidos pelo *Frame Relay Forum* (FRF 17) e IEEE 802 (padrão IEEE 802.1x).

Os aspectos de segurança que devem ser considerados dizem respeito ao *plano de controle* e ao *plano de dados*, e são concernentes às seguintes áreas de ação:

- Redes de SP.
- Redes de interface PE-CE.
- Redes de usuário.

Os aspectos de segurança aqui abordados dizem também respeito, em grande parte, ao VPWS.

11.9.1 SEGURANÇA EM REDES DE SPs

No que concerne as redes inter-PEs de SPs, uma fase que preocupa quanto à segurança é a referente à sinalização e à manutenção de PWs. Um PE não deve se relacionar com outro PE no que concerne a PWs, a menos que esse outro PE seja confiável. Se os pares utilizam *auto-discovery*, isso pressupõe que os procedimentos de *auto-discovery* sejam também confiáveis.

Se os PEs se encontram no mesmo SP, filtros de controle de acesso podem ser utilizados, o que evita fraudes no endereço de origem dos PEs. Se os PEs se encontram em diferentes SPs essa filtragem se torna mais difícil ou impossível, e quando possível, menos confiável. No caso de PEs em diferentes SPs, é aconselhável o uso de procedimentos de autenticação criptográfica.

Protocolos que utilizam o TCP podem utilizar a opção TCP MD5, já abordada anteriormente neste livro, particularmente em redes *inter*-SPs. Outra medida de segurança é o uso de IP*sec* entre PEs, o que redunda no entanto em maiores custos.

Para reduzir o efeito de ataques *denial-of-service*, deve ser implementada alguma forma de limitação do número de endereços MAC que podem ser contidos nas VSIs, o que corta o sobrecarregamento dessas entidades. Uma outra forma possível de ataque *denial-of-service* é a provocação de inundações da rede, por meio de mensagens com endereços *multicast* ou com endereços de destino desconhecidos, o que pode ser atenuado pela limitação do tráfego *broadcast* que um usuário pode enviar.

Nos túneis que conduzem o tráfego no *backbone* do SP, a medida mais segura é a utilização de túneis IP*sec*, embora o IETF recomende o uso de túneis MPLS LSPs.

Registra-se também a possibilidade de desvio de tráfego entre VPLS VPNs não-intencionais, causadas por erros de configuração, como por exemplo um valor de RT erroneamente configurado.

Virtual Private Lan Service (VPLS) 301

11.9.2 SEGURANÇA EM INTERFACES PE-CE E EM REDES DE USUÁRIO

As redes de interface entre os SP e o usuário são também tradicionalmente difíceis de serem protegidas. Os pontos nevrálgicos consistem em assegurar a correta configuração dessas interfaces, prevenir acesso não autorizado e garantir a correta delimitação de serviços (por VLAN IDs, DLCIs e PWs, por exemplo).

Como a rede de acesso é necessariamente uma rede de camada 2, podem ser utilizadas práticas correntes de segurança específicas para essas redes. Por exemplo, o padrão IEEE 802.1x define autenticação no nível de enlace de dados para acesso por rede *Ethernet*. O *Frame Relay Forum* definiu extensões da LMI (*local management interface*) para autenticação pelo padrão FRF 17 o, que representa um outro exemplo.

No que concerne a segurança em redes de usuário, erros de configuração em PEs podem ocasionar a interconexão indevida de CEs de diferentes L2VPNs. No VPLS esse problema é mais crítico, pela dificuldade de implementação de IP*sec* em configurações multiponto-a-multiponto. Podem existir, contudo, formas alternativas de segurança na comunicação entre os CEs de uma VPLS VPN que demandam a participação dos protocolos de sinalização utilizados.

Se existir tráfego de controle entre CEs, a exemplo do que ocorre no STP, do qual a integridade da rede do usuário dependa, é aconselhável a utilização de mecanismos mais severos nesse tráfego do que aqueles usados no plano de dados.

De um modo geral, os riscos de ataques *denial-of-service* concernentes às redes com *bridges* dizem respeito também às redes VPNs VPLS. A abordagem deste item se limitou, porém, aos riscos de ataques relativos exclusivamente ao VPLS.

11.10 IP-ONLY LAN SERVICE (IPLS)

O IPLS, mencionado de passagem no item 11.1 anterior neste capítulo, é uma variação do VPLS sob certas restrições, e que se encontra ainda em definição pelo IETF (draft-ietf-12vpn-ipls-08.txt).

As restrições impostas ao VPLS são as seguintes:

- Apenas datagramas IP podem estar envelopados em quadros MAC.
- Os CEs devem ser roteadores ou *hosts* IP.

11.10.1 APRENDIZAGEM DE ENDEREÇOS MAC

No IPLS, em vez de se utilizar a aprendizagem de endereços MAC no plano de dados como no VPLS, os PEs utilizam o plano de controle para aprendizagem desses endereços. Dito de outra forma, o IPLS representa um serviço de certa forma assemelhado ao VPLS (ambos se baseiam em endereços MAC) cujos PEs, entretanto, não realizam funções LAN *bridging*.

Dessa forma viabiliza-se a utilização de plataformas de *hardware* menos complexas, que não são capazes de realizar a aprendizagem de endereços MAC no plano de dados.

Para eliminar a aprendizagem de endereços MAC no plano de dados, um protocolo de resolução de endereços (como o *proxy* ARP do IPv4) deve ser utilizado, associando os endereços MAC de cada CE de uma IPLS VPN aos respectivos endereços IP, e transportando os *bindings* obtidos para os PEs.

302 TCP/IP sobre MPLS

A eliminação da aprendizagem de endereços MAC nos PEs resulta na eliminação da necessidade de que os PWs sejam ponto-a-ponto. Assim, podem ser utilizados também PWs multiponto-a-ponto (mp2p PWs) por meio de árvores topológicas centradas em cada PE. Cada PE raiz, que representa o PE de egresso da árvore, pode enviar para os PEs folhas um único valor de PW *label*, o que é válido tanto para mp2p *unicast* PWs quanto para mp2p *multicast* PWs.

No IPLS, cada PE é configurado com uma ou mais IPLS *services instances*, e cada uma dessas instâncias é associada a uma única IPLS VPN, identificada por um VPN-*Id*. A cada uma dessas instâncias, pertinentes a um PE, é conectado um conjunto de *attachment circuits*.

Um *attacment circuit* é uma porta *Ethernet* voltada para um CE, ou uma particular VLAN, em uma dada porta *Ethernet* voltada para um CE.

Um PE pode ser opcionalmente configurado com um endereço MAC local, a ser utilizado como endereço MAC de origem (SA) para o envio de quadros desse PE para um CE, pelo respectivo *attachment circuit*. Por *default*, é utilizado endereço MAC da porta *Ethernet* do PE voltada para o CE, com esse propósito.

Observa-se que no IPLS os PEs são referidos como MPLS *label edge routers* (LERs).

11.10.3 SINALIZAÇÃO NO IPLS

Podem ser estabelecidos dois tipos de PWs:

- *Unicast* PWs.
- *Multicast* PWs.

O IPLS transporta datagramas IP como *payload* em *unicast* PWs, mas transporta quadros *Ethernet* como *payload* em *multicast* PWs (que transportam tráfego *multicast* e tráfego ARP por *broadcasting*). Isso significa que o MAC *header* de quadros *unicast* é retirado pelo PE de ingresso, sendo transportado então como um datagrama IP nativamente envelopado no pacote IPLS.

11.10.3.1 UNICAST PWs

Quando um PE de uma IPLS VPN descobre cada um dos CEs a ele conectados, ele dispara a criação de um mp2p *unicast* PW, nele centrado, exclusivo para cada um desses CEs, mediante o envio de uma mensagem *label mapping* específica para cada um dos demais PEs que participam da IPLS VPN. Um mesmo valor de PW *label* deve ser distribuído nas mensagens enviadas. Em conseqüência, o mp2p *unicast* PW assim criado é utilizado pelos PEs remotos para o envio de tráfego IP *unicast* para um CE específico conectado ao PE raiz da árvore multiponto-a-ponto associada a esse PW.

Observa-se que a mesma funcionalidade pode ser obtida por um conjunto de PWs *unicast* ponto-a-ponto (p2p *unicast* PWs), quando não é requerido o envio de um mesmo valor de PW *label* para os PEs remotos.

O PE de raiz envia os pacotes IPLS recebidos para o CE associado ao mp2p *unicast* PW pelo correspondente *attachment circuit*.

11.10.3.2 MULTICAST PWs

Quando um PE é configurado para participar de uma IPLS VPN, ele distribui um *multicast* PW *label* para os demais PEs dessa VPN, por meio de mensagens *label mapping*. Os valores do PW *label* é o mesmo para todos os PES, resultando na criação de uma mp2p *multicast* PW a ser utilizado para tráfego *multicast/broadcast* e tráfego ARP. Existe um único mp2p *multicast* PW centrado em cada PE de uma IPLS VPN, destinado ao uso de todos os CEs a ele conectados.

Observa-se que não existe qualquer funcionalidade no mp2p *multicast* PW diferente daquela oferecida pelo mp2p *unicast* PW. A diferença reside apenas nas destinações de tráfego nesses tipos de PW.

Para a devida replicação de pacotes IPLS *multicast*, cada PE possui uma facilidade denominada *send multicast replication tree* associada a cada IPLS VPN. Essa facilidade consiste de uma matriz contendo as identificações de todos os *attachment circuits* e de todos os *multicast* PWs da IPLS VPN que terminam no PE.

Qualquer pacote ARP ou *multicast/broadcast* recebido em um *attachment circuit* é replicado para todos os demais *attachment circuits* e para todos os *multicast* PWs da IPLS VPN centrados no respectivo PE.

No PE de egresso, qualquer pacote ARP ou *multicast/broadcast* recebido em um *multicast* PW é replicado para todos os *attachment circuits* da IPLS VPN.

11.10.3.3 EXTENSÕES DO LDP PARA O IPLS

Os IPLS PWs são constituídos com base na RFC 4447 definida para o VPWS, com a devida extensão. As extensões do LDP para o IPLS, ainda em definição pelo IETF, estabelecem o uso do PW *type* IP PW (também denominado IP *layer2 transport* PW) para *unicast* PWs e o uso do *Ethernet* PW para *multicast* PWs.

Na recepção de uma mensagem *label mapping*, um PE verifica pelo PW FEC recebido se o *PWid* confere com o *PWid* configurado. Se o PW *type* for *Ethernet* PW, o PE FEC diz respeito a um *multicast* PW. Se for IP *layer2 transport* PW, o PW FEC refere-se a um *unicast* PW.

Para *unicast* PWs, o IPLS utiliza o *address list* TLV (definido na RFC 3036 e no capítulo 6 deste livro) para sinalizar endereços IP e endereços MAC de cada CE local. Para isso estão sendo definidos os dois novos TLVs abaixo listados:

- IP *address* TLV.
- MAC *address* TLV.

Esses TLVs devem ser incluídos no campo *optional parameter* das mensagens *label mapping* quando do estabelecimento de *unicast* PWs. Eles contêm, além da identificação do *address list* TLV (código 0x0101), os endereços IP e os endereços MAC de um CE para o qual está sendo sinalizada a constituição de um mp2p *unicast* PW.

11.10.4 TRANSMISSÃO DE TRÁFEGO DE DADOS

Como vimos anteriormente, nas IPLS VPNs ocorre a sinalização para a constituição de PWs destinados à transmissão de tráfego de dados e do tráfego relativo ao protocolo ARP.

304   TCP/IP sobre MPLS

Para isso são utilizados mp2p *unicast* PWs (para tráfego *unicast* de dados) e mp2p *multicast* PWs (para tráfego *multicast/broadcast* de dados e para tráfego ARP).

11.10.4.1   TRÁFEGO IP UNICAST

No IPLS, o tráfego IP *unicast* é transmitido de um *attachment circuit* para um *unicast* PW com base no endereço MAC de destino contido no MAC *header*, e não com base no IP *header* (como ocorre nas MPLS VPNs).

No PE de ingresso ocorrem os seguintes procedimentos:

- O PE de ingresso identifica a FIB associada à IPLS VPN baseado no *attachment circuit* de ingresso.
- O PE de ingresso verifica na FIB o MAC DA, e também o VLAN ID se for o caso, para obter a devida interface de egresso.
- Se a interface de egresso for outro *attachment circuit* local, o quadro MAC é enviado sem alteração.
- Se a interface de egresso for uma "folha" de um *unicast* PW, o pacote é enviado para o PE de egresso sem o MAC *header*, mas com a inserção do PW label e do envelopamento de túnel (tipicamente um *tunnel label*).

Quando um datagrama IP assim transmitido é recebido pelo PE de egresso, ocorrem os seguintes procedimentos:

- O PE de egresso descarta o envelopamento de túnel (tipicamente o *tunnel label*, se não ocorreu PHP).
- O PE de egresso consulta a sua FIB tendo como entrada o PW *label*, e obtém o *attachment circuit* de egresso.
- O PE de egresso descarta o PW *label*, reinsere o MAC *header*, e transmite o quadro MAC pelo *attachment circuit* de egresso.
- O MAC DA é obtido por consulta à FIB do PE de egresso, e o MAC SA é o endereço MAC do próprio PE de egresso.

11.10.4.2   TRÁFEGO IP MULTICAST/BROADCAST

Quando um quadro MAC ingressa no PE de ingresso por um *attachment circuit* pertinente a uma IPLS VPN, o PE de ingresso replica esse quadro em todos os demais *attachment circuits* locais e em todas as "folhas" do mp2p *multicast* PW da IPLS VPN. Em toda essa transmissão, o MAC *header* do quadro é mantido.

Quando um PE de egresso conectado a uma dessas "folhas" do mp2p *multicast* PW recebe uma cópia do quadro MAC transmitido, ele a replica para todos o seus *attachment circuits* locais pertinentes à IPLS VPN. A identificação desses *attachment circuits* na FIB desse PE de egresso tem como entrada o PW *label* recebido.

Capítulo 12

Differentiated Services e OAM

12.1 Preâmbulo

12.2 Differentiated Services em IP QoS

12.3 Differenciated Services em MPLS QoS

12.4 Tipos de LSP para o MPLS DiffServ

12.5 Modelos de Túneis para MPLS DiffServ

12.6 Sinalização no MPLS DiffServ

12.7 DiffServ-Aware MPLS Traffic Engineering (DS-TE)

12.8 OAM no MPLS

306 TCP/IP sobre MPLS

12.1 PREÂMBULO

Qualidade de serviço é uma questão relevante no MPLS, a exemplo do que ocorre com outras redes. Os aspectos básicos de *QoS*, contudo, não representam uma vantagem do MPLS sobre outros tipos de rede, considerando-se particularmente redes totalmente IP. Existe, na realidade, uma grande similaridade entre esses aspectos básicos no que diz respeito às redes IP e às redes MPLS.

Todavia se considerarmos a utilização do MPLS para *Traffic Engineering*, que é também uma forma de prover *QoS*, podemos afirmar que o MPLS oferece uma maior amplitude em qualidade de serviço.

O IP, e em conseqüência o MPLS, podem utilizar os seguintes modelos básicos de *QoS*:

- *Differentiated Services (DiffServ).*
- *Integrated services (IntServ).*

Os *integrated services* não encontraram campo para sua utilização. Esse modelo usa como base o protocolo RSVP, que por sua vez se fundamenta no conceito de *traffic flows*. Quando uma rede IP assume grandes dimensões, a exemplo da *Internet, o* tratamento da qualidade de serviço por *traffic flows* torna-se inviável do ponto de vista da escalabilidade.

Essa limitação de uso do *IntServ* para o IP projetou-se para o caso do MPLS. Por essa razão não abordaremos os *integrated services* neste livro. Mencionamos apenas a RFC 1994 para a eventual de consulta relativamente a esse tópico. Prevaleceram então os *differentiated services*, que se constituem em um dos temas principais deste capítulo.

Um outro quesito de *QoS* é utilização pelo MPLS da facilidade *explicit congestion notification* (ECN), que não será tampouco abordado neste livro. Como referência recomendamos a RFC 5129. Essa RFC específica, dentre outras alternativas, o aproveitamento de DSCPs que podem não ser utilizados para a identificação de PHBs, para o transporte de informações necessárias ao funcionamento do mecanismo ECN. Os significados dessas siglas serão vistos no item 12.2 a seguir.

No final do capítulo incluímos um ítem relativo a OAM (*Operations and Management*) no MPLS (ítem 12.8), por tratar-se de um outro tema relevante no que diz respeito a qualidade de serviços no MPLS. A sigla OAM, dentro da mesma concepção, pode significar também *Operations, Administration and Maintenance.*

12.2 DIFFERENTIATED SERVICES EM IP QoS

Como embasamento para a definição de uma arquitetura para *DiffServ* no IP foi emitida a RFC 2475, complementada posteriormente pela RFC 3260. A RFC 3260 apresenta uma revisão na terminologia e uma clarificação de alguns conceitos da RFC 2475. Os serviços *DiffServ* são também referidos simplesmente como DS (*differentiated services*).

Essa arquitetura presta-se também, com alguns reajustes, ao suporte da utilização do *DiffServ* no MPLS, razão pela qual vamos abordá-la com o necessário aprofundamento.

As características de *QoS* podem ser especificadas em termos quantitativos ou estatísticos de vazão de tráfego, de *delay, de jitter* ou de descarte, podendo ser também especi-

Differentiated Services e OAM   307

ficadas em termos de alguma forma de prioridade relativa de acesso a recursos de redes. Serviços diferenciados objetivam prover maior granularidade pelo atendimento específico das diversas classes de tráfego, evitando a manutenção de estados de reserva *per-flow* em grandes redes IP.

Em linhas gerais a arquitetura definida pela RFC 2475 é composta pelas seguintes funções:

- Funções de classificação de pacotes.
- *Per-hop-behavior* (PHB).
- Funções de condicionamento de tráfego.

12.2.1 CLASSIFICAÇÃO DE PACOTES

O ponto de partida do *DiffServ* é a classificação de grupos de pacotes em classes, pelas características de comportamento que essas classes demandam das redes que tais pacotes atravessam. Para isso é necessária a definição dos perfis de tráfego dessas classes.

A RFC 2475 atribui a denominação *behavior aggregates* (BAs) a essas classes de tráfego, definidas pelos respectivos perfis de tráfego. Os BAs devem ser marcados nos *headers* dos datagramas IP para a sua devida classificação ao longo da rede, por meio de um campo DS. Mais precisamente, essa marcação é feita pelo DSCPs (DS *code points*).

Cada nó da rede é provido com uma entidade *classifier*, que tem como objetivo identificar os pacotes pertinentes a um BA, com base nos DSCPs contidos nesses pacotes. Existem dois tipos de *classifiers*:

- BA *classifier*.
- MF (*multi-field*) *classifier*.

O BA *classifier* baseia-se exclusivamente no DSCP, enquanto o MF *classifier* se baseia em um ou mais campos do *header* IP além do DSCP, tais como endereço de origem, endereço de destino ou portas de entrada e de saída, dentre outros.

Como a definição da arquitetura *DiffServ* no IP ocorreu posteriormente à disseminação do IPv4, existe uma grande quantidade de implementações que utilizam os *precedence bits* (3 *bits*) do campo TOS (*type of service*) IPv4 *header* com um octeto, para funções de *QoS*. Como esse número de *bits* foi julgado insuficiente em face do número de BAs já definidos e a definir, o IETF decidiu-se pela ampliação dos *bits* reservados para QoS.

Vamos considerar o formato do campo TOS do IPv4 *header*, em sua concepção original, apresentado na figura 12.1.

Figura 12.1   Formato do campo TOS do IPv4 *header*.

Para a nova alternativa o campo TOS passou a denominar-se campo DS, e a sua formatação levou em conta algumas considerações. O MBZ *bit* (*must be zero*) não tem função definida. Os quatro TOS *bits* foram desconsiderados, sendo que os três *bits* mais significativos desses *bits* foram aglutinados com os três *precedence bits*, formando então assim o campo DSCP, com seis *bits*. Os MZB *bits* passaram a ser em número de dois.

O formato do campo DS pode ser visualizado na figura 12.2.

Figura 12.2   Formato do novo campo DS do IPv4 *header*.

Para uma abordagem mais detalhada da definição do campo DS pode ser consultada a RFC 2474.

A cada BA deve corresponder um comportamento dos roteadores da rede, a que se denomina PHB (*per-hop-behavior*). Tipicamente um DSCP identifica um BA e um PHB.

12.2.2   PER-HOP-BEHAVIOR

A definição de PHB é reconhecida como um processo evolutivo, ou seja, existem PHBs hoje definidos mas está aberta a possibilidade de definição de futuros PHBs. Existem os seguintes PHBs definidos pelo IETF:

- *Default* PHB.
- *Expedite forwarding* PHB (EF).
- *Assured forwarding* PHB (AF).

O *default* PHB, que é identificado pelo DSCP igual a zero, corresponde à categoria *best effort*, o que significa que nenhum tratamento especial é dado aos pacotes assim marcados.

12.2.2.1   EXPEDITED FORWARDING PHB (EF PHB)

Para a definição do EF PHB foi emitida a RFC 3246, que será a referência para este subitem. O objetivo básico do EF PHB é prover funcionalidades aos roteadores no sentido de se obter baixo *delay*, baixo *jitter* e baixa taxa de descarte para os pacotes que por ele transitam. Por definição, no entanto, o EF PHB não provê nenhum meio de garantir valores para esses parâmetros de tráfego.

Como veremos mais acuradamente quando da abordagem do AF PHB adiante, subconjuntos agregados de PHBs, denominados PHB *groups*, são alocados em filas próprias, variando porém o comportamento dos roteadores de rede para cada um dos PHBs de um PHB *group*. O EF PHB é um PHB *group* que não compartilha filas com nenhum outro PHB.

O EF PHB utiliza o código DSCP de valor 101110, sendo tipicamente implementado usando alguma forma de LLQ (*low latency queuing*).

Um roteador da rede IP pode suportar uma combinação do EF PHB com outros PHBs (ou PHB *groups*). É de se esperar que outros PHBs que compartilhem roteadores com o EF PHB possuam menores exigências quanto aos parâmetros básicos atendidos pelo EF PHB. Torna-se necessária então a definição de mecanismos limitadores do tráfego EF, para que esse tráfego não venha a inviabilizar a operacionalidade mínima dos demais PHBs compartilhantes.

Em qualquer hipótese, mesmo com a priorização de processamento dos pacotes EF, pode ocorrer um acúmulo desses pacotes em um *buffer*, conduzindo ao seu descartamento.

12.2.2.2 ASSURED FORWARDING PHB (AF PHB)

Como no caso do EF PHB, o IETF emitiu a RFC 2597 destinada especificamente ao AF PHB. O AF PHB pressupõe a existência de um SLA (*service level agreement*) entre o provedor de serviços de rede e o usuário, onde ficam definidos um perfil de tráfego do usuário e os compromissos de *QoS* por parte do provedor. O tráfego que excede o perfil de tráfego não pode esperar a mesma chance de obter o padrão de *QoS* negociado.

Os AF PHBs aglutinam-se em diferentes *group* PHBs denominados AF *group* PHBs, sendo cada um desses grupos transmitidos de forma independente, o que vale dizer em filas próprias e independentes. Os AF *group* PHBs são também referidos como AF *classes*.

Foram definidas quatro classes de AF, identificadas pelos três *bits* mais significativos dos DSCPs designados para o AF PHB. Esses identificadores de classe são os valores 001,010,011 e 100.

A cada uma dessas AF *classes* foram atribuídos três diferentes níveis de precedência para descartamento de pacotes. Em caso de congestionamento a precedência determina a

PHB/BA	DSCP (*Decimal*	DSCP (*Bits*
Default	0	000000
AF 11	10	001010
AF 12	12	001100
AF 13	14	001110
AF 21	18	010010
AF 22	20	010100
AF 23	22	010110
AF 31	26	011010
AF 32	28	011100
AF 33	30	011110
AF 41	34	100010
AF 42	36	100100
AF 43	38	100110
EF	46	101110

Figura 12.3   Valores de DSCP já definidos pelo IETF.

310 TCP/IP sobre MPLS

prioridade para descarte dos respectivos pacotes. Os três *bits* menos significativos do DSCP indicam a precedência para descarte, com os seguintes valores:

- 010 (baixa precedência para descarte).
- 100 (média precedência para descarte).
- 110 (alta precedência para descarte).

Isso significa que os pacotes contendo os *bits* 110 como precedência (mais alta precedência) serão os primeiros a serem descartados em caso de necessidade.

Considerando-se os diversos tipos de PHB, apresentamos na figura 12.3 o conjunto de valores de DSCP já definidos pelo IETF.

Os AF PHBs são também representados pela forma *Axy*, onde x representa a classe e y representa a precedência para descarte. Assim, existem 12 AF PHBs na representação da figura anterior. Ressaltamos que um PHB corresponde a um BA, sendo ambos identificados pelo mesmo DSCP. Assim, por exemplo, A13 representa o BA associado a classe 1 (ou seja, os respectivos pacotes devem ser conduzidos nas filas 1) e à mais alta precedência (*priori*) para descarte dos respectivos pacotes.

12.2.3 CONDICIONAMENTO DE TRÁFEGO

Condicionamento de tráfego significa um conjunto de funções que objetivam o cumprimento dos termos de um SLA, na parte do SLA denominado TCA (*traffic condicioning agreement*). A entidade processo que realiza essas funções denomina-se *traffic condicioner*. Um *traffic condicioner* realiza funções de *metering, marking, policing* e *shaping*. Essas funções são tipicamente realizadas apenas nos DS *boundary nodes*.

Após a devida classificação, os *streams of packets* selecionados passam por entidades mediadoras para possibilitar a comparação de suas propriedades temporais com os perfis de tráfego especificados em um TCA. Em função dessa comparação algumas ações condicionadoras podem ser tomadas.

Entidades *marcadoras* marcam os pacotes com os devidos valores de DSCP. A marcação tem como base informações inseridas pelo *host* de origem e os resultados da função de medição. Pode ocorrer remarcação de pacotes já marcados, isto é, alteração dos respectivos valores de DSCP.

A função *policing* significa, basicamente, o descartamento de pacotes por descumprimento do TCA. Opcionalmente os pacotes podem ser remarcados com o objetivo de torná-los pertinentes ao *default* PHB ou a um outro PHB mais sujeito ao descarte do que aquele ao qual pertence o pacote original. Essa opção equivale à função do *bit* DE (*discard elegibity*) do *Frame Relay*, por exemplo.

A última função de condicionamento citada, que o *shaping*, significa o retardamento da transmissão de pacotes dentro do *traffic stream* de forma a causar a conformidade do tráfego ao formato (*shape*) do perfil de tráfego negociado.

Differentiated Services e OAM   **311**

12.2.4 CONSIDERAÇÕES FINAIS SOBRE DiffServ EM IP QoS

Os nós de redes IP que suportam alguma forma de *DiffServ* são referidos como DS-*compliant nodes*, ou DS *nodes*. Denomina-se DS *domain* um conjunto contíguo de DS-*compliant nodes* com o mesmo provisionamento de políticas de *DiffServ* e as mesmas definições de PHB. Um conjunto contíguo de domínios DS com a mesma funcionalidade *DiffServ* é denominado uma DS *region*.

Um domínio DS é limitado pelos DS *boundary nodes*, divididos, do ponto de vista de um pacote ou de um *stream* de pacotes, em *ingress* e *egress* DS *boundary nodes*. Além desses nós existem os nós DS interiores. A inclusão de *non-DS-compliant nodes* em um domínio DS pode resultar em problemas de *performance*, causando inclusive a impossibilidade de satisfação do TCA, e deve ser portanto evitada.

Os limites de um domínio DS se restringem a uma rede de uma entidade jurídica, como por exemplo uma *intranet* ou uma rede de um ISP. A *função de condicionamento de tráfego pode localizar-se no ingress DS node ou no egress DS node*, mas pode também se situar em nós interiores do domínio DS, ou mesmo em um domínio *non-DS-capable* (constituído por *non-compliant nodes*).

No caso de existência de uma região DS (constituída, por exemplo, de partes distantes de uma *intranet* interconectadas por um domínio DS público), pode ocorrer o condicionamento de tráfego nos domínios DS de origem ou de destino dessa região DS, ou mesmo na fronteira entre diferentes domínios DS. O SLA deve, nesse caso, especificar as responsabilidades das partes envolvidas.

12.3 DIFFERENCIATED SERVICES EM MPLS QoS

A extensão da aplicação da arquitetura *DiffServ* em IP *QoS* especificada pela RFC 2475 para MPLS *QoS* foi definida pela RFC 3270. Essa RFC promoveu pequenas alterações na terminologia da RFC 2475. Um PHB *group* passou a denominar-se PSC (PHB *scheduling class*). Um grupo de BAs que corresponde a uma PSC recebeu a denominação *ordered aggregate* (OA). Finalmente, registramos a adição de um tipo especial de PHB, denominado *class selector* (CS).

A solução definida pela RFC 3270 possibilita flexibilidade aos SPs em dois aspectos operacionais.

Em primeiro lugar os SPs podem selecionar, a seu critério, diferentes formas de associar diferentes classes de serviço a LSPs de seus domínios DS. Podem, por exemplo, associar cada classe de serviço a um LSP específico, ou pode, alternativamente, associar o conjunto ou subconjuntos de classes de serviço a um único LSP.

Pode também optar por túneis LSP do MPLS básico ou por túneis LSP TE, sendo possível inclusive constituir LSPs por caminhos físicos diferentes em um mesmo contexto e destinados a uma mesma FEC. Vale mencionar que a utilização de diferentes LSPs para uma mesma FEC, embora possa trazer benefícios operacionais, significa uma sobrecarga que afeta a escalabilidade da rede. Essa opção deve ser restrita às situações em que isso se torne efetivamente necessário.

312   TCP/IP sobre MPLS

Uma outra forma de permitir flexibilidade aos SPs é mediante a liberdade de escolha da forma de prover MPLS *protection* aos seus LSPs. Por exemplo, a facilidade FRR (*fast rerouting*) oferecida pelo MPLS pode ser utilizada em diferentes configurações a critério dos SPs.

As especificações da RFC 3270 possibilitam o suporte de *DiffServ* para o MPLS transportando IPv4 ou IPv6. No entanto, essas especificações limitam-se ao tráfego *unicast*, ficando o suporte para tráfego *multicast* para futuros estudos.

A solução descrita pela RFC 3270 não exclui a possibilidade de uso sinalizado ou configurado de EXP *bits* para o suporte simultâneo da facilidade *explicit congestion notification* (ECN) e do *DiffServ* sobre MPLS. Entretanto, esta possibilidade não foi definida por aquela RFC.

Vamos abordar nos itens subseqüentes os seguintes aspectos relevantes concernentes ao MPLS *DiffServ*:

- Tipos de LSP para o MPLS *DiffServ*.
- Modelos de túneis para o MPLS *DiffServ*.
- Sinalização para o MPLS *DiffServ*.
- MPLS *DiffServ-Aware Traffic Engineering* (DS-TE).

12.4   TIPOS DE LSP PARA O MPLS DiffServ

Foram definidos dois tipos de LSP para o MPLS *DiffServ*:

- EXP-*inferred*-PSC LSPs (E-LSPs).
- *Label-only-inferred*-PSC LSPs (L-LSPs).

Um LSP pode ser utilizado para o suporte de um ou mais OAs, acomodando os diferentes BAs contidos nesses OAs (lembramos que o campo EXP contém três *bits*). É possível a total identificação desses BAs (e dos respectivos PHBs) exclusivamente por meio do campo EXP. Dessa forma fica possibilitada a indicação de até oito PHBs, englobando-se nesse caso também a identificação das PSCs a que pertencem esse PHBs.

Um LSP assim constituído é referido como EXP-*inferred*-PSC LSPs (E-LSPs), uma vez que o campo EXP identifica plenamente as PSCs e o PHBs que as constituem. O mapeamento entre valores de EXP e de PHB é referido como EXP<- ->PHB *mapping* (envolvendo PSCs e precedência para descarte). Um E-LSP pode ser configurado ou pode ser constituído por sinalização.

Alternativamente, a identificação plena de um PHB pode requerer a utilização de múltiplos LSPs, sendo o(s) label(s) de cada um desses LSPs utilizado(s) para identificação de uma PSC determinada. Dentro de cada um desses LSPs a ordem de precedência para descarte é codificada pelo campo EXP dos pacotes transmitidos. Esse tipo de LSP é referido como *label-only-inferred*-PSC LSP (L-LSP), sendo essa denominação derivada do fato de que a identificação de uma PSC ocorre exclusivamente pelo label a ele referente.

Como se constata facilmente, os L-LSPs têm a vantagem de eliminar a limitação de identificação de apenas oito PHBs, sendo possível teoricamente identificar um número elevado de PHBs. Questiona-se essa vantagem, contudo, com o argumento da não necessidade prática de identificação de mais de oito PHBs, sobretudo considerando-se que a constituição de um maior número de LSPs, inerente ao L-SPs, afeta negativamente a escalabilidade da rede.

Differentiated Services e OAM   313

Em decorrência do parágrafo anterior, a implementação de E-LSPs vem sobrepujando largamente a de L-LSPs, razão pela qual atribuiremos maior ênfase na abordagem de E-LSPs neste capítulo. Adiantamos que a constituição de E-LSP pressupõe a utilização da codificação genérica de labels, isto é, devem ser utilizados *shim label headers*.

12.4.1 PROCEDIMENTOS EM E-LSPs

Como vimos no item anterior, a operação dos E-LSPs baseia-se em EXP<- ->PHB *maps* contidos nos P LSRs, ou seja, LSRs situados no interior da rede MPLS. Nos LSRs de ingresso e de egresso do E-LSP os processos de mapeamento/geração de identificadores de *DiffServ* (IP *precedence*, DSCP, EXP) dependem do modelo de túnel para o MPLS *DiffServ* adotado, o que será visto no item 12.7 adiante neste capítulo.

Os processos *DiffServ* nos P LSRs são ditos processos MPLS-*to*-MPLS, enquanto os referentes aos LSRs de ingresso são ditos processos IP-*to*-MPLS e os referentes aos LSRs de egresso são ditos processo MPLS-*to*-IP. Ressalva-se, todavia, a possibilidade de aplicação de processos MPLS-*to*-MPLS em LSRs de ingresso e de egresso do E-LSPs.

Os EXP<- ->PHB *maps* contidos nos P LSRs localizam-se, mais precisamente, nos correspondentes *DiffServ contexts* dos correspondentes ILMs (*incoming label maps*) desses P LSRs.

Uma outra consideração sobre os E-LSPs é a de que o EXP<- ->PHB map de ingresso em um P LSR pode ser diferente do EXP<- ->PHB *map* de egresso nesse P LSR. Em conseqüência, podem ocorrer alterações de valores das *tuples* <EXP,PHB> ao longo de um E-LSP.

Nos procedimentos para a operacionalização de um E-LSP, a primeira etapa é a constituição de EXP<- ->PHB *maps* concernentes a esse E-LSP. Como vimos, isso pode ocorrer mediante o uso de extensões de protocolos de sinalização para distribuição de *labels*, o que será abordado com maior profundidade no item 12.6 adiante neste capítulo.

Se o EXP<- ->PHB *mapping* não foi explicitamente sinalizado quando do estabelecimento de um E-LSP, as entradas nos respectivos mapas devem se efetivar mediante pré-configuração. A utilização desse processo estático facilita a associação entre diferentes mapas nas interfaces de entrada e de saída dos P LSRs, o que possibilita alterações nos valores de EXP e PHB ao longo do E-LSP.

A pré-configuração pode ser realizada pela supervisão da rede ou pode ocorrer mediante o uso de um mapeamento *default* pré-configurado. Normalmente não ocorre *swapping* de valores de EXP (o que pode ocorrer, se isso estiver programado no P LSR).

No *incoming* E-LSP, ou seja, na interface de entrada de um pacote em um P LSR, ocorre uma consulta ao EXP<- ->PHB *map* (identificado pelo valor de label correspondente ao E-LSP) no sentido EXP→PHB. O pacote é processado então pelo P LSR conforme as características do correspondente PHB. Esse processamento consiste basicamente de funções de *scheduling* (ordenamento de filas) e de priorização para eventual descarte do pacote.

Na interface de saída ocorre uma consulta ao EXP<- ->PHB *map* de egresso do P LSR, agora no sentido PHB→EXP , sendo o valor EXP obtido inserido no pacote a ser enviado no sentido *downstream*. Se houver equivalência entre os mapas de ingresso e de egresso, o que ocorre normalmente, o valor do *outgoing* EXP é igual ao do *incoming* EXP. Se estiverem configurados mapas diferentes na entrada e na saída do P LSR, esses valores serão diferentes.

12.4.2 PROCEDIMENTOS EM L-LSPs

As considerações gerais relativas aos E-LSPs do subitem 12.4.1 anterior são, de um modo geral, válidas também para os L-LSPs, ressalvada a diferença entre esses tipos de LSP no que concerne à forma de identificação de PHBs.

Como a identificação das PSCs se efetiva por meio dos labels dos respectivos L-LSPs, o processo EXP<- ->PHB *mapping* ocorre separadamente em cada um desses L-LSPs. Para isso deve ser utilizado o mapeamento mandatório definido pela RFC 3270, conforme a figura 12.4.

EXP *Field*	PSC	PHB
000	DF	DF
000	CSn	CSn
001	AFn	AFn1
010	AFn	AFn2
011	AFn	AFn3
000	EF	EF

Figura 12.4   Mapeamento mandatório em L-LSPs pelos EXP *bits*.

Assim, por exemplo, se o L-LSP identificado pelo seu valor de *label* suporta a PSC AF1, então os correspondentes valores de PHB serão assim identificados:

- AF11 pelo EXP 001.
- AF12 pelo EXP 010.
- AF13 pelo EXP 011.

Devido à forma de identificação de PHBs, os L-LSPs podem ser constituídos em domínios MPLS do tipo ATM-LSR ou FR-LSR, onde os LSRs interiores não processam os *shim label headers*. Como a PSC é identificada pelo label do L-LSP, a precedência pode ser identificada respectivamente pelos CPL *bits* (*cell loss priority*) ou DE (*discard elegibility*), respectivamente para ATM-LSR e FR-LS, uma vez que não é possível que isso ocorra com base no campo EXP.

Para isso deve ser aplicada a tabela mandatória apresentada na figura 12.5.

CLP/DE *bit*	PSC	PHB
0	DF	DF
0	CSn	CSn
0	AFn	Afn1
1	AFn	AFn2
0	EF	EF

Figura 12.5   Mapeamento mandatório em L-LSPs pelos CLP *bits* ou DE *bits*.

Differentiated Services e OAM **315**

Como se observa nessa figura, são possíveis nesse caso apenas dois níveis de precedência, sendo o *bit* zero e o *bit* 1 designados, respectivamente, para identificar pacotes menos ou mais indicados para descarte em caso de congestionamento na rede.

Em domínios *cell mode* MPLS e *Frame Relay mode* MPLS não é possível o suporte de E-LSPs.

12.5 MODELOS DE TÚNEIS PARA MPLS DiffServ

No item 12.4 foram abordados os procedimentos adotados nos P LSRs para a implementação do MPLS *DiffServ*. O objetivo deste item é apresentar os modelos de túneis para o MPLS *DiffServ*, o que reflete o comportamento dos *border* LSRS de domínios DS para o funcionamento desses serviços no MPLS.

Lembramos que no subitem 5.9.2 do capítulo 5 anterior foi apresentada antecipadamente uma forma de utilização da modelagem para túneis para o MPLS *DiffServ*, adaptada para o transporte de valores de TTL de datagramas IP encapsulados pelos valores de TTL dos *shim label headers*.

No caso ora abordado a tunelagem diz respeito ao envelopamento dos identificadores de *DiffServ QoS* de datagramas IP (normalmente o campo DSCP) pelos identificadores desses serviços contidos em *shim label headers* no MPLS (isto é, pelos EXP *bits*).

A RFC 3270 define três modelos de túneis com o propósito acima exposto:

- Modelo *uniform mode*.
- Modelo *short-pipe mode*.
- Modelo *pipe mode*.

As características desses modelos de túneis *DiffServ* encontram-se sumarizadas na figura 12.6.

CARACTERÍSTICAS \ MODELOS	UNIFORM MODE	PIPE MODE	SHORT-PIPE MODE
PRE/DSCP na Entrada do *Ingress* LSR	m	m	m
EXP na Saída do *Ingress* LSR	m	M	M
EXP na Saída de LSRs Interiores	m ou m'	M ou M'	M ou M'
Base para *DiffServ* no *Egress* LSR	m ou m'	M ou M'	m
PRE/DSCP na Saída do *Egress* LSR	m ou m'	m	m
Penultimate Hop Popping (PHP)	Afeta	Afeta	Não Afeta

Figura 12.6 Características dos modelos de túneis *DiffServ*.

12.5.1 MODELO UNIFORM MODE

Como mostra a figura anterior, nesse modelo o LSR de ingresso do domínio DS copia o valor do campo PRE ou dos três *bits* mais significativos do campo DSCP do datagrama IP entrante (valor *m*) no campo EXP de todos os *shim label headers* saintes desse LSR. Isso significa um processo IP-*to*-MPLS.

Pode ocorrer, como no caso de sucessão de diferentes domínios DS, que o pacote entrante no *ingress* LSR seja um *labeled packet* (ou seja um pacote MPLS). Nesse caso, o valor do campo EXP desse pacote MPLS deve ser copiado no campo EXP do pacote sainte desse LSR (processo MPLS-*to*-MPLS).

Podem ocorrer ou não alterações no valor do campo EXP nos LSRs interiores da rede MPLS. Assim, o pacote entrante no *egress* LSR pode conter o valor *m* ou o valor *m'* (valor *m* alterado). O processamento *DiffServ* nesse LSR será determinado pelo valor do campo EXP efetivamente recebido (*m* ou *m'*).

Na saída do *egress* LSR o valor do campo EXP é copiado no campo PRE ou nos três primeiros *bits* do campo DSCP do datagrama IP sainte. Dessa forma o modelo *uniforme mode* pode ser utilizado quando se deseja alterar a função *DiffServ* na rede IP local de egresso.

Em princípio não deve haver PHP nesse modo. Caso seja requerido o não recebimento do *top label* pelo *egress* LSR, existem três alternativas de solução possíveis.

A primeira dessas soluções consiste no envio prévio do *explicit null label* para o penúltimo *hop* em vez do *implicit null label*. Dessa forma, como vimos anteriormente, embora sem valor válido de label, o shim label header é transmitido, onde encontra-se o necessário campo EXP.

Na segunda solução, caso existam dois labels no pacote MPLS o valor do campo EXP do *top shim label header*, a sofrer PHP, pode ser transposto para o *bottom shim label header*, atendendo assim a necessidade existente.

Uma outra solução é configurar a rede de forma a não ocorrer alterações no campo EXP ao longo da rede. Dessa forma as informações de *DiffServ* requeridos pelo *egress* LSR podem ser obtidas no *header* do datagrama IP envelopado no túnel uniforme.

A figura 12.7 contempla um exemplo de túnel *DiffServ* no modelo *uniform mode* em uma MPLS VPN.

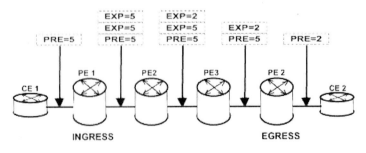

Figura 12.7   Modelo *uniform mode* em MPLS VPNs.

12.5.2 MODELOS SHORT-PIPE MODE E PIPE MODE

Nesses modelos o *ingress* LSR do domínio DS mantém o valor do campo PRE ou do campo DSCP do datagrama IP em sua condução pela rede MPLS. O valor do campo EXP dos *shim label headers* do pacote MPLS, contudo, podem ser fixados pela supervisão da rede a seu critério. Vamos supor que esse valor seja igual a *M*. Optativamente, esse valor pode ser copiado do campo de *DiffServ QoS* do datagrama IP (valor *M* igual a *m*) da mesma forma que no modelo *uniform mode*.

De forma análoga ao modelo *uniform mode*, pode ocorrer ou não alterações no valor do campo EXP nos LSRs interiores do domínio DS. Podemos ter assim o valor *M* ou *M'* na entrada do *egress* LSR.

É no processamento *DiffServ* que reside a diferença entre os modelos *short-pipe mode* e *pipe mode*. Enquanto no modelo *short-pipe mode* esse processamento é determinado pelo EXP do próprio túnel (isto é, pelo valor *M* ou *M'*), no modelo *pipe mode* a base desse processamento é o conteúdo transmitido no interior do túnel (ou seja, o valor *m* contido no datagrama IP encapsulado).

No processo MPLS-*to*-IP na saída do *egress* LSR esses modelos voltam a se igualar, mantendo-se no datagrama IP o valor do campo *DiffServ QoS* da origem (isto é, igual a *m*).

Se no modelo *short-pipe mode* utilizar-se *M* igual a *m*, a diferença para o modelo *uniform mode* consiste no fato de que, se houver alteração de *m* para *m'* no interior do domínio DS, o valor do campo PRE (ou dos três primeiros *bits* do campo DSCP) do datagrama IP sainte do *egress* LSR será igual a *m'* no modelo *uniform mode*, mas manter-se-á igual a *m* no modelo *short-pipe mode*.

Como a diferença entre os modelos *short-pipe mode* e *pipe mode* reside no processamento *DiffServ* no *egress* LSR, esses modelos podem ser representados em conjunto para uma MPLS VPN, conforme o exemplo da figura 12.8.

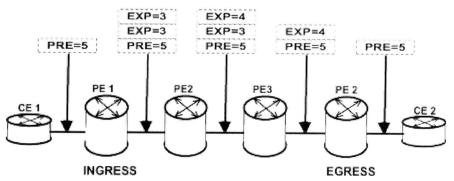

Figura 12.8 Modelos *short-pipe mode* e *pipe mode* em MPLS VPNs.

Em termos de PHP, os modelos *short-pipe* e *pipe mode* comportam-se de modos diferentes.

Como no modelo *short-pipe mode* o *egress* LSR depende do valor do campo EXP (alterado ou não ao longo do LSP) para definir o seu processamento *DiffServ*, o simples PHP é

318   TCP/IP sobre MPLS

inviável. Caso não seja requerida a chegada do *top label* no *egress* LRS pode ser utilizada uma das três soluções já apontadas para o modelo *uniform mode*.

No modelo *short pipe mode*, quando o processamento *DiffServ* tem como base o campo *DiffServ QoS* do datagrama IP, o PHP não altera a operacionalidade do modelo, podendo ocorrer sem qualquer cuidado especial.

12.6   SINALIZAÇÃO NO MPLS DIFFSERV

No capítulo 4 deste livro verificamos a existência de dois grupos básicos de protocolos de distribuição de labels, sendo um desses grupos concernente a protocolos destinados basicamente à distribuição *hop-by-hop* de labels. O outro grupo engloba protocolos de distribuição de labels entre *border* LSRs, e destinam-se fundamentalmente à operacionalização das aplicações especiais do MPLS, a exemplo das MPLS VPNs, do VPWS e do VPLS.

No primeiro grupo mencionamos o RSVP-TE, o LDP básico e o CR-LDP, além de extensões do RSVP-TE e do LDP básico para suporte ao MPLS *DiffServ*. O objetivo do presente item é apresentar, com maior profundidade, essas duas extensões.

O RSVP-TE objetiva a constituição de túneis MPLS-TE LSP, enquanto o LDP básico almeja constituir túneis LSP para o MPLS básico. Vimos também que qualquer desses túneis *hop-by-hop* podem ser utilizados nas aplicações MPLS VPNs e L2VPNs sobre MPLS (VPWS, VPLS e IPLS).

O objetivo das extensões que constituem o objeto deste item é sobrepor, a todas as alternativas de LSPs mencionados no parágrafo anterior, a possibilidade de suporte ao MPLS *DiffServ*.

12.6.1   EXTENSÃO DO RSVP-TE PARA O MPLS DiffServ

A extensão do RSVP-TE para suporte ao o MPLS *DiffServ* (MPLS *DiffServ* RSVP-TE) fundamenta-se na criação de um novo RSVP *object*, denominado DiffServ *object*. Esse novo objeto aplica-se a mensagens RSVP *path*, no pressuposto de que essas mensagens contenham um *session object* (com o C-*type* 7) denominado LSP-TUNNEL-IPv4 *object* e o LABEL REQUEST *object*.

As mesmas restrições aplicáveis ao RSVP-TE aplicam-se também a essa sua extensão objeto deste subitem. Assim, apenas a constituição de *unicast* LSPs são cobertos pela RFC 3270, ficando a possibilidade de *multicast* LSPs para estudo futuro.

O DiffServ *object* é de uso opcional. Na extensão ora abordada esse objeto pode ser opcionalmente utilizado no caso de EXP< - >PHB *mapping* pré-configurado para E-LSPs, mas é de uso obrigatório quando é requerida sinalização para o referido mapeamento nesse tipo de LSP. No caso de mapeamento para L-LSPs o uso do DiffServ *object* é sempre mandatório.

Com o uso da extensão do RSVP-TE ora abordada é possível a constituição de E-LSPs em diferentes túneis MPLS-TE. Isso significa uma funcionalidade de *QoS* adicional, o que de alguma forma torna o funcionamento de E-LSPs assemelhado ao de L-LSPs. A diferença entre essas duas possibilidades é a de que o MPLS-TE não apresenta a funcionalidade

Differentiated Services e OAM 319

formalmente definida para os LSPs. A questão torna-se mais complexa se considerarmos a possibilidade de constituição de L-LSPs pela extensão do RSVP-TE para o MPLS *DiffServ*, solução essa não muito aceita pelos fornecedores de redes.

Como veremos adiante neste capítulo, a conjugação do MPLS-TE com o *DiffServ* passou a receber um tratamento padronizado, sob a denominação DS-TE (DS-*Aware* MPLS *Traffic Engineering*).

12.6.1.1 FORMATOS DO DiffServ OBJECT

O DiffServ *object* corresponde à classe de objetos 65, e apresenta dois C-*types*, que são o C-*type* 1 (para E-LSPs) e o C-*type* 2 (para L-LSPs).

▨ DiffServ object para E-LSPs

Esse tipo de objeto possui o formato representado na figura 12.9.

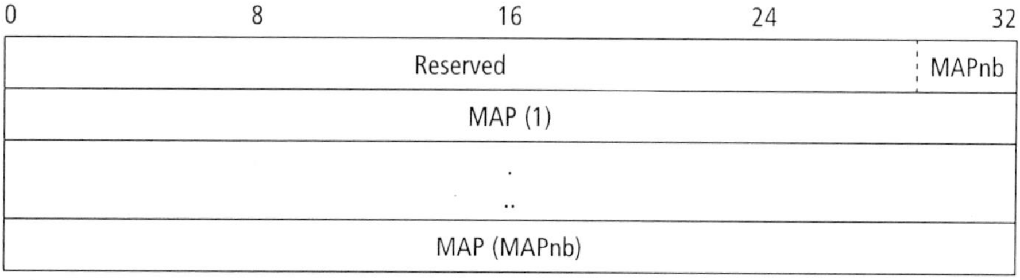

0	8	16	24	32
Reserved				MAPnb
MAP (1)				
..				
MAP (MAPnb)				

Figura 12.9 Formato do *DiffServ object* para E-LSPs.

Esses campos têm os seguintes significados:

- **MAPnb**: indica o número de entradas no EXP<- ->PHB *mapping* sinalizado.
- **MAP**: representa cada entrada no mapeamento sinalizado.

Cada entrada MAP possui, além de um campo reservado (13 *bits*), um campo EXP (3 *bits*) e um campo PHB (16 *bits*). Podem existir, portanto, um máximo de oito entradas sinalizadas por E-LSP.

▨ DiffServ object para L-LSPs

O formato do quadro desse objeto possui, além de um campo reservado, apenas um campo PSC. O valor de PSC sinalizado é associado ao valor do label do respectivo L-LSP. Como o mapeamento entre valores de EXP e de PHP é padronizado, não é necessária a sua sinalização.

12.6.1.2 FUNCIONAMENTO DO DiffServ OBJECT

Para o estabelecimento de um túnel MPLS com MPLS *DiffServ* a mensagem RSVP *path* é composta em função do tipo de LSP e da necessidade ou não de sinalização. Existem três possibilidades:

320 TCP/IP sobre MPLS

- E-LSPs com mapeamento pré-configurado.
- E-LSPs com mapeamento sinalizado.
- L-LSPs com mapeamento sinalizado.

Quando um E-LSP é constituído por pré-configuração existem duas alternativas de tratamento. Uma dessas alternativas consiste em não enviar o DiffServ *object*, sendo a outra alternativa o envio desse objeto não contendo entradas de mapeamento.

Quando da sinalização para a constituição de E-LSPs ou de L-LSPs, os procedimentos para o retorno de mensagens RSVP *resv* são aqueles normalmente aplicáveis ao RSVP-TE. Em conformidade com as alternativas oferecidas pelo RSVP-TE, os E-LSPs e L-LSPs podem ser constituídos com ou sem reserva de largura de banda.

Em caso de situações em que não seja possível a constituição de LSPs em virtude de problema no DiffServ *object*, o LSR que detecta o problema deve enviar para o *head end* LSR uma mensagem RSVP *patherr* relativa ao problema detectado. A RFC 3270 definiu os seguintes valores para erros *DiffServ*:

- 1: *unexpected* DiffServ *object*.
- 2: *unsuported* PHB.
- 3: *invalid* EXP<- ->PHB *mapping*.
- 4: *unsuported* PSC.
- 5: per-LSP *context allocation failure*.

12.6.2 EXTENSÃO DO LDP PARA SUPORTE AO MPLS DiffServ

A extensão do LDP para suporte ao MPLS *DiffServ* (MPLS *DiffServ* LDP) fundamenta-se na criação de um novo LDP TLV, denominado *DiffServ* TLV. Esse novo TLV é de uso opcional, sendo utilizado do mesmo modo que o DiffServ *object* acima abordado. O *DiffServ* TLV apresenta diferentes formatos para os E-LSPs e L-LSPs.

No caso de E-LSP, esse TLV possui o formato representado na figura 12.10.

0	8	16	24	32
U F	DiffServ (0x0901		*Length*	
	Reserved			MAPnb
	MAP (1)			
	.			
	MAP (MAP*nb*)			

Figura 12.10 Formato do *DiffServ* TLV para E-LSPs.

O único campo desse quadro ainda não especificado anteriormente neste livro é o *T bit*. Esse *bit* assume o valor zero para E-LSPs e o valor 1 para L-LSPs. Os campos MAPnb e MAP têm os mesmos significados e formatos que aqueles do *DiffServ object* apresentado na figura 12.9 anterior.

Differentiated Services e OAM **321**

O formato e a codificação do *DiffServ* TLV para L-LSPs diferem daqueles para os E-LSPs sendo que para L-LSPs ocorrem os seguintes pontos:

■ O F *bit* tem valor próprio (valor 1).
■ A parte específica para o *DiffServ* se limita a um campo PSC (como ocorre no DIFF-SERV *object* para L-LSPs).

12.7 DiffServ-Aware MPLS TRAFFIC ENGINEERING (DS-TE)

Como vimos na RFC 3270 podem ser constituídos dois tipos de LSPs para o MPLS *DiffServ*, que são os E-LSPs e os L-LSPs. Vimos também que existem dois protocolos de sinalização utilizados para a constituição desses dois tipos de LSP, que consistem em extensões do protocolo LDP e do protocolo RSVP-TE com esse propósito.

É desejável a separação das classes de tráfego para efeito de MPLS *DiffServ*, com a possibilidade de recursos específicos para cada uma dessas classes. A isso se denomina MPLS *DiffServ-Aware* MPLS TE (DS-TE). A constituição de LSPs pela extensão do LDP claramente não satisfaz essa condição.

A RFC 3564 especificou o arcabouço para suporte ao DS-TE, utilizando como base a sinalização pelo RSVP-TE. Para isso foi definida uma extensão ao protocolo RSVP-TE *DiffServ*. Em complemento foram definidas extensões dos protocolos IGP utilizados no MPLS TE (OSPF-TE e ISIS- TE).

12.7.1 DEFINIÇÕES NO DS-TE

O DS-TE é, em termos gerais, uma forma de constituição de L-LSPs com base em uma extensão do MPLS *DiffServ* RSVP-TE. No DS-TE as classes são identificadas pelos labels enquanto os processos de *scheduling* e de descarte se baseiam no campo EXP. Nesse caso é possível o estabelecimento de reservas de recursos (largura de banda, basicamente) específicas para cada classe, de forma estruturada e padronizada.

A simples utilização de L-LSPs baseados no MPLS *DiffServ* RSVP-TE, o que eliminaria a necessidade de mais extensões de protocolos, esbarra na limitação do conceito de PSC. Para o DS-TE foi criada uma funcionalidade mais ampla, além de estruturada e padronizada, por meio de um parâmetro denominado *class-type* (CT). Mediante o uso do parâmetro CT torna-se possível maior granularidade na constituição de LSPs, além de se definir as faixas de largura de banda a serem solicitadas quando da constituição desses LSPs.

Conforme a RFC 4124, um CT é o conjunto de *traffic trunks* que atravessam um *link* e que é governado por um conjunto específico de limitações de largura de banda. Um CT é utilizado com o propósito de alocação de largura de banda de *link, constrained-based routing* e controle de admissão.

Foi definido também o conceito de *Traffic Engineering class* (TE-*class*), como sendo uma *tuple* <CT, *preemption priority*>. Esse conceito é utilizado quando do processo de constituição de um dos LSPs pertinentes a esse CT, e representa a classe de preempção desse LSP durante aquele processo. A classe de preempção é transportada, como vimos no capítulo 8, no objeto SESSION_ATTRIBUTE das mensagens RSVP *path* do RSVP-TE.

322 TCP/IP sobre MPLS

12.7.2 BANDWIDTH CONSTRAINTS (BCs)

Como vimos no RSVP-TE, uma mensagem RSVP *path* transporta, no objeto SENDER_TS-PEC, a largura de banda desejada para o LSP sinalizado. Na extensão do MPLS *DiffServ* RSVP-TE para o DS-TE, que se denomina DS-TE RSVP-TE, as larguras de banda desejadas devem assumir até oito valores definidos, que representam os *bandwidth constraints* (BCs).

Foi estabelecido o conceito de *bandwidth constraints model*, com o objetivo de definir diferentes formas de alocação e de controle de alocação de BCs para os CTs.

Foram definidos os seguintes modelos para BCs:

- *Maximun Allocation Bandwidth Constraints Model for* DS-TE, definido pela RFC 4125.
- *Max allocation with Reservation Bandwidth Constraints Model for* DS-TE *and Performance Comparisons*, definido pela RFC 4126.
- *Russian Doll Bandwidth Constraints for* DS-TE, definido pela RFC 4127.

Em qualquer modelo, a solução DS-TE deve permitir o suporte de até oito BCs, designados por BC0, BC1, BC7. A interpretação desses BCs é função do modelo de BCs utilizado.

A concepção DS-TE possibilita à supervisão da rede aplicar diferentes razões de *overbooking* (ou *underbooking*) para diferentes CTs, a exemplo do que ocorre em MPLS TE. Essa possibilidade pode ocorrer no *link* (*link size overbooking*) ou em cada LSP em particular (LSP *size overbooking*), admitindo-se a definição de outros métodos de *overbooking/underbooking*.

12.7.3 PARÂMETRO CLASS-TYPE (CT)

Com DS-TE os LSRs devem suportar, para cada LSP, um valor de CT. Um CT pode corresponder no entanto a múltiplos LSPs, dentro de uma mesma classe e possuindo a mesma classe de BCs. Esses LSPs podem diferenciar-se, por exemplo, quanto a suas destinações e quanto às TE-*classes*.

Vamos apresentar um exemplo que demonstra a amplitude e utilidade do conceito de CT. Admitindo-se, no DS-TE, o pleno atendimento dos PHBs da figura 12.3 anterior, poderiam ser definidos cinco CTs.

Como cada nível de precedência para descarte de pacotes nos quatro PSCs relativos ao AF admitem o mesmo BC (ou o mesmo conjunto de BCs), são requeridos três CTs para esse grupo de PSCs. Por exemplo, o grupo AF11, AF21, AF31 e AF41 corresponde a um CT. Aos CTs que correspondem, no AF, a níveis de precedência para descarte mais privilegiados (ou seja, aos com menores valores de precedência) devem ser atribuídos maiores valores de BC (ou de conjunto de BCs).

Caso se deseje ainda, no exemplo anterior, dividir o tráfego associado ao PSC EF em dois diferentes conjuntos de *traffic trunks* (por advirem de diferentes PABXs, por exemplo), de forma que a cada um desses conjuntos seja atribuído um diferente BC, teríamos então mais um CT no conjunto de CTs do PSC EF. Isso significa a possibilidade de ainda maior granularidade na constituição de LSPs.

Differentiated Services e OAM   323

O DS-TE deve suportar no máximo uma implementação de até oito CTs, sendo cada um deles genericamente referido como CTc para valores de c variando de zero a 7 e no mínimo dois CTs. O número de CTs utilizados efetivamente, dentro dos limites acima, fica a critério da supervisão de rede.

12.7.4 PARÂMETRO TE-CLASS

Como vimos anteriormente, uma TE-*class* é definida por um valor de CT e uma prioridade para preempção associada a esse CT. Assim podem ocorrer as seguintes condições:

- Para um dado CT pode haver uma ou mais TE-*classes*, cada uma correspondendo a uma prioridade para preempção.
- Uma dada prioridade de preempção pode estar associada a um ou mais CTs.

Como exemplo de associação entre CTs e TE-*classes*, vamos supor que duas diferentes fontes de tráfego de voz, associadas a um mesmo *head end* LSR e desejando enviar tráfego através de um mesmo *tail end* LSR, devem ser atendidas, por razões de contenda, por LSPs próprios. Supõe-se que os respectivos conjuntos de *traffic trunks* requerem os mesmos valores de BC, ou seja, correspondem a um mesmo CT.

Como se trata de uma classe de tráfego crítica (voz), a preferência de atendimento dos dois conjuntos de *traffic trunks* é pelo caminho ótimo. Pode ocorrer, no entanto que esse caminho, no dado instante, não seja suficiente para atendimento desses dois conjuntos.

Supondo-se que haja graduação de importância para o tráfego originado nessas duas fontes, a solução indicada é a associação de diferentes TE-*classes* para cada um desses tráfegos, o que possibilitará a preempção do LSP correspondente ao tráfego menos importante pelo LSP relativo ao mais importante.

A preempção ocorre entre os LSPs sinalizados independentemente das CTs a que correspondem. O que prevalece é a TE-*class* de cada LSP.

12.7.5 SINALIZAÇÃO NO DS-TE

Conforme menção anterior, são necessárias para o DS-TE extensões dos protocolos IGP já estendidos para o MPLS TE (OSPF-TE e ISIS-TE) e do MPLS *DiffServ* RSVP-TE, (que é por sua vez uma extensão do RSVP-TE).

É importante que fique claramente entendida a ocorrência de extensões do RSVP, conforme a seguinte sucessão:

- O RSVP-TE é uma extensão do RSVP para o MPLS TE.
- O MPLS *DiffServ* RSVP-TE é uma extensão do RSVP-TE para o MPLS *DiffServ*.
- O DS-TE RSVP-TE é uma extensão do MPLS *DiffServ* RSVP-TE para o DS-TE.

12.7.5.1   EXTENSÕES DO OSPF-TE E DO ISIS-TE PARA SUPORTE AO DS-TE

Os protocolos OSPF-TE e ISIS-TE são utilizados para o DS-TE em quase sua totalidade, sendo pequenas as extensões para isso necessárias.

324 TCP/IP sobre MPLS

O *maximun reservable bandwidth sub*-TLV é preservado, mas passando a significar a agregação dos BCs atribuídos à totalidade de CTs, independentemente do modelo de BCs utilizado. O *unreserved bandwidth sub*-TLV é também preservado, mas passando a corresponder à largura de banda não reservada para cada TE-*class*.

A RFC 4124 definiu um novo sub-TLV específico para o DS-TE, denominado *bandwidth constraints sub*-TLV. O propósito desse sub-TLV é permitir que os LSRs possam divulgar o modelo de BCs por eles utilizados, juntamente com os respectivos valores de BC.

Esse novo sub-TLV é utilizado pelas extensões do OSPF-TE e do ISIS-TE. No caso do OSPF-TE ele é do tipo 17 e pertence ao *link* TLV. No ISIS-TE esse novo sub-TLV é do tipo 22 e pertence ao *extended reachability* TLV.

A figura 12.11 apresenta o formato do *bandwidth constraints sub*-TLV.

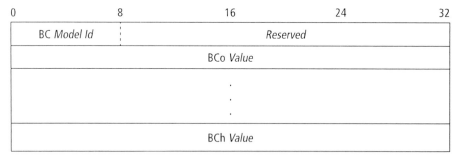

Figura 12.11 Formato do *bandwidth constraints sub*-TLV.

O campo BC *Model* Id identifica o modelo de BCs divulgado pelo LSR. A codificação para esse campo é definida pelo IANA.

São divulgados valores de BC de BCo a BCh, onde *h* representa o último valor de BC efetivamente divulgado.

12.5.7.2 EXTENSÃO DO MPLS DIFFSERV RSVP-TE PARA SUPORTE AO DS-TE (DS-TE RSVP-TE)

Essa extensão consiste na criação de um objeto a ser incluído nas mensagens RSVP *path* para o DS-TE, denominado *classtype object*. Esse novo objeto corresponde ao *class number* 66 e ao *C-type* 1.

O formato do *class-type object* é muito simples, consistindo apenas de 32 *bits*, sendo os 29 *bits* mais significativos reservados. Os três *bits* menos significativos indicam o CT correspondente ao LSP sinalizado.

Um LSR no caminho explicitado na mensagem RSVP *path* pode não ser capaz de aceitar o valor de CT nela constante. Nesse caso, esse LSR deve enviar mensagens RSVP *patherr* para o *head end* LSR, conforme a relação de códigos para erros constantes da figura 12.12.

VALUE	ERROR
1	Unexpected CLASSTYPE object
2	Unsupported Class-Type
3	Invalid Class-Type value
4	Class-Type and setup priority do not form a configured TE-Class
5	Class-Type and holding priority do not form a configured TE-Class
6	Class-Type and setup priority do not form a configured TE-Class and Class-Type and holding priority do not form a configured TE-Class
7	Inconsistency between signaled PSC and signaled Class-Type
8	Inconsistency between signaled PHBs and signaled Class-Type

Figura 12.12   Relação de erros em mensagens RSVP *PathErr* no DS-TE RSVP-TE.

12.8   OAM NO MPLS

O embasamento para a aplicação de OAM (*Operations and Management*) no MPLS é dado pelas RFC 4377 e RFC 4378. A RFC 4377 define os requerimentos, enquanto a RFC 4378 fornece o arcabouço para OAM em redes MPLS. No que concerne a definição de requerimentos, o ITU-T emitiu a recomendação Y.1710, que complementa a RFC4377. Para uma abordagem mais profunda da aplicação de OAM no MPLS recomendamos a consulta também às RFC 3812, RFC 3813, RFC 3814 e RFC 4379.

Reiteramos que a sigla OAM significa também, no mesmo contexto, *Operations, Administration and Maintenance*.

Problemas de OAM no plano de controle do MPLS podem ser tratados como em redes IP. Para o plano de dados do MPLS, contudo, torna-se necessária a definição de procedimentos e protocolos de OAM específicos, o que se denomina MPLS OAM. MPLS OAM representa uma ferramenta fundamental para a prestação de serviços públicos MPLS, particularmente quando existem *service level agreements* (SLAs) com os usuários contratantes desses serviços.

OAM compreende um conjunto de funções de gerência de redes, conjunto esse comumente conhecido como FCAPS (*fault, configuration, accounting, performance and security*).

12.8.1   A RFC 4378

A RFC 4378 objetiva definir, em termos amplos e gerais, o modo pelo qual MPLS OAM deve ocorrer no plano de dados do MPLS para atender os requerimentos especificados pela RFC 4377, dentro da abrangência do FCAPS. Observa-se que a gerência de contabilização (*accounting*) não afeta o plano de dados do MPLS, sendo então desconsiderada pela RFC 4377.

326 TCP/IP sobre MPLS

12.8.1.1 GERÊNCIA DE FALHAS

A gerência de falhas engloba três atividades básicas:

- Detecção de Falhas.
- Diagnóstico, remoção automática e notificação de falhas.
- Medição de disponibilidade.

Detecção de Falhas

Nessa atividade são enumerados os diversos cenários em que podem ocorrer falhas e a detecção dessas falhas, dentre os quais podem ser citados os seguintes cenários:

- Falhas em camadas inferiores (*links* físicos os virtuais).
- Falhas em LSRs.
- MPLS LSP *mis-forwarding* (perda de sincronização entre os planos de dados e de controle).
- Descontinuidade no encapsulamento MPLS.
- Problemas com MTUs.
- Problemas com TTLs.
- Ocorrência de congestionamento.
- Falha no ordenamento seqüencial de pacotes MPLS.
- Corrupção de *payloads* de pacotes MPLS.

Diagnóstico, Remoção Automática e Notificação de Falhas

Essa atividade é dividida em duas etapas:

- Caracterização.
- Isolamento.

A caracterização de uma falha ocorre quando da determinação do caminho por ela afetado. Essa etapa é fundamental para o isolamento da falha e para as ações de notificação e de correção decorrentes.

O isolamento de uma falha pode ocorrer de duas formas. No primeiro caso a falha é detectada localmente e o próprio LSR afetado é capaz de notificar ou mesmo de remover automaticamente a falha. No segundo caso, em que a falha não é detectada localmente, é possível apenas a remoção automática ou a notificação da falha pela entidade distante que detectou a falha, via MPLS OAM.

Medição de Disponibilidade

Disponibilidade, no presente contexto, representa a medida percentual do tempo em que o serviço está disponível conforme uma determinada especificação contida em uma SLA. Podem ser utilizadas na aferição da disponibilidade diferentes técnicas de medição.

12.8.1.2 GERÊNCIA DE CONFIGURAÇÃO

MPLS OAM, válido para o plano de dados do MPLS, pode influir na gerência da configuração por possibilitar a verificação da configuração de um LSP ou de uma aplicação utilizando um LSP. Isso pode significar a comprovação da integridade (existência) de um caminho e da sincronização entre plano de dados e o plano de controle relativos a esse caminho.

12.8.1.3 GERÊNCIA DE PERFORMANCE

A gerência de performance objetiva a medição de determinados parâmetros de transferência de informações, possivelmente para a sua comparação com o que foi estabelecido em uma SLA. Há duas categorias de parâmetros na gerência de performance:

- Parâmetros de latência.
- Parâmetros de perda de informações.

Latência pode ser medida por comparação de medições por relógios no ingresso e no egresso do LSP ou pelo intercâmbio de PDUs tipo *ping*. Essa última forma de medição provê uma boa estimativa da latência de pacotes na rede com base nos valores de *round trip time* (RTT) obtidos.

Para a medição de parâmetros de perda de pacotes, uma prática comum é basear-se em leituras periódicas de contadores localizados nas MIBs (*management information bases*) de ingresso e de egresso. Outra forma utilizada consiste no envio e acompanhamento de tráfego de prova, o que pode ser também utilizado para medir *jitter* e *delay* na rede.

12.8.1.4 GERÊNCIA DE SEGURANÇA

Para a operação bem-sucedida de uma rede MPLS é indispensável se obter um ambiente seguro de MPLS OAM. Existe uma variedade de opções de mecanismos de rede com esse propósito, incluindo o processo de simplesmente filtrar mensagens OAM nos extremos da rede MPLS. É preciso evitar que usuários maliciosos utilizem interfaces *non*-MPLS para a inserção de transações espúrias de OAM.

Em caso de rede *inter*-SPs são necessários mecanismos de autenticação e de autorização no interfaceamento das respectivas redes. Essas medidas de segurança devem estender-se ao tráfego IP nativo que acompanha o MPLS. Para maiores detalhes recomendamos consulta à especificação técnica IP/MPLS *Forum* 19.0.0, entitulada MPLS *Inter-Carrier Interconnect* (MPLS-ICI).

12.8.2 A RFC 4377

A RFC 4377 descreve os requerimentos necessários para o provimento de OAM no planos de dados do MPLS com base na experiência prática obtida por provedores de serviços MPLS. Esses requerimentos para o MPLS básico são extensíveis às aplicações do MPLS. A expectativa do IETF com a emissão dessa RFC é a de que viriam a ser definidos padrões de MPLS OAM que atendessem os requerimentos nela especificados.

328   TCP/IP sobre MPLS

Os requerimentos definidos encontram-se agrupados nas seguintes áreas:

- Detecção de defeitos em LSPs.
- Diagnóstico de interrupção de LSPs.
- Caracterização de caminhos.
- Medição de parâmetros especificados em SLAs.
- Freqüência de execução de funções de OAM.
- Supressão de alarmes, agregação e coordenação de camadas.
- Suporte de interfuncionamento de OAM para notificação de falhas.
- Detecção e recuperação de erros.
- Interfaces padronizadas para gerenciamento.
- Detecção de *denial of service attacks*.
- Requerimento para contabilização *per*-LSP.

12.8.3   DETECÇÃO DE FALHAS NO PLANO DE DADOS DO MPLS

O presente subitem tem como base a RFC 4379, endereçada à definição de formas de detecção de falhas no plano de dados do MPLS. O processo definido por essa RFC consiste no envio de mensagens MPLS *echo request*, que devem ser respondidas por mensagens MPLS *echo reply*. Tais mensagens seguem os mesmos caminhos que os pacotes MPLS de dados correspondentes ao LSP investigado.

O objetivo primário das mensagens acima citadas é a validação do plano de dados relativamente a um LSP, objetivando também, em um plano secundário, verificar o ajustamento entre o plano de dados e o plano de controle.

Para atingir esses objetivos o processo definido pela RFC 4379 utiliza o paradigma *ping/ traceroute* do TCP/IP, com suporte em mensagens ICMP, sendo o *ping* utilizado para teste de conectividade e o *traceroute* para a localização de falhas *hop-by-hop* assim como para *path tracing*. Esses dois modos são englobados na RFC 4379.

12.8.3.1   OPERACIONALIZAÇÃO DE MENSAGENS MPLS ECHO

As mensagens MPLS *echo* são utilizadas para testar um LSP em particular. Esse LSP é identificado pelo seu FEC *stack*. No caso mais simples, em que o LSP é identificado apenas pelo LSR de egresso, o FEC *stack* consiste apenas no endereço IP desse LSR. Em outro exemplo, em que se deseja testar uma FEC representada por um prefixo IPv4 de uma sub-rede IP de destino em conjunto com o túnel LSP correspondente, o FEC *stack* passa a conter tanto o prefixo quanto o endereço IP do LSR de egresso do túnel LSP.

Caso o roteamento utilizado na rede MPLS suporte ECMP (*equal-cost-multipath*), o processo de teste deve ocorrer em todos os LSPs alternativos.

Como regra geral, o label especial *router label alert* (código 1), visto no capítulo 4 anterior, não é utilizado em MPLS *echo requests*. Pode ser utilizado opcionalmente, contudo, em MPLS *echo replies*. Ele é utilizado em pacotes MPLS de dados, como *top label*, indicando a necessidade de inspeção do pacote pelos LSRs intermediários, podendo assumir outras funções a critério dos fornecedores.

Differentiated Services e OAM **329**

O label especial OAM *alert label* (código 14) não vem sendo utilizado pelos fabricantes de sistemas para redes MPLS.

As mensagens MPLS *echo* (*request ou reply*) são envelopadas em pacotes UDP, contidos em datagramas IPv4 ou IPv6, possivelmente (mas não obrigatoriamente) encapsulados em pacotes MPLS.

Envio de Mensagens MPLS Echo Request

O datagrama IP contendo uma mensagem MPLS *echo request* utiliza como endereço IP de origem um endereço IP roteável do LSR que envia a mensagem, e como endereço IP de destino um endereço aleatoriamente escolhido no intervalo 127/8 (IPv4) ou no intervalo 0:0:0:0:0:FFFF:127/104 (IPv6). O IP TTL é setado para o valor 1 e a opção *router alert* deve ser setada.

O UDP *header* deve conter um valor de *source* UDP *port* escolhido pelo LSR originador da mensagem MPLS *echo request* e o valor de *destination* UDP *port* igual a 3503.

O MPLS *echo request* é enviado em um pacote MPLS contendo o *label stack* correspondente ao FEC *stack* sendo testado. O valor do MPLS TTL varia de acordo com o conteúdo da mensagem. No *ping mode* esse valor pode ser igual a 1 ou a 255. No *tracerout mode* o valor do MPLS TTL é setado sucessivamente para os valores 1, 2...., e assim sucessivamente.

As escolhas do endereço IP de destino e dos valores de TTL são fundamentais, pois objetivam evitar que as mensagens MPLS *echo request* não prossigam além do desejado e não sejam distribuídas na rede IP de egresso da rede MPLS.

Recepção de Mensagens MPLS Echo Request

Quando da sua recepção pelo LSR de destino, uma mensagem MPLS *echo request* deverá ser encaminhada para o plano de controle desse LSR nas seguintes hipóteses:

- IP *router alert option* setada.
- MPLS *router alert label* presente.
- Expiração do IP TTL.
- Expiração do MPLS TTL.
- Endereço IP de destino dentro das faixas acima mencionadas.

O LSR receptor do MPLS *echo request* realiza uma série de procedimentos de verificação das condições do LSP, culminando com o retorno de uma mensagem MPLS *echo reply* relatando as condições do LSP quanto à sua validação e quanto ao acerto entre o plano de controle e o plano de dados.

Envio e Recepção de mensagens MPLS Echo Reply

Uma mensagem MPLS *echo reply* é contida em um quadro UDP, que por sua vez está contido em um datagrama IP envelopado normalmente em um pacote MPLS. O endereço IP de destino e a *destination* UDP *port* são copiados dos valores de origem contidos na mensagem MPLS *echo request* recebida. Só existe MPLS *echo reply* em resposta a um *echo request*.

330 TCP/IP sobre MPLS

O IPP TTL é setado para 255 e a IP *router alert option* pode ou não estar setada. O *router alert label* deve estar contido no *top shim label header* do *label stack* do pacote MPLS que contém o *echo reply*. O LSR receptor de uma mensagem MPLS *echo reply* só deve aceitá-la se for uma resposta a uma mensagem MPLS *echo request* por ele enviada.

12.8.3.2 FORMATO DE MENSAGENS MPLS ECHO

Uma mensagem MPLS *echo request* ou *echo reply* apresenta o formato da figura 12.13.

0	8	16	24	32
Version Number = 1		Global Flags		
Message Type	Reply mode	Return Code		Return Subcode
Sender's Handle				
Sequence Number				
TimeStamp Sent (seconds)				
TimeStamp Sent (microseconds)				
TimeStamp Received (seconds)				
TimeStamp Received (microseconds)				
TLVs . . .				

Figura 12.13 Formato de mensagens MPLS *echo request ou reply*.

A versão corrente é a versão 1. O campo *global flags* é um *bit vector* com 16 *bits*, sendo os primeiros 17 *bits* com o significado MBZ (*must be zero*). O último *bit*, referido como V *bit* (*validate* FEC *stack*), indica se o receptor deseja que o receptor realize validação de FEC *stack* (V *bit* igual a 1).

O campo *message type* indica MPLS *echo request* (valor 1) ou MPLS *echo reply* (valor 2).

O campo *reply mode* pode assumir os seguintes significados, com os respectivos valores:

- *Do not reply* (valor 1).
- *Reply via an* IPv4/IPv6 UDP *packet* (valor 2).
- *Reply via an* IPv4/IPv6 UDP *packet with router alert* (valor 3).
- *Reply via application level control channel* (valor 4).

O campo *return code* é setado para zero no MPLS *echo request*. No MPLS *echo reply* esse campo pode assumir 13 diferentes valores, dos quais podem ser citados os seguintes exemplos:

Differentiated Services e OAM   331

- *No return code* (valor zero).
- *Malformed echo request received* (valor 1).
- *One or more of the* TLVs *was not understood* (valor 2).
- *Premature termination of ping clue to label stack shrinking to a single label* (valor 13).

O campo *return subcode* (RSC) indica o ponto (nível de label) do *label stak* onde o processamento se encerrou. O valor zero indica que nenhum valor de label foi processado.

O campo *sender's handle* é preenchido a critério do LSR originador de um *request* e retornado pelo LSR receptor no correspondente *reply*, sem alteração de valor. Não há qualquer semântica ainda associada a esse campo.

O campo *sequence number* é assignado pelo originador do *request* e retornado pelo seu receptor em caso de *reply mode* igual a 1 (de *non reply*). Ele pode ser utilizado, por exemplo, para detectar o não recebimento de mensagens.

Os campos *timestamp* indicam os momentos de envio e de recepção das mensagens MPLS *echo*, em segundos e microsegundos.

O campo destinado aos TLVs, com tamanho variável, contém parâmetros relativos às mensagens MPLS *echo* enviadas. Quando ocorre uma cascata de TLVs, o primeiro TLV é um *top-level* TLV enquanto os demais são considerados sub-TLVs.

Uma descrição dos tipos e valores de *top-level* TLVs para LSP *ping* encontra-se na figura 12.14.

Type	Value Field
1	*Target* FEC *Stack*
2	*Downstream Mapping*
3	*Pad*
4	*Not Assigned*
5	*Vendor Enterprize Number*
6	*Not Assigned*
7	*Interface and Label Stack*
8	*Not Assigned*
9	*Errored* TLVs
10	*Reply* TOS *Byte*

Figura 12.14   Relação de *top-level* TLVs para LSP *ping*.

Cada um desses valores admite um certo número de sub-TLVs. Por exemplo, o *targeted* FEC *stack top-level* TLV admite 16 sub-TLVs.

A figura 12.15 apresenta uma relação parcial desses sub-TLVs.

Como se observa nessa relação parcial, o *target* FEC *stack* tem como objetivo básico a identificação do LSP sendo testado. Os *sub*-TLVs identificadores de LSPs correspondem a valores de FEC e conseqüentemente a valores de label.

332 TCP/IP sobre MPLS

Sub-Type	Length (octets)	Value Field
1	5	LDP IPv4 *Prefix*
2	17	LDP IPv6 *Prefix*
3	20	RSVP IPv4 LSP
6	13	VPN IPv4 *Prefix*
12	5	BGP *Labeled* IPv4 *Prefix*
16	5	*Nil* FEC *Stack*

Figura 12.15 Relação parcial de sub-TLVs para o *targeted* FEC *stack* TLV.

Caso se utiliza labels especiais, como os *router alert label* e o *explicit-null label*, caracteriza-se a inexistência de uma associação entre esses labels e valores explícitos de FEC. Como essa associação é necessária para a validação desses labels, foi definido o *nil* FEC *stack sub*-TLV com esse propósito.

Capítulo 13

A Evolução do MPLS

13.1 Preâmbulo
13.2 Generalized MPLS (GMPLS)
13.3 Novas Tecnologias de Redes de Transporte
13.4 MPLS em Mobile Backhaul Networks
13.5 MPLS Multicast

334 TCP/IP sobre MPLS

13.1 PREÂMBULO

O presente capítulo visa a oferecer um panorama geral do que vem ocorrendo em termos de evolução do ATM. Ao longo dos capítulos anteriores foram abordados os aspectos básicos e as aplicações especiais já consolidadas do MPLS, sendo citados, *en passant*, as novas possibilidades de serviços e aplicações que o MPLS proporciona.

Os temas abordados neste capítulo poderão ser sucedidos por novas idéias ainda a surgir no amplo horizonte do MPLS.

São apresentados neste capítulo os seguintes quesitos:

- GMPLS (*Generalized* MPLS).
- MPLS como rede de transporte.
- O uso do MPLS em *Mobile Backhaul networks*.
- MPLS *multicast*.

O GMPLS, que se encontra já especificado pelo IETF, abre uma nova perspectiva em *networking* ao proporcionar a possibilidade da aplicação de processos de sinalização para o provimento dinâmico de conexões em redes constituídas por multiplexadores modo circuito operando por cross-conexão, a exemplo do que ocorre em TDM, SDH, WDM e OXC.

Há uma grande expectativa quanto ao desenvolvimento de novas tecnologias de rede de transporte operando diretamente no modo pacotes. A tecnologia MPLS foi considerada apropriada para esse mister, mas carece, no momento, de um apoio de OAM adequado para tanto. Ocorreram estão duas iniciativas paralelas com o propósito de eliminar essa carência, respectivamente denominadas T-MPLS (capitaneada pelo ITU-T) e o PBT (sob a égide do IEEE e do IETF).

Tais iniciativas mostram-se problemáticas, no entanto, tendo havido entendimentos recentes entre o ITU-T e o IETF no sentido de concentrar esforços sob uma concepção global referida como MPLS-TP (MPLS *Transport Profile*).

Como veremos também neste capítulo, o IP MPLS *Forum* vem concentrando esforços no sentido de definir o modo de utilização do MPLS no segmento *backhaul* das RAN *networks* que suportam a comunicação celular.

Uma outra vertente evolutiva do MPLS diz respeito à transmissão de datagramas IP *multicast*. Como o MPLS se constitui em uma camada intermediária que blinda o processamento de endereços IP dos datagramas IP envelopados, torna-se necessário o desenvolvimento de funcionalidade *multicast* no MPLS para atendimento dessa crescente necessidade. Como veremos, o IETF encontra-se em fase de conclusão de padrões (RFCs) necessários ao atendimento dessa demanda.

13.2 GENERALIZED MPLS (GMPLS)

Tudo que foi dito nos capítulos anteriores deste livro pode ser referido como MPLS tradicional, no sentido dado neste capítulo, quando os LSRs são constituídos exclusivamente sobre plataformas *packet switching*, a exemplo de roteadores e *switches* ATM, *Frame Relay* e *Ethernet*. Essa afirmativa é válida mesmo no caso de aplicações especiais sobre o MPLS básico, tais como MPLS VPNs, VPWS e VPLS.

A Evolução do MPLS   335

Com base no fato de que no MPLS o plano de controle é totalmente dissociado do plano de dados, surgiu no IETF a idéia de se estender o uso do plano de controle do MPLS, com as devidas adequações, para a generalidade de tecnologias de transmissão de dados, incluindo-se aquelas que se baseiam em *circuit switching*. Os LSRs podem assim ser suportados também por dispositivos *cross-connect* modo circuito, tais como TDM *multiplex* (SONET/SDH, por exemplo), *dense wavelenght division multiplex* (DWDM), *optical cross connect* (OXC) *devices* e *photonic cross-connect* (PXC) *devices*. O GMPLS abrange também *cross-connect devices* operando por *space-division switching*.

Essa nova concepção de tecnologia MPLS foi denominada GMPLS (*Generalized* MPLS). O GMPLS encontra-se ainda em fase de implementação, havendo uma grande expectativa quanto ao seu uso futuro. O uso da designação *generalized* deve-se ao fato de que, como veremos adiante, o GMPLS pode englobar também a operação de LSRs tradicionais, tornando o MPLS tradicional um caso particular do GMPLS.

Para definir a arquitetura geral do GMPLS foi emitida a RFC 3945, que se constitui no fundamento utilizado na elaboração do presente item. Complementarmente, serão consideradas adiante as RFC 4203 e RFC 5063 relativas a extensões respectivamente dos protocolos OSPF-TE e RSVP-TE para o GMPLS.

As extensões do MPLS para o GMPLS definidas nas RFCs acima citadas não são, contudo, suficientes para suportar certas capacitações requeridas pelo plano de controle para pleno funcionamento de uma ASON (*Automatically Switched Optical Network*). O plano de controle das ASONs foi especificada pela Recomendação G.8080 do ITU-T. Para a extensão da aplicação dos processos de roteamento do GMPLS no sentido de atender os requerimentos das ASONs foi emitida a RFC 4258, que citamos como referência para o tema.

A importância do GMPLS evidencia-se se considerarmos as formas utilizadas para o provisionamento e rerroteamento de circuitos em redes *cross-connect* modo circuito. Como não existe atualmente sinalização para esse provisionamento, os processos demandam a intervenção de um centro de gerência, o que implica menor eficiência, maior custo e lentidão operacional. Com o GMPLS, por um processo de *Traffic Engineering* que considera as particularidades das diversas opções de circuitos, o provisionamento e o rerroteamento desses circuitos passa a se realizar de modo distribuído e automático, o que representa um significativo ganho operacional.

13.2.1   CONSIDERAÇÕES GERAIS

Como vimos, o GMPLS fundamenta-se na clara separação entre o plano de controle e o plano de dados. No plano de dados prevalece a tecnologia da rede modo circuito de suporte, podendo-se inclusive prescindir do uso de labels.

Como veremos, o plano de controle do GMPLS impõe uma série de condicionantes, razão pela qual o seu suporte tem como base o MPLS TE. Esse plano de controle baseia-se em extensões dos protocolos OSPF-TE (ou mesmo ISIS-TE, que não abordaremos neste capítulo) e na introdução do protocolo *Link Managment Protocol* (LMP). O LMP pode ser aplicado em outras concepções de rede além do GMPLS.

13.2.1.1 TIPOS DE INTERFACE NO GMPLS

Considerando-se a multiplicidade de plataformas de suporte, o GMPLS apresenta os seguintes tipos de interface:

- *Packet switch capable* (PSC) *interface*.
- *Layer-2 switch capable* (L2SC) *interface*.
- *Time-division capable* (TDM) *interface*.
- *Lambda switch capable* (LSC) *interface*.
- *Fiber-switch capable* (FSC) *interface*.

Os dois primeiros tipos de interface (interfaces PSC e L2SC) são já utilizados no MPLS tradicional, localizando-se em *frame-based* LSRs (interfaces PSC), ou em ATM-LSRs ou FR-LSRs (interfaces L2SC).

Os demais tipos de interface ocorrem, por exemplo, em multiplexadores TDM e ADMs (*add-drop multiplexer*) no caso de interfaces TDM, em OXCs e PXCs no caso de interfaces LSC (para *wavelenghts* individuais ou agrupadas em *wavebands*), e em OXCs e PXCs operando diretamente com fibras ópticas no caso de interfaces FSC.

Os LSPs são estabelecidos entre, ou através de, interfaces do mesmo tipo. O conceito de *nested* LSPs, ou seja, o de multiplexação hierarquizada de LSPs, representa um ganho significativo de escalabilidade. A hierarquização ocorre pela multiplexação de LSPs de menor ordem em LSPs sucessivamente de maior ordem. Por exemplo, LSPs PSC (entre interfaces PSC) podem ser multiplexados em LSPs TDM, que por sua vez podem ser sucessivamente multiplexados em LSPs LSC e LSPs FSC.

Há, nesse caso, uma sucessão de multiplexadores, como mostra a figura 13.1.

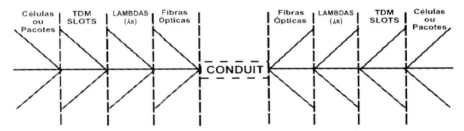

Figura 13.1   Multiplexação hierarquizada de LSPs no GMPLS.

13.2.1.2 SINALIZAÇÃO NO GMPLS

O plano de controle do GMPLS é, basicamente, uma extensão do plano de controle do MPLS TE. Essa extensão decorre da necessidade de transporte de parâmetros característicos de redes modo circuito, tipicamente hierarquizadas, tais como velocidades, tipos de circuito, posições em multiplexadores e requirementos quanto a proteção e restauração dos LSPs. O MPLS TE caracteriza-se pelo suporte a variados parâmetros de rede como vimos no capítulo 8 anterior.

A Evolução do MPLS 337

▥ Diferenças do GMPLS quanto à Sinalização

Diferentemente do que ocorre no MPLS tradicional, onde o plano de controle e o plano de dados podem utilizar os mesmos *links*, no GMPLS esses planos devem se realizar por *links* separados. Enquanto o plano de controle requer *links* seccionados em cada LSR, os *links* do plano de dados do GMPLS são transparentes fim-a-fim.

Uma outra diferença diz respeito à direcionalidade dos LSPs sinalizados. Os LSPs do MPLS tradicional são unidirecionais, podendo a bidirecionalidade ser obtida pela conjunção de dois LSPs unidirecionais em ambos os sentidos, que podem inclusive utilizar caminhos diferentes. No GMPLS os LSPs são obrigatoriamente bidirecionais.

A formatação dos labels sinalizados no MPLS tradicional é única, consistindo de um simples identificador não-estruturado. No GMPLS o formato dos labels depende dos tipos de interface utilizados nas terminações dos LSPs, e definem parâmetros, de forma estruturada, específicos para cada tecnologia.

No MPLS tradicional os labels definidos na fase de controle são transportador nos pacotes MPLS de dados. No GMPLS, tendo em vista que as posições das terminações do LSP nos multiplexadores definem esse LSP, os pacotes de dados não transportam valores de labels. Esses valores são utilizados apenas na fase de controle, quando os LSPs são definidos.

No GMPLS, embora a assignação de labels seja efetivada em *downstream* LSRs como no MPLS tradicional, existem particularidades próprias quanto ao comportamento dos *upstream* LSRs relativamente a essa questão. Os *upstream* LSRs podem sugerir valores de labels, que podem ou não ser aceitos pelos *downstream* LSRs. Por outro lado, os *upstream* LSRs podem, no GMPLS, impor restrições quanto ao número e às faixas de labels a serem assignados pelos *downstream* LSRs.

▥ Modelos de sinalização

Foram propostos diferentes modelos para a sinalização no GMPLS. Os modelos mais comuns são os seguintes:

- Overlay mode.
- Integrated (or peer) model.
- Augmented model.

No modelo *overlay*, o que se passa em termos de sinalização nas redes MPLS tradicionais de acesso a uma rede GMPLS *backbone* é totalmente independente do que se passa nesse *backbone* GMPLS. Se considerarmos os acessos dessas redes MPLS ao *backbone* GMPLS como sendo UNIs (*user-to-network interface*), podemos representar esse modelo conforme a figura 13.2.

Como se observa nessa figura, os planos de controle nas duas UNIs consideradas a na NNI são independentes. Nesse caso, o uso do GMPLS no *backbone* constituído por um conjunto de LSRs com suporte em multiplexadores modo circuito (SDH ou WDM, por exemplo) objetiva simplesmente tornar mais eficiente o modo de constituição do *link* modo circuito necessário à interconexão das duas redes MPLS de acesso. Uma outra possibilidade seria a de um *backbone* GMPLS interconectando redes de acesso *non*-MPLS, como por exemplo redes IP.

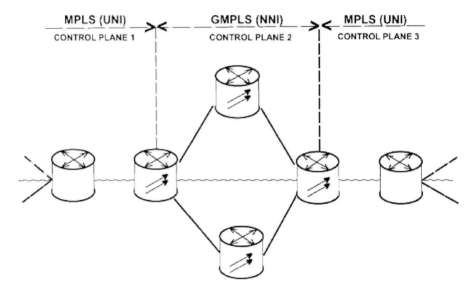

Figura 13.2 Modelo *overlay* de sinalização no GMPLS.

No *peer model*, ou modelo integrado, ocorre a plena integração dos planos de controle das UNIs e da NNI da figura anterior, que passa a apresentar um único plano de controle nessas interfaces (*control plane* 1, suponhamos). Nos demais pontos a figura 13.2 aplica-se ao modelo integrado.

O *augmented model* de sinalização no GMPLS representa um modelo híbrido que se situa de forma intermediária entre o modelo *overlay* e o modelo integrado. A rede global é dividida em subconjuntos em torno dos *edge* GMPLS LSRs, ocorrendo a sinalização integrada em cada um desses subconjuntos. A associação entre os LSPs de cada subconjunto para formar um LSP fim-a-fim ocorre por *overlay* entre esses LSPs.

A utilização dos *overlay* e *augmented models* representa uma fase inicial temporária no sentido da utilização do modelo integrado, cuja maior complexidade é facilmente observável.

13.2.2 REDES DE SUPORTE AO GMPLS

O GMPLS pode ser suportado sobre qualquer tipo de rede em que ocorre *cross-connect* modo *circuit*, seja em modo temporal ou mesmo em modo espacial. Os três tipos de rede mais empregados como suporte ao GMPLS são as redes TDM, as redes WDM e as redes operando diretamente com fibras ópticas.

13.2.2.1 GMPLS EM REDES TDM

Os dois padrões atualmente utilizados para redes TDM de alta capacidade, representando as denominadas redes de transporte, são o SONET (*Synchronous Optical Network*) e o SDH (*Synchronous Digital Hierarchy*).

A Evolução do MPLS **339**

Para a utilização do plano de controle do GMPLS em redes SONET/SDH é preciso definir-se os *time-slots* que vão compor os circuitos constituintes do LSP em cada um dos multiplexadores envolvidos. Por exemplo, podem ser montados LSPs em SONET constituídos por circuitos STS-1, VT-3 e VT-1.5. Em SDH, são exemplos os circuitos STM-0 (VC-3), STM-1 (VC-4) e VC-2 (equivalente ao VT-6 do SONET). Observa-se que esses tipos de sinais são referenciáveis por ponteiros, condição necessária para que sejam utilizáveis no GMPLS.

O protocolo de sinalização deve configurar atributos tais como interface de entrada, *switch fabric* e interface de saída, sendo que um LSP pode ser ponto-a-ponto ou ponto-a-multiponto.

13.2.2.2 GMPLS EM REDES WDM

Em redes WDM (*Wavelenght Division Multiplex*), diferentes circuitos, identificados por seus comprimentos de onda, referidos pela letra grega *lambda* (λ) são *cross-conectados* por multiplexadores OXC (*optical cross-connect*).

A configuração típica de utilização de um circuito WDM (circuito λ) é como suporte a um sistema SONET ou SDH, o que permite a sua melhor utilização.

Como no GMPLS sobre modo circuito em geral, os pacotes de dados que transitam nas seções λ dos LSPs não transportam valores de labels.

13.2.3 EXTENSÕES DO OSPF-TE PARA O GMPLS

A RFC 4202 aborda, de forma ampla e conceitual, as extensões a protocolos de roteamento já estendidos para TE, que são o OSPF-TE e o ISIS-TE, já vistos no capítulo 8 anterior deste livro. O escopo do presente subitem é apresentar apenas as extensões do protocolo OSPF-TE para o GMPLS, com base na RFC 4202 complementada pela RFC 4203. Quanto às extensões do protocolo ISIS-TE para o GMPLS, os interessados podem referir-se a RFC 4205.

Como vimos no capítulo 8 anterior, foram definidos três tipos de LSAs opacas para suporte a TE. Para o caso do MPLS TE foi especificado o uso da LSA opaca tipo 10, restrita a uma área OSPF e, dentro desse tipo, uma LSA específica denominada TE LSA.

Vimos também que a TE LSA utiliza, alternativamente, dois tipos de *top-level* TLV, que são o *router address* TLV e o *link* TLV, com destaque para o *link* TLV.

O *link* TLV oferece um conjunto de *link attributes*, formatados como sub-TLVs para TE.

A extensão do OSPF-TE para o GMPLS consiste na definição de novos *link attributes* (sub-TLVs), conforme a figura 13.3.

Sub-TLV *Type*	Length	Name
11	8 *octetos*	*Link Local / Remote Identifiers*
14	4 *octetos*	*Link Protection Type*
15	*Variable*	*Interface Switching Capability Descriptor*
16	*Variable*	*Shared Risk Link Group* (SRLG)

Figura 13.3 Novos OSPF *link attributes* para o GMPLS.

13.2.3.1 LINK LOCAL/REMOTE IDENTIFIERS SUB-TLV

O *link local/remote identifiers sub*-TLV, pertinente ao *link* TLV, possui 8 octetos que representam respectivamente o *link local identifier* e o *link remote identifier*, ambos com 4 octetos. Se o *link remote identifier* for desconhecido, ele deve ser representado pelo valor zero.

▓ Redução do Overhead de Sinalização

O GMPLS pode utilizar dois recursos para reduzir o seu *overhead* de sinalização:

- ■ *Unnumbered links.*
- ■ Link bundling.

Unnumbered links é um recurso, justificável particularmente em redes ópticas, nas quais o número de *links* pode atingir elevados valores. Um *unnumbered link* é necessariamente um *link* ponto-a-ponto, para o qual os LSRs em cada extremo assignam valores próprios (únicos em cada LRS) de identificadores daqueles *links*, únicos em cada LSR, ocupando 32 *bits*.

Os identificadores locais e remotos de *unnumbered links* são transportados pelo *link local/remote identifiers sub*-TLV acima mencionado.

Link bundling é uma facilidade definida pela RFC 4201, que possibilita o agrupamento de um conjunto de *links* de mesma natureza e com terminações em um mesmo par de LSRs, para fins de sinalização conjunta. Os *links* agrupados em um *bundled link* são denominados *component links*, e são identificados pelo conjunto <*bundled link identifier, component link identifier, label*>.

Registra-se que o agrupamento de *links* para fins de sinalização, se por um lado reduz o *overhead* de sinalização, por outro lado resulta em perda de informações. Por exemplo, informações sobre reserva de larguras de banda dizem respeito ao agrupamento de *links* como um todo, não contendo informações especificas para cada *link* agrupado.

▓ TE Link Local LSA

A RFC 4203 define adicionalmente uma nova LSA opaca do tipo 9 (*link local flooding scope*), com o mesmo *opaque type* da TE LSA (*opaque type* 1), e valor do *campo instance* (*opaque* ID) igual a zero. Para referência, consultar a figura 8.1 do capítulo 8 anterior deste livro.

Em complemento, a RFC 4203 define também um novo *top-level* TLV, denominado *link local* TLV, com o tipo 4. Para compor esse *top-level* TLV, foi definido um único sub-TLV (também referido como TLV) denominado *link local identifier* TLV, sendo assignado o *type* 1 para esse sub-TLV.

Como se pode prescindir do *link remote identifier*, tornando-o igual a zero, os LSRs podem utilizar o novo *link local identifier* TLV para comunicar o seu *link local identifier* como opção para o processo anterior de envio do *link local/remote identifiers sub*-TLV.

A Evolução do MPLS **341**

13.2.3.2 LINK PROTECTION TYPE SUB-TLV

O *link protection type sub*-TLV, pertinente ao *link* TLV, possui 4 octetos, sendo que o primeiro octeto, denominado *campo protection cap*, representa a efetiva capacitação para proteção relativa ao *link*. Os demais octetos são reservados, sem função atual.

As capacitações para proteção definidas podem ser visualizadas na figura 13.4.

Código	Capacitação de Proteção
0x01	*Extra Traffic*
0x02	*Unprotected*
0x04	*Shared*
0x08	*Dedicated* 1:1
0x10	*Dedicated* 1+1
0x20	*Enhanced*
0x40	*Reserved*
0x80	*Reserved*

Figura 13.4   Capacitações para proteção de *links* no GMPLS.

Um *link* TLV não pode indicar mais de um tipo de capacitação para proteção do *link*.

Um *link* com proteção *extra-traffic* protege um ou mais outros *links*. Se um *link* é protegido por um outro *link* do tipo *extra-traffic*, esse *link* é do tipo *dedicated* 1:1. Se o *link* protetor não foi utilizado com outro propósito, o *link* protegido é do tipo *dedicated* 1+1.

Se um *link* é protegido por mais de um outro *link*, o *link* protegido é do tipo *shared*. Finalmente, podem ser empregados esquemas mais confiáveis para a proteção de um *link*, quando ele passa a ser um *link* do tipo *enhanced*.

13.2.3.3 INTERFACE SWITCHING CAPABILITY DESCRIPTOR SUB-TLV

O *interface switching capability descriptor sub*-TLV, pertinente ao *link* TLV, tem como objetivo possibilitar a um GMPLS LSR comunicar ao seu LSR par as diferentes capacitações de suas interfaces. Por exemplo, as interfaces podem diferir quanto a seus tipos (interfaces PSC, L2SC e LSC). Além disso, cada um desses tipos de interface pode apresentar particularidades diferentes em diferentes *links*, como também possuir diferentes velocidades máximas em diferentes prioridades.

Esse sub-TLV contém a identificação dos tipos de interface (*switching capabilities*), as suas particularidades (*encoding*) e as suas velocidades máximas.

Dependendo do tipo de *switching capability*, o *interface switching capability descriptor sub*-TLV pode conter (ou não) atributos complementares, denominados *switching capability-specific information*. Por exemplo, quando a interface for do tipo PSC (PSC-1, PSC-2, PSC-3 ou PSC-4), o campo *switching capability-specific information* inclui os parâmetros *minimum*

342   TCP/IP sobre MPLS

LSP *bandwidth*, *interface* MTU e *padding*. Nas *switching capabilities* L2SC e LSC, por outro lado, não existe o *campo switching capability-specif information*.

Os GMPLS *links* apresentam duas importantes possibilidades de alternativas de configuração.

Em primeiro lugar, uma interface pode possuir mais de um *interface switching capability descriptor*. Por essa razão, o correspondente sub-TLV possui o campo *value* com tamanho variável, pois nele podem estar contidos múltiplos *switching capability descriptors* para a interface sendo divulgada.

A outra alternativa de configuração refere-se à possibilidade de utilização de diferentes tipos de interface nos extremos de um mesmo *link*. Assim são possíveis, por exemplo, as configurações de *link* [PSC, PSC], [PSC-LSC], [LSC-PSC] e [TDM-LSC], dentre outras.

13.2.3.4   SHARED RISK LINK GROUP (SRLG) SUB-TLV

O SLRG *sub*-TLV, pertinente ao *link* TLV e já abordado no subitem 8.4.3.10 do capítulo 8 anterior, objetiva evitar o uso de um mesmo meio de transmissão para um *link* principal e para o *link* destinado à sua proteção.

O tamanho do campo *value* desse sub-TLV é variável, uma vez que um *link* pode ser constituído por uma sucessão de meios de transmissão. Assim, tornam-se necessárias as identificações dos diversos trechos que compõem o *link*.

Um *link* TLV não pode conter mais que um SLRG *sub*-TLV.

13.2.4   EXTENSÕES DO RSVP-TE PARA O GMPLS

As RFC 3945 e RFC 3471 estabelecem uma descrição funcional do processo de sinalização para a constituição de LSPs no GMPLS. Com o objetivo de se concretizar esse processo, foram definidas extensões do protocolo RSVP-TE para o GMPLS, pela emissão da RFC 3473. Adicionalmente, foi emitida uma série de outras RFCs complementares, algumas específicas para as tecnologias modo circuito que suportam o GMPLS.

No presente capítulo, vamos nos limitar à abordagem das extensões do RSVP-TE para o GMPLS, com base na RFC 3473 e, principalmente, na RFC 3471.

13.2.4.1   NOVAS FACILIDADES NO RSVP-TE

Conforme as RFCs acima citadas, abordaremos a seguir as seguintes novas facilidades do RSVP-TE no sentido de atender as particularidades do GMPLS:

- Generalized label request object.
- Bandwidth encoding.
- Generalized label object.
- Waveband switching object.
- Suggested label object.
- Label set object.
- Bidirecional LSPs.
- Notification.

- Explicit label control.
- *Protection object.*
- *Administrative status information.*
- *Control channel separation.*
- Gerência de falhas.
- *Technology-specific parameters.*
- *Forwarding adjacencies* (FAs).

Abordaremos essas questões de modo sumário, podendo os leitores interessados referenciar-se às RFCs pertinentes e outras fontes de consulta mencionadas no final deste livro.

13.2.4.2 GENERALIZED LABEL REQUEST OBJECT

Como no GMPLS os labels podem assumir formatos e semânticas diferentes do MPLS TE, foi definido um novo *C-type* (*C-type* 4) para o LABEL-REQUEST *object* do RSVP-TE (classe 19), denominado *generalized label request object*. Esse objeto é conduzido por mensagens RSVP *path* quando da constituição de GMPLS LSPs.

O formato do *generalized label request object* encontra-se na figura 13.5.

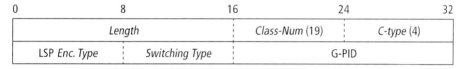

Figura 13.5 Formato do *generalized label request object*.

O campo LSP *Encoding Type* indica a codificação do LSP sendo sinalizado, como nos seguintes exemplos:

- *Ethernet* (valor 2).
- SDH ITU-T G.707 (valor 5).
- *Lambda* (valor 8).
- *Fiber* (valor 9).

O *campo switching type* indica o tipo de comutação a ocorrer em cada um dos *links* que vão formar o LSP. O valor contido nesse campo pode ser atualizado *hop-by-hop* ao longo do caminho do LSP. São codificados nesses campos os tipos de interface a serem utilizadas no LSP, conforme a figura 13.6.

Valor	Interface	Valor	Interface
1	PSC 1	51	L2SC
2	PSC 2	100	TDM
3	PSC 3	150	LSC
4	PSC 4	200	FSC

Figura 13.6 Valores do campo *switching type*.

344 TCP/IP sobre MPLS

O campo G-PID (*generalized-payload identifier*) objetiva identificar o tipo de *payload* a ser transportado no LSP sendo sinalizado. Esses identificadores são significativos para os LSP *endpoints* e, em alguns casos, para o penúltimo *hop* do LSP.

13.2.4.3 BANDWIDTH ENCODING

Como o GMPLS engloba *non-packet* LSPs, torna-se necessário informar, em mensagens RSVP *path*, os valores de velocidade correspondentes ao LSP sinalizado. Esses valores são transportados no SENDER_TSPEC *object* e no FLOW_SPEC *object* dessas mensagens.

O campo *bandwidth encoding*, com 32 *bits*, indica valores discretos de larguras de banda (velocidades, no modo circuito), como nos seguintes exemplos:

- E 1 (2,048 Mbps), com código 0x487A0000.
- OC-3/STM-1 (155,52 Mbps), com código 0x4B9450C0.
- OC-12/STM-4 (622,08 Mbps), com o código 0x4C9450C0.

13.2.4.4 GENERALIZED LABEL OBJECT

Em resposta a uma mensagem RSVP *path* contendo um *generalized label request object*, o LSR de egresso envia uma mensagem RSVP *resv* com o *generalized label object* (de classe 16 e *C-type* 2). Os LSRs no interior da rede alteram sucessivamente esses valores de labels ao longo do curso da mensagem RSVP *resv*.

13.2.4.5 WAVEBAND SWITCHING OBJECT

Se o *generalized label request object* especificar *waveband switching*, a RSVP *resv* em resposta envia um *waveband switching object*. Nesse caso, utiliza-se classe 16 e *C-type* 3.

O *waveband switching object*, além de identificar a *waveband*, transporta uma relação de labels correspondentes a cada uma das *wavelenghts* agrupadas na *waveband*.

13.2.4.6 SUGGESTED LABEL OBJECT

O formato do *suggest label object* é idêntico ao do *generalized label object*, utilizando porém a classe 129 e o *C-type* correspondente ao tipo de label sendo sugerido.

Se o *downstream* LSR enviar um label diferente do label sugerido, o *upstream* LSR pode se reconfigurar para utilização do label recebido, ou pode recusar esse label mediante o envio de uma mensagem RSVP *resverr* com a devida indicação. Por outro lado, o *upstream* LSR só pode utilizar um label sugerido caso o *downstream* LSR confirme o seu valor em uma mensagem RSVP *resv*.

13.2.4.7 LABEL SET OBJECT

Como vimos anteriormente, o GMPLS possibilita a um *upstream* LSR notificar o *downstream* LSR quanto a restrições nas faixas de labels a serem utilizadas no LSP sinalizado. Para isso é utilizado o *label set object* (classe 36 e *C-Type* 1), transportado em mensagens RSVP *path*. O *downstream* LSR deve limitar a assignação de labels aos limites definidos de

A Evolução do MPLS   345

label set, sendo um *label set* composto por um ou mais *label set objects*. A ausência de pelo menos um *label set object* em uma mensagem RSVP *path* implica o fato de que qualquer valor de label é aceitável.

13.2.4.8   BIDIRECIONAL LSPs

O estabelecimento de um LSP bidirecional é indicado pela presença de um *upstream label object* na mensagem RSVP *path*. O *upstream label object* (classe 35 e *C-Type*), correspondente ao tipo de label utilizado, tem o mesmo formato que o *generalized label object*.

Dessa forma é constituído um LSP no sentido *dowstream/upstream*, que complementado pelo LSP no sentido *upstream/dowstream* definido pela mensagem RSVP *resv*, formam então um LSP bidirecional. É necessária a definição de mecanismos de resolução de contendas que podem ocorrer no processo de sinalização de LSPs bidirecionais.

13.2.4.9   NOTIFICATION

A RFC 3473 apresenta extensões relacionadas ao processo de notificação pelo RSVP-TE. Essas extensões definem as seguintes facilidades:

- *Acceptable_Label_Set object*.
- *Notify request object*.
- *Notify message*.
- *Path_State_Removed flag*.

Acceptable_Label_Set object

O *Acceptable Label Set object* (classe 130), que possui o *C-Type* e demais campos idênticos aos do *Label_Set object*, pode ser transportado em mensagens RSVP *patherr* e RSVP *resverr*. Esse objeto, de caráter opcional, objetiva indicar aos demais LSRs as restrições que eles podem impor quando da sinalização para a constituição de LSPs.

Notify Request Object

Esse objeto tem como propósito permitir a solicitação de envio de uma notificação, isto é, de uma *notify message*, podendo ser transmitido no sentido *upstream* ou *dowstream*, por mensagens RSVP *path* ou RSVP *resv*.

O *notify request object* utiliza a classe 195, apresentando o *C-Type* 1 para endereços IPv4 dos LSRs de destinos e o *C-Type* 2 se esses endereços forem IPv6.

Notity Message

Notify messages são um mecanismo para informar LSRs não adjacentes sobre eventos relacionados ao LSP, sendo geradas normalmente em resposta a um *notify request object*. Essas mensagens diferem das mensagens RSVP *patherr* e RSVP *resverr* pelo fato de elas poderem ser endereçadas a qualquer LSR da rede, mesmo aqueles que se encontram distantes do LSR originador (ou seja, elas podem ser *targed messages* para os demais LSRs). O tipo de mensagem utilizado é o *message type* 21.

346   TCP/IP sobre MPLS

Uma *notify message* é gerada para notificar erros que gerariam mensagens RSVP *patherr* ou RSVP *resverr* se ela não fosse gerada. Quando do recebimento de uma *notify message*, o LSR receptor deve gerar como resposta uma *aknowledgment message* (*ack message*).

Path_State_Removed Flag

No RSVP-TE uma mensagem RSVP *patherr* é enviada para o originador da mensagem RSVP *path* associada, e não provoca qualquer ação imediata nos LSRs intermediários, que podem ser os agentes de ações conseqüentes ao erro sinalizado. Essas ações ficam na dependência de emissão de uma mensagem RSVP *pathtear* por parte do receptor da mensagem de erro, o que provoca atrasos e desperdício de recursos.

A RFC 3473 definiu um novo *flag* para as mensagens RSVP *patherr*, denominado *Path_State_Removed flag*, com código 0x04, que possibilita aos LSRs intermediários ações corretivas diretas quando por eles passam tais mensagens. Na retransmissão das mensagens, o LSR que removeu o estado de erro indica esse ato por meio do *Path_State_Removed flag*.

13.2.4.10   EXPLICIT LABEL CONTROL

Para possibilitar o controle explicito de labels no GMPLS, particularmente para o caso de constituição de LSPs bidirecionais, foram definidos dois novos subobjetos, em complemento respectivamente ao *explicit route object* (ERO) e ao *record route object* (RRO). Esses novos subobjetos têm como propósito possibilitar o atendimento a redes ópticas, que requerem uma indicação mais precisa das rotas explicitas sobre as quais são montados os respectivos LSPs.

13.2.4.11   PROTECTION OBJECT

Como vimos no subitem 13.2.3.2 anterior deste capítulo, a extensão do OSPF-TE para o GMPLS provê a divulgação, pelos LSRs, das suas capacitações para proteção de cada um de seus *links*, sendo que diversas capacitações podem ser divulgadas (vide figura 13.4).

A RFC 3473 definiu, em caráter opcional, a adição do *protection object* em mensagens RSVP *path*, para indicar a capacitação de proteção desejada no LSP sendo sinalizado. Os LSRs intermediários devem verificar as respectivas possibilidades de atendimento à capacitação solicitada. Se não for capaz de atender a uma solicitação, um LSR intermediário deve abortar o processo, enviando a devida mensagem RSVP *patherr*.

O *protection object* utiliza a classe 37 e o *C-Type* 1.

13.2.4.12   ADMINISTRATIVE STATUS INFORMATION

A RFC 3473 define um novo objeto, denominado *Admin_Status object*, com o objetivo de prover as necessárias informações relativas ao estado administrativo de um LSP. Esse objeto utiliza a classe 196 e o *C-Type* 1, e pode ser utilizado de duas formas.

Na primeira forma esse objeto é transportado em mensagens RSVP *path* e RSVP *resv*, quando efetivamente transportam apenas informações relativas ao estado administrativo do LSP. Na segunda forma, o objeto *Admin_Status* é transportado em uma *notify message*, com o objetivo de solicitar ao LSP de ingresso uma alteração no estado administrativo do LSP.

13.2.4.13 CONTROL CHANNEL SEPARATION

No MPLS tradicional existe uma associação *one-to-one* entre os canais de controle e o canal onde se constitui o LSP sinalizado. Isso significa que as interfaces dos LSRs para sinalização e tráfego de dados são as mesmas, não havendo então necessidade de suas identificações.

No caso de GMPLS, ao contrário, o canal de controle pode ser totalmente independente do canal de dados, inclusive utilizando meios físicos independentes. Torna-se então necessária a identificação do canal de dados a ser utilizado no processo de sinalização para constituição de um LSP. Utiliza-se então diferentes formas de identificação das interfaces a serem utilizadas, como endereços IP, *interface indexes* (para *unnumbered interfaces*) e *component interface identifiers* (para *bundled interfaces*).

Cabe ao LSR que envia a mensagem RSVP *path* a escolha das interfaces a serem utilizadas, informando as suas identificações pelo novo RSVP_*Hop object*. Esse objeto utiliza a classe 3 e os *C-Type* 3 (IPv4) e *C-Type* 4 (IPv6). Para LSPs bidirecionais, o LSR originador escolhe e informa as interfaces em ambas as direções. Em qualquer hipótese, as mensagens RSVP *resv* associadas devem também conter o RSVP_Hop *object* para indicar o uso da interface indicada.

Há casos em que se torna necessária a indicação associada de interfaces e de condições de erro. Nesse caso, deve ser utilizado o IF_ID ERROR_SPEC *object* (classe 6, com *C-Type* 3 para o IPv4 e *C-Type* 4 para o IPv6).

13.2.4.14 GERÊNCIA DE FALHAS

Serão abordados neste subitem dois tipos de falhas que podem ocorrer em redes GMPLS:

- *Nodal faults.*
- *Control channel faults.*

O primeiro tipo diz respeito aos casos em que um LSR perde o seu estado de controle, mas não perde o seu estado de transmissão de dados. O segundo tipo refere-se aos casos em que a comunicação de controle entre dois LSRs é totalmente interrompida.

Em ambos os casos a restauração dos estados iniciais dos LSRs envolvidos nas falhas, ou as alterações nesses estados ocorridos durante as falhas, devem ser divulgadas na rede. Essa divulgação ocorre por um novo objeto definido com esse propósito, denominado *Restart_Cap object*.

Esse objeto é transportado em mensagens *hello*, e utiliza a classe 131 e *C-Type* 1. São incluídos neste objeto os atributos *restart time* e *recovery time*.

13.2.4.15 TECHNOLOGY — SPECIFIC PARAMETERS

O GMPLS possibilita o transporte de *technology-specific parameters* no processo de sinalização para a constituição de LSPs. Existem parâmetros específicos para SONET/SDH, assim como para *optical transport network* (OTNs).

348 TCP/IP sobre MPLS

Esses parâmetros são transportados nos objetos SENDER_TSPEC e FLOW_SPCE das mensagens RSVP-TE. Para isso, a presença desses parâmetros nesses objetos deve ser especificada no campo *encoding type* do *generalized label request object* anteriormente descrito neste capitulo.

13.2.4.16 FORWARDING ADJACENCIES (FAs)

Para maior ganho de escalabilidade no MPLS TE (e no GMPLS em conseqüência) pode-se utilizar uma facilidade denominada *forwarding adjacency* (FA), que consiste na agregação de múltiplos TE LSPs no interior de um outro TE LSP de maior porte. Os nós intermediários processam apenas o LSP envelopador, o que resulta em ganho de escalabilidade.

O OSPF-TE distribui informações referentes a FAs da mesma forma que às relativas a *links* individuais. Essas informações são processadas pelo CSPF, resultando na sua influência na utilização subseqüentemente do RSVP-TE (ou na sua extensão para o GMPLS), quando as FAs são tratadas como os demais *links*.

13.2.5 LINK MANAGEMENT PROTOCOL (LMP)

A RFC 3945 menciona e provê uma idéia geral do *Link Management Protocol* (LMP), enquanto a RFC 4204 se destina especificamente à definição desse protocolo.

No contexto do GMPLS, um par de LSRs constituído de OXCs, por exemplo, pode ser interconectado por dezenas de fibras ópticas cada uma consistindo de centenas de *wavelengths* caso se utilize WDM. Múltiplas fibras e/ou *wavelengths* podem formar *bundled links* para fins de roteamento, conforme menção anterior neste capitulo. Acrescenta-se o fato de que os canais de controle são totalmente dissociados dos canais de transmissão de dados no GMPLS.

O conjunto desses fatores torna necessária a utilização de um protocolo de gerência de *links*, razão da definição do LMP. Registra-se que o LMP, embora definido para o GM-PLS, trata-se de uma ferramenta versátil, que pode ser utilizada em outros contextos de serviços.

Gerência de *link* representa um conjunto de procedimentos entre nós adjacentes de uma rede que provê serviços, tais como os seguintes:

- Gerência do canal de controle.
- Verificação de conectividade de *links*.
- Correlação de propriedades de *links*.
- Gerência de falhas de *links*.

A gerência do canal de controle é uma funcionalidade utilizada para o estabelecimento, manutenção e desconexão da conectividade do canal de controle que se baseia em mensagens *hello* atuando como um mecanismo *keepalive* entre LSRs adjacentes. Trata-se de uma funcionalidade obrigatória. Podem ser definidos também canais *backup* de controle.

A função verificação de conectividade de *links*, de caráter opcional, diz respeito à monitoração dos *links* do plano de dados.

A Evolução do MPLS **349**

Por outro lado, a agregação de recursos de um TE link e a sincronização desses recursos competem à funcionalidade correlação de propriedades de *links*. São exemplos dessas propriedades os mecanismos de identificação, proteção e priorização de *links*, intercambiadas por meio de mensagens *link summary*. Essa função é de caráter obrigatório.

Finalmente, registramos que a função opcional gerência de falhas de *links* possibilita a identificação e o isolamento de falhas de *links* em nós opacos e transparentes. Ao contrário de nós transparentes, os nós opacos processam os pacotes de dados que por ele transitam. Observamos que essa gerência de falhas de *links* do protocolo LMP difere da gerência de falhas abordadas no subitem 13.2.4.4 anterior.

13.3 NOVAS TECNOLOGIAS DE REDES DE TRANSPORTE

Nos últimos anos ficou claramente definida a necessidade de implementação de novas tecnologias de redes de transporte que possibilitassem uma aproximação mais direta entre as redes de pacotes e as fibras ópticas, como uma alternativa à opção SONET/SDH que hoje prevalece.

Foram criadas duas frentes de trabalho nesse sentido. Uma sob a égide do ITU-T, denominada T-MPLS (*Transport* MPLS), encontra-se em adiantada fase de padronização, embora ainda não implantada. A outra, denominada PBT (*Provider Backbone Transport*) ou PBB-TE (*Provider Backbone Bridge-Traffic Engineering*), vem sendo desenvolvida pelo IETF e encontra-se ainda em fase de definição de padrões.

Notícias recentes indicam turbulências na implementação dessas tecnologias. O PBT, por exemplo, definido como opção tecnológica futura por alguns fabricantes, teve a sua aceitação questionada por alguns provedores de serviços de rede, merecendo menção especial a BT (*British Telecom*), que declarou a sua intenção de manter ainda o foco de sua estratégia em serviços de Comunicação de Dados no MPLS.

Em decorrência dessas turbulências, entendimentos entre o ITU-T e o IETF conduziram à centralização de esforços, sob a coordenação do IETF, no sentido de se definir adequadamente o caminho tecnológico para as novas redes de transporte. A utilização do MPLS como base para essas redes recebeu a ampla denominação MPLS-TP (MPLS – *Transporte Profile*), estando ocorrendo no momento uma grande concentração de esforços no IETF para o desenvolvimento do MPLS-TP.

13.3.1 TRANSPORT MPLS (T-MPLS)

O T-MPLS é uma concepção de rede de transporte modo pacotes que tem como base o MPLS, objetivando o atendimento dos diversos tipos de serviço. Em sua fase inicial de oferta de serviço, entretanto, o T-MPLS oferece apenas serviços *Ethernet* ponto-a-ponto, com base na constituição de PWs de forma assemelhada ao VPWS. A oferta de novos serviços encontra-se em estudos no ITU-T.

O funcionamento do T-MPLS fundamenta-se em extensões ao MPLS básico no que diz respeito a aspectos de OAM, tais como monitoração de conexão e *performance*, proteção e restauração de recursos da rede e gerência de redes, e de particularidades referentes ao plano de controle.

350 TCP/IP sobre MPLS

13.3.1.1 PADRONIZAÇÃO DO T-MPLS

O T-MPLS encontra-se já padronizado pelo ITU-T, conforme as seguintes recomendações:

- G. 8110.1 (*Architecture of* T-MPLS *Layer Network*).
- G. 8112 (T-MPLS *Interfaces*).
- G. 8121 (T-MPLS *Equipment Functional Blocks*).
- G. 8080 (ASON *Architecture*).
- G. 8131 / G. 8132 (*Protection*).
- G. 8114 / Y. 1373 (OAM).

13.3.1.2 CARACTERÍSTICAS BÁSICAS DO T-MPLS

O T-MPLS apresenta as seguintes características básicas:

- É uma tecnologia orientada a conexão, no pressuposto de longos tempos de manutenção das conexões.
- Embora adotando a formatação e os princípios operacionais do MPLS, não realiza as seguintes funções: PHP, *label merging*, ECMP e reordenamento de pacotes.
- Utiliza funções de controle de *loops* com base no TTL e de *DiffServ* (E-LSPs e L-LSRs) apenas nos modelos *pipe* e *short-pipe*.
- Possibilita LSPs bidirecionais.

O T-MPLS utiliza o plano de controle do GMPLS inclusive com suporte na ASON (*Automatically Switched Optical Network*). O ASON é definido pela recomendação G.8080 do ITU-T e na RFC 4258.

É em termos de OAM que o T-MPLS se diferencia do MPLS, muito se aproximando do rigor com que o ATM, e particularmente o SDH, são tratados em termos de controle operacional e de gerência de rede.

A migração para o T-MPLS, segundo o ITU-T, pode ocorrer de forma suave e gradual, partindo da rede SDH convencional e adaptando paulatinamente as unidades DXC por meio de *line cards* apropriados.

Repetimos que, apesar dessas colocações otimistas do ITU-T e do respaldo de alguns fabricantes de sistemas, o T-MPLS encontra-se, juntamente com o PBT, em processo de uma ampla revisão sob o guarda-chuva denominado MPLS-TP.

13.3.2 PROVIDER BACKBONE TRANSPORT (PBT)

13.3.2.1 CONSIDERAÇÕES BÁSICAS

Vimos no subitem 7.4.3.5 do capítulo 7 anterior o processo evolutivo desenhado pelo IEEE para a transmissão nativa de quadros *Ethernet* de redes de usuários sobre redes *backbone Ethernet* providas por uma operadora de serviços de redes. Vimos também que essa evolução culminou com o PBB-TE (*Provider Backbone Bridge – Traffic Engineering*), quando a rede *Ethernet* de suporte é capacitada para *Traffic Engineering*.

A Evolução do MPLS **351**

O IETF ampliou o significado do PBB-TE, dentro de uma concepção de rede de multi-protocolo de transporte, cujo suporte são os túneis constituídos sobre redes *Ethernet* de provedores de serviço. Essa nova visão do PBB-TE foi denominada PBT (*Provider Backbone Transport*) pelo IETF.

No PBT, os túneis PBB-TE passam a constituir uma nova forma de suporte às aplicações do MPLS, como uma alternativa a túneis MPLS com ou sem *Traffic Engineering* e a túneis sobre IP a exemplo de túneis GRE e L2TPv3.

Existe um importante diferencial na forma de utilização do MPLS sobre túneis PBT. Como o PBB-TE foi concebido dentro de uma filosofia de rede de transporte, com suporte em padrões mais elevados de OAM, os túneis PBT podem ser constituídos diretamente sobre WDM, prescindindo assim do SDH, sem que isso represente degradação operacional.

O PBT vem sendo desenvolvido pelo IETF com maior atenção por parte de alguns provedores de serviços (*British Telecom*, principalmente) e de alguns fabricantes de sistemas. Segundo informações veiculadas recentemente na imprensa européia (*Light Reading–Europe*), a *British Telecom* "*is sidelining its former carrier Ethernet favorite and will focus its data services stategy on MPLS*". Uma posição similar foi assumida por um outro provedor de serviços, a *Verizon*, que anunciou a decisão de continuar a basear a sua estratégia de redes para o transporte de *Ethernet* no MPLS, mais precisamente no VPLS.

A situação não parece totalmente definida, aguardando-se o desenvolvimento do MPLS-TP por parte do IETF para uma visão mais clara quanto às novas concepções de rede de transporte.

13.3.2.2 OPERACIONALIZAÇÃO DO PBT

Dentro da concepção do PBT como uma rede de transporte para suporte a aplicações do MPLS, o IETF emitiu o *Internet draft* denominado *Carrying* PWE 3 PWs *over* PBT.

Para suporte ao PWE 3 PWs, o que significa suporte ao VPWS e ao VPLS, o PBT tira proveito da capacidade de identificação de protocolos superiores inerente à subcamada LLC da rede *Ethernet* de suporte. Utiliza-se, nesse caso, a intermediação da subcamada SNAP, que por meio da codificação *Ethertype* aponta as seguintes alternativas:

- Código 0x8847: plano de dados do PBT.
- Código 0x0800: protocolo IP para sinalização pelo LDP.
- Código 0x8902: funções de OAM do PBT.

Um PW constituído sobre PBT é referido como um PWoPBT, cuja estrutura e funcionalidade baseiam-se na arquitetura PWE 3.

A figura 13.7 apresenta a arquitetura do PBT.

Como se verifica nessa figura, a conexão virtual indicada pelo PW *label* (código *Ethertype* 0x8847) é multiplexada em cascata pela *control word*, separando assim, no PE de egresso, os pacotes de dados (código 0000) e de PW OAM (código 0001). Os PW *labels* são diretamente associados pelos PEs de ingresso aos PBT *tunnels* que conduzem os PBT *labeled packets* aos PEs de egresso.

O PBT PSN OAM realiza-se em conformidade com o padrão IEEE 802.*1ag* e a Recomendação ITU.T Y.1731.

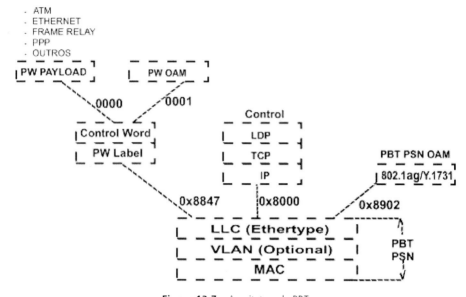

Figura 13.7 Arquitetura do PBT.

A padronização relativa ao PBT encontra-se ainda em fase de elaboração, que talvez não venha a ser concluída, particularmente no que diz respeito a OAM. Encontra-se em estudo a definição de *multi-segment* PWs para o PBT, o que será de utilidade para a nova concepção MPLS-TP.

13.3.3 MPLS TRANSPORT PROFILE (MPLS-TP)

Como foi dito anteriormente, o MPLS-TP representa um esforço conjunto do IETF e do ITU-T no sentido de consolidar uma concepção viável unificada de desenvolvimento de uma tecnologia de rede de transporte modo pacotes. O objetivo dessa tecnologia é prover uma alternativa ao SDH em termos de transporte de serviços, que opere mais diretamente com redes de pacotes mas que mantenha os padrões operacionais das redes OTN e SDH.

A proposta de trabalho estabelece o início de emissão de RFCs quanto ao MPLS ainda em 2008. Até o momento foram elaborados alguns *Internet drafts*, tendo no MPLS a base de desenvolvimento dessa nova concepção tecnológica. O IETF emitiu em julho de 2008 o *Internet draft* denominado *A Framework for MPLS in Transport Networks*, que será a fundamentação deste item.

Foram estabelecidas as seguintes premissas quanto ao MPLS-TP:

- O MPLS-TP deve adotar integralmente a arquitetura do plano de dados do MPLS e deve se basear na estrutura funcional dos VPWS PWs e dos LSPs.
- Os preceitos de OAM do MPLS-TP devem seguir os modelos operacionais das redes OTN, provendo funções do OAM adicionais àquelas suportadas pelo MPLS.

A Evolução do MPLS   353

13.3.3.1 CARACTERÍSTICAS REQUERIDAS

As características fundamentais definidas para o MPLS-TP são as seguintes:

- Os LSPs ponto-a-ponto podem ser unidirecionais ou bidirecionais.
- Os LSPs ponto-a-multiponto só podem ser unidirecionais.
- Não pode haver LSP (*label*) *merging*.
- Funções de OAM, de proteção e de transmissão de pacotes de dados, devem ser capazes de operar sem suporte de transmissão IP, isto é, com base exclusiva no MPLS.
- Deve existir a possibilidade alternativa de estabelecimento de LSPs e de PWs de forma estática, independentemente dos processos de roteamento e de sinalização.
- A monitoração de LSPs e de PWs deve ocorrer com base exclusivamente no processo de OAM, sem dependência do plano de controle.
- Os mecanismos e capacitações do MPLS-TP devem ser habilitados à interoperação com os planos de controle e de dados do MPLS TE e do VPWS.

13.3.3.2 ARQUITETURA DO MPLS-TP

A arquitetura do MPLS-TP tem como base as arquiteturas do MPLS (RFC 3031), a arquitetura PWE 3 (RFC 3985) e a arquitetura para a constituição de *multi-segment* PWs (conforme o *Internet draft* denominado *An Architecture for Multi-Segment PW Emulation Edge-to-Edge*).

O MPLS-TP é operado com base em NMS (*Network Management Systems*) centralizados, com ou sem o suporte do plano de controle do MPLS.

13.3.3.3 MULTI-SEGMENT PWs

Um MS-PW (*multi-segment* PW) é um PW que, por razões técnicas ou administrativas, é segmentado em um número de *hops* concatenados. No modelo para MS-PWs, os *border* PEs são referidos como U-PEs e os PEs onde ocorre segmentação do PW fim-a-fim são ditos S-PEs.

A figura 13.8 ilustra o conceito de MS-PW.

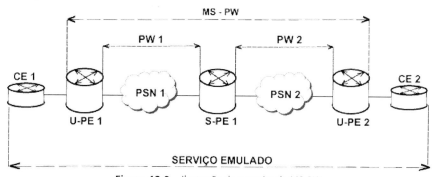

Figura 13.8   Ilustração do conceito de MS-PW.

354 TCP/IP sobre MPLS

No S-PE 1 da figura temos um PW de ingresso e um PW de egresso PW 1 e PW 2, respectivamente, dependendo do sentido do tráfego. Uma função *forwarder* no interior do S-PE 1 realiza o mapeamento *one-to-one* entre o PW de ingresso e o PW de egresso. O serviço nativo (isto é, a camada de rede que compõe o *payload*) não é processado pelo S-PE 1, que considera apenas o PW *label* de ingresso e o seu mapeamento para o PW *label* de egresso.

13.3.3.4 GENERIC ASSOCIATED CHANNEL HEADER (GE-ACH)

O MPLS-TP utiliza um *generic associated channel* para suportar funções de *fault, configuration, accouting, performance and security* (FCAPS). Esse canal tem a mesma função do PWE 3 *associated channel* utilizado no VPWS. Esse canal apresenta um *header* especifico (GE-ACH), que opera de forma similar ao PWE 3 VCCV *control channel*. O VCCV (*virtual circuit connectivity verification*) é uma forma de canal de controle para PWs que se encontra em fase de definição pelo IETF.

13.3.3.5 GENERIC – ACH LABEL (GAL)

O MPLS-TP define mecanismos para diferenciar pacotes específicos (pacotes de OAM, por exemplo) dos pacotes normais de dados. Para isso utiliza-se um label especial, referido como *generic – ACH label* (GAL).

O GAL é um mecanismo que, além de diferenciar pacotes especiais, tem a função de indicar a presença do GE-ACH no pacote MPLS (imediatamente abaixo do pacote OAM na arquitetura). Lembramos que o GAL representa o *bottom label* do *label stack* do MPLS-TP.

13.3.3.6 PLANO DE DADOS

O MPLS-TP opera com MPLS-TP LSPs e com MPLS-TP MS-PWs.

Os MPLS-TP LSPs utilizam a operação MPLS *label switching* básica definida pela RFC 3031 e o formato de encapsulamento definido pela RFC 3032. Podem ser selecionados os modos *per-platform label space* ou *per-interface label space* para os LSRs. Os MPLS-TP LSPs ponto-a-ponto podem ser unidirecionais ou bidirecionais, enquanto os MPLS-TP LSPs ponto-a-multiponto são unidirecionais.

Equal cost multi-path, label merging e PHP são facilidades não utilizadas em MPLS-TP LSPs. A utilização do campo EXP (denominado campo *CoS* no MPLS-TP) para *differentiated services* limita-se aos modelos *pipe* e *short-pipe*, admitindo a constituição de MPLS-TP E-LSPs e de MPLS-TP L-LSPs.

Os MPLS-TP MS-PWs, por sua vez, suportam as operações de transmissão de pacotes encapsulados em PWs do MPLS-TP, que ocorrem em conformidade com os termos das RFC 3985 e RFC 4447.

13.3.3.7 OPERAÇÃO E GERÊNCIA (OAM)

O MPLS-TP requer que um conjunto de capacitações OAM esteja disponível para realizar funções de gerência de falhas e de monitoração de *performance* da rede e dos serviços prestados.

A Evolução do MPLS **355**

As seguintes funções do OAM são requeridas para o MPLS-TP, aplicáveis a ambos os modos de operação definidos (ou seja, com MPLS-TP LSPs e com MPLS-TP MS-PWs):

- Cheque de continuidade.
- Verificação de continuidade.
- Monitoração de performance.
- Supressão de alarmes.
- Integridade remota.

As funções de OAM no MPLS-TP devem ser capazes de detectar degradação de performance em *links* e em nós da rede, e acionar ações corretivas necessárias à sua normalização operacional.

13.3.3.8 PLANO DE CONTROLE

O MPLS-TP utiliza dois diferentes planos de controle distribuídos, ambos objetivando provisionamento de serviços de forma rápida, dinâmica e confiável, aplicáveis extensivamente a ambientes multifabricantes e multidomínios. Tais planos de controle, que se destinam respectivamente às operações do MPLS-TP com MPLS-TP LSPs e com MPLS-TP PWs (ou MS-PWs), abrangem as seguintes atividades:

- Sinalização para a constituição de MPLS-TP LSPs e MPLS-TP PWs.
- Roteamento.
- Traffic Engineering e constraint-based path computation.

Os planos de controle do MPLS-TP são capazes de ativar funções de MPLS-TP OAM em caso, por exemplo, de detecção e de localização de falhas, para a eficiente restauração da condição de operacionalidade da rede. Eles estão habilitados a estabelecer os diferentes tipos de caminhos do MPLS-TP, inclusive os *protected paths* que serão descritos no subitem 13.6.9 adiante.

Os equipamentos MPLS-TP PEs podem agregar múltiplos PWs para transporte em um único MPLS-TP LSP.

Como o conjunto de protocolos de controle desenvolvidos para o GMPLS suporta tecnologias *packet-switched capable* (PSC), ele é utilizado como o plano de controle para MPLS-TP LSPs. São então utilizados para o MPLS-TP LSP$_s$ os seguintes protocolos:

- OSPF-TE estendido para roteamento (RFC 4203).
- RSVP-TE estendido para sinalização (RFC 3473).

A RFC 3473 possibilita o estabelecimento, a modificação e a desativação também de MPLS-TP LSPs para a transmissão de pacotes de dados e de proteção. Ela suporta LSPs unidirecionais, bidirecionais e ponto-a-multiponto. O algoritmo CSPF é utilizado no *header* PE de um domínio como vimos no capítulo 8 anterior, definindo o caminho explícito onde vai ser estabelecido o LSP almejado.

A RFC 4203, que define extensões do OSPF para o GMPLS, é também utilizada para roteamento no MPLS-TP. Por razões de escalabilidade, *links* físicos paralelos no MPLS-TP

356 TCP/IP sobre MPLS

são tipicamente agregados (*bundled*) em TE-*links*, sendo esses TE-*links* considerados como *links* isolados para fins de roteamento, como ocorre no GMPLS.

13.3.3.9 SURVIVABILY E GERÊNCIA DE REDE

Foram desenvolvidos diferentes esquemas de resiliência que suportam o MPLS-TP, objetivando atender os requisitos de *survivabily* dessa nova opção de redes e serviços. Alguns aspectos abordados dizem respeito ao MPLS FRR (ver RFC 4090), a PW *redundancy* (vide *Internet draft* específico), a mecanismos de proteção e restauração do plano de controle do GMPLS (ver RFC 4872) e a diferentes esquemas de proteção do T-MPLS (ver Recomendações ITU-T G.8131/Y.1382 e G.8132/Y.1382).

Esses esquemas possuem escopos diferenciados. Eles protegem contra falhas em *links* e nós, e podem ser aplicados fim-a-fim ou por segmentos de *links*. Aplicam-se diferentes níveis de resiliência, como as capacitações de proteção 1+1, 1:1 e *shared*.

A arquitetura de gerência de rede para o MPLS-TP encontra-se em fase de definição pelo IETF (ver o *Internet draft* intitulado MPLS-TP *Network Management Requirements*). Essa arquitetura tem como base a Recomendação ITU-T G. 7710/Y.1701 e a RFC 4377.

A gerência de rede para o MPLS-TP baseia-se no conceito de *network element* (NE), e abrange as seguintes funções:

- *Equipment management function* (EMF).
- Funções de *fault management* (FM).
- Funções de *configuration management* (CM).
- Funções de *performance management* (PM).

13.4 MPLS EM MOBILE BACKHAUL NETWORKS

O presente item baseia-se inteiramente nos seguintes documentos emitidos pelo IP/MPLS *Forum*:

- Especificação técnica IP/MPLS *Forum* x.0.0, de maio de 2008, denominada *MPLS in Mobile Backhaul Networks Framework and Requirements*.
- *White paper* do TP/MPLS *Forum*, intitulado *Use of* MPLS *Technology in Mobile Backhaul Networks*.

As redes de suporte a serviços de comunicação celular compõem-se de *air interface networks* e de *radio access networks* (RANs). As RANs, que se constituem na parte normalmente terrestre da rede global, pode ser dividida da seguinte forma:

- Rede de acesso.
- Rede de agregação.
- Rede *core*.

As redes de acesso e de agregação, em conjunto, compõem as RAN *backhaul networks*, também denominadas *mobile backhaul networks*.

Por outro lado, existem dois tipos de redes móveis celulares:

- *Centralized mobile networks.*
- *Flat mobile networks.*

Nas *centralized mobile networks*, que se destinam ao atendimento das tecnologias atuais e das tecnologias *mobile* 3G de curto prazo, a rede RAN *backhaul* interfaceia a rede RAN *core* por um *radio controller* (RC).

As *flat mobile networks* estão sendo desenvolvidas para o suporte às novas tecnologias *air interface*, tais como LTE (*Long Term Evolution*), HSPA + *flat* (*High Speed Packet Access*) e UMB (*Ultra Mobile Broadband*). Nesse tipo de rede, a RAN *backhaul* interfaceia a RAN *core* por um tipo de dispositivo denominado *access gateway* (aGW).

A utilização do MPLS nas redes RAN *core* é hoje um fato consumado. As redes RAN *backhaul* continuam, todavia, a utilizar outras tecnologias de rede, a exemplo de ATM, TDM e *Ethernet*.

O IP/MPLS *Forum* vem considerando com grande ênfase a utilização do MPLS em *mobile backhaul networks* (RAN *backhaul networks*), concentrando esforços nesse sentido sob a ampla denominação MPLS *Mobile Backhaul Initiative* (MMBI). O objetivo básico da MMBI é definir a utilização do MPLS para obter uma solução flexível, escalável, econômica e abrangente de atendimento ao segmento RAN *backhaul*.

13.4.1 MOTIVAÇÃO PARA A MMBI

A migração para a tecnologia 3G, que hoje já se encontra em um elevado patamar, deve se acelerar nos próximos anos. Existiam, estimativamente, cerca de 252 milhões de usuários 3G em 83 paises no final de 2007. Além disso, há uma grande expectativa com relação às novas *air interface tecnologies* que deverão ser lançadas no futuro próximo. As redes 4G, usando tecnologias tais como LTE e *mobile* WIMAX, têm previsão de lançamento ainda para 2008.

Com a introdução dessas novas tecnologias, utilizando velocidades cada vez mais elevadas, aumenta o campo para o advento de novos serviços, podendo ser citadas, dentre outros, os seguintes exemplos:

- *Location-based services* (LBS).
- *Mobile gaming.*
- *Mobile TV.*
- *Social networking.*

Uma resultante inevitável desse cenário é o crescimento acentuado da demanda por redes *mobile backhaul*. O atendimento dessa demanda pelas tecnologias de rede atuais não demonstra ser economicamente viável. Acresce-se o fato de que essas novas utilizações de redes celulares requerem sofisticações funcionais não oferecidas pelas redes atuais, como é o caso de exigências em termos de *QoS*, de *Traffic Engineering* e de gerência de resiliência. Isso tudo torna as redes *mobile backhaul* um ponto crítico, apontando para a necessidade de uma nova solução representada, segundo o IP/MPLS *Forum*, pelo uso do MPLS.

O lado econômico de uso crescente de redes *backhaul* agrava-se se considerarmos que, com as novas tecnologias, está ocorrendo um decréscimo progressivo do índice ARPU (*average revenue per user*), em razão do fato de que as taxas de crescimento do tráfego superam aquelas do crescimento da receita. Uma forma de atenuação desse problema, viabilizada pelo MPLS, é o uso compartilhado dessas redes por diferentes operadoras de serviços celulares. É prevista inclusive a sua utilização para o atendimento também de *non-backhaul services*, ou seja, de serviços estranhos à comunicação celular, o que dilui ainda mais os investimentos (CAPEX) e os conseqüentes custos operacionais (OPEX).

13.4.2 CENTRALIZED MOBILE NETWORKS

13.4.2.1 CONFIGURAÇÃO ATUAL

A figura 13.9 representa a forma atual de configuração de *centralized mobile networks*.

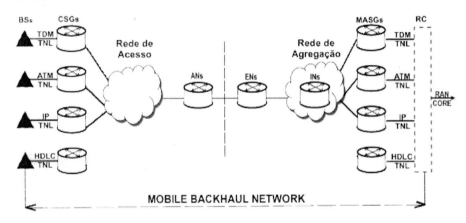

Figura 13.9 Configuração atual de *centralized mobile networks*.

Essa figura contém as BSs (*base stations*), as TNLs (*transport networks layers*), os CSGs (*cell site gateways*), os ANs (*access nodes*), os ENs (*edges nodes*), os INs (*interior nodes*), os MASGs (*mobile aggregation site gateways*) e os RCs (*radio controllers*).

Nessa configuração as redes de acesso e de agregação, que compõem a rede *mobile backhaul*, são redes adequadas para a transmissão das TNLs (*transport network layer*), que se destinam ao transporte das informações relativas às BSs.

Uma BS pode suportar múltiplas TLNs. Um CSG pode, por sua vez, conectar múltiplas BSs.

Como se observa na figura, existem quatro alternativas de TNL em *centralized mobile networks*:

- TDM TNL.
- ATM TNL.
- IP TNL.
- HDLC TNL.

Uma opção atual de rede de transporte das TNLs no segmento *mobile backhaul* são, por exemplo, redes *switched Ethernet* dentro da concepção *Metro Ethernet*. Essas TNLs encontram-se presentes em ambos os extremos da rede *mobile backhaul*.

A partir do dispositivo RC, as TNLs transitam pelas redes RAN *core*, que utilizam equipamentos MSC (2G ou 3G) ou equipamentos SGSN (2G ou 3G). Nas redes RAN *core* utilizam-se largamente redes MPLS no presente.

13.4.2.2 USO DE MPLS NO SEGMENTO BACKHAUL

■ **Configurações de uso do MPLS no Backhaul**

A solução que consiste no uso do MPLS no *backhaul* de *centralized mobile networks* objetiva o transporte unificado dos quatro tipos de TNL adotados nesse tipo de rede, dentro de seis configurações de uso do MPLS VPWS. A figura 13.10 ilustra essas possibilidades de configuração.

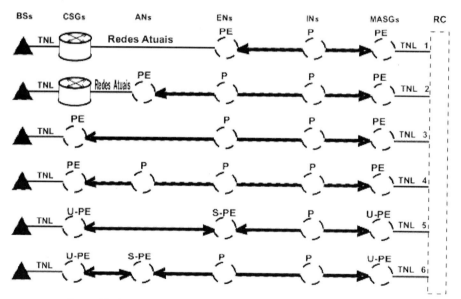

Figura 13.10   MPLs no segmento *backhaul de centralized mobile networks*.

Nessa figura, as setas representam VPWS PWs. As configurações de 1 a 4 utilizam *single-segment* PWs, enquanto os casos 5 e 6 utilizam *multi-segment* PWs.

■ **Encapsulamento de TNLs**

O encapsulamento de TNLs em redes MPLS utilizado no segmento *backhaul* de *centralized mobile networks* se realiza de uma determinada forma para cada um dos seis casos de uso do MPLS. Para ilustrar esse encapsulamento, vamos considerar na figura 13.11 o exemplo de sua ocorrência, para o caso 5 de uso do MPLS acima.

360 TCP/IP sobre MPLS

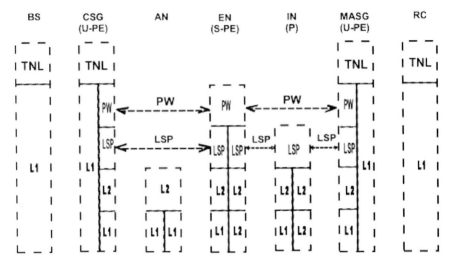

Figura 13.11   Encapsulamento de TNLs em MPLS no caso 5.

Para cada um dos casos de uso do MPLS, é possível a adoção de um modelo *overlay* entre qualquer par de LSRs da rede de agregação. No modelo *overlay*, o VPWS PW existente na rede de acesso e talvez em parte da rede de agregação é encapsulado em outro PW estabelecido entre o par de LSRs escolhidos. Os planos de controle correspondentes a esses PWs são totalmente independentes.

O uso do modelo *overlay* pode ser escolhido por operadoras de rede para contornar eventuais insuficiências operacionais ou de equipamentos utilizados na rede MPLS.

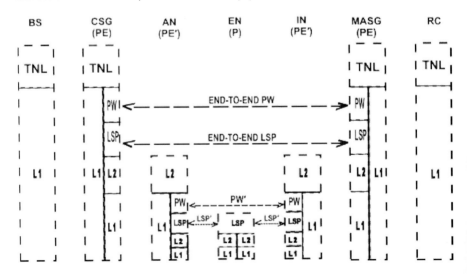

Figura 13.12   Encapsulamento de TNLs em MPLS no caso 3 com *overlay*.

A figura 13.12 representa a utilização do modelo *overlay* para o caso 3 de uso do MPLS, acima, considerando-se a ocorrência de *overlay* em um PW adicional constituído entre o NA e IN (que passa a ter funcionalidade PE para esse PW). Esse PW adicional é designado por PW' nessa figura.

13.4.3 FLAT MOBILE NETWORKS

Conforme menção anterior neste item, as *flat mobile networks* objetivam o suporte de novas *air interface tecnologies*. As *flat mobile networks* diferem das *centralized mobile networks* nos seguintes aspectos:

- Interfaceiam as RAN *core networks* por meio de equipamentos aGW.
- Operam apenas com IP TNL.
- É possível, além da comunicação BS–aGW, a comunicação BS-BS.
- Em caso de uso de MPLS, é utilizada a aplicação VPLS (L2VPNs) ou a aplicação MPLS VPNs (L3VPNs).

13.4.3.1 SOLUÇÕES COM VPLS NO SEGMENTO BACKHAUL

A figura 13.13 representa quatro opções de uso do VPLS no segmento *backhaul* de uma *flat mobile network*.

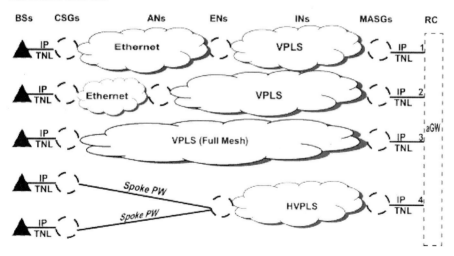

Figura 13.13 Opções de uso de VPLS em *flat mobile networks*.

Enquanto nas opções de 1 a 3 não se utiliza a hierarquização do MPLS, na opção aplica-se o HVPLS (*Hierarchical*VPLS), com o propósito de se obter a redução do tamanho da rede *mesh* na VPN VPLS. Os CSGs são ligados à rede *mesh* HVPLS por meio de *spoke* VPWS PWs.

Observa-se que quando da extensão da rede VPLS até o CSG ou até o MASG, torna-se necessário o envelopamento da IP TNL em um quadro *Ethernet* antes de sua transmissão pela rede VPLS.

362 TCP/IP sobre MPLS

13.4.3.2 SOLUÇÕES COM MPLS VPNs NO SEGMENTO BACKHAUL

Para o caso de uso de MPLS VPNs no segmento *backhaul* de *flat mobile networks* pode ser utilizada como referência a figura 13.13, com os seguintes ajustamentos:

- Substituição de VPLS por MPLS VPN nas opções de 1 a 3 dessa figura.
- Inexistência da obrigatoriedade de uso de redes *Ethernet* na parte *non-* MPLS do segmento *backhaul*, podendo ser utilizada qualquer rede de camada 2 para a condução de datagramas IP.
- Inexistência da opção 4 de configuração de rede.

13.5 MPLS MULTICAST

Conforme menção no capítulo 1 deste livro, a definição de padrões para o MPLS_*multicast* foi preterida inicialmente pelas entidades de padronização, particularmente pelo IETF. A RFC 3031 e a RFC 3032, que estabelecem a moldura de operacionalização do MPLS, focaram o MPLS *multicast* de forma superficial e insatisfatória.

A necessidade de IP *multicast* vem se acentuando em face do crescente uso de aplicações IP *multicast*, o que inevitavelmente atinge as redes MPLS que estendem as redes IP. Essa demanda faz-se sentir com maior intensidade em MPLS VPNs, que se consolidaram como importante aplicação para as *intranets*.

A solução atual para essa necessidade é a replicação dos datagramas IP no PE de ingresso da rede MPLS, que são então transmitidos em P2P LSPs através dessa rede. Essa solução é eficiente por apresentar os inconvenientes da sobrecarga opcional dos PEs e, principalmente, da sobrecarga de tráfego na rede. A replicação intermediária representa uma redução significativa de tráfego na transmissão de pacotes *multicast*.

Em resposta a essa crescente necessidade o IETF emitiu recentemente a RFC 5332, definindo uma forma específica de encapsulamento para o MPLS *multicast* e os modos básicos de sua operacionalização. Os termos das RFC 3032 e RFC 4023 referentes a IP *multicast* foram obsoletados pela RFC 5332.

Registra-se que em qualquer modo de operacionalização do MPLS *multicast* há a necessidade prévia da aplicação de um protocolo de roteamento IP *multicast*. As alternativas para a definição desse protocolo são analisadas pela RFC 3353.

13.5.1 MODOS DE OPERACIONALIZAÇÃO DE MPLS MULTICAST

Foram definidos três modos de operacionalização de MPLS *multicast*:

- Utilizando MPLS *tunneling* com *label downstream-assignment*.
- Utilizando MPLS *tunneling* com *label upstream-assignment*.
- Utilizando IP *tunneling*.

Antes de abordar esses modos operacionais, vamos tecer algumas considerações básicas. Conforme a RFC 5332, a definição de um *incoming label* como *unicast* ou *multicast* deve ocorrer apenas pela forma de associação desse label nas LFIBs dos LSRs, não havendo

A Evolução do MPLS **363**

então a necessidade de indicação do tipo de label (*unicast* ou *multicast*) pelo protocolo de camada 2 de suporte ao MPLS por essa razão. Esse fato gerou alterações conceituais nos termos das FRC 3032 e RFC 4023.

Em MPLS *multicast* utilizando MPLS *tunneling* sobre uma rede de suporte de camada 2 do tipo rede *broadcast* (rede *switched Ethernet*, por exemplo), a distribuição ponto-a-multiponto de tráfego nos LSRs, que são nós de uma árvore MPLS *multicast*, pode ocorrer com base em LFIBs ou com base no endereço *multicast* da própria rede de suporte. Quando esse suporte se realiza por meio de uma rede *non-broadcast*, diferentemente, a distribuição de tráfego tem como base apenas as tabelas das LFIBs.

Essa diferença deve estar indicada no *header* das redes *broadcast* de suporte, sendo ela a base para a distinção entre os dois primeiros modos de operacionalização de MPLS *multicast* acima apontados.

Quando a base da distribuição do tráfego *multicast* são exclusivamente as LFIBs, deve ser utilizado o *label downstream-assignment* como no MPLS convencional, não havendo necessidade de qualquer forma de indicação no *header* da rede de suporte.

Quando a distribuição de tráfego se baseia no endereço *multicast* da rede tipo *broadcast* de camada 2 que suporta o MPLS *multicast*, deve ser utilizado *label upstream-assignment*. Isso se deve à necessidade de que seja atribuído, nesse modo operacional, um único valor aos *outgoing labels* dos nós da árvore MPLS *multicast*.

Essa indicação se efetiva, no exemplo de rede *switched Ethernet* como suporte ao MPLS *multicast*, por meio da codificação *Ethertype* contida no MAC / LLC *header*. O código *Ethertype* 0x8847 é utilizado para o primeiro modo operacional, quando o *top label* é *downstream-assigned*.

O código *Ethertype* 0x8848, utilizado anteriormente pela RFC 3032 para designar o MPLS *multicast codepoint*, passou a ser utilizado para indicar o segundo modo operacional, quando o *top label* é *upstream-assigned*.

13.5.1.1 MPLS MULTICAST COM LABEL DOWNSTREAM-ASSIGNMENT

Esse modo operacional do MPLS *multicast* assemelha-se ao funcionamento convencional do MPLS, onde as operações *label swapping* ocorrem por simples consultas a LFIBs dos LSRs previamente preenchidas. Algumas particularidades devem ser consideradas, no entanto.

Como foi dito anteriormente, esse modo de operacionalização é de uso mandatário quando o MPLS tem como suporte redes de camada 2 do tipo *non-broadcast*. Em casos de redes de suporte ao MPLS capacitadas à operação *multicast* (redes do tipo *broadcast*) esse modo é opcional, tendo de ser indicado o seu uso (pelo código *Ethertype* 0x8847 na hipótese de rede *switched Ethernet* de suporte).

No MPLS *unicast* uma NHLFE de uma LFIB associa um *incoming label* a um *outgoing label* e à interface de saída que conduz ao respectivo *next-hop*. No IP *multicast* nesse modo operacional, que se baseia em uma árvore ponto-a-multiponto (P2MP), uma NHLFE associa um *incoming label* a múltiplos *outgoing labels* e às interfaces correspondentes a esses labels que conduzem aos respectivos *next-hops*.

364 TCP/IP sobre MPLS

A figura 13.14 representa o funcionamento de uma rede MPLS operando com MPLS *multicast* utilizando MPLS *tunneling* com *label downstream-assignment*.

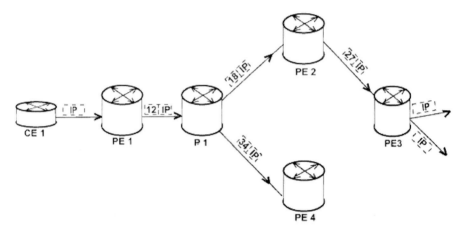

Figura 13.14   MPLS *multicast* com *label downstream-assignment*.

Como se observa nessa figura, os procedimentos utilizados são aqueles do MPLS tradicional, ressalvando-se as particularidades do MPLS *multicast*. Como se verifica, o PE 2 LSR desempenha simultaneamente o papel de um PE e o de um P, ocorrendo esse segundo papel quando o PE 2 retransmite um pacote MPLS para o PE 3.

13.5.1.2   MPLS MULTICAST UTILIZANDO MPLS TUNNELING COM LABEL UPSTREAM-ASSIGNMENT

Esse modo operacional, como vimos, caracteriza-se pelos seguintes pontos:

- É um modo opcionalmente utilizado exclusivamente quando a rede de suporte é uma rede *broadcast* (rede *switched Ethernet*, por exemplo).
- O seu uso tem de ser indicado (pelo código *Ethertype* 0x8848, no exemplo de rede *switched Ethernet* como suporte ao MPLS *multicast*).
- A rede *backbone* deve ser uma rede MPLS, utilizando o MPLS *tunneling* conseqüentemente.
- Utiliza-se *label upstream-assignment*.
- A distribuição de tráfego nos nós da árvore *multicast* P2MP se baseia no processo *multicast* da rede de camada 2 de suporte.

13.5.1.3   MPLS MULTICAST UTILIZANDO IP TUNNELING

A RFC 4023 especifica os procedimentos para a transmissão de pacotes MPLS encapsulados nativamente em túneis IP (MPLS-*in*-IP) ou em túneis GRE constituídos sobre IP (MPLS-*in*-GRE ou MPLS-*in*-GRE-*in*-IP).

A Evolução do MPLS **365**

Para o MPLS-*in*-IP a RFC 4023 especificou o código IP 137 (IPv4 e IPv6) para indicar o envelopamento de pacotes MPLS *unicast*, não especificando essa codificação para o caso de MPLS *multicast*.

A RFC 5332 tornou obsoletos esses termos da RFC 4023, especificando que o código IP 137 deve ser aplicado também na hipótese de envelopamento de pacotes MPLS *multicast* pelo IPv4 e pelo IPv6. Esse critério é aplicável independentemente do modo de assignação do *top label* do pacote MPLS encapsulado, seja *label downstream-assignment* ou *label upstream-assignment*. O que determina a forma de transmissão do pacote MPLS é o tipo de endereço IP do datagrama IP envelopador.

Para o caso de MPLS-*in*-GRE a RFC 4023 apontou o uso do código *Ethertype* 0x8847 no GRE *header* para o envelopamento de MPLS *unicast* e do código 0x8848 para o caso de MPLS *multicast*. A RFC 5332 tornou esse critério obsoleto.

De forma assemelhada ao caso de utilização de MPLS *tunneling* sobre redes *switched Ethernet* de suporte ao MPLS, o código 0x8847 passou a indicar, para os LSR_S de egresso, que o *top label* após a retirada dos *headers* do IP e do GRE de suporte é um *downstream-assigned label*.

Caso esse *top label* seja um *upstream-assigned label*, deve ser utilizado o código *Ethertype* 0x8848. A RFC 5332 especificou que essa forma de codificação deve estar atrelada ao caso de datagramas IP de suporte ao GRE com endereço IP *multicast*.

13.5.2 SINALIZAÇÃO EM MPLS MULTICAST

Uma vez concluído o processo de roteamento IP *multicast* procede-se à fase de sinalização para constituição do P2MP LSPs que compõem uma árvore MPLS *multicast*. Os labels para a constituição desses P2MP LSPs podem ser distribuídos de duas formas:

- Por extensões do protocolo RSVP-TE para o MPLS *multicast* (constituído de P2MP RSVP-TE LSPs).
- Por extensões do protocolo LDP para MPLS *multicast* (*Multicast* LDP).

13.5.2.1   O PROTOCOLO P2MP RSVP-TE

O MPLS *multicast* cujos P2MP LSP_S são constituídos com base no P2MP RSVP-TE é referido como P2MP MPLS TE.

Os procedimentos do P2MP RSVP-TE são assemelhados aos do RSVP-TE para o MPLS TE, com os devidos ajustamentos. Como no RSVP-TE, o *head end* LSR (a raiz do P2MP LSP) deve conhecer as folhas que devem compor a árvore MPLS *multicast*. A forma de obtenção desse conhecimento não foi especificada pelas extensões ao protocolo RSVP-TE, e dependem do tipo de aplicação sendo atendido. Pode ser utilizado, por exemplo, um processo de registro à parte, que leve em consideração fatores de ordem comercial e financeira, como aqueles relativos à cobrança do serviço.

Na montagem de um P2MP LSP pela versão inicial do P2MP RSVP-TE, cada folha é sinalizada separadamente, de forma tal que quando uma mensagem RSVP coincide de ser enviada novamente em um mesmo trecho de um ramo da árvore utiliza-se o mesmo valor de label já assignado para aquele trecho da árvore.

366 TCP/IP sobre MPLS

Para que cada P2MP LSP seja identificado foram alterados alguns campos do RSVP-TE.

Como para grandes redes esse processo de sinalização se torna de difícil manejo, foi desenvolvida uma nova versão das extensões ao RSVP-TE que possibilita a completa sinalização para a constituição de um P2MP LSP em uma só troca de mensagens RSVP. Para isso são utilizados os conceitos de *secondary* ERO e de *secondary* RRO, que foram desenvolvidos para o GMPLS.

13.5.2.2   O PROTOCOLO MULTICAST LDP

O LDP básico destina-se à constituição de P2P LSPs, sendo que essa última opção torna-se viável quando são utilizados *merging* LSRs como nós de convergência em MP2P LSPs. O que se objetiva no MPLS *multicast* é a possibilidade de montagem de P2MP LSPs mediante o uso de LSRs como nós de derivação nesses LSPs.

Para que isso se torne viável foram especificadas pequenas extensões ao protocolo LDP básico, sendo o resultado dessas extensões referido como protocolo *multicast* LDP. A essência das extensões do *multicast* LDP *protocol* reside na criação de um novo elemento de FEC, denominado P2MP FEC *element*.

O elemento de FEC P2MP engloba a codificação de uma descrição do fluxo *multicast* de pacotes MPLS a ser atendido e um conjunto de elementos opacos objetivando a distinção de diferentes fluxos advindos de uma raiz. Esses elementos opacos não são decodificados pelos LSRs intermediários das árvores P2MP, sendo processados apenas pelos LSRs raiz e pelos LSRs folhas dessas árvores.

Quando um LSR pretende se tornar uma folha de uma árvore P2MP, ele envia uma mensagem *label mapping* para o LSR raiz dessa árvore contendo o elemento de FEC P2MP. Quando da recepção dessa mensagem pelo LSR raiz o processo de inclusão da nova folha da árvore L2TP se completa, passando esse novo LSR folha a receber o tráfego *multicast* pertinente a essa árvore.

Referências Bibliográficas

Livros
Padrões do IETF (RFCs)
Padrões do IETF (Internet drafts)
Padrões do MPLS Forum e do IP/MPLS Forum
Recomendações do ITU-T
Padrões do IEEE

368   TCP/IP sobre MPLS

LIVROS

- DAVIE, B.D e ADRIAN F. **MPLS: Next Steps.**Morgan Kaufmann.
- STEVENS, W.R. **TCP/IP Illustrated, Volume 1: The Protocols.** Addison-Wesley Professional Computing Series.
- MAUFER, T.A. **Deploying IP Multicast in the Enterprise.** Prentice Hall PTR.
- ENNE, A.J.F.; F.A.J. **Frame Relay – Redes, Protocolos e Serviços.** AXCEL Books e José Olympio.
- SIMHA,E.O., A. **Traffic Engineering with MPLS.** Cisco Press.
- ACKETT, G.C.S., CHRISTOPHER, Y. M.**ATM and Multiprotocol Networking.** McGraw-Hill Series on Computer Communications.
- FARREL, A.,BRYSKIN. I. **GMPLS – Architecture and Applications.** Morgan Kaufmann.
- THOMAS, S.A. **IPng and the TCP/IP Protocols.** John Wiley and Sons.
- HALABI, S. **Metro Ethernet.** Cisco Press.
- LUC DE GHEIN. **MPLS Fundamentals**. Cisco Press.
- DAVIE, B.,REKHTER, Y. **MPLS – Technology and Applications.** Morgan Kaufmann.
- GUICHARD, J.,PEPELNJAK, I. **MPLS and VPN Architectures.** Cisco Press.

Padrões do IETF (RFCs)

RFC 791: *Internet Protocol*

RFC 1191: *Path MTU Discovery*

RFC 1321: *The* MD5 *Message-digest Algorithm*

RFC 1661: *The Point-to-Point Protocol* (PPP)

RFC 1702: *Generic Routing Encapsulation over* IPv4 *Networks*

RFC 1981: *Path* MTU *Discovery for* IP *Version 6*

RFC 1997: BGP *Communities Attribute*

RFC 2205: *Resource Reservation Protocol* (RSVP) – *Version* 1 – *Functional Specification*

RFC 2328: OSPF *Version 2*

RFC 2427: *Multiprotocol Interconnect Over Frame Relay*

RFC 2430: *A Provider Architecture for Differentiated Services and Traffic Engineering* (PASTE)

RFC 2473: *Generic Packet Tunneling in* IPv6 *Specification*

RFC 2475: *An Architecture for Differentiated Services*

Referências Bibliográficas **369**

RFC 2597: *Assured Forwarding* PHB *Group*

RFC 2661: *Layer Two Tunneling Protocol* L2TP

RFC 2684: *Multiprotocol Encapsulation over* ATM *Adaptation Layer* 5

RFC 2702: *Requirements for Traffic Engineering over* MPLS

RFC 2784: *Generic Routing Encapsulation* (GRE)

RFC 2858: *Multiprotocol Extensions for* BGP-4

RFC 2918: *Route Refresh Capability for* BGP-4

RFC 3031: *Multiprotocol Label Switching Architecture*

RFC 3032: MPLS *Label Stack Encoding*

RFC 3034: *Use of Label Switching on Frame Relay Networks Specification*

RFC 3035: MPLS *Using* LDP *and* ATM VC *Switching*

RFC 3036: LDP *Specification*

RFC 3037: LDP *Applicability*

RFC 3107: *Carrying Label Information in* BGP-4

RFC 3209: RSVP-TE: *Extensions to* RSVP *for LSP Tunnels*

RFC 3246: *An Expedited Forwarding* PHB (*Per-Hop-Behavior*)

RFC 3260: *New Terminology and Classifications for DiffServ*

RFC 3270: *Multi-Protocol Label Switching* (MPLS) *Support of Differentiated Services*

RFC 3353: *Overview of* IP *Multicast in a Multi-Protocol Label Switching* (MPLS) *Environment*

RFC 3392: *Capabilities Advertisement with* BGP-4

RFC 3426: *An Expedite Forwarding* PHB

RFC 3429: *Assignment of the* "OAM *Alert Label" for Multiprotocol Label Switching Architecture* (MPLS) *Operation and Maintenance* (OAM) *Functions*

RFC 3443: *Time to Live* (TTL) *Processing in Multi-Protocol Label Switching* (MPLS) *Networks*

RFC 3468: *The Multiprotocol Label Switching* (MPLS) *Working Group Decision on* MPLS *Signaling Protocols*

RFC 3471: *Generalized Multi-Protocol Label Switching* (GMPLS) *Signaling Functional Description*

RFC 3473: *Generalized Multi-Protocol Label Switching* (GMPLS) *Signaling Resource Reservation Protocol – Traffic Engineering* (RSVP-TE) *Extensions*

RFC 3564: *Requirements for Support of Differentiated Services-Aware MPLS Traffic Engineering*

RFC 3630: *Traffic Engineering* (TE) *Extensions to* OSPF *Version* 2

RFC 3784: *Intermediate System to Intermediate System* (IS-IS) *Extensions for Traffic Engineering* (TE)

370 TCP/IP sobre MPLS

RFC 3812: *Multiprotocol Label Switching* (MPLS) *Traffic Engineering* (TE) *Management Information Base* (MIB)

RFC 3813: *Multiprotocol Label Switching* (MPLS) *Label Switching Router* (LSR) *Management Information Base* (MIB)

RFC 3916: *Requirements for Pseudo-Wire Emulation Edge-to-Edge* (PWE 3)

RFC 3931: *Layer Two Tunneling Protocol – Version 3* (L2TPv3)

RFC 3945: *Generalized Multi-Protocol Label Switching* (GMPLS) *Architecture*

RFC 3985: *Pseudowire Emulation Edge-to-Edge* (PWE 3) *Architecture*

RFC 3988: *Maximum Transmission Unit Signaling Extensions for the Label Distribution Protocol*

RFC 4023: *Encapsulating* MPLS *in* IP *or Generic Routing Encapsulation* (GRE)

RFC 4090: *Fast Reroute Extensions to* RSVP-TE *for* LSP *Tunnels*

RFC 4124: *Protocol Extensions for Support of Diffserv-Aware* MPLS *Traffic Engineering*

RFC 4182: *Removing a Restriction on the Use of* MPLS *Explicit* NULL

RFC 4201: *Link Bundling in* MPLS *Traffic Engineering* (TE)

RFC 4202: *Routing Extensions in Support of Generalized Multi-Protocol Label Switching* (GMPLS)

RFC 4203: OSPF *Extensions in Support of Generalized Multi-Protocol Label Switching* (GMPLS)

RFC 4204: *Link Management Protocol* (LMP)

RFC 4258: *Requirements for Generalized Multi-Protocol Label Switching* (GMPLS) *Routing for the Automatically Switched Optical Network* (ASON)

RFC 2471: *A Border Gateway Protocol* (BGP-4)

RFC 4291: P *Version* 6 *Addressing Architecture*

RFC 4360: BGP *Extended Communities Attribute*

RFC 4364: BGP/MPLS IP *Virtual Private Networks* (VPNs)

RFC 4365: *Applicability Statement for* BGP/MPLS IP *Virtual Private Networks* (VPNs)

RFC 4377: *Operations and Management* (OAM) *Requirements for Multi-Protocol Label Switching* (MPLS) *Networks*

RFC 4378: *A Framework for Multi-Protocol Label Switching* (MPLS) *Operations and Management* (OAM)

RFC 4379: *Detecting Multi-Protocol Label Switched* (MPLS) *Data Plane Failures*

RFC 4385: *Pseudowire Emulation Edge-to-Edge* (PWE 3) *Control Word for Use over* MPLS PSN

RFC 4446: IANA *Allocation for Pseudowire Edge-to-Edge Emulation* (PWE 3)

RFC 4447: *Pseudowire Setup and Maintenance Using the Label Distribution Protocol* (LDP)

Referências Bibliográficas **371**

RFC 4448: *Encapsulation Methods for Transport of Ethernet over* MPLS *Networks*

RFC 4456: BGP *Route Reflection: An alternative to Full Mesh Internal* BGP (IBGP)

RFC 4457: OSPF *as the Provider/Customer Edge Protocol for* BGP/MPLS IP *Virtual Private Networks* (VPNs)

RFC 4618: *Encapsulation Methods for Transport of* PPP/*High-Level Data Link Control* (HDLC) *over* MPLS *Networks*

RFC 4619: *Encapsulation Methods for Transport of Frame Relay over Multiprotocol Label Switching* (MPLS) *Networks*

RFC 4664: *Framework for* L2 VPNs (L2VPNs)

RFC 4665: *Service Requirements for* L2 *Provider-Provisioned* VPNs

RFC 4684: *Constrained Route Distribution for* BGP/MPLS IP VPNs

RFC 4717: *Encapsulation Methods for Transport of* ATM *over* MPLS

RFC 4760: *Multiprotocol Extensions for* BGP-4

RFC 4761: VPLS *Using* BGP *for Auto-Discovery and Signaling*

RFC 4762: VPLS *Using* LDP *Signaling*

RFC 4817: *Encapsulation of* MPLS *over Layer* 2 *Tunneling Protocol Version* 3 (L2TPv3)

RFC 4905: *Encapsulation Methods for Transport of Layer* 2 *Frames over* MPLS *Networks*

RFC 4906: *Transport of Layer* 2 *Frames over* MPLS

RFC 5036: LDP *Specification*

RFC 5063: *Extensions to* GMPLS RSVP *Graceful Restart*

RFC 5072: IPv6 *over* PPP

RFC 5129: *Explicit Congestion Marking in* MPLS

RFC 5332: MPLS *Multicast Encapsulations*

Padrões do IETF (Internet drafts)

Architecture for the Use of PE-PE IP*sec Tunnels in* BGP/MPLS IP VPNs

Layer 2 *VPNs over Tunnels*

IP-*Only* LAN Service (IPLS)

Carrying PWE 3 PWs *over* PBT (PBB-TE, 802.*1Qay*)

A Framework for MPLS *in Transport Networks*

An Architecture for Multi-Segments PW *Emulation Edge-to-Edge*

Pseudowire Virtual Circuit Connectivity Verification (VCCV)

372 TCP/IP sobre MPLS

Padrões do MPLS Forum e do IP/MPLS Forum

MPLS *Forum* 1.0 *Implementation Agreement: Voice over MPLS Bearer Transport*

IP/MPLS *Forum* 19.0.0 *Technical Specification*): MPLS *Inter-Carrier Interconnect* (MPLS – ICI)

IP/MPLS *Forum White Paper: Addressing Inter Provider Connections with* MPLS ICI

IP/MPLS *Forum* x.0.0 *Technical Specification*: MPLS *in Mobile Backhaul Networks-Framework and Requirements*

IP/MPLS *Forum White Paper: Use of MPLS Technology in Mobile Backhaul Networks*

Recomendações do ITU-T

Y.1731: OAM *Functions and Mechanisms for Ethernet Based Networks*

G.8110.1: *Architecture of* T-MPLS *Layer Networks*

G.8112: T-MPLS *Interfaces*

G.8121: T-MPLS *Equipment Functional Blocks*

G.8080: ASON *Architecture*

G.8131/G.8132: *Protection*

G.8114/G.1373: OAM

Padrões do IEEE

IEEE *802.1Q: Local and Metropolitan Area Networks, Virtual Bridged Local Area Networks*

IEEE 802.1 *ad*: IEEE *Draft Standard for Local and Metropolitan Area Networks, Virtual Bridged Local Area Networks, Amendment 4: Provider Bridges*

IEEE *802.1ah*: IEEE *Draft Standard for Local and Metropolitan Area Networks, Amendment 6: Provider Backbone Bridges*

IEEE *802.1Qay: Provider Backbone Bridge Traffic Engineering*

Relação de Siglas

RELAÇÃO DE SIGLAS

A

AAL 5	ATM *adaptation Layer* 5
AC	*Attachment Circuit*
AFI	*Address Family Identifier*
AF PHB	*Assured Forwarding* PHB
AGI	*Attachment Group Identifier*
AII	*Attachment Individual dentifier*
ARP	*Address Resolution Protocol*
AS	*Autonomous System*
ASBR	*Autonomous System BorderRrouter*
ASN	*Autonomous System Number*
ASON	*Automatically Switched Optical Network*
ATM	*Asynchronous Transfer Mode*
ATMARP	ATM *address Resolution Protocol*
ATM-LSR	ATM *label Switching Router*
ATMoMPLS	ATM *over* MPLS
ATM-UU	ATM *user-to-user bit*
AToM	*Any Transport over* MPLS

B

BA	*Behavior Aggregate*
BECN	*Backward Explicit Congestion Notification*
BGP-4	*Border Gateway Protocol-4*
B-ISDN	*Broadband Integrated Services Digital Network*

C

CBTS	*Class-based Tunnel Selection*
CE	*Customer Edge Equipment*
CIDR	*Classless Interdomains Routing*
CLP	*Cell Loss Priority*
C/R	*Command/response*
CR-LDP	*Constraint-Based Label Distribution Protocol*

Relação de Siglas   375

CS	*Class Selector*
CSG	*Cell Site Gateway*
CSPF	*Constrained Shortest Path First*
CT	*Class-type*

D

DE	*Discard Elegibility*
DiffServ	*Differentiated Services*
DLCI	*Data Link Connection Identifier*
DL-*Core*	*Data Link Core*
DoD	*Downstream-on-demand*
DQDB	*Distributed Queue Dual Bus*
DS	*Differentiated Services*
DSCP	*Differentiated ServiceCcode Point*
DS-TE	*DiffServ-Aware Traffic Engineering*
DTMF	*Dual Tone Multi-frequency*
DWDM	*Dense Wavelength DivisionMmultiplex*

E

EBGP	*Exterior* BGP
ECMP	*Equal-cost Multi-path*
ECN	*ExplicitCcongestion Notification*
EF PHB	*Expedite Forwarding* PHB
EFCI	*Explicit Forward Congestionlindication*
EGP	*Exterior Gateway Protocol*
E-LSP	*Exp-inferred-PSC LSP*
EoMPLS	*Ethernet over* MPLS
EoS	*Ethernet over Sonet*/SDH
ERO	*Explicit_Route object*
EXP	*Experimental Field*

F

FCAPS	*Fault, Configuration, Accounting, Performance and Security*
FCS	*Frame Check Sum*
FDDI	*Fiber Distributed Data Interface*

376 TCP/IP sobre MPLS

FEC	*Forwarding Equivalence Class*
FECN	*Forward Explicit Congestion Notification*
FIB	*Forwarding Information Base*
FR-LSR	*Frame Relay* LSR
FRR	*FastRrerouting*
FSC	*Fiber-switch Capable Interface*
FTN	FEC-*to*-NHLFE

G

GAL	*Generic*-ACH *label*
GE-ACH	*Generic Associated Channel Header*
GMPLS	*Generalized* MPLS
GRE	*Generic Routing Encapsulation*

H

HDLC	*High-Level Data Link Control*
HVPLS	*Hierarchical* VPLS

I

IBGP	*Interior* BGP
ICMP	*Internet Control Management Protocol*
IETF	*Internet Engineering Task Force*
IGP	*Interior Gateway Protocol*
ILM	*IncomingLlabel Map*
*In*ARP	*Inverse* ARP
*In*ATMARP	*Inverse* ATMARP
IntServ	*Integrated Services*
IP	*Internet Protocol*
IPLS	IP-*Only* LAN *Service*
IP*ng*	IP *next generation*
IP*sec*	IP *security*
ISDN	*Integrated Services Digital Network*
IS-IS	*Intermediate System-to-Intermediate System*
ISIS-TE	IS-IS *Traffic Engineering*

Relação de Siglas 377

ISP	*Internet ServicesPprovider*
ITU-T	*International Telecommunications Union – Telecommunications Standardization Sector*

L

LAN	*Local Area Network*
LANE	LAN *Emulation over* ATM
LC-ATM	*Label Switching Controlled –* ATM *interface*
LC-FR	*Label Switching Controlled – Frame Relayinterface*
LDP	*Label Distribution Protocol*
LER	*Label Switching Edge Router*
LFIB	*Label Forwarding Information Base*
LIB	*Label Information Base*
LIS	*Logical* IP *Subnetwork*
LLC	*Logical Link Control*
L-LSP	*Label-only-inferred-*PSC LSP
LMI	*Local Management Interface*
LMP	*Link Management Protocol*
LSA	*Link State Advertisement*
LSAP	*LinkSservice Access Point*
LSC	*Lambda Switch Capableinterface*
LSP	*Label Switching Path*
LSP	*Link State Protocol Data Unit*
L3VPN	*Layer* 3 *Virtual Private Network*
L2SC	*Layer – 2 Switch Capable Interface*
L2TP	*Layer* 2 *Tunneling Protocol*
L2TPv3	L2TP *version* 3
L2VPN	*Layer* 2 VPN

M

MAC	*Medium Access Control*
MAN	*Metropolitan Area Network*
MASG	*MobileAaggregation Site Gateway*
MD5	*Message Digest -* 5
MEF	*Metro Ethernet Forum*

378 TCP/IP sobre MPLS

MFA Forum	MPLS, *Frame Relay and* ATM *Forum*
MMBI	MPLS *Mobile Backhaul Initiative*
MP-BGP	*Multiprotocol* BGP
MPLS	*Multiprotocol Label Switching*
MPLS-ICI	MPLS *Inter-Carrier Interconnect*
MPLS-TE	MPLS *Traffic Engineering*
MPLS-TP	MPLS *Transport Profile*
MPLS-VPN	MPLS *Virtual Private Network* (BGP/MPLS IP VPN)
MPOA	*Multiprotocol over* ATM
MP2MP	*Multipoint-to-multipoint*
MP2P	*Multipoint-to-point*
MS-PW	*Multi-SegmentPpseudowire*
MTU	*Maximum Transmission Unit*
MTU	*Multitenant Unit*

N

NBMA	*Non-broadcast Multi-access*
NHLFE	*Next-hop Label Forwarding Entry*
NLPID	*Network Layer Protocol Identifier*
NLRI	*Network LayerRreachabilityIinformation*
N-PE	*Network-facing* PE
NSP	*Native Service Processing*

O

OA	*Ordered Aggregate*
OAM	*Operations and Management*
OAM	*Operations, Administration and Maintenance*
OSPF	*Open Shortest Path First*
OSPF-TE	OSPF *Traffic Engineering*
OTN	*Optical Transport Network*
OXC	*Optical Cross-Connect*

P

P	*Provider Equipment*
PAD	*Padding*

Relação de Siglas 379

PBB-TE	*Provider Backbone Bridge-Traffic Engineering*
PBT	*Provider Backbone Transport*
PDU	*Protocol Data Unit*
PE	*ProviderEedge Equipment*
PHP	*Penultimate Hop Popping*
PHP	*Per-hop-behavior*
PIM-DM	*Protocol - Independent Multicast - Dense Mode*
PIM-SM	*PIM – Sparse Mode*
PMTU	*Path Maximum Transmission Unit*
PPP	*Point-to-Point Protocol*
PSC	*PHB Scheduling Class*
PSC	*Packet Switch Capablelinterface*
PSN	*Packet Switching Network*
P2MP	*Point-to-multipoint*
P2P	*Point-to-point*
PVC	*Permanent VirtualCcircuit*
PW	*Pseudowire*
PWE 3	*Pseudowire Emulation Edge-to-Edge Architecture*

Q

| QoS | *Quality of Service* |
| Q-*in*-Q | 802.1Q-*in*-802.1Q |

R

RAN	*RadioAaccess Network*
RARP	*Reverse ARP*
RC	*Radio Controller*
RD	*Route Distinguisher*
RFC	*Request for Comment*
RIP	*Routing Information Protocol*
RPR	*Resilient Packet Ring*
RR	*Route Reflector*
RRO	*Record_Route object*
RSVP	*Resource Reservation Protocol*
RSVP-TE	*RSVP Traffic Engineering*

380 TCP/IP sobre MPLS

RT	*Route Target*
RTP	*Real-Time Transport Protocol*

S

SAFI	*SubsequentAaddress Familylidentifier*
SDH	*Synchronous Digital Hierarchy*
SDU	*Service Data Unit*
SLA	*Service Level Agreement*
SMDS	*Switched Multimegabit Data Service*
SNAP	*Subnetwork Access Protocol*
SONET	*Synchronous Optical Network*
SRLG	*Shared Risk linkGgroup*
SP	*Service Provider*
SVC	*SwitchedVvirtual Connection*

T

TCP	*Transmission Control Protocol*
TCP/IP	*Transmission Control Protocol / Internet Protocol*
TDM	*Time-Division Multiplex*
TE	*Traffic Engineering*
TLV	*Type-length-value*
T-MPLS	*Transport* MPLS
TTL	*Time-to-live*

U

UD	*Unsolicited Downstream*
UDP	*User Datagram Protocol*
U-PE	*User-facing* PE

V

VC	*Virtual Connection*
VLAN	*Virtual* LAN
VoIP/MPLS	*Voice over* IP *over* MPLS
VoMPLS	*Voice over* MPLS
VP	*Virtual Path*

Relação de Siglas   381

VPI/VCI	*Virtual Path identifier/virtual Channel Identifier*
VPLS	*Virtual Private LAN Service*
VPN	*Virtual PrivateNnetwork*
VPWS	*Virtual Private Wire Service*
VRF	VPN *Routing and Forwarding Table*
VSI	*Virtual Switching Instance*

W

WAN	*Wide Area Network*
WDM	*Wavelength Division Multiplex*

Índice Remissivo

A

AF PHB, 308–310, 374

aprendizagem de endereços MAC, 152, 274–275, 277, 282, 284, 293, 295, 298, 301, 302

ARP, 11, 13, 152, 273, 301–304, 374, 376, 379

ASes, 25, 29, 31, 72, 73, 196, 204, 224, 225–226, 292–294

ASON, 335, 350, 370, 372, 374,

ATMoMPLS, 258, 374

attachment circuit, 198–200, 202–203, 210–211, 214, 220–221, 224, 245–246, 255–257, 270, 276, 278–279, 297, 302–304

Auto–Discovery, 271, 282, 287, 289, 371

B

BGP, 5–6, 17, 25, 27, 31–32, 37, 51–52, 55, 62, 70–73, 75, 94, 117–118, 135, 157, 175, 195–197, 199–229, 233, 238, 272–273, 288–290, 293–295, 298, 332, 368–371, 374–376, 378

BGP–4, 27, 31–32, 51, 94, 196, 201–202, 204–205, 207–208, 211, 215, 218–219, 288, 369–371, 374

BGP/MPLS IP VPNs, 17, 27, 32, 37, 157, 272, 371

C

carrier's carrier, 222–223, 226

centralized mobile networks, 357–359, 361

constraint-based routing, 6, 24-26, 41, 125, 162-164, 178

control word, 238, 240, 242, 245–246, 249–252, 254, 256–269, 292, 296, 351, 370

D

DiffServ no IP, 306–307

distance vector, 25–27, 31

DL-Core, 142–146, 375

Downstream-on-demand, 53, 112, 132

DS, 26, 305–308, 310–312, 315–317, 319, 321–325, 375

DS-TE RSVP-TE, 322, 324

E

ECN, 306, 312, 375

EF PHB, 308–309, 375

E-LSPs, 312–315, 318–321, 350, 354

EoMPLS, 254, 375

Ethertype, 34, 63, 143, 144, 150, 156, 351, 363–365

EXP, 43–44, 68, 72, 136, 144, 194, 258, 269, 312–321, 354, 375

Extensão do LDP para Suporte ao MPLS DiffServ, 320

extensões do LDP para o IPLS, 303

extensões do protocolo ISIS-TE para o GMPLS, 339

extensões do protocolo OSPF-TE para o GMPLS, 339

extensões do protocolo RSVP-TE para o GMPLS, 342

F

FIB, 28, 41, 53, 55–57, 60, 76, 115, 117, 132, 304, 376

Flat mobile networks, 357, 361–362

Forwarding Information Bases, 41–42, 276

frame-mode ATM, 65, 141–142

Frame-Mode MPLS, 64, 99, 137, 147, 155

FRR, 188, 190–192, 312, 356, 376

G

GMPLS, 4–5, 7, 17, 124, 333–344, 346–348, 350, 355–356, 366, 368–371, 376
GRE, 5–6, 33–34, 36–37, 156–157, 197–198, 201, 219, 227, 232, 236, 351, 364–365, 369–3370, 376

H

HDLC, 5, 148, 231–232, 240–241, 266, 268–270, 358, 371, 376
hierarquy of routing knowledge, 71, 75
HVPLS, 276–277, 280–284, 286–287, 295–296, 361, 376

I

ICMP, 61–62, 75–77, 79–80, 83, 85, 87, 140–141, 183, 273, 328, 376
IEEE 802.1ad, 372
IEEE 802.1AD, 153
IEEE 802.1AH, 154, 372
IEEE 802.1Qay, 154, 372
Integrated Services, 15, 374, 376
Inter-Carrier Interconnect (MPLS-ICI), 72, 327
Internet, 2, 4, 20, 28, 37, 157, 160, 178, 195, 222, 226–227, 285, 306, 351, 352–353, 356, 367–368, 371, 376–377, 380
IntServ, 306, 376
IPLS, 5, 17, 271–273, 301–304, 318, 371, 376
IPsec, 33, 36–37, 156–157, 201, 300–301, 371, 376
ISIS-TE, 6, 159, 169–171, 323–324, 335, 339, 376

L

L2TPv3, 5–6, 11, 33–37, 153–389, 156–157, 197, 232, 235–236, 351, 370–371, 377
label downstream-assignment, 362–363, 364–365

label merging, 50, 56, 58–60, 128–130, 155, 182, 185, 189, 350, 354
label upstream-assignment, 362–365
LANE, 13–14, 17, 124, 377
LFIB, 55–58, 62–63, 72, 117, 135–136, 141, 245, 363, 377
LFIBs, 39–42, 55–57, 60, 62, 64, 116–118, 147, 155, 362–363
Link State, 25–26, 28–29, 55, 170–171, 176, 377
LLC, 126–127, 130, 136, 149–150, 155, 351, 363, 377
LLC/SNAP, 126–127, 130, 136
L-LSPs, 312–314, 318–321, 354
LMP, 335, 348–349, 370, 377

M

merging LSR, 58–60, 134, 189
merging LSRs, 58–60, 117, 142, 366
Metro/Carrier Ethernet, 11, 232, 272, 287
Mobile Backhaul Initiative, 357, 378
Mobile Backhaul Networks, 7, 333, 356, 372
modelo short-pipe, 85–86, 317
Modelo uniforme, 84–86, 316
MP-BGP, 27, 31, 94, 195, 204–205, 207–208, 210–211, 219, 288, 378
MPLS DiffServ, 305, 312–313, 315, 318–324
MPLS DiffServ RSVP-TE, 318, 321–324
MPLS Multicast, 117, 157, 333, 335, 362–363, 365, 367, 371
MPLS OAM, 325–327
MPLS TE, 26, 28, 159–160, 162–165, 167–169, 171–183, 185–194, 321–323, 335–336, 339, 343, 348, 353, 365
MPLS-TP, 4, 7, 17, 334, 349, 350–356, 378
MPLS TTL, 329
MPLS VPN, 6, 196, 198–200, 214, 216–218, 220–223, 225–228, 280, 291, 297–298, 316–317, 362

Índice Remissivo   385

MPLS VPNs, 6, 40, 51, 118, 155, 157, 195–199, 201–202, 204, 206–209, 211–213, 215–216, 218–220, 222–229, 288–289, 295, 304, 316–318, 334, 361–362

MTU, 77–83, 147–148, 150, 182–183, 241–242, 257, 281–282, 284–285, 287, 292, 297–298, 342, 368, 378

multicast LDP protocol, 366

Multi-Segment PW, 353

Multi-Segment PWs, 352, 353, 359

N

NCP, 63, 148, 149

non-merging LSR, 59–60, 134, 189

non-merging LSRs, 58–60, 117, 142

O

OAM, 7, 17, 44–45, 154, 249, 252, 259, 263–265, 305–307, 309, 311, 313, 315, 317, 319, 321, 323, 325–329, 331, 334, 349–355, 369–370, 372, 378

OSPF, 6, 25–31, 55, 118, 159, 163–165, 167, 169–171, 176, 200–201, 321, 323–324, 335, 339, 346, 348, 355, 368–371, 378

OSPF-TE, 6, 159, 163–165, 169–171, 321, 323–324, 335, 339, 346, 348, 355, 378

OTN, 5, 347, 352, 378

OXC, 7, 334–335, 339, 378

P

path MTU, 77–81, 182–183

PBB-TE, 153–154, 349–351, 371, 379

penultimate hop popping, 45, 62–63, 67–69, 74, 86, 236, 238

per-interface label spaces, 41, 49, 57, 60, 94, 95, 111, 117

per-platform label space, 49, 56, 111, 354

per-platform label spaces, 41, 49, 53, 59, 94, 111, 116, 147, 155, 238

PHB, 307–314, 318–320, 369, 374–375, 379

PHP, 67–68, 78, 85–87, 189, 221, 304, 315–319, 350, 354, 379

PPP, 5–6, 14, 35, 41, 43, 59, 63–64, 107, 116, 123–124, 143–144, 147–149, 154–155, 198, 231–232, 240–241, 268–270, 368, 371, 379

PVLAN, 287

PXC, 335

Q

QoS, 7, 41, 48, 84–85, 126, 135–136, 155, 163, 178–180, 254, 258, 260, 262, 269, 305–307, 309, 311, 315, 317–318, 357, 379

Qualidade de serviço, 7, 306

R

Raw mode, 254, 256, 279, 280–281, 296, 297

Route reflection, 215–216

route reflectors (RRs), 214, 216, 288

RR, 215–218, 288, 379

RRs, 214, 216–219, 224, 229, 288, 294–295

RSVP, 5–6, 51, 94, 146, 159, 163, 175–176, 178–190, 192–193, 219, 222, 238, 306, 318–325, 332, 335, 342–348, 355, 365–366, 368–371, 379

RTs, 212

S

SDH, 5, 7, 11, 124, 154, 197, 232–234, 241, 334–335, 337–339, 343, 347, 349–352, 375, 380

SLA, 309–311, 326–327, 380

SLRG, 342

SNAP, 126–127, 130, 136, 143–144, 150, 351, 380

SONET/SDH, 11, 197, 233–234, 241, 335, 339, 347, 349

Spanning Tree Protocol, 152, 154, 277

split horizon, 277–278, 282

switched Ethernet, 6, 150–152, 232, 236, 274, 276–277, 359, 363–365

T

tabela cross-connect, 62–63, 134, 141

tagged mode, 255–256, 279, 281, 296, 298

TCP, 2–3, 5–6, 19–21, 23–25, 27, 29, 31–33, 35, 37, 40, 51–52, 63, 77, 79, 81, 84, 95, 104, 107, 108–111, 121, 142, 162, 204, 228, 246, 253, 300, 328, 368, 374, 380

TDM, 197, 233, 248, 334–336, 338, 342–343, 357–358, 380

T-MPLS, 7, 154, 334, 349–350, 356, 372, 380

Traffic Engineering, 4, 6, 15, 17, 26, 28, 40, 48, 51, 142, 153, 154, 159, 160–167, 169–171, 173, 175, 177, 179, 181–183, 185, 187, 189–191, 193, 196, 201, 219, 222, 224, 226, 236, 305–306, 312, 319, 321, 335, 349, 350–351, 355, 357, 368–370, 372, 375–376, 378–380

traffic trunks, 162, 176, 321–323

TTLs, 85, 326

U

UDP, 5, 52, 79–81, 95, 107, 121, 329–330, 380

Uniform Mode, 315–318

unsolicited downstream, 53, 56, 59, 104, 112, 116, 132, 142, 236, 239

V

VCCV, 354, 354–389, 371

VC-merge, 113, 127, 129–130, 133–134, 138, 140, 142, 145

VLAN, 152–154, 237–238, 254–257, 275–285, 287–288, 293, 297–298, 301–302, 304, 380

VLANs, 151–153, 198, 227, 236–237, 254–255, 258, 274–277, 279, 284, 288, 297, 298

VoMPLS, 61, 87–89, 380

VPLS, 5–6, 11, 17, 35, 40, 45, 118, 153, 155, 196, 232, 239, 271–301, 303, 318, 334, 351, 361–362, 371, 376, 381

VP-merge, 129–130, 146

VPN-IPv4, 206–212, 214–217, 219–221, 223–229

VPWS, 5–6, 11, 17, 35, 40, 45, 118, 153–155, 196, 231–233, 235–237, 239, 241–255, 257–261, 263, 265–270, 272, 274, 279, 282–285, 288, 295–98, 300, 303, 318, 334, 349, 351–354, 359–361, 381

VRF, 199, 202–203, 209–212, 214–215, 220–222, 224, 226–227, 229, 381

VRFs, 199, 202–203, 209–214, 219, 224, 226–229

VSI, 274, 277–278, 284–285, 287, 297, 381

VSIs, 274–278, 284, 287–290, 296–298, 300

W

WDM, 5, 7, 11, 124, 334, 337–339, 348, 351, 381

Impressão e acabamento
Gráfica da Editora Ciência Moderna Ltda.
Tel: (21) 2201-6662